阅读即行动

Logique du sens

Gilles Deleuze

# 意义的逻辑

［法］吉尔·德勒兹 著　董树宝 译

上海文艺出版社

# 目录

前言 ·················· 1
　　从刘易斯·卡罗尔到斯多亚学派

## 悖论系列 1　纯粹生成 ·················· 4
　　柏拉图区分可被度量的事物与生成-疯狂——无限的同一性——爱丽丝历险或"事件"

## 悖论系列 2　表面效应 ·················· 10
　　斯多亚学派区分物体或事物状态与非物体性效应或事件——因果关系的划分——促使表面上升——发现刘易斯·卡罗尔作品中的表面

## 悖论系列 3　命题 ·················· 23
　　指称、表示、意指:它们的关系与它们的循环性——有命题的第四个维度吗?——意义、表达与事件——意义的双重本性:命题的可表达者与事物状态的属性、持存与超存在

## 悖论系列 4　二元性 ·················· 42
　　语言-物体、吃-说——两类词——命题的两个维度:指称与表达、消耗与意义——两个系列

## 悖论系列 5　意义 ·················· 49
　　不确定的增殖——贫乏的二分——中性或本质的第三状态——荒诞或不可能的对象

## 悖论系列 6　论系列化 ·············· 62
系列的形式与异质的系列——它们的建构——这些系列向着什么收敛？——雅克·拉康的悖论：奇特的元素（空位或没有位置的占有者）——老实人的店铺

## 悖论系列 7　秘传词 ·············· 72
基于一个系列的缩合综合（连接）——两个系列之协调的综合（合取）——析取综合或系列分叉的综合：混合词的问题

## 悖论系列 8　结构 ·············· 81
列维-斯特劳斯的悖论——结构的条件——奇异性的作用

## 悖论系列 9　问题式 ·············· 87
奇异性与事件——问题与事件——趣味数学——随机点与奇点

## 悖论系列 10　理想游戏 ·············· 96
寻常游戏的规则——不同寻常的游戏——对时间的两种解读：艾翁与柯罗诺斯——马拉美

## 悖论系列 11　无意义 ·············· 109
悖论性元素的特征——它在哪一点上是无意义；无意义的两种形态——由此引起的荒诞（无意指）的两种形式——无意义与意义的共现——作为"效应"的意义

## 悖论系列 12　论悖论 ·············· 121
良知的本性与悖论——常识的本性与悖论——无意义、意义与所谓次级的语言组织

## 悖论系列 13　精神分裂症患者与小女孩 ········ 133
安托南·阿尔托与刘易斯·卡罗尔——吃-说与精神分裂症的语言——精神分裂症与表面的破产——被动-词语与其爆

裂的字面价值、能动-词语与其含糊不清的重读价值——深度的无意义与表面的无意义、语言的初级秩序与次级组织之间的区别

## 悖论系列 14　双重因果关系 ……… 153

非物体性的效应-事件、它们的原因、它们的准因——无动于衷与发生——胡塞尔的理论——真正发生的条件：既无**我**也无个体化中心的先验领域

## 悖论系列 15　奇异性 ……… 162

战役——先验领域不能保留意识的形式——无人称的和前个体的奇异性——先验领域与表面——个体的话语、人称的话语、无基底的话语：存在着第四种话语吗？

## 悖论系列 16　本体论的静态发生 ……… 176

个体的发生：莱布尼茨——世界的"共可能性"或系列的收敛的条件（连续性）——事件向谓项的转换——从个体到人称——人称、特性与类别

## 悖论系列 17　逻辑的静态发生 ……… 189

从各维度向命题的过渡——意义与命题——意义的中性——表面与替身

## 悖论系列 18　哲学家的三种形象 ……… 201

哲学与高度——哲学与深度——哲学家的新类型：斯多亚学派——赫拉克勒斯与表面

## 悖论系列 19　幽默 ……… 212

从意指到指称——斯多亚主义与禅宗——古典话语与个体、浪漫主义话语与人称：反讽——无基底的话语——奇异性的话语：幽默或"第四人称单数"

## 悖论系列 20　论斯多亚学派的道德问题 ········ 223

伦理学的两极:事物的物理预言与再现的逻辑应用——再现、应用与表达——理解、期望、再现事件

## 悖论系列 21　论事件 ························ 232

事件的永恒真理——实现与反实现;参与者——死亡作为事件的两个方面——期望事件是什么意思

## 悖论系列 22　瓷器与火山 ···················· 241

"裂缝"(菲茨杰拉德)——两种过程与它们的区分的问题——酗酒、躁郁症——致敬致幻剂

## 悖论系列 23　论艾翁 ························ 255

柯罗诺斯的特点与他通过深度的生成进行的颠倒——艾翁与表面——来自艾翁的组织和艾翁与柯罗诺斯之间的差异

## 悖论系列 24　事件的沟通 ···················· 265

非逻辑的不可相容性的问题——莱布尼茨——析取的实证性间距与肯定性综合——永恒回归、艾翁与直线:一个更可怕的迷宫……

## 悖论系列 25　单义性 ························ 278

个体与事件——永恒回归的序列——单义性的三种意指

## 悖论系列 26　语言 ·························· 284

使语言成为可能的东西——语言组织概要——动词与不定式

## 悖论系列 27　口欲性 ························ 291

动态发生的问题:从深度到表面——根据梅兰妮·克莱因的观点理解各种"位态"——精神分裂症与抑郁症、深度与高度,拟像与偶像——初级阶段:从噪音到声音

**悖论系列 28　性** ·················· 305

性感带——动态发生的第二阶段:表面的形成与表面的连接——影像——俄狄浦斯情结的本性、生殖带的作用

**悖论系列 29　好意必受惩罚** ·················· 315

俄狄浦斯在他与表面构造的关系中所经历的事情——修复与使出现——阉割——作为范畴的意图——发生的第三阶段:从形而下表面到形而上表面(双重屏幕)

**悖论系列 30　幻象** ·················· 326

幻象与事件——幻象、自我与奇异性——幻象、动词与语言

**悖论系列 31　思维** ·················· 337

幻象、过渡与开端——对子与思维——形而上表面——心理生命中的定位、嘴与脑

**悖论系列 32　论系列的不同种类** ·················· 347

系列与性——连接系列与性感带、合取系列与连接——性系列的第三种形式:析取与发散——幻象与共振——性与语言:系列的第三种类型与相应词汇——从声音到言语

**悖论系列 33　爱丽丝的奇遇** ·················· 364

回想刘易斯·卡罗尔的作品中的三类秘传词——《爱丽丝奇境历险记》与《爱丽丝镜中奇遇记》的比较概要——精神分析与文学、家族神经症小说与小说-艺术

**悖论系列 34　初级秩序与次级组织** ·················· 373

幻象的钟摆结构:共振与被迫运动——从言语到动词——动态发生的终结——初级压抑与次级压抑——讽刺的、反讽的、幽默的

## 附录

### Ⅰ 拟像与古代哲学 ·················· 388

#### 1. 柏拉图与拟像 ·················· 388

柏拉图的辩证法：划分的意指——求婚者的遴选

摹本与拟像——拟像的特点

再现的历史

颠倒柏拉图主义：现代艺术作品与拟像的报复——永恒回归的显在内容与潜在内容（尼采反对柏拉图）——永恒回归与拟仿——现代性

#### 2. 卢克莱修与拟像 ·················· 409

多样物——**自然**与非总体化的总和——对**存在、一**与**整体**的批判

因果律的不同方面——方法的两种形态——原子偏斜与时间理论

真与无限**虚假**——灵魂的纷乱——深度的挥发物，表面的拟像，神学的、梦境的和色情的幻象——时间和方法的统一——无限虚假和灵魂纷乱的起源

自然哲学与神话批评

### Ⅱ 幻象与现代文学 ·················· 432

#### 3. 克罗索夫斯基，抑或身体-语言 ·········· 432

从身体与语言的视角看析取三段论——色情与神学

看与说——映像、共振与拟像——揭发——身体与语言的弯曲变化

交换与重复——重复与拟像——凝固场景的角色

二难困境：身体-语言——上帝与敌基督者：两种秩序

康德关于析取三段论的理论——上帝的角色——克罗索夫斯基作品中的理论转换

敌基督者的秩序——意向:强度与意向性——作为幻象的永恒回归

## 4. 米歇尔·图尼埃与没有他人的世界 …… 467

鲁滨孙、元素与目的——反常的问题

他人在知觉中的效应——作为先天结构的他人——他人在时间中的效应——他人的缺席——复象与元素

他人的丧失的三种意义——从拟像到幻象

他人与反常

## 5. 左拉与精神崩溃 …………………… 503

精神崩溃与遗传性——本能及其对象

两种遗传性——死亡本能与各种本能

人兽

幻象化的对象——悲剧的与史诗的

# 前言：
## 从刘易斯·卡罗尔到斯多亚学派

刘易斯·卡罗尔（Lewis Carroll）的作品具有一切可让当前读者喜爱的要点：儿童读物，毋宁说是小女孩读物；壮丽奇特的秘传词；填字谜格子、编码和解码；图画和照片；深度精神分析的内容，典范的、合乎逻辑的和语言学上的形式主义。当前快乐之外还有其他东西，即意义（sens）①与无意义（non-sens）的游戏、混沌-宇宙。但语言与无意识的婚礼已经以如此多的方式被结成、被庆祝，以至于有必要探索下列问题：在刘易斯·卡罗尔的作品中，这些婚礼确切地说是什么？它们与什么重新建立起联系？由于他，它们在他的作品中庆祝了什么？

我阐述那些形成意义理论的悖论系列。意义理论与悖论不可分，这一点很容易得到解释：意义是非

---

① sens 在法语中含义丰富，本书根据具体语境将 sens 译作"意义""方向""感觉""见识""辨别力"等。在不少语境中，sens 兼具"意义"与"方向"两种含义，虽译作"意义"，但也有"方向"之含义。——译注

实存的实体,意义甚至与无意义具有极其特殊的关系。刘易斯·卡罗尔的特殊地位是由于他第一次对意义的各种悖论进行了重要解释、重要演示——时而汇集它们,时而更新它们,时而发明它们,时而调制它们。斯多亚学派的特殊地位是由于他们是哲学家新形象的倡导者,他们与前苏格拉底哲学、苏格拉底哲学和柏拉图主义决裂;而且这种新形象已经与意义理论的悖论性建构息息相关。因此,与每个系列相对应的是那些不仅是历史的而且是拓扑的和合乎逻辑的图形。像在纯粹的表面上一样,某个图形上的某些点在系列中诉诸其他图形上的其他一些点:整个问题-星丛,伴有相应的掷骰子、故事和场所,复杂的场所,"错综复杂的故事"。这本书尝试着阐释一部合乎逻辑的、精神分析式的小说。

在附录部分,我附上了已经发表的五篇文章。我收录时虽对它们进行了修订,但它们的主题保持不变,而且还阐发了前述系列中只是简要被指出的某些要点(我每次都通过脚注来指明这种联系)。这些文章是:1.《颠倒柏拉图主义》(Renverser le platonisme),载《形而上学与伦理学杂志》(*Revue de métaphysique et de morale*),1967 年;2.《卢克莱修与自然主义》(Lucrèce et le naturalisme),载《哲学研究》(*Études philosophiques*),1961 年;3.《克罗索夫斯基与身体-语言》(Klossowski et les corps-langage),载

《批评》(*Critique*),1965年;4.《他人理论》(米歇尔·图尼埃)(Une théorie d'autrui[Michel Tournier]),载《批评》(*Critique*),1967年;5.《左拉著作〈人兽〉导论》(Introduction à *La Bête humaine* de Zola),Cercle du livre Précieux 出版社,1967年。我感谢这次欣然同意再版这些文章的编辑们。

# 悖论系列1 纯粹生成

《爱丽丝奇境历险记》和《爱丽丝镜中奇遇记》涉及非常特别的事物的范畴:事件,纯粹事件。当我说"爱丽丝变大"时,我的意思是她比她以前变得更大了。但她同样也比她现在变得更小了。当然她不是同时更大与更小。但她同时也会变得如此。她现在更大,她以前更小。但是,正是在同样的时刻、同样的时机,一个人才变得比以前更大,一个人才变得比他现在变成的样子更小。这便是生成的同时性,而此生成的特性是回避现在。只要生成回避现在,生成就无法承受前与后、过去与未来的分离或区分。生成的本质便是同时在两个方向上进行和拉伸:爱丽丝如果没有变小就不会变大,反之亦然。良知(bon sens)肯定所有事物中都有可规定的意义;但悖论同时是对两种意义的肯定。

柏拉图促使我们区别两个维度:1. 可被限制的和可被度量的事物、不变的质,无论它们是持久的还是暂时的,但它们一直假定着停顿与静止、对现在的确立、对主体的确定:某个主体在某个时刻具有某种大、某种小；2. 然后是没有尺度的纯粹生成,即真正的生成-疯狂,它从未停止,同时在两个方向上进行,始终回避现在,由此促使未来与过去、多与少、过多与不足重合在一种不顺从的质料的同时性中("较热与较冷一直前进,绝不会停止,而确定的量是停止,而且如不停止存在就不前进";"较年轻者比较年长者变得更年长,且较年长者比较年轻者变得更年轻,但完成这一生成是他们所不能实现的事情,因为他们如果实现了,他们就不再生成,他们可能是……")①。

我们辨认出柏拉图哲学的这种二元性。它完全不是知性与感性、**理念**(Idée)②与质料、**理念**与物体(corps)③的二元性。它是一种更有深度的、更加秘密的、被隐匿在感性的和质料的物体本身之中的二元

---

① 柏拉图著,《斐莱布篇》,24d(中译本参见[古希腊]柏拉图著,《柏拉图全集》[第三卷],王晓朝译,北京:人民出版社,2003年,第195页,译文有较大改动。——译注);《巴门尼德篇》,第154—155页(中译本参见[古希腊]柏拉图著,《柏拉图全集》[第二卷],王晓朝译,北京:人民出版社,2003年,第792页,译文有较大改动。——译注。

② 法文学术著作经常以单词首字母大写形式强调某些抽象的哲学范畴,本书中文将以黑体标出;凡是原文以斜体形式突出的词句,本书中文将以楷体标出。——译注

③ corps一词在法语中含义颇丰,有"物体""身体""躯体""体"等含义。根据具体语境,本书一般将corps译作"物体""身体",其相关形容词corporel译作"物体(性)的"或"身体(性)的"、incorporel译作"非物体(性)的"或"非身体(性)的",相关名词incorporel译作"非物体"。——译注

性:一种隐蔽的、介于接受**理念**能动作用的东西与避开这种能动作用的东西之间的二元性。这不是**原型**(Modèle)与摹本(copie)之间的区分,而是摹本与拟像(simulacres)之间的区分。纯粹生成,即无限制性,只要它避开**理念**作用、只要它同时既质疑摹本又质疑拟像,它就是拟像的质料。可被度量的事物就处在**理念**之下;但在事物本身之下仍有这种在**理念**所强加的、事物所接受的秩序之下续存和"提供"的疯狂元素吗?柏拉图有时甚至会考虑这种纯粹生成是否不可能与语言(langage)[①]具有一种极其特殊的关系;这在我们看来是《克拉底鲁篇》的主要意义之一。正如在言语"流"(一种在语言所指涉的东西上不停地滑动却从未停止的发疯似的话语)的情况下一样,这种关系或许是语言必不可少的?或者,难道不可能有两种语言和两类"名称"吗?其中一类指称那些接受**理念**作用的停顿和静止,而另一类则表达运动或不顺从的生成。[②] 或者,这难道不会是一般内在于语言的两种有

---

① langage 与 langue 虽都可译为"语言",但 langage 强调言语活动和语言能力,侧重语言的应用和语言技巧的掌握,用途比 langue 广泛,而 langue 则指不同种类的语言,也可以指一个集团、一门学科或一个人的用语,侧重于语言的本质和语言的分类。本书将 langage 译为"语言",langue 将以括号标出法语原词的形式译出。——译注

② 柏拉图著,《克拉底鲁篇》,参见第 437 页及其后。关于上述所有内容,参见本书附录 1。

区别的维度吗？其中一种维度始终被另一种维度所遮蔽，但继续在另一种维度下继续"提供"和续存。

　　凭藉着其回避现在的能力，这种纯粹生成的悖论是无限的同一性：同时两个方向的无限的同一性——未来与过去、前夜与翌日、多与少、过多与不足、能动与被动、原因与效应（effet）①。正是语言确定了界限（例如过多开始的时刻），但也正是语言超出了界限，并给不受限制的生成的无限等价性恢复界限（"一根烧得通红的拨火棍，你如果拿得时间太长就要炙痛你的手；如果你用一把刀子切割手指太深，通常就要出血"②）。因此便有了那些构成爱丽丝历险的颠倒。变大与变小的颠倒："哪个方向？哪个方向？"爱丽丝问道，当时她就预感到这始终同时发生在两个方向上，以致于她只此一次就通过视觉效应来保持大小不变。前夜与翌日的颠倒，因为现在始终被回避："明天有果酱，昨天有果酱——但今天绝对没有果酱。"多与

---

　　① effet 在法语中有"结果""效果""效应"等含义，"效应"一词在中文中是指事物或行为在其运动、变化过程中引起的反应和结果，不仅可以指科学领域中的因果关系，如德勒兹在《差异与重复》中提及的西伯克效应、开尔文效应等，也可以用"效应"一词来描述和解释其他领域中的现象，如视觉效应、温室效应、蝴蝶效应等。综合所述，本书将 effet 译作"效应"，包含着"结果""效果"等含义。——译注

　　② 中译本参见［英］刘易斯·卡罗尔著，《爱丽斯奇境历险记》，吴钧陶译，上海译文出版社，2007年，第10页。——译注

少的颠倒：五个夜晚要比一个单独的夜晚热五倍多，"但五个夜晚出于同样的理由也冷五倍多"。能动与被动的颠倒："猫吃蝙蝠吗？"相当于"蝙蝠吃猫吗？"。原因与效应的颠倒：犯错误之前先受惩罚，被刺之前先叫喊，分享之前先服务。

所有这些颠倒就像它们出现在无限的同一性中那样具有同样的后果：爱丽丝的人称同一性的争议，专名的丧失。专名的丧失是通过爱丽丝的所有历险而被重复的历险。因为专名或单名是由知识的持久性所确保的。这种知识体现在那些指称停顿与静止、名词与形容词的通名之中,专名与通名保持着恒定关系。因此,人称上的自我通常需要上帝和世界。但当名词和形容词开始结合时,当停顿与静止的名称被纯粹生成的动词带走并滑进事件的语言时,任何同一性都会因自我、世界与上帝而消失。这便是对知识与背诵的检验,那些被动词迂回带走的词语在其中出了差错,而且这一检验废黜爱丽丝的同一性。好似事件享有一种通过语言来与知识和人称进行沟通的非实在性。因为人称的不确定性不是一种外在于所发生之事的怀疑,而是事件本身的对象性结构,因为事件始终同时发生在两个方向上,因为事件循着这个双重方向,这使得主体无所适从。悖论首先是把良知作为唯一意义来摧毁的东西,不过它随后是把常识（sens commun)①作为对不变的同一性的确定来摧毁的东西。

---

① sens commun 来自于拉丁文 sensus communis,国内学界没有统一译名,可译作"常识""共识""共同感""共同感"等。commun 有"共同的""平常的""常见的"等意思,sens 除了"意义"和"方向"等意思外还有"感官""感觉""辨识力"等,既与"感官"相关,又与"辨识力"、理智能力有关,因而 sens commun 也常被译作"共同感"。——译注

# 悖论系列 2　表面效应

　　斯多亚学派也区别了两类事物：1. 物体，具有张力、物理性质、关系、能动与被动以及相应的"事物状态"。这些事物状态、能动与被动由物体之间的混合物所规定。在最不得已的情况下才会有所有物体的统一，这依据于所有事物都被吸收其中的一种**原火**(Feu)，且所有物体都从它开始就按照它们各自的张力展开。物体与事物状态的唯一时间便是现在。因为活生生的现在(présent vivant)是时间的广延，后者与现实(l'acte)同时发生，表达和度量着施动者的能动、受动者的被动。但是，与物体之间的统一、能动原理和被动原理的统一相适合，一种宇宙性的现在环绕着整个世界：只有物体实存于空间之中，而且只有现在实存于时间之中。物体中间没有原因与效应：所有物体都是原因，即彼此相关的、彼此支持的原因。原因之间的统一在宇宙性的现在的广延中被称为**命运**。

　　2. 所有物体都是彼此支持、彼此相关的原因，但是关于什么的原因？它们是具有截然不同本性的某些事物的原因。这些效应不是物体，但严格说是"非物体"(incorporels)。它们不是物理性质和物理特性，而是合乎逻辑的或辩证法的属性。它们不是事物或事物状态，而是事件。不可以说它们实存，但毋宁说它们继续存在或坚持存在，因为它们具有存在的这一最小值，后者适合那不是事物的东西（非实存的实体）。它们不是名词或形容词，而是动词。它们既不是施动者也不是受动者，而是能动与被动的结果，是"无动于衷的东西"——无动于衷的结果。它们不是活生生的现在，而是不定式：不受限制的艾翁(Aiôn)，无限划分为过去与未来、始终回避现在的生成。因此，时间必须以两种互补的、彼此排斥的方式被把握两次：它在施动与被动的物体中被完整把握为活生生的现在，但它在由物体及其能动和被动所导致的非物体性效应中还被完整把握为可无限划分为过去与未来的层级。只有现在才实存于时间之中，并聚集、吸收过去与未来；但唯有过去与未来才坚持存在于时间之中，并无限划分每个现在。这不是连续的三个维度，而是对时间同时进行的两种释读。

爱弥尔·布雷耶(Emile Bréhier)在他对斯多亚学派思想的精彩重构中写道："当手术刀切肉时，前一个物体在后一个物体上引起的不是一种新特性，而是一种新属性，即被切开的属性。属性不会指称任何实在的质……（它）反而始终被动词所表达，意思是说，它不是存在(être)，而是存在的方式……这种存在的方式在某种程度上处于存在的极限、存在的表面,而且它不能改变存在的本性;说实话,它既不是能动的也不是被动的,因为被动性假定着一种经受能动作用的物体本性。它完完全全是一种结果,一种在存在中间未被分类的效应……(斯多亚学派彻底区分)存在的两个平面(没有人先于他们而创造出来的东西):一方面是深度的和实在的存在、力量;另一方面是事实的平面,事实在存在的表面上游戏,并构成非物体性存在的没完没了的多重性。"[1]

然而,比变大、变小、被切割等事件更隐秘的东西、物体更必不可少的东西是什么?当斯多亚学派将这些非物体性的、像牧场中的雾气一样只在表面上游戏的事件(甚至比雾气更少,因为雾气是一种物体)与物体的厚度进行对立时,他们是什么意思?在物体、物体的深处中有的东西是混合物:一种物体渗入另一种物体,而且它在它的所有部分中与另一物体共存,就像海洋中的一滴酒或者铁器中的火一样。一种物体从另一种物体中退出,就像液体从容器里倒出一样。混合物通常规定着事物在量和质上的状态:集合的各维度或火的红色、树的绿色。但通过"变大""缩

---

[1] [法]爱弥尔·布雷耶著,《古代斯多亚主义中的非物体理论》(*La Théorie des incorporels dans l'ancien stoïcisme*),Vrin 出版社,1928 年,第 11—13 页。

小""变红""变绿""切割""被切割"等说法,我们想表达的意思来自一个完全不同的类别:完全不再是处于物体深处的事物状态或混合物,而是表面上非物体性的、由这些混合物产生的事件。树绿了……①哲学的天赋首先被哲学强加给存在与概念的新分配所度量。斯多亚学派正在勾勒并使人经过一条从未见过的边界:在这种意义上,他们转移了整个反思。

他们正在进行的首先是对因果关系的全新划分。他们肢解这种关系,甚至冒着从每个方面重建统一性的危险。他们使原因相互指涉,并肯定原因之间的联系(命运)。他们使效应相互指涉,并设定效应之间的某些关联。但这完全不是以同样方式予以实现:非物体性效应从不是彼此相关的原因,而只是"准因"(quasi-causes),这根据下述的这类法则:这些法则可能在每种情况下都表达着物体的相对统一或者混合,并以此作为决定它们的实在原因。因此,自由以两种互补的方式得到挽救:一次是在命运作为原因之联系的内部性之中,另一次是在事件作为效应之关联的外部性之中。这就是为什么斯多亚学派能够将命运与必然性进行对立。② 伊壁鸠鲁学派对因果关系(它也

---

① 参见爱弥尔·布雷耶对这个例子的评论,第 20 页。

② 关于实在的内部原因与融入"共命运"(confatalité)的有限关系之中的外部原因之间的区分,参见西塞罗,《论命运》(*De fato*),9、13、15 和 16。

让自由有据可依)进行了另一种划分：他们保留原因与效应的同质性，但根据原子系列来切分因果关系，原子系列的各自独立被原子偏斜（clinamen）所保证——不再是没有必然性的命运，而是没有命运的因果关系。[①] 在这两种情况下，他们开始分解因果关系，而不是区分因果关系的类型，就像亚里士多德做过的那样，或像康德将会做的那样。这种分解始终让我们诉诸语言，或者诉诸原因的偏斜（déclinaison）的实存，或者如下所述的那样，诉诸效应的结合（conjugaison）的实存。

物体或事物状态与效应或非物体性事件之间的这种新二元性导致了哲学变革。例如，在亚里士多德的哲学中，所有范畴都根据**存在**被谈及；而差异在作为第一意义的本体（substance）与作为偶性、相关于本体的其他范畴之间进入存在。反之，对于斯多亚学派

---

① 伊壁鸠鲁学派也有一种与斯多亚学派很接近的事件观念，参见伊壁鸠鲁的《给希罗多德的信》(Lettre à Hérodote) 39—40、68—73 和卢克莱修的《物性论》第 1 卷第 449 页及其后。卢克莱修对事件进行了这样分析："廷达瑞俄斯（Tyndare）的女儿被诱拐了……"。他把事件（奴役-自由、贫穷-富有、战争-和谐）与合取（与物体不可分的实在的质）对立起来。事件似乎并不完全是非物体，然而它们却被阐述为并不自行实存，它们是质料运动、物体之能动与被动的无动于衷的纯粹结果。然而，伊壁鸠鲁学派似乎没有发展出这一事件理论；也许因为他们使这一事件理论服从于同质因果关系的要求，并使这一事件理论依赖于他们自己的关于拟像的构想。参见本书附录 2。

而言，事物状态、量和质与本体一样是存在（或物体）；它们是本体的一部分；它们因此与一种将非物体作为非实存的实体来建构的超存在（extra-être）互相对立。最高项只要在其归摄存在与非存在、实存与持存就不是**存在**，而是**某种事物**（aliquid）。① 但不止如此，斯多亚学派最先进行了颠倒柏拉图主义的伟大事业，彻底颠倒了柏拉图主义。因为物体如果与它们的状态、质与量一起承担着本体与原因的全部特点，那么**理念**的特点反而从另一边跌入这一无动于衷的超-存在，后者在事物的表面上是贫乏的、无效的：作为理念物，非物体也只能是一种"效应"而已。

结论极其重要。因为在柏拉图的哲学中，一场晦涩难懂的争论在事物的深处、在大地的深处、在经受**理念**能动作用的东西与避开这种能动作用的东西（摹本与拟像）之间持续着。这场争论的回声在苏格拉底追问下述问题时产生共鸣：有关于整体，甚至关于毛发、污垢、污泥的理念吗？或者有始终执拗地回避**理念**的某物吗？但在柏拉图的哲学中，这某物从未充分地被隐匿、被抑制、被摒弃在物体的深处，从未被淹没在海洋中。现在一切都重新上升到表面。这是斯多

---

① 参见普罗提诺，《九章集》，第 6 卷，第 1 章，第 25 节：斯多亚学派范畴的叙述（与爱弥尔·布雷耶的著作《古代斯多亚主义中的非物体理论》，第 43 页）。

亚学派操作的结果:不受限制的东西重新上升。作为生成-疯狂,生成-不受限制(devenir-illimité)不再是一种低吼的基底(fond),它上升到事物的表面,并变得无动于衷。问题不再是避开基底而到处渗透的拟像,而是在拟像的场所中显示自身和发挥作用的效应。这是因果意义上的效应(effects),但也是声音的、视觉的或语言的"效应"——而且更少或更多,因为它们不再有任何物体性的东西,它们现在是整个**理念**……避开**理念**的东西被提升到表面(非物体性的极限),现在再现着全部可能的理想性,后者被剥夺了因果性的和精神性的效力。斯多亚学派发现了表面效应。拟像不再是这些隐蔽的反抗者,它们发挥着它们的效应(所谓的"幻象",独立于斯多亚学派的术语)。最隐匿的东西变成了最明显的东西,关于生成的所有旧悖论必须在新的生长期(蜕变)中恢复形态。

生成-不受限制变成理念的、非物体性的事件本身,伴随着它特有的全部颠倒:未来与过去、能动与被动、原因与效应的颠倒。未来与过去、多与少、过多与不足、已经与尚未:因为无限可分的事件始终是两者同时发生(*les deux ensemble*),永远是刚发生的事情和将发生的事情,但从不是正在发生的事情(切得太深与切得不够深)。能动与被动:事件即便无动于衷,但由于它非此非彼,所以它也会更好地互换能动与被动,但它是它们的共同后果(切割-被切割)。原因与效应:因为事件即便只是效应,它们也能够彼此更好地融入准因的功能或融入准因果性的始终可逆的关系(伤口与伤疤)。

斯多亚学派是悖论的爱好者,而且是悖论的发明者。有必要重读第欧根尼·拉尔修(Diogène Laërce)在某些片段中对克律西波斯(Chrysippe)进行的令人惊讶的描绘。也许斯多亚学派以一种全新的方式使用悖论:既作为语言的分析工具,又作为事件的综合方法。辩证法恰恰是这样一种关于非物体性事件(如同其在命题中被表达的那样)与事件(如同其在命题之间的关系中被表达的那样)之关联的学问。辩证法的确是结合的艺术(参见共命运[confatalia]或彼此依赖的事件系列)。但语言的责任是既确定界限又超出被确定的界限:因此语言包含着这样一些术语,它们不断地移动它们的外延,并在被思考的系列中使对联系的颠倒成为可能(因此便有过多与不足、很多与不多)。事件与生成同外延,而生成本身与语言同外延;因此悖论基本上是"连锁推理"(sorite),即疑问命题的系列,后者根据生成、通过相继的增减来进行。一切都发生在事物与命题的边界上。克律西波斯教导说:"如果你说某物,那么它就通过了你的嘴;不过你说货车,因此货车通过了你的嘴。"此处便有一种悖论用法,只有一方面在禅宗中另一方面又在英语或美语的无意义中,它才具有同义的词句。一方面,最有深度的是"直接"(l'immédiat);另一方面,直接就在语言中。悖论显得是对深度的罢黜,是事件在表面上的铺开,是语言沿着这一极限的展开。幽默是这样一种关于表面的艺术,它与以前的反讽形成对比,后者是关于深度或高度的艺术。智者学派和犬儒学派已经把幽默变成一种反对苏格拉底式的反讽的哲学武器,不过幽默因斯多亚学派而找到了它的辩证法、它的辩证原理和它的自然场所、它的纯粹的哲学概念。

至于刘易斯·卡罗尔,他实现了这种由斯多亚学派开创的操作。或者他为了自己重新开启这种操作。在刘易斯·卡罗尔的全部作品中,关键是那些在事件与存在、事物和事物状态之间的差异中的事件。但《爱丽丝奇境历险记》的开篇(整个前半部分)还在探寻事件与不受限制的生成的秘密,而事件在大地的深处,在凹陷的、深入地下的深坑和洞穴中,在相互渗透和共存的物体的混合中牵涉着这种不受限制的生成。随着人们进一步阅读故事,深入与隐匿的运动无论如何都会取代左右滑动的侧面运动。深处的动物变得次要,让位于那些没有厚度的扑克牌人物(figures de cartes)。好像从前的深度展开了,变成了广度。不受限制的生成现在完全被维持在这种被翻转的广度之中。"有深度的"不再是恭维话。只有动物才是有深度的,但它们也不是最高贵的,扁平动物才是最高贵的。事件就像晶体一样,它们只有通过边缘、在边缘上才会生成和变大。这的确是口吃者或左撇子的第一秘密：不是深入，而是使整个长度滑动，以致于从前的深度因被还原到表面的相反方向而不再是任何东西。正是借助滑动，人们才会转到另一侧，因为另一侧只是相反方向而已。而且，之所以帷幕后面没有任何可见的东西，乃是因为一切可见的东西或者毋宁说一切可能的学问都沿着整个帷幕进行，因为只需要遵循得相当远、相当紧密、相当表面就足以颠倒整个帷幕的正面，就足以使右边变成左边，使左边变成右边。因此没有爱丽丝的某些历险，但有一种历险：她爬到表面，她否认虚假的深度，她发现一切都发生在边界上。这就是为什么刘易斯·卡罗尔放弃了这本书最初的题目《爱丽丝地下历险记》(*Les Aventure souterrainnes d'Alice*)。

这种情况在《爱丽丝镜中奇遇记》中更是如此。其中，事件在它们与事物的根本差异中完全不再是在深度中被探寻，而是在表面上被探寻，在这薄薄的、非物体性的、逃离物体的雾气，环绕着物体的、无容积的薄膜，反射物体的镜子，规划物体的棋盘中被探寻。爱丽丝不再能进入深处，她释放出她的非物体性复象（double）。正是沿着边界、顺着表面，人们才从物体转向非物体。保罗·瓦雷里（Paul Valéry）有一句深刻的名言：最深邃的是皮肤。这便是斯多亚学派式的发现，它以大量的智慧为前提，且引发了整个伦理学。

这就是小女孩的发现,她只是从各种边缘——变红和变绿的表面——变大和变小。她知道事件越是穿过物体无深度的整个外延,事件就越关涉着物体、切割物体和损伤物体。随后成年人被基底捉住,重新跌落,因为基底太深,他们不再能理解。为什么同样的斯多亚主义的例子继续启发着刘易斯·卡罗尔?树变绿、手术刀切割、战争有没有发生……? 正是在树面前,爱丽丝才失去了她的名字,汉普蒂·邓普蒂(Humpty Dumpty)①才对着树说话,却没有看到爱丽丝。而且背诵预示着战争。而且到处是伤口和割伤。但这些是例证吗? 或者任何事件都属于这种类型——森林、战争和伤口? 所有这一切因为这(ça)发生在表面上才更有深度,因为这沿着物体前行才是非物体性的。历史告诉我们,合适的道路没有基础,而地理学告诉我们,土地只在薄薄一层上是贫瘠的。

对斯多亚学派哲人的这一重新发现并未被保留给小女孩。确实刘易斯·卡罗尔通常厌恶男孩子。他们太有深度,因此具有了虚假的深度、虚假的智慧和动物性。男婴在《爱丽丝奇境历险记》中变成了猪。

---

① "汉普蒂·邓普蒂(Humpty Dumpty),英国民谣中一个从墙上摔下来跌得粉碎的蛋形矮胖子。转义指倒下去就起不来的人,或损坏后无法修复的东西。"(此注释转引自中译本[英]刘易斯·卡罗尔著,《爱丽丝镜中奇遇记》,吴钧陶译,上海译文出版社,2003年,第97页。——译注)

在一般情况下,只有小女孩们才理解斯多亚主义,只有她们才会感觉到事件,并释放出非物体性复象。但是,小男孩有时是口吃者和左撇子,并由此把意义作为表面的双重意义来获得。刘易斯·卡罗尔对男孩们的厌恶不可归因于一种有深度的情绪矛盾,而毋宁说归因于一种表面上的翻转,即刘易斯·卡罗尔特有的概念。在《西尔维与布鲁诺》(*Sylvie et Bruno*)中,恰恰是小男孩才具有创新的作用,他以各种方式吸取教训:颠倒地、正面地、在上面或在下面,但从未"深入到底"(fond)。《西尔维与布鲁诺》这部重要小说将《爱丽丝奇境历险记》中开启的、《爱丽丝镜中奇遇记》中延伸的这种演化推向极致。第一部分令人赞叹的结尾属于东方的荣耀(一切好东西都来源于东方)、"和被期待的事物的本体、不可见的事物的实存"。甚至气压计既不会上升也不会下降,但会纵向、侧向运行,并显示出水平分布的天气变化。拉伸机(machine à étirer)甚至会延长歌曲。而且被呈现为莫比乌斯环的福图纳图斯(Foutunatus)的零钱袋是由一些以错误方式缝补的手帕构成,以致于它的外表面与它的内表面是连续一体的:它囊括着整个世界,致使里面的东西在外面,外面的东西在里面[①]。在《西尔维与布

---

① 对零钱袋的这一描述是刘易斯·卡罗尔《西尔维与布鲁诺完结篇》(*Sylvie and Bruno concluded*)第7章最精彩段落的一部分。

鲁诺》中,从实在向梦境、从物体向非物体过渡的技巧被增多、被完全革新、臻于完善。然而总是沿着表面、边界,有人才凭藉着一个环转到另一侧。反面与正面的连续性取代深度的所有阶段;表面效应在有益于所有事件的一个唯一且相同的**事件**中使整个生成与它的悖论上升到语言①。正如刘易斯·卡罗尔在一篇名为《党派斗争的动力学》(The dynamics of a particle)中所说的那样,"平的表面是话语的特征……"

---

① 对表面的这一发现、对深度的这一批评形成了现代文学的不变主题。它们启发了罗伯-格里耶(Robbe-Grillet)的作品。在克罗索夫斯基(Klossowski)的作品中,有人以另一种方式在洛贝特的表皮与手套之间的关系中重新找到它们,参见克罗索夫斯基在《好客的法则》(Lois de l'hospitalité)的"后记"(第335、344页)中关于这一点的评论。或参见米歇尔·图尼埃(Michel Tournier)在《礼拜五:太平洋上的灵薄狱》(Vendredi ou les limbes du Pacifique)第58—59页中的描写:"然而有一种奇怪的偏见,此偏见盲目地重视深度而损害表层,并希望'表层的'(superficiel)这个词不表示'广阔的维度'之义,而表示'没有深度'之义,至于'深度的'(profond)这个词的含义,却反而表示'具有相当的深度'之义,而并非表示'具有可靠的表层'之义。然而一种像爱一样的情感,我觉得如果它也可以测度的话,由其表层的重要性测度效果要比由其深度程度测度好得多……"(中译本参见[法]米歇尔·图尼耶著,《礼拜五:太平洋上的灵薄狱》,王道乾译,上海译文出版社,1997年,第59页。译文有所改动——译注)参见本书附录3和附录4。

# 悖论系列 3　命题

在这些效应-事件(événements-effets)与语言(乃至语言的可能性)之间,存在着一种本质性的关系:被一些至少是可能的命题来表达或可表达、陈述或可陈述,是事件的责任所在。但命题中存在着许多关系;哪一种关系是适合表面效应、适合事件的关系?

为了从命题中辨认出三种有区别的关系,众多作者达成一致意见。第一种关系被称作指称(désignation)或指示(indication):这是命题与外部的事物状态的关系(前提[*datum*])。事物状态是个体化的,它包含着某个物体、物体的混合、质与量、关系。指称通过词本身与特殊的、应该"再现"事物状态的影像(images)之间的关联起作用。在所有那些与词(命题中的某个词)关联起来的影像中间,必须选择、遴选那些与给定的复合体相对应的影像。指称的直觉因此以"是那个""不是那个"的形式来表达。弄明白词与影像之间的关联是原始的还是派生的、是必然的还是任意的,这个疑问还不可能被提出来。目前重要的是,命题中的某些词、某些语言小品词在任何情况下都给影像的遴选、因此也给每种事物状态的指称充当空洞形式：把它们当作普遍概念可能是错误的，正是形式上的单数（singuliers）才起到纯粹的"指称词"（désignants）或本维尼斯特所说的"指示词"（indicateurs）的作用。这些形式上的指示词是 ceci（这）、cela（那）；il（无人称代词）；ici（这里）、là（那里）；hier（昨天）、maintemant（今天）等。专名也是指示词或指称词，但具有特别的重要性，因为只有专名才形成物质特有的奇异性。指称在逻辑上以真假为标准、元素。真意味着指称的确被事物状态所填充，指示词被实现，或者好的影像被选择。"在所有情况中为真"意味着这种填充是针对着无数与词关联在一起的特殊影像而得以发生，却不需要进行遴选。假意味着指称不会被填充，要么因被遴选的影像的缺陷，要么是由于根本不可能产生一种与词关联起来的影像。

命题的第二种关系常常被称作表示（manifestation）。这涉及命题与进行言说和自我表达的主体之间的关系。因此，表示呈现为与命题相对应的欲望和信念的陈述。欲望和信念是因果推理，而不是联想。欲望是有关对象之实存或相应事物状态的影像的内在因果关系；与此相关，信念是对这一对象或事物状态的期待，因为它的实存必须被外在因果关系所产生。人们将不会由此推断出，表示相关于指称而言是次要的：表示反而使指称成为可能，而且推理形成一种系统性的统一,联想得以从中产生。休谟深刻洞察到了这一点:在因果联想中,是"根据关系进行的推理"先于关系本身。表示的这种优先性被语言分析所证实。因为命题中存在着一些像特殊小品词一样的"表示词"(manifestants):je(我)、tu(你)、demain(明天)、toujours(总是)、ailleurs(在别处)、partout(到处)等。正如专名是一种享有特权的指示词一样,**我**(Je)也是基本的表示词。但是,不仅仅其他一些表示词取决于**我**,全体指示词也与**我**相关。[①] 指示或指称归摄着个体的事物状态、特殊的影像与单数的指称词;但表示词从**我**开始构成人称代词的领域,后者给任何可能的指称充当原则。最终,从指称到表示,一种由**我思**(Cogito)再现的逻辑价值的移位出现了:不再是真与假,而是真实(véracité)与欺骗(tromperie)。在对蜡块的著名分析中,笛卡尔绝不探寻什么东西继续存在于蜂蜡中(他甚至没有在这个片段中提出这个问题),而是指出在我思中被表示的**我**如何创立蜂蜡得以辨认所依据的指称判断。

我们应该将意指(signification)的名称留给命题

---

① 参见"接合器"(embrayeurs)理论,正如它在本维尼斯特的《普通语言学问题》(*Problèmes de linguistique générale*, Gallimard)第20章中所阐述的那样。我们将"明天"从昨天或现在中区分出来,因为"明天"首先是对信念的表达,并具有一种只是次要的指示意义。

的第三个维度;这次涉及到词与普遍概念或一般概念之间的关系,而且涉及到句法关联词与概念意蕴之间的关系。从意指的视角看,我们一直把命题的元素视作概念意蕴的"意指词"(signifiant),而概念意蕴可诉诸能给第一个命题充当前提的其他一些命题。意指被概念意蕴的这种秩序所界定,被考虑的命题在这种秩序中只是作为"论证"(在这个词最一般的意义上)的元素而出现,要么作为前提,要么作为结论。因此,语言学的意指词本质上是"蕴含着"(implique)与"因此"(donc)。意蕴(*implication*)是界定前提与结论之间关系的符号;"因此"是断言(*assertion*)的符号,后者界定意蕴结束时结论自身得到肯定的可能性。当我们在最一般的意义上谈论论证时,我们的意思是命题的意指总是这样处于与之相应的间接过程之中,即处于命题与它从中被推断出来或它反之使其结论得以可能的其他一些命题的关系之中。相反,指称诉诸直接过程。论证不应在受限制的、三段论的或数学的意义上被理解,而还应在或然性的物理意义上,或在许诺和介入的道德意义上被理解,因为结论的断言在后一种情况中是由许诺确实得以践行的时刻所再现。[1]这样被理解的意指或论证的逻辑值不再是真

---

[1] 例如,当布利斯·帕兰(Brice Parain)将命名(指称)与论证(意指)相对立时,他就以一种包含有待完成的规划、有待 (转下页)

值——正如意蕴的假设模态所指出的那样,而是真值条件,即诸条件的集合,一个命题在这些条件下"可能是"(serait)真的。受条件限制的或被断定的命题可能是假的,只要它目前指称一种并不实存的事物状态或者它不会被直接证实。意指如果还没有使错误得以可能就不会给真值赋予根据。这就是为什么真值条件不是与假相对立,而是与荒诞相对立:它是无意指的东西,既非真亦非假的东西。

相关于表示与指称,意指转而是首要的吗?这个疑问必须得到复杂的回答。因为表示本身如果相关于指称是首要的,如果它是奠基性的,那么这是从一个极其特殊的视角来看的。为了重新采用古典式的区分,我们可以说这是基于言语(parole)的视角,即便是一种保持沉默的言语。在言语的秩序中,正是**我**才开始,且绝对开始。在这一秩序中,**我**因而是首要的,不仅相关于**我**所奠基的任何可能的指称,而且相关于**我**所包含的意指。不过正好从这个视角看,概念性的意指才不会自为地有价值和被展开:它们因**我**而保持言下之意,而**我**将自身呈现为具有直接被理解的、与自己的表示相同一的意指。这就是为什么笛卡尔能

---

(接上页)践行的许诺、有待实现的可能事情的道德意义的方式理解论证,就如同在"爱情的论证"或"我会永远爱你"中那样。参见《语言的本性与功能的研究》(*Recherches sur la nature et les fonctions du langage*)第 5 章,伽利玛出版社。

够将人是理性的动物的定义与他对**我思**的规定对立起来:因为前者要求一种对那些被意指的概念的清晰阐述(什么是动物？什么是有理性的?),而后者则被看作它一旦被说出就会被理解。①

表示的这种首要地位不仅与指称相关,而且与意指相关,因此必须在意指依旧自然而然地隐含其中的"言语"秩序中来予以理解。唯有在此,自我才相关于概念——世界与上帝——是首要的。但是,如果存在着另一种秩序,意指在其中自为地有价值、被展现,那么意指在其中是首要的,且给表示赋予根据。这种秩序明确是语言(langue)的秩序:一个命题在其中只能作为一个前提或一个结论出现,并在表示一个主体乃至指称一种事物状态之前就显现为意指各种概念。正是从这一视角看,被意指的概念(例如上帝或世界)才一直相关于作为被表示的人称的自我与作为被指称的对象的事物是首要的。总的来说,本维尼斯特指出,只有词(或者毋宁说是它自己的声音影像)与概念之间的关系是必然的,而非任意的。只有词与概念的关系才享有其他一些关系所不具有的必然性,只要人们直接考虑这些关系,它们就保持着任意性,而且只有在人们将它们与前一种关系联系起来的范围内,它们才会摆脱这种任意性。因此,使得那些与词关联起

---

① 笛卡尔著,《哲学原理》,第一章第十节。

来的特殊影像发生变化,以"这不是那个、这是那个"的形式用一个影像取代另一个影像的可能性,只有通过那些被意指的概念的恒定性才能说明原因。同样,欲望不会形成一种有关要求乃至责任的、区别于单纯的迫切需要的秩序,而且信念也不会形成一种区别于单纯的意见的推理秩序,尽管它们在其中得以表示的词最初并未诉诸概念和概念意蕴,而后者使得这些欲望和这些信念成为意指的。

然而,意指之于指称的被假设的优先性还提出了一个棘手的问题。当我们说"因此"(donc)时,当我们把命题视作结论时,我们就会把命题变成断言的对象,即我们将前提搁置一边,且独立地肯定命题本身。我们将命题与其所指称的事物状态联系起来,不考虑那些构成其意指的意蕴。但是,为此就需要两个条件。首先,前提必须被设定为确实为真;这是已经迫使我们摆脱纯粹的意蕴秩序的东西,以便将前提本身与所预设的被指称的事物状态联系起来。不过接下来,即便假设前提 A 与 B 为真,我们也只能从中推断出成问题的命题 Z,我们只能使命题 Z 与它的前提分开,且只能不顾意蕴就肯定命题 Z 本身——通过承认 A 与 B 如果为真则命题 Z 转而也为真:这便是构成命题 C 的部分,而命题 C 仍处于意蕴秩序之中,最终也无法摆脱意蕴秩序,因为命题 C 诉诸命题 D,命题 D 说 A、B、C 如果为真,那么 Z 则为真······以此类推,无穷无尽。这一悖论居于逻辑学的核心,且对象征性意蕴和象征性意指的整个理论具有决定性的影响,它是刘易斯·卡罗尔在著名文章《乌龟对阿基琉斯说了什么》①中所阐述的悖论。简而言之,一方面,结论可从前提中被分离出来,但另一方面只要人们一直添加结论不可与之分离的其他前提即可。这相当于说意指从不是同质的;或者说"蕴含着"(implique)与"因此"(donc)这两个符号是完全异质的,或者说蕴含只不过通过给自身赋予现成的指称才最终给指称赋予根据,一次在前提之中,另一次在结论之中。

从指称到表示再到意指,但也可从意指到表示再到指称,我们被卷入一个循环论证之中,即命题的循环论证。要弄明白我们是应该满足于这三个维度还是应该添加可能是意义的第四个维度,这是一个经济学的或策略性的疑问。不是说我们应该建构一个与先决性维度相对应的后天性模型。但毋宁说是因为模型本身应该能够从内部先天地发挥作用,即便它应该引入一个补充性的维度,后者由于其短暂性而不可能在经验中从外部被辨认出来。因此这是个应然的疑问,且不只是个实然的疑问。然而,还存在着一个

---

① 该文收入《毫无困难的逻辑》(*Logique sans peine*),Gattegno 和 Coumet 译,Hermann 出版社,1972 年。关于与刘易斯·卡罗尔的这个悖论相关的、丰富的文学、逻辑学和科学的参考书目,可参考 Ernst Coumet 的评论,参见该书第 281—288 页。

实然的疑问，而且必须从它开始：意义能够在指称、表示或意指这三个维度中的一个维度中被定位吗？有人首先将回答：这对于指称来说似乎是不可能的。指称一旦被实现就会使命题为真，一旦未被实现就会使命题为假。然而，意义显然不可能包括那使命题为真假的东西，也不包括这些值在其中被实现的维度。进而言之，指称只在有人能够指出词与物或被指称的事物状态之间的对应关系的范围内才能承受命题的权重：布利斯·帕兰解释了这样一个假设在希腊哲学中引起的那些悖论。① 且在其他一些悖论中，如何避免货车通过嘴？刘易斯·卡罗尔还更直截了当地问道：名称如何具有"担保人"（répondant）？而且这对于与其名称相符的某物来说意味着什么？如果事物与名称不相符，那么是什么阻止事物失去它们的名称？除了没有任何东西与之相称的指称的任意性与"那、那个"（cela）类型的形式化的指示词或指称词（两者都一样被剥夺了意义）的空洞之外，还剩下什么？毫无疑问，任何指称都预设着意义，而且人们一下子投身于意义之中就是为了实施任何指称。

将意义与表示等同起来，这种做法更有可能成功，因为指称词本身只有根据一个在命题中被表示的**我**才具有意义。这个**我**的确是首要的，因为它使得言

---

① 布利斯·帕兰著，《语言的本性与功能的研究》，第3章。

语开始;如爱丽丝所说的那样,"如果你只在别人对你说话的时候才说话,而别人又总是等着你先开口,你瞧,那就没有人会说一句话啦。"① 人们由此可以得出结论,意义存在于自我表达的人的信念(或欲望)之中②。"在我用一个单词的时候,"汉普蒂·邓普蒂也说道,"它就意味着我选择它去意味的那个意思——既不多,也不少……问题在于……是谁说了算——如此而已。"③ 但如前所述,信念与欲望的秩序被建立在意指的概念意蕴之上,甚至说话的或说**我**的自我的同一性只是被某些所指(上帝、世界等概念……)的持久性所保证。只要**我**包含着那些应该在语言(langue)的秩序中自为地被展开的意指,我在言语的秩序中就是首要的、充分的。如果这些意指出现崩溃或者未被自行确立,那么人称的同一性就会丧失,就像爱丽丝痛苦地体验到的那样:上帝、世界和自我在这些条件中变成难以确定的某个人的梦境中的模糊不清的人

---

① 此处据《爱丽丝镜中奇遇记》英文原文翻译,德勒兹所援引的法译本与英文原文有出入。中译本参见[英]刘易斯·卡罗尔著,《爱丽丝镜中奇遇记》,吴钧陶译,上海译文出版社,2003年,第157页。——译注

② 参见罗素著,《意义与真理的探究》(*Signification et vérité*),Devaux译,Flammarion出版社,第213—224页。

③ 中译本参见[英]刘易斯·卡罗尔著,《爱丽丝镜中奇遇记》,吴钧陶译,上海译文出版社,2003年,第104—105页。——译注

物。这就是为什么最后的对策似乎就是将意义与意指等同起来。

我们现在被打回到循环论证中,且被带回刘易斯·卡罗尔的悖论之中,意指从不能在其中发挥其最后根据的作用,并以不可化约的指称为前提。但是,也许还存在着一个极其一般的理由,可用此来解释意指为什么受挫以及根据与被赋予根据者(le fondé)为什么构成循环。当我们将意指界定为真值条件,我们就给它赋予了一个它与意义共享的特征,这个特征已经是意义的特征。不过意指如何将这个特征据为己有?如何利用它?当我们谈论真值条件时,我们就凌驾于真假之上,因为假命题具有意义或意指。但同时我们仅仅将这个高级条件界定为命题为真的可能性。① 一个命题为真的可能性不过是命题本身的可能性形式。命题的可能性有许多形式:逻辑的、几何的、代数的、物理的、句法的……亚里士多德要通过命题的各项与有关偶性、特性(le propre)、类属或定义的"场所"(lieux)之间的关系来界定逻辑的可能性形式;康德甚至想出两种新的可能性形式,即先验的可能性与道德的可能性。但是,无论人们以何种方式界

---

① 罗素著,《意义与真理的探究》,第 179 页;"我们可以说,一个有含义的句子所断言的任何东西都有某种可能性。"(中译本参见[英]伯特兰·罗素著,《意义与真理的探究》,贾可春译,商务印书馆,2009 年,第 198 页。—— 译注)

定形式,这都是一个奇特的步骤,它在于从受条件限制者上升到条件,以便将条件设想为受条件限制者的单纯形式。在此人们上升到根据,但被赋予根据者不管给它赋予根据的操作如何,均不受这一操作影响:因此指称依然外在于限定它的秩序。真与假对这样的原则依然无动于衷:这一原则仅在令一方继续存在于与另一方的旧关系中时,才决定前者的可能性。因此,人们不断地从受条件限制者被打回到条件,但也从条件被打回到受条件限制者。为了避开这种缺陷,真值条件应该拥有一种属于自己的、不同于受条件限制者的形式的元素,它应该拥有不受限制的某物,后者能够确保指称和命题的其他维度的真实发生:因此,真值条件不再被界定为概念的可能性形式,而是被界定为理念的质料或"层"(couche),就是说不再被界定为意指,而是被界定为意义。

意义是命题的第四个维度。斯多亚学派连同事件一起发现了意义:意义是命题的被表达者(*l'exprimé*),即这种处在事物表面上的非物体、不可化约的复杂实体、命题中坚持存在或持续存在的纯粹事件。第二次对意义的这种发现是由 14 世纪奥康学派的里米尼的格雷高里(Grégoire de Rimini)与奥特库尔的尼古拉(Nicolas de Autrecourt)完成的。第三次是在 19 世纪末由大哲学家、逻辑学家迈农（Meinong）完成的。①无疑存在一些理由可以解释这些时刻：如前所述，斯多亚学派的发现假设了一种对柏拉图主义的颠倒；同样，奥康学派的逻辑学也反对**共相**问题；迈农反对黑格尔的逻辑学及其后续。问题是：是否存在着这样的某物（aliquid）？它既不混淆于命题和命题的各项，也不混淆于命题所指称的对象和事物状态，还不会混淆于自我表达者在命题中的亲身体验、再现或精神活动，更不混淆于概念乃至被意指的本质。作为命题的被表达者，意义因此不可化约为个体的事物状态、特殊影像、个人信念、普遍概念与一般概念。斯多亚学派懂得如何说明意义：既非词，亦非物体，既非可感的再现，亦非理性的再现。②不止如此，意义也许是"中性的"，对特殊与一般、独特与普遍、人称与无人称完全没兴趣。它可能具有一种完全不同的本性。但应该辨认出这样一种替补的层级？抑或我们应该与我

---

① 于贝尔·埃利（Hubert Elie）在一本极其优美的著作（《可意指的复合体》[*Le Complexe significabile*]，Vrin 出版社，1936年）中阐述与评论了里米尼的格雷高里和奥特库尔的尼古拉的学说。他指出他们的学说与迈农的理论的极端相似处，并指出一场同样的论战如何重现于 19 世纪和 14 世纪，但并未指出这个问题的斯多亚学派根源。

② 关于斯多亚学派在非物体与（由物体痕迹构成的）理性再现之间的差异，参见[法]爱弥尔·布雷耶著，《古代斯多亚主义中的非物体理论》，Vrin 出版社，1928 年，第 16—18 页。

们已经拥有的东西一起澄清指称、表示与意指？这种论战在每个时代都会被重新发起（新堡的安德烈[André de Neufchâteau]和皮埃尔·戴利[Pierre d'Ailly]反对里米尼，布伦塔诺[Brentano]和罗素反对迈农）。确实，正是揭示这第四维度的尝试才有点儿像是对刘易斯·卡罗尔的蛇鳖的猎捕。也许这第四个维度就是这场猎捕本身，而意义则是蛇鳖。那些想靠词、事物、影像与观念来满足自己的人，是很难回应的。因为人们甚至不能说清它存在的意义：它既不存在于事物之中，也不存在于精神之中，它既不具有物理性实存，也不具有精神性实存。人们至少会说它是有用的吗？人们会因为它的用处而必须接受它吗？甚至不会如此，因为意义具有一种无效的、无动于衷的和贫乏的荣耀。这就是为什么我们说，在事实上，人们只能间接地从命题的寻常维度引导我们进入的循环论证开始推断出意义。只有像人们对莫比乌斯环所做的那样劈开圆，沿着它的长度展开它、拆开它，意义的维度才会自为地显现，并显现在其不可约性之中，但也显现在其发生能力之中，由此激发命题先天的内部模型。① 意义的逻辑完全受经验主义启发；但

---

① 参见洛特芒（Albert Lautman）关于莫比乌斯环的评注：它"只有唯一的侧面，且这是一个本质上外在的特性，因为要理解它就必须劈开它和拆开它，这意味着围绕一个外在于莫比 （转下页）

恰好只有经验主义懂得如何超越可见物的实验维度而不陷入**理念**,而且懂得如何在被延长的、被展开的经验的边界上围捕、援用,也许制造一个幻影(fantôme)。

这个最终的维度被胡塞尔命名为表达(expression):它区别于指称、表示与证明。[①]意义是被表达者。胡塞尔与迈农一样重新发现了斯多亚学派式的灵感的鲜活源泉。例如,当胡塞尔自问"可知觉的意向相关项"(noème perceptif)或"知觉的意义"(sens de perception)时,他使其同时区别于物理对象、心理体验、精神表象与逻辑概念。他将其呈现为一种无动于衷的东西、一种非物体,既不具有物理性实存也不具有精神性实存,既不施动也不被动,即纯粹的后果、纯粹的"显像"(apparence):实在的树(被指称物)可以燃烧,可以是能动的主体与对象,可以融入混合物;树的意向相关项却不可以。对于同一个被指称物而言,存在着许多意向相关项或意义:暮星与晨星是两个意向相关项,即同一个被指称物在表达中呈现自身

---

(接上页)乌斯环表面的轴进行旋转。然而有可能以一种纯粹内在的特性来确定这种单侧性的特征……",等等。《论数学中的结构观念与实存观念》(*Essai sur les notions de structure et d'existence en mathématiques*)第 1 卷,Hermann 出版社,1938 年,第 51 页。

① 我们并未考虑胡塞尔在其术语体系中对"意指"的特殊用法,他或者是为了辨别这种特殊用法,或者是为了将这种特殊用法与"意义"联系起来。

的两种方式。不过,当胡塞尔由此说意向相关项就像它出现在阐述中那样是被感知物(le perçu)、"被感知物本身"或显像时,我们就不应该理解意向相关项涉及一种可感的所予(donné)或一种质,我们反而应该理解意向相关项涉及一种理念上的客观统一,后者作为知觉行为的意向相关物。任意一个意向相关项都不是在知觉中被给予的(也不是在回忆或影像中被给予的),它拥有一种完全不同的、关键并不实存于表达它的命题之外的地位,无论是知觉的命题、想象的命题、回忆的命题还是再现的命题。作为可感颜色或质的绿色,我们将其与作为意向相关项的颜色或属性的"变绿"进行区别。树变绿了,这不就最终是树的颜色的意义吗?树变成树(*l'arbre arbrifié*),这不就最终是树的总体意义吗?意向相关项不过是纯粹事件、树的事件(尽管胡塞尔没有出于术语原因来这样谈论)?而他所谓的显像也只不过是一种表面效应?在同一个对象乃至不同对象的意向相关项之间,复杂的联系得以被构思,类似于斯多亚学派的辩证法在事件之间所建立的那些联系。现象学可能是这种关于表面效应的严肃学问吗?

让我们考虑一下意义或被表达者的复杂地位。一方面,它并不实存于表达它的命题之外。被表达者并不实存于它的表达之外。这就是为什么意义不可被说成实存,但只能被说成坚持存在或继续存在。但另一方面它决不混淆于命题,它具有一种截然不同的"客观性"。被表达者完全不相似于表达。意义被赋予,但它完全不是命题的属性,它是事物或事物状态的属性。命题的属性是谓项,例如作为绿色的定性谓项。它被赋予命题的主项。但事物的属性是动词,例如变绿,或者毋宁说是被这个动词所表达的事件;它被归属于主项所指称的事物或被整个命题所指称的事物状态。反之,这种合乎逻辑的属性绝不会转而混淆于物理性的事物状态,也不会混淆于这种状态的质或关系。属性不是存在,并不定性存在;它是一种超存在。绿色指称一种质,一种事物的混合物,一种有关树与空气的混合物,叶绿素与树叶的所有部分共存于其中。变绿反而不是事物之中的一种质,而是一种用来形容事物的属性,后者并不实存于通过指称事物来表达它的命题之外。我们在此又回到了起点:意义并不实存于命题之外……等等。

但这并不是一个循环论证,毋宁说是无厚度的两个面的共存,正如有人沿着长度从一个面到另一个面一样。分不开的是,意义是命题的可表达者或被表达者,并且是事物状态的属性。意义将一面趋向于事物,将另一面趋向于命题。但意义既不混淆于表达它的命题,也不混淆于命题所指称的事物状态或质。意义的确是命题与事物的边界。意义是这样一个某物,既是超存在又是持存,它是适合持存的这种最小存在。① 正是在这个意义上,意义才是"事件":只要别将事件混淆于它在事物状态中的时空实现。因此,有人将会问什么是事件的意义;事件就是意义本身。事件本质上属于语言,它处于一种与语言的本质性关系之中;但语言是用来形容事物的东西。让·加泰尼奥(Jean Gattegno)确实突出了刘易斯·卡罗尔的故事与经典童话之间的差异:在刘易斯·卡罗尔的作品中,所发生的一切都发生在语言中,并通过语言发生;"这不是他向我们讲述的故事,这是他向我们说的话语,即碎片化的话语……"② 刘易斯·卡罗尔就将他的整部作品置于事件-意义或属性-可表达者的这个扁平世界之中。由此就出现了署名刘易斯·卡罗尔的幻想作品与署名道奇森(Dodgson)的数学-逻辑学作品之间的关系。我们认为,如前所述,在我们不遵守逻辑学作品提出的规则与法则时,幻想作品就只呈现出我们会落入其中的陷阱和困境的汇集,这一点是很难说清楚的。不仅因为很多陷阱持续存在于逻辑学作品本身之中,而且因为我们认为这种分类应另当别论。令人惊讶的是发现整部逻辑作品直接涉及意

---

① 持存与超存在这些术语在斯多亚学派与迈农的术语体系中具有它们的对应项。

② 该文收入《毫无困难的逻辑》(*Logique sans peine*),Hermann出版社,序言,第19—20页。

指、意蕴与结论，并只是间接涉及意义——正是借助于意指不会解决的、乃至是意指所引起的那些悖论。反之，幻想作品直接涉及意义，并直接将悖论的力量与意义联系起来。这正对应着意义的两种状态：实然与应然、后天与先天，一种是人们间接从命题的循环论证推断意义所经由的状态，另一种是人们令意义自行显现所经由的状态，同时沿着命题与事物之间的边界展开命题的循环论证。

## 悖论系列4 二元性

第一组重要的二元性是有关原因与效应、物体性事物与非物体性事件的二元性。但就效应-事件并不实存于那些表达它们的命题之外来说,这种二元性被延展到事物与命题、物体与语言的二元性。因此就有了某种贯穿刘易斯·卡罗尔的所有作品的抉择:吃或说。在《西尔维与布鲁诺》中,抉择是"事物的片段"或"莎士比亚的片段"。在爱丽丝的加冕晚餐中,抉择是吃有人送给你的东西或者被送给有人吃的东西。吃、被吃,这是诸物体的运作模式、它们在深处进行混合的类型、它们的能动与被动、它们在彼此中共存的方式。但是,说是表面的运动、理想的属性或非物体性的事件。有人问什么是最严重的:是说食物还是吃词语?爱丽丝在食物的困扰中经受着那些有关吸收、被吸收的噩梦。她察觉到她听到的诗歌是关于可食用的鱼。如果有人要谈到食物,该怎么避免在不得不充当食物的人面前进行谈论呢?因此便有了爱丽丝在老鼠面前说的那些蠢话。怎么禁止自己吃有人被迫送给的布丁?不仅如此,背诵的词语歪歪斜斜地出现,好像被物体的深度所引诱,伴随着口头上的幻觉,就像人们在语言混乱、伴随着暴躁的口述行为的那些疾病中所看到的那样(把一切都带给嘴,吃任何东西,把牙齿咬得嘎吱嘎吱响)。"我敢肯定这不是原文。"爱丽丝在概述那谈论食物的人的命运时说道。但吃词语却恰恰相反:人们将物体的运作提升到语言的表面,人们在罢黜物体的旧有深度时激发物体,哪怕在这种冒犯中使所有语言遭受危险。在这种冒犯中,种种混乱这次来自表面,是旁侧的,从右向左展开。口吃取代蠢话,表层的幻象被深度的幻觉取代,快速滑动的梦取代艰难的隐匿和吃喝的噩梦。因此,完美的、非物体性的和厌食的小女孩,完美的、口吃的和左撇子的小男孩,必须摆脱他们实在的、贪吃的、暴食的和说蠢话的形象。

但第二组二元性——语言-物体、吃-说——却是不充分的。如前所述,如果意义并不实存于表达它的命题之外,那么意义无论如何都是事物状态的属性,但不是命题的属性。事件继续存在于语言中,但意义突然降临到事物上。事物和命题与其说是处于激进的二元性中,倒不如说彼此都属于意义所再现的边界。这一边界不会搞混它们,也不会把它们连接起来(既没有一元论,也没有二元论),它宁可像是它们的差异的连接:物体/语言。哪怕是把事件比作草原上的一团雾气,这团雾气还真就在事物与命题的边界、接合点上冉冉升起。因而,二元性可从两方面、在两个项之中的每个项中被反思。就事物而言,一方面有那些由事物状态构成的物理性质和实在关系,另一方面有那些标记非物体性事件的、完美的逻辑属性。就命题而言,一方面有指称事物状态的名称与形容词,另一方面有表达事件或逻辑属性的动词。一方面有单称的专名、泛称的名词和形容词,它们标记着尺度、停顿与静止、在场;另一方面有与它们一起卷走生成和其不可逆的事件系列的动词,后者无限地将其现在分成过去与未来。汉普蒂·邓普蒂铿锵有力地区分出两类词:"有些单词有脾气——特别是动词,它们最为骄傲——形容词,你可以叫它跟任何东西在一起,但是不能跟动词——然而,我却可以把它们全部大伙儿随意摆弄!不可穿透性!这就是我的说法。"①而且当汉普蒂·邓普蒂解释"不可穿透性"这个不寻常的词时,他提出了一个太谦逊的理由("我所说的'不可穿透性'意思是咱们关于那个话题已经谈得够多的了")。事实上,不可穿透性的确意味着另一回事。汉普蒂·邓普蒂将事件的无动于衷与物体的能动和被动、意义的不可消费性与事物的可食用性、无厚度的非物体的不可穿透性与本体的相互混合和穿透、表面

---

① 中译本参见[英]刘易斯·卡罗尔著,《爱丽丝镜中奇遇记》,吴钧陶译,上海译文出版社,2003年,第105页。——译注

的抵制与深度的柔软对立起来,总之就是将动词的"傲慢"与名词和形容词的顺从对立起来。而且不可穿透性还意味着两者之间的边界——那个坐在边界的人,恰好就像汉普蒂·邓普蒂坐在狭窄的墙上,他支配着两者,他是两者差异的连接的难以识透的主人。("然而,我却可以把它们全部大伙儿随意摆弄!")

这还是不充分的。二元性中的后一个词并不处在这种向《克拉底鲁篇》的假设的回归之中。命题中的二元性并不在两类名称之间,即停止的名称与生成的名称、本体或质的名称与事件的名称之间,而是在命题本身的两种维度之间:指称与表达、事物的指称与意义的表达。这就好像存在着镜子的两侧,但处在一侧的东西并不相似于处在另一侧的东西("剩余的一切尽可能地不一样")。到镜子的另一侧就是从指称的关系到表达的关系——不要停在中间状态,即表示、意指。这便是抵达语言不再与被指称物有关但只与被表达者(即与意义)有关的领域。这是二元性的最后移位:二元性现在进入命题的内部。

老鼠讲述道,当领主打算给征服者威廉加冕时,"坎特伯雷大主教斯梯干德也发现那个是适当的。"鸭子问:"发现什么呀?"——"发现那个,"老鼠颇为不快地回答。"你当然明白'那个'是什么意思"。——"'那个'是什么意思,我是够清楚的,我要是发现一个什么东西的时候,"鸭子说道,"一般来说,那是一只青蛙,或者一条毛毛虫。现在的问题是:那位大主教究竟发现了什么?"①很显然,鸭子使用那个,并将其理解为一个有关所有事物、事物状态和可能之质的指称项(指示)。它甚至明确指出被指称物本质上是被吃的或能被吃的东西。可指称的或被指称的一切原则上都是可消费的、可穿透的;爱丽丝在其他地方注意到她只能"想象"食物。但老鼠,她却以完全不同的方式使用那个:作为先决命题的意义、作为命题所表达的事件(要给征服者威廉加冕)。关于那个的含糊之处因此根据指称与表达的二元性被分配。命题的两个维度被组织成两个系列,这两个系列只会无限地在一个与那个一样含糊不清的项中收敛,因为它们只会在它们不断延展所沿着的边界上相遇。其中一个系列以自己的方式重新开启"吃",而另一个系列则提取"说"的本质。这就是为什么人们在刘易斯·卡罗尔的很多诗歌中目睹了两个同时发生的维度的自主展开,一个维度诉诸那些总是可消费的被指称对象或消费的接收者,另一个诉诸那些总是可表达的意义,或至少诉诸那些承载着语言与意义的对象,两个维度只会收敛到一个秘传词、一种不可识别的某物之中。因

---

① 中译本参见[英]刘易斯·卡罗尔著,《爱丽斯奇境历险记》,吴钧陶译,上海译文出版社,2007年,第24—25页。——译注

此便有了蛇鳖(Snark)的叠句:"你用套环搜索过它,他们细心搜索过它/他们用叉子和希望追踪它"——其中套环和叉子与被指称的工具有关,但希望和细心与意义和事件的考量有关(刘易斯·卡罗尔作品中的意义经常被呈现为人们所应"留心"的这种东西,即基本"细心"的对象)。怪僻词蛇鳖是永远被延长的、同时被两个系列勾画出的边界。更具典型意义的是《西尔维与布鲁诺》中那首令人赞赏的园丁之歌。每个唱段都使截然不同类型的、呈现给两种不同注视的两个项发挥作用:"他以为他看见了……他再一看,他看见了那是……"整个唱段由此展开两个异质系列,一个由那些消费的或可消费的动物、存在物或对象构成,可按照可感的、声音的物理性质来描述它们,另一个由那些极具象征性的对象或人物构成,它们被逻辑属性或偶尔被双亲称呼所界定,而且它们承载着事件、新闻、讯息或意义。在每个唱段的结尾,园丁都会描绘一条令人伤感的、由两个系列彼此延展的小径;因为我们得知这首歌就是他自己的故事。

> 他以为他看见了一只大象
> 在练习吹笛子,
> 他再一看,他看见了那是
> 他妻子的来信。
> "最后我认识到,"他说,

"生活的苦涩……"

他以为他看见了一只信天翁
绕着灯扑打着翅膀,
他再一看,他看见了那是
一枚一便士的邮票。
"您最好回家,"他说,
"夜晚太潮湿……"

他以为他看见了一个论据
可证明他是教皇,
他再一看,他看见了那是
一条有纹理的石皂,
"一个这么恐怖的事件,"他虚弱地说道,
"熄灭所有希望。"①

---

① 《西尔维与布鲁诺》中的园丁之歌由九个唱段构成,其中有八个唱段分散在第一卷,第九个唱段出现在《西尔维与布鲁诺终结篇》(第 20 章)。全部法译本由亨利·帕里索(Henri Parisot)收录进《刘易斯·卡罗尔文集》(*Lewis Caroll*,Seghers 出版社,1952 年),并由罗贝尔·贝纳永(Robert Benayoun)收录在他编选的《无意义文选》(Pauvert 出版社,1957 年,第 180—182 页)中。

# 悖论系列 5　意义

不过,既然意义不仅仅是将事物与命题、名词与动词、指称与表达相对立的二元性的两个项之一,既然意义也是两个项之间差异的边界、边刃或连接,既然意义支配着一种属于它的、意义在其中被反思的不可穿透性,那么意义本身就必须在这次是内部的各悖论的新系列之中展开。

后退或无限增殖的悖论。当我指称某物时,我总是假定意义已经在此被理解。正如柏格森所言,人们不是从声音到影像、从影像到意义;人们"一下子就"被安置在意义中。为了启动那些可能发生的指称,甚至为了思考这些指称的条件,意义就像我已经被安置在其中的领域一样。我一开始说话,意义就一直被预设;没有这一预设,我就不能开始。换言之,我从未说出我所说的话的意义。但反之,我一直能把我所说的话的意义当作我转而不会说出其意义的另一个命题的对象。我因而进入前提的无穷后退。这一后退同时证明说话者最大的无能与语言的最高力量:我无力说出我所说的话的意义,同时无力说出某物及其意义,但也有针对词进行言说的语言的无限能力。总之,鉴于一个指称事物状态的命题,人们可以一直将其意义视作另一个命题的被指称物。如果人们约定将命题视作名称,那么任何指称对象的名称看来都能自身变成指称其意义的新名称的对象:鉴于 $n_1$ 诉诸指称 $n_1$ 的意义的 $n_2$,$n_2$ 诉诸指称 $n_2$ 的意义的 $n_3$,等等。对于其中的每个名称来说,语言应包含着一个针对此名称之意义的名称。词语实体的这种无限增殖以弗雷格的悖论而闻名。[1] 但这也是刘易斯·卡罗尔的悖论。在爱丽丝与骑士的相遇情节中,它严格出现在镜子的另一侧。骑士宣布他要唱的歌曲的题目:"这首歌的名字叫《黑线鳕的眼睛》。"——"哦,这是歌曲的名字吗?"爱丽丝问道。——"不,你不明白,"骑士说,"那是人家这么叫的曲名,真正的曲名是《老而又老的老头儿》"。——"那么我刚才应该说:'那首歌是那么被人叫的'?"爱丽丝自己纠正说。——"不,您不应该这么说。这完全是另一回事。这首歌被叫作《方法与手段》;但这只不过是歌曲所谓的名字,你知

---

[1] 参见 G. 弗雷格,《意义和指称》(Ueber Sinn und Bedeutung),《哲学和哲学批判杂志》(Zeitschrift f. Ph. Und ph. Kr., 1892)。实体的无限增殖的这一原则在很多当代逻辑学家著作中引起了一些少有论证的抵制,例如卡尔纳普,《意义和必然性》(*Meaning and Necessity*),芝加哥大学出版社,1947 年,第 130—138 页。

道!"——"那么,那究竟是什么歌呢?"——"我正准备说,"骑士说,"这首歌真正是《坐在大门上》。"①

这个作品选段,为了忠实于刘易斯·卡罗尔的术语,我们只能极其笨拙地对其进行翻译,它区分了一系列名词性实体。它不是遵循着一种无穷后退,而是恰恰为了限定自身而沿着一种按照惯例是有限的渐进来展开。因此,我们在恢复自然后退时应从结尾开始。1.刘易斯·卡罗尔说,这首歌其实是《坐在大门上》。这是因为这首歌本身就是一个命题、一个名称(即 $n_1$)。《坐在大门上》便是这个名称,它实为这首歌的名称,并且从第一节就出现了。2.但这又不是这首歌的名称:既然这首歌是个名称,那么它是由另一个名称所指称。这第二个名称(即 $n_2$)是形成第 2、3、4、5 节的主题的《方法与手段》。方法与手段因此是指称这首歌的名称或者是这首歌所谓的名称。3.但现实的名字,刘易斯·卡罗尔补充说,是确实出现在整首歌曲之中的《老而又老的老头儿》。这是因为指称的名字本身具有一种形成新名称(即 $n_3$)的意义。4.但这第三个名称转而应该被第四个名称所指称。这就是说,$n_2$ 的意义,即 $n_3$,应该由 $n_4$ 所指称。这第四

---

① 中译本参见[英]刘易斯·卡罗尔著,《爱丽丝镜中奇遇记》,吴钧陶译,上海译文出版社,2003 年,第 147 页。译文有所改动。——译注

个名称就是这首歌所谓的名称:在第 6 节中出现的"黑线鳕的眼睛"。

在刘易斯·卡罗尔的分类中至少有四个名称:可谓是歌曲之现实的名称;指称这一现实的名称,它因此指称歌曲,或再现歌曲所谓的名称;形成新名称或新现实的这一名称的意义;指称这一新现实的名称,它因此指称歌曲名称的意义或再现歌曲名称所谓的名字。我们应该做出下述评论:首先,刘易斯·卡罗尔有意限制自己,因为他甚至没有特别考虑歌曲的每一节,而且因为他有关系列的逐步阐述允许他给自己任意一个起点,即《黑线鳕的眼睛》。但在现实的名称与指称这一现实的名称的更迭中,陷入其后退意义的系列显然可以无限延展。此外,有人将注意到刘易斯·卡罗尔的系列比我们刚才指出的系列更复杂。前面所涉及的确实只是这一点:一个指称某物的名称诉诸指称这个名称的意义的另一个名称,以至无限。在刘易斯·卡罗尔的分类中,这种确切的状况只有被 $n_2$ 和 $n_4$ 所再现:$n_4$ 是指称 $n_2$ 之意义的名称。不过,刘易斯·卡罗尔给它增加了另外两个名称:增加第一个名称,因为其将被指称的原始事物视作自身是一个名称(歌曲);增加第三个名称,因为其将可指称的名称的意义视作自身是一个名称,不考虑那转而要指称它的名称。刘易斯·卡罗尔因此用四个无限移位的名词性实体来形成这种后退。这就是说,他分解每个对子,凝结每个对子,以便从中抽出一个补充对子。我们将考虑这是为什么。但我们可以满足于一种向着两个交替项的后退:指称某物的名称和指称这前一个名称之意义的名称。向着两个项的这种后退是无限增殖的最低条件。

这种更简单的表达出现在《爱丽丝奇境历险记》的一个片段中,其中公爵夫人一直在寻找那应该从任何事物中提取的道德教训或道德寓意。至少可从任何事物中提取,只须是命题即可。因为,当爱丽丝不说话时,公爵夫人就处于不利地位:"亲爱的,你在想什么心事,这使得你忘记谈话啦。眼下我还不能告诉你这件事的教训到底是什么。不过,我一会儿工夫就会想起来的。"但爱丽丝一说话,公爵夫人就找到了道德教训。"那场槌球游戏现在进行得比较顺利了,"爱丽丝说。——"果然如此,"公爵夫人说。"而其中的教训是——'哦!是爱,是爱,使这个世界运行不衰!'"——"有人却说,"爱丽丝喃喃低语说,"那是每个人干好自己的事才能这样的!"——"啊,不错!意思几乎是一样的,"公爵夫人说,"好的,这几乎是一回事……这里的教训是:'意义小心照顾,声音不费工夫'。"①关键不在于这整个段落中句子彼此之间的观念联想:每个命题的道德教训就在于指称第一个命题的意义的另一个命题。使意义成为一个新命题的对象,就是在命题激增的那些条件中"小心照顾意义","声音留心自身"。意义的逻辑与伦理学、道德教训或道德寓意之间的深刻联系的可能性得到证实。

贫乏的二分或枯燥的反复的悖论。至少有一种避免这种无穷后退的方法:确定命题,使命题固定不变,刚好有时间提取命题的意义——像这种处在物与词的边界上的薄膜一样。(由此就有了人们刚刚在后退的每个阶段中从刘易斯·卡罗尔作品中察看到的重迭)。但这是意义的命运吗?人们不可能不需要这个向度,而且一触及到它就只知道如何处理它。除了摆脱命题的中立化的复象、枯燥乏味的幻想、没有厚度的幻象,人们又能做什么?因为意义既然在命题中被动词所表达,所以人们就以不定式形式、分词形式或疑问形式来表达动词:上帝-存在、存在物-天蓝色,还是,天空是蓝色的?意义导致了对肯定与否定的悬置。这就是"上帝存在、天空是蓝色的"等命题的意义吗?就像事物状态的属性一样,意义是超存在,它不

---

① 中译本参见[英]刘易斯·卡罗尔著,《爱丽斯奇境历险记》,吴钧陶译,上海译文出版社,2007年,第93—94页。译文有所改动。——译注

来自存在,而是适合非存在的某物(aliquid)。就像命题的被表达者一样,意义并不实存,但在命题中坚持存在或继续存在。斯多亚学派的逻辑学最引人注意的要点之一是事件-意义的这种贫乏:只有物体起作用和受作用,但不是非物体,非物体只是能动与被动的结果。这种悖论,我们因此可称作斯多亚学派的悖论。甚至在胡塞尔的著作中回荡着被表达者的壮丽的贫乏的宣言,后者要确认意向相关项的地位:"表达的层次——这正是其独创性所在——如果不是它正好将表达给予所有其他的意向性,那么它就不是生产性的。或如人所愿:它的生产性、它的意向相关项的能动耗尽在表达行为($l'exprimer$)之中。"[1]

如果意义从命题中被提取出来,那么意义就不受命题束缚,因为意义悬置了对命题的肯定和否定,然而意义只是命题逐渐消失的复象:这恰恰是刘易斯·卡罗尔的没有猫的微笑(un sourire sans chat),或恰恰是无蜡烛的火焰。而且无穷后退的悖论和贫乏的二分的悖论形成了抉择的两个项:此或彼。而且,如果前者促使我们联合最高的能力和最大的无能,那么后者就强行给我们规定一项类似的、稍后应该被完成的任务:将就意义从中被提取的命题而言的意义之贫

---

[1] 胡塞尔著,《纯粹现象学通论:纯粹现象学和现象学哲学的观念(第1卷)》,§124,伽利玛出版社,保罗·利科译,第421页。

乏与就命题的维度而言的意义之发生力量结合起来。在任何情况下,这两个悖论的确形成一种抉择,刘易斯·卡罗尔似乎深深意识到了这一点。在《爱丽丝奇境历险记》中,众人物只具有两种可能性来抽干他们落入的泪水池:要么听老鼠的故事,即最"乏味的"、大家可能熟悉的故事,既然这种故事从幽灵般的那个中隔离命题的意义;要么勇敢参加会议式竞赛,兜转于命题之间,想停止时便停止,在无限增殖的回路中,既没有战胜者也没有战败者。无论如何,乏味是那稍后将被命名为不可穿透性的东西。这两个悖论再现了口吃的基本形式,即圆圈式的痉挛性增殖之舞蹈病式的或阵挛性的形式、断断续续的静止之破伤风式的或令人振奋的形式。好像刘易斯·卡罗尔在《养成的而非天生的诗人》(*Poeta fit non nascitur*)中所说的那样,痉挛或鸣叫是诗歌的两种规则。

*中性的悖论或本质上第三状态的悖论。*该轮到第二个悖论必然要将我们抛进第三个悖论了。因为作为命题之复象的意义如果对肯定和否定无动于衷,意义如果不是能动的,也不是被动的,那么任何命题样式都不能影响意义。对于那些从质、量、关系或模态的视角形成对比的命题而言,意义严格保持同一。因为所有这些视角关系着指称,并关系着指称经过事物状态的实现或完成的各个方面,但不关系着意义或表达。首先是质、肯定与否定:根据意义相关于被指

称物的实存而言的自律,"上帝存在"与"上帝不存在"应该具有同样的意义。这在 14 世纪就是奥特库尔的尼古拉的幻想式悖论,即谴责的对象:意义彼此相同的矛盾(contradictoria ad invicem idem significant)①。

其次是量:所有人都是白色的,没有人是白色的,某个人不是白色的……再次是关系:意义对于被颠倒的关系而言应该保持同一,因为关系就意义而言总是在两个方向上被同时确立,只要意义促使生成-疯狂的所有悖论重新出现。意义总是双重的意义,而且对存在着关系的良知(bon sens)这一点不予考虑。事件从不是彼此的原因,但融入准因果性的关系,即非实在的、幽灵似的、不断地转回两种意义的因果性。既不是同时也不是相关于同一事物,我才更年轻和更衰老,而是同时且经由同样的关系,我才变得如此。因此,数不清的例子布满了刘易斯·卡罗尔的作品,人们从中看到"猫吃蝙蝠"和"蝙蝠吃猫"、"我说我所思"和"我思我所说"、"我喜欢有人给我送的东西"和"有人给我送我喜欢的东西"、"我睡觉时呼吸"和"我呼吸时睡觉",这些句子都具有一种唯一且相同的意义。直到《西尔维和布鲁诺》中的那个最终例子,其中承载

---

① 参见于贝尔·埃利(Hubert Elie),《可意指的复合体》和莫里斯·德·冈迪亚克(Maurice de Gandillac),《九世纪至十四世纪的教义运动》(*Le Mouvement doctrinal du IX$^e$ au XIVe siècle*, Bloud et Gay,1951)。

着命题"所有人都喜欢西尔维"的红首饰和承载着命题"西尔维喜欢所有人"的蓝首饰是一种唯一且相同的首饰的两个方面,根据生成的法则,人们除了它自身之外从未能更喜欢它(从自身选择事物)。

最后是模态:被指称对象的可能性、实在性或必然性如何影响意义?因为事件为了它自身就应该在未来和过去具有一种唯一且相同的模态,而事件根据未来和过去来无限划分现在。而且,事件如果在未来是可能发生的,且在过去是实在的,那么事件应该同时是两者,因为事件同时被一分为二。这就是说事件是必然发生的吗?人们会想起充满偶然的未来的悖论,而且想起这一悖论在整个斯多亚主义中曾具有的重要性。然而,必然性的假设基于矛盾律之于那陈述未来的命题的应用。在这一视角下,斯多亚学派制造了一些奇迹来避开必然性,而且肯定"命定",但不肯定必然。[1] 我们更应该摆脱这一角度,哪怕是在另一个平面上重新寻到斯多亚学派的论题。因为矛盾律一方面关系着指称实现的不可能性,另一方面关系着意指条件的最低限度。但矛盾律也许并不关系着意义:它既不是可能的,也不是实在的,还不是必然的,

---

[1] 关于充满偶然的未来的悖论及其在斯多亚学派思想中的重要性,可参见皮埃尔-马克西姆·舒尔(P. M. Schuhl)的研究,《支配者与诸可能物》(*Le Dominateur et les possibles*),法国大学出版社,1960年。

但却是命定的……事件既继续存在于表达它的命题之中,又在存在的表面、外部突然发生在事物上;这一点如下所述是"命定的"。因此,事件理应被命题说成是未来的,但命题也理应把事件说成是过去的。只因为一切要经由语言,且在语言中发生,所以刘易斯·卡罗尔的一般技巧在于两次呈现事件:一次是在事件继续存在的命题中,另一次是在事件在表面上突然发生的事物状态中。一次在将事件与命题联系起来的歌曲唱段中,另一次在将事件与存在物、事物和事物状态联系起来的表面效应中(因此就有了特威丹[Tweedledum]和特威帝[Tweedledee]的交战或者狮子与独角兽的交战;而且,在《西尔维与布鲁诺》中,刘易斯·卡罗尔要求读者猜测他是根据事件创作了园丁之歌的唱段还是根据唱段创作了事件)。但应该两次来谈论事件吗?既然两次一直是同时的,既然两次都是同一表面的同时发生的两个面,那么其内部与外部、"持存"与"超存在"、过去与未来就处在一直可逆转的连续性中。

我们如何能概括中性的这些矛盾?它们全都呈现出未受命题样式影响的意义。阿维森纳派哲学家区分了本质的三种状态:一种状态相关于通常思考命题的智力而言是普遍的,一种状态相关于命题在其中表现的特殊事物而言是独特的。但这两种状态都不是本质自身:动物只是动物而已(*animal non est nisi animal tantum*),对于普遍与独特、特殊与一般都漠然处之。① 本质的第一种状态是在概念的范畴与概念的诸意蕴之中作为被命题所意指的本质。本质的第二种状态是在本质被牵涉其中的特殊事物中作为被命题所指称的本质。但本质的第三种状态是作为意义的本质、作为被表达的本质:总是在这种枯燥乏味(唯有动物,*animal tantum*)、这种壮丽的贫乏或这种壮丽的中性中。本质对普遍与独特、一般与特殊、个人与集体漠然处之,但它对肯定和否定也漠然处之,等等。总之,本质对所有对立都漠然处之。因为所有这些对立只是在命题的指称与意指的关系中被考虑的命题的样式,不是命题所表达的意义的特点。这就是纯粹事件和命运的地位吗? 命运伴随着纯粹事件,由此超越所有对立:既不是私人的也不是公共的,既不是集体的也不是个体的……纯粹事件因其同时是一切东西而在这一中性中更可怕、更有力。

荒诞或不可能的对象的悖论。这种悖论还引起另一个悖论:指称矛盾对象的诸命题本身就具有意义。然而,它们的指称在任何情况下都不能被实现;而且它们不具有可界定这种实现的可能性种类的任何意指。它们不具有意指,就是说它们是荒诞的。不

---

① 参见艾蒂安·吉尔松(Etienne Gilson)的评论,《存在与本质》(*L'Etre et l'essence*),Vrin 出版社,1948 年,第 120—123 页。

过它们也具有意义,荒诞与无意义这两种观念不应被混淆起来。这是因为不可能的对象——圆的方形、无广延的质料、永动机、无谷山等——在存在的外部是"没有故乡"的对象,但它们在外部有确切的、区别性的位置:它们来自"超存在",即在事物状态中不可能被实现的、理想的纯粹事件。我们应该将这种悖论叫作迈农的悖论,而迈农知道如何从中获得最美丽的、最引人注意的效应。如果我们区分两类存在——作为指称之质料的实在之存在和作为意指之形式的可能之存在,那么我们还应该增加这样一种超存在:它界定着一种为实在、可能与不可能所共有的最低限度。因为矛盾律被应用于可能与实在,但不被应用于不可能:不可能是被化约为这种最低限度的、这般在命题中持存的超-实存物。

# 悖论系列6 论系列化

派生出所有其他悖论的悖论是不确定的后退（régression indéfinie）的悖论。然而，这种后退必然具有系列的形式：每个指称名称都具有一种应被另一个名称所指称的意义，$n_1 \rightarrow n_2 \rightarrow n_3 \rightarrow n_4$……如果我们只考虑名称的相继，那么系列就会产生同质物的综合，因为每个名称只有通过它的次序、程度或类型来区分于前面的名称：确实，按照"类型"理论，指称前面的名称的意义的每个名称在程度上高于这个名称及其指称的东西。但是，如果我们不再考虑诸名称的简单相继，而是考虑这个相继中交替出现的东西，那么我们就见识到每个名称首先在其导致的指称中被把握，然后在其表达的意义中被把握，因为正是这一意义给另一个名称充当了被指称物：刘易斯·卡罗尔的阐述的优势恰恰就在于揭示这种本性差异。这次涉及到异质物的综合：或者毋宁说，系列的形式必然在至少是两个系列的同时性中被实现。任何独一的系列，其同质项只是经由类型或程度进行区分，必然归摄两个异质的系列,其中每个系列都由相同类型或程度的各个项所建构,但在本性上区别于另一系列的各个项(当然它们也可以在程度上有所差异)。系列的形式因此在本质上是多系列的。这在数学中已然如此,其中一个在点的邻域中被建构的系列只有根据另一个系列才有意义,而另一系列围绕着另一个点被建构,且与前一个系列一起收敛或发散。《爱丽丝奇境历险记》是有关口欲性退行(régression orale)的故事,但"退行"一词首先应该在逻辑学的意义(名称综合的意义)上被理解,这种综合的同质性的形式归摄口欲性的两个异质系列,即吃与说、可消耗的事物与可表达的意义。因此,正是系列的形式本身才使我们诉诸我们刚才描述过的二元性悖论,且迫使我们从这种新视角来重新把握它们。

这两个异质的系列的确可以被各种各样的方式规定。我们可考虑事件的系列与这些事件在其中是否被实现的事物的系列;或者我们可考虑指称命题的系列与被指称事物的系列;或者我们可考虑动词的系列与形容词和名词的系列;或者我们可考虑表达和意义的系列与指称和被指称者的系列。这些变化毫不重要,因为它们只是为异质的系列的组织再现了自由度而已:如前所述,正是同样的二元性才在事件与事物状态之间转向外部(au-dehors),在命题与被指称对象之间转向表面(à la surface),在表达与指称之间转向命题的内部。但更重要的是我们可在一种表面上同质的形式下构建两个系列：因此，我们可考虑事物或事物状态的两个系列；或者我们可考虑事件的两个系列；或者我们可考虑命题、指称的两个系列；或者我们可考虑意义或表达的两个系列。这是说系列的构造就交付给任意性吗？

两个同时发生的系列的法则就是它们从不平等。一个系列再现能指，另一个系列再现所指。但鉴于我们的专门术语，这两个项获得了特殊的词义（acception）。我们将任何符号称作"能指"，因为它本身呈现意义的任意一个方面；相反，我们将给意义的这个方面充当关联项的东西（即在与这个方面相关的二元性中被界定的东西）称作"所指"。所指的东西因此从不是意义本身。所指的东西在狭义上是概念，在广义上是每个事物，后者可被意义的某个方面与其保持的区别所界定。因此，能指首先是作为事物状态之理想的逻辑属性的事件，所指连同它的质与实在的关系一起是事物状态。其次，能指整体上是命题，只要命题在狭义上包含着指称维度、表示维度和意指维度，而所指则是与这些维度相对应的独立项，即概念，不过也是被指称的事物或被表示的主体。最后，能指是唯一的表达维度，后者确实拥有某种与独立项无关的特权，因为作为被表达的意义并不实存于表达之外，于是所指现在是指称、表示，乃至在狭义上是意指，即命题,只要意义或被表达者与之有所区别。然而,当有人扩展系列的方法以便考虑事件的两个系列、事物的两个系列、命题的两个系列或表达的两个系列时,同质性只是表面的:始终是一个系列具有能指作用,另一个系列具有所指作用,即便这些作用在我们改变视角时会相互交换。

拉康阐明了爱伦·坡(Edgar Poe)的一个故事中两个系列的实存。第一个系列:国王(他并未看到王后收到的名誉受损的信)、王后(因为她应该暴露信,所以她更好地隐藏信,她从而感到如释重负)、大臣(他看到了一切东西,且占有了信)。第二个系列:警察(他在大臣家中没找到任何东西)、大臣(他想暴露信,以便更好地隐藏信)、杜宾(他看到了一切,并再次占有信)。① 显然,系列之间的差异可大可小——在某些作者那里太大,在只会导致无穷小的、但也同样有效的变化的其他一些作者那里太小。也显然,诸系列(将能指与所指联系起来的东西、将所指与能指联系起来的东西)的关系可以更简单的方式被故事的持续、情境的相似性、人物的同一性所保证。但所有这一切都不是必不可少的。反之,必不可少的东西出现在如下时刻:小差异或大差异胜过相似性,占据着首要地位,由

---

① 雅克·拉康著,《文集》(Écrits),瑟伊出版社,1966年,《关于〈被窃的信〉的研讨班》(Le Séminaire sur La Lettre volée)。

此,两个截然不同的故事同时被展开,众人物具有了动摇不定的和未被充分规定的同一性。

我们可引用各种各样的作者,他们每次都知道如何以一种典型的形式主义来创造系列性技巧。乔伊斯借助多样的形式来确保布鲁姆的能指系列与《尤利西斯》的所指系列之间的关系,这些形式包含着叙述方式的考古学、数与数之间对应的系统、秘传词的神奇用法、问答法、思想潮流和多系列思维的创立(刘易斯·卡罗尔的双重思考?)。雷蒙·鲁塞尔(Raymond Roussel)将系列之间的沟通建立在音位关系上("年老的抢劫者[$p$illard]的团伙""陈旧的弹子[$b$illard]的团伙"=b/p),且通过一个不可思议的故事来填平所有差异,其中 $p$ 的能指系列与 $b$ 的所指系列再度连接起来:这个故事因所指系列一般在这个过程中能保持隐匿不见而更加令人捉摸不透。① 罗伯-格里耶(Robbe-Grillet)确立了事物状态的描述系列、具有微小差异的严格指称的系列,同时使它们围绕着固定的主题旋转,但这些主题适合在每个系列中以不可知觉的方式发生更改和变动。克罗索夫斯基(Pierre Klossowski)依靠专名洛贝特(Roberte),当然不是为了指称一个人物和表现这个人物的同一性,反而是为

---

① 参见米歇尔·福柯著,《雷蒙·鲁塞尔》,伽利玛出版社,1963 年,第 2 章(尤其是第 78 页及其后的诸系列)。

了表达一种"原初的强度"(intensité première),为了根据两个系列分配这一强度的差异和制造这一强度的二分:第一个系列是能指,它诉诸"丈夫,他只有在妻子惊讶她自己感到惊讶时才会想象妻子",第二个系列是所指,它诉诸妻子,"她投身于那些应该让她相信她的自由的能动性之中,当时这些能动性只是使丈夫的错觉得以肯定"。① 贡布罗维奇(Witold Gombrowicz)确立了一个关于被绞死的动物的能指系列(但它们意指什么?)和一个关于女人的嘴的所指系列(但什么意指它们?),同时每个系列都展开符号系统,时而过剩,时而不足,且通过那些产生干扰的奇特对象和雷欧所说出的秘传词来与另一个系统进行沟通。②

不过,三个特征一般能明确系列的关系与分布。首先,每个系列的各个项相关于另一个系列的各个项进行着持续的相对移位(例如,大臣在爱伦·坡的两个系列中的位置)。存在一个必不可少的移动,这个移动、这种移位绝不是一种要通过引入次级变动来掩饰或隐藏系列相似性的伪装。这种相对移位反而是初级变动,每个系列如无初级变动就不会在另一个系

---

① 克罗索夫斯基著,《好客的法则》(*Les Lois de l'hospitalité*),伽利玛出版社,1965年,"告读者",第7页。

② 贡布罗维奇著,《宇宙》(*Cosmos*),Denoël出版社,1966年。有关前面所述的一切,参见附录1。

列中进行二分,同时它在这种二分中建构自身,且只有通过这种变动才与另一个系列产生联系。因此,存在着一个系列在另一个系列之上或在另一个系列之下进行的双重滑动,这种滑动在持续失衡中彼此相关地建构这两个系列。其次,这种失衡本身应该被定位:因为两个系列中的一个系列——正好是被规定为能指的系列——呈现出一种在另一个系列上的过剩;总是存在着一种变得模糊的能指的过剩。最终,最重要的问题,即确保两个系列的相对移位和一个系列在另一个系列上的过剩,就是一种很特别的、悖论性的层级,它不会任凭自身化约为系列的任何项、这些项之间的任何关系。按照拉康就爱伦·坡的故事所做的评论,信便是这样的例子。或者,还有拉康评论弗洛伊德的狼人例子,他阐明了系列在无意识中的实存(此处是指父系的所指系列与子系的能指系列),并在两个系列之中呈现出一个特别元素的特殊作用:债。① 在《芬尼根的守灵夜》(*Finnegan's Wake*)中,也正是信使得世界的所有系列在混沌-宇宙中进行沟通。在罗伯-格里耶的作品中,指称的系列因为其收敛在未规定的或多重规定的对象(例如昆虫胶、昆虫

---

① 参见对系列的方法必不可少、但未收录进《文集》的拉康文章:《神经症患者的个体神话》(Le Mythe individual du névrosé),C. D. U。

细绳、昆虫斑点)的表达之中,所以它们就是更加严格的,且在严格的意义上更加是可描述的。根据克罗索夫斯基的观点,洛贝特这个名称表达了一种"强度",即一种有关强度的差异,先于指称或表示"诸"人称。

这种悖论性的层级的特点是什么?这种层级不停地在两个系列中流传。它甚至因此确保着两个系列的沟通。它是一个具有双重面孔、同等出现在能指系列与所指系列之中的层级。它是镜子。因此,它同时是词与物、名称与对象、意义与被指称者、表达与指称等。因此,它确保着它所穿过的两个系列的收敛,但它只须使这两个系列不停地发散就可以了。这是因为它具有相关于自身而被始终移位的特性。之所以每个系列的各个项被相对地(相互关联地)移位,是因为它们本身具有一个绝对的位置,不过因为这个绝对的位置总是被它们与这个元素之间的间距所规定,这个元素不停地在两个系列中相关于自身发生移位。至于悖论性的层级,应该说它从未处在人们探索它的地方,反而应该说人们并不在它所是的地方找到它。它缺失它的位置,拉康说。[①] 而且它也缺失它自己的同一性、相似性、平衡、起源。因此,关于它激活的两

---

① 拉康著,《文集》,第 25 页。我们在此描述的悖论应被命名为拉康的悖论。它证明了一种经常出现在他的著作之中的卡罗尔式的灵感。

个系列，人们将不会说一个系列是原始的，另一个系列是派生的。当然，这两个系列彼此是原始的或派生的。它们彼此是相继的。但是，相关于它们在其中进行沟通的层级，它们是严格同时发生的。它们同时发生，但它们从不平等，因为层级有两个面孔，总是一个面孔缺失另一个面孔。因此，层级的职责是在一个它建构为能指的系列中处于过剩之中，但在另一个它建构为所指的系列中处于不足之中：在本性上或相关于自身而被拆散、被弄得不齐全。它的过剩总是诉诸它自己的不足，反之亦然。因而，这些规定还是相对的。因为一方面在过剩中的东西如果不是一个极端变动的空位，那会是其他什么东西呢？而另一方面处在不足之中的东西，难道不是一个极度运动不定的对象（一直多余并一直移位的没有位置的占有者）吗？

事实上，并不存在比这样一种事物更奇特的要素，此事物具有双重面孔，具有不平等或不成对的两"半"。就像在游戏中一样，人们参与了空格与棋子持续移位的组合。或者毋宁说，就像在老实人的店铺中一样：爱丽丝在其中体验了"空架子"与"一直在空架子上引人注目的事物"、没有占有者的位置与没有位置的占有者之间的互补性。"最奇特的"（最奇怪的：最不完整的、最不齐全的）是，"每当爱丽丝固定任意一个空架子来准确计算它所承载的东西时，尤其是这个空架子一直是完全空着的，周围的其他空架子却满得快要爆裂"。这里的东西消失了,她最后以哀怨的语调说道,大约一分钟后,她开始徒劳地追求"一件时而像玩具娃娃时而像工具箱一样引人注目的巨大事物,且它总是处于她注视的架子之上的架子上……我要随着她往上瞧,一直到最高的那个架子。我猜想她将会犹豫不决地穿过天花板!"然而,即使是这个计划失败了:"那件东西尽可能平静地穿过天花板,好像它长久以来就习惯了这样做。"

## 悖论系列7 秘传词

刘易斯·卡罗尔是文学上系列方法的探索者、创始人。人们可从他的作品中发现好几种以系列方式展开的方法。第一,两个具有微小内部差异的事件系列,它们被一个奇特对象所调整:例如在《西尔维与布鲁诺》中,年轻的骑自行车者的事故被从此系列移向彼系列(第23章)。这两个系列无疑是彼此相继的,但它们相关于这个奇特对象同时发生。在此种情况下,一块有8根指针和反向轴的手表,它并不与时间同步,反而时间与它同步。它以两种方式使事件重现,时而在生成-疯狂中进行翻转,时而按照斯多亚学派式的命运发生微小变动。年轻的骑自行车者在第一个系列中跌落到箱子上,他现在安然无恙。但是,当指针恢复它们的位置时,他再次受伤,躺在了那带他去医院的货车上:好像指针已经知道如何避免事故,即事件的暂时实现,但不是作为永恒真理的**事件**本身、结果、创伤……或者在《西尔维与布鲁诺》的第二部分(第2章)中,有一个场景重现了第一部分的场景,尽管有些微小差异(被"钱包"所规定的老男人的可变位置,"钱包"是一个相关于自身而被移位的奇特对象,因为女主人公为了归还钱包,不得不以不可思议的速度奔跑)。

第二,两个具有大量的、加速的内部差异的事件系列,它们被命题或至少被噪音、拟声所调整。下述是刘易斯·卡罗尔所描述的镜子法则:"可从陈旧的卧室看到的一切都太寻常不过了,令人了无兴趣,但所有其余的部分尽可能有所不同。"《西尔维与布鲁诺》中的梦-现实系列根据这种发散法则被建构,伴随着人物从此系列向彼系列的二分和它们在每个系列中再次二分。在第二部分的序言中,刘易斯·卡罗尔制定了一个有关人间和仙境的状态的详细图表,它循着该书的每个章节来确保两个系列之间的对应。系列之间的过渡、它们之间的沟通,一般会被一个在此系列中开始、在彼系列中结束的命题或被一种拟声(一种兼具两个系列性质的噪音)所确保。(我们并未理解刘易斯·卡罗尔的最好评论者,尤其是法国评论者,为什么对《西尔维与布鲁诺》有诸多保留意见,且评论轻率,与《爱丽丝奇境历险记》和《爱丽丝镜中奇遇记》相比,这部杰作显示出一些彻底革新的技巧)。

第三,两个强歧异性的命题系列(要么是命题系列与"消耗"系列,要么是纯粹表达系列与指称系列),它们被秘传词所调整。我们首先应该考虑的是刘易斯·卡罗尔的秘传词属于那些截然不同的类型。第一种类型仅限于缩合一个命题或前后连贯的几个命题的音节元素：例如在《西尔维与布鲁诺》(第 1 章)中，*y' reince* 取代 *Your royal Highness*(陛下)。这种缩合企图提炼整个命题的总体意义，以便以唯一的音节("无法发音的单音节词")命名这种意义，就像刘易斯·卡罗尔说的那样。其他方法已经在拉伯雷和斯威夫特的作品中众所周知：例如，与辅音的超负荷一起进行的音节延伸，或者简单的去元音化，其中只有辅音被保留(好像辅音能够表达意义和元音只是指称的元素)等。[1] 无论如何，这第一种类型的秘传词都形成对单一系列产生影响的相继的连接、综合。

刘易斯·卡罗尔特有的秘传词属于另一种类型。问题在于共存的综合，它企图确保有关异质命题或命题维度的两个系列的合取(这是一回事，因为人们始终能建构一个系列的各命题，通过使各命题特殊地体现某个维度)。如前所述，有名的例子是 Snark(蛇鳖)这个词：它通过口欲性的两个系列(食物系列与符号学系列)或命题的两个维度(指称维度与表达维度)流传。《西尔维与布鲁诺》为此提供了其他一些例子：Phlizz(无味水果)或阿齐古姆布丁(Azzigoom-Pud-

---

[1] 关于拉伯雷和斯威夫特的方法，参见埃米尔·蓬斯(Emile Pons)在《斯威夫特作品集》(*Œuvre de Swift*)中的分类，七星诗社出版社，第 9—12 页。

ding)。这些名称的变化很容易被解释:没有一个名称是流传词本身,不过毋宁说是指称流传词的名称(这个词被称作什么)。流传词本身具有另外的性质:原则上,它是空格、空架子、空缺词,好像刘易斯·卡罗尔有时劝告胆怯者在他们写的信中空着某些词。因此,这个词被那些标示出短暂性与移位的名称所"命名":蛇鳖是不可见的,而且 Phlizz 几乎是消逝的东西的拟声词。或者,它以完全未被规定的名称的形式被命名:某物(aliquid)、它(it)、那个(cela)、物(chose)、东西(truc)或玩意儿(machin)(参见老鼠故事中的那个,或老实人店铺中的物)。或者,最终它根本就没有名称,但它被歌曲的整个叠句所命名,而歌曲通过唱段流传并使唱段传播;或者,就如在园丁之歌中一样,它被每个唱段的结尾所命名,而每个唱段都使两种前提进行沟通。

第四,具有大量分叉的系列,它们被混合词所调整,如有必要就被先前类型的秘传词所建构。混合词本身确实是新型的秘传词:人们首先通过说混合词缩合几个词和包含着几种意义(frumiex=fumant[冒烟的]+furieux[狂怒的])来界定混合词。但整个问题是弄清楚混合词何时变得必不可少。因为人们总是能找到混合词,人们这样就能解释几乎所有的秘传词。由于善意,也由于任意性。但事实上,混合词只有在它与一种它被认为指称的秘传词的特殊功能相符时才有必要被建立、被形成。例如,单一系列上通过简单的缩合作用形成的秘传词(*y'reince*)并不是混合词。再比如,在著名的《炸脖龙》(Jabberwocky)中,大量的词勾画出一种幻想的动物学,但未必就形成混合词:例如 *toves*(blaireaux[獾]-lézards[蜥蜴]-tire-bouchons[开塞钻])、*borogoves*(扫帚鸟[oiseaux-balais])、*raths*(绿猪)或动词 *outgribe*(beugler[拉直嗓子唱]-éternuer[打喷嚏]-siffler[嘘嘘作响])。① 最后,例如归摄两个异质系列的秘传词未必是混合词:我们刚刚认识到归摄的这种双重功能充分被 Phlizz、chose、cela 等类型的词所实现。

然而,混合词已经能够在这些层面上出现。Snark(蛇鲨)是个混合词,它只是指称一种幻想的或混杂的动物:*shark*＋*snake*(鲨＋蛇,法文是 requin＋serpent)。但这只是次要地或附带地是个混合词,因为它所承载的内容这样就与其作为秘传词的功能不

---

① 亨利·帕里索和雅克·布鲁纽斯(Jacques B. Brunius)提供了《炸脖龙》的两个优秀译本。亨利·帕里索的译本在他的《刘易斯·卡罗尔》(Seghers 出版社)中被转载;雅克·布鲁纽斯的译本与那些有关词的评论一起在《南方手册》(*Cahiers du Sud*,1948年,第 287 期)中被转载。这两个译本也都引用了《炸脖龙》的各个语言版本。我们所使用的那些术语有时借自亨利·帕里索,有时借自雅克·布鲁纽斯。我们不得不进一步考虑安托南·阿尔托对第一句诗文的眷写:这个令人钦佩的文本提出了一些不再与刘易斯·卡罗尔有关的问题。

相符合。它通过它的内容诉诸混杂的动物，而它通过它的功能包含着两个异质系列，其中一个系列只关涉着动物，尽管这种动物是混杂的，另一个系列则关涉着非物体性的意义。因此，并不是通过其"行李箱"层面，它才实现它的功能。另一方面，炸脖龙无疑是一种幻想的动物，但它也是个混合词，这次它的内容与功能相符合。刘易斯·卡罗尔确实暗示了它由 *wocer* 或 *wocor*（意指后代、水果）与 *jabber*（表达一种滔滔不绝的、充满活力的、闲聊不止的讨论）构成。因此，正是作为混合词，Jabberwock 才包含着两个与 Snark 系列相类似的系列，即关系着可指称的、可消耗的对象的动植物后代的系列与关系着可表达的意义的口语性增殖的系列。总之，这两个系列可以不同的方式被包含，且混合词没有从中找到其必然性的根据。混合词的定义就如同缩合了几个词和包含着几种意义一样，因此只是一个有名无实的定义。

在评论《炸脖龙》第一节时，汉普蒂·邓普蒂将下述词作为混合词：*slithy*（"slictueux" = souple-onctueux-visqueux）、*mimsy*（"chétriste" = chétif-triste）①……在此我们的不适越发强烈。我们的确认

---

① *slithy*（滑溜溜的）（"slictueux"[滑溜溜的] = souple[柔顺的]-onctueux[滑腻的]-visqueux[黏稠的]）、*mimsy*（平淡无奇的）（chétriste[平淡无奇的] = chétif[贫乏的]-triste[蹩脚的]）。——译注

识到每次都有被缩合的几个词和几种意义,但这些元素容易在单一系列中被组织起来,以便构成一种总体意义。因此,我们并没认识到混合词如何区别于简单的缩合或连接性相继的综合。当然,我们可以引入第二个系列;刘易斯·卡罗尔自己阐明解释的可能性是无限的。例如,我们能够将《炸脖龙》简化为园丁之歌的图式,可借助它的两个系列:可指称对象(消耗的动物)的系列与承载着意义的对象的系列("银行职员""邮票""勤奋",甚至如在 Snark 中的"铁路作用"等象征性的或功能性的存在物)。那么,一方面,有可能以汉普蒂·邓普蒂的方式解释作为能指的第一节的结尾:"绿猪(raths)远离了家(mome = from home)拉直嗓门叫唤-打喷嚏-嘘嘘作响(outgrabe)",但另一方面也有可能这样来解释:"利率、优惠市价(rath = rate + rather)远离它们的起点,脱离了控制(outgrab)"。但沿着这一路径,任何系列的解释都可被接受,且人们并未认识到混合词如何区别于共存的合取综合,或区别于任意一个确保两个或几个异质系列之协调的秘传词。

刘易斯·卡罗尔在《追逐蛇鲨》的前言中提供了解决方法。"假如存在上述情况,当皮斯托尔说出那句著名的'臣服于哪个国王?混蛋,要么说,要么去死!',朱思迪斯·夏洛对到底是臣服于威廉姆(William)还是理查德(Richard)难以权衡,以致他不能在外人面前说出其中的任何一个名字——这点尚存疑，其实相比于死亡，他只需脱口说出一句理尔查姆(Rilchiam)，就能解决问题。"①看来混合词被建立在严格的析取综合之中。而且我们面临的远不是一种特殊情况，反而，我们将在一般意义上发现混合词的法则，只要每次都清理出那可能被隐藏的析取。这对于 frumieux(furieux[愤怒的]与 fumant[冒烟的])亦是如此："如果你的思维有点倾向于 fumant，那么你将说出 fumant-furieux；如果你的思维转向——哪怕只是头发的浓密——furieux，那么你将说出 furieux-fumant；但如果你别具最稀罕的天赋，即完美平衡的才智，那么你将说出 *frumieux*。"因此，必要的析取不是在 fumant 与 furieux 之间——因为人人很可能同时是二者，而是一方面在 fumant-et-furieux 之间，另一方面在 furieux-et-fumant 之间。在这一意义上，混合词的功能一直就在于使其所处的系列进行分叉。因此，混合词从不独自实存：它召唤着它前后的其他一些混合词，且这些混合词显示出任何系列已经原则上被分叉且还是仍可分叉的。米歇尔·布托(Michel Butor)写得非常好："这些词中的每个词能够变成扳

---

① 中译本参见［英］刘易斯·卡罗尔著，《猎鲨记》，人民文学出版社，2017 年，第 4 页。德勒兹在此的引文与刘易斯·卡罗尔的原文差异较大，此处译文回溯英文原文进行了局部改动。——译注

道岔,我们将通过很多路径从一个扳道岔转向另一个扳道岔,由此就有了一本不仅仅叙述一个故事而且叙述许多故事的书的观念。"①因此,我们能回答我们开始时提出的疑问:当秘传词不仅具有包含或协调两个异质系列的功能,而且还具有将析取引入其中的功能时,那么混合词是必不可少的或是必然有根据的,即秘传词本身因此被混合词所"命名"或指称。秘传词一般会同时诉诸空格和没有位置的占有者。但我们必须在刘易斯·卡罗尔的作品中区分出三类秘传词:缩合词,它们在单一系列上产生相继的综合,并影响着一个命题或一连串命题的音节元素,以便从中提取它们的复合意义(连接);流传词,它们在两个异质系列之间产生共存与协调的综合,且直接一次性地影响着这些系列的各自意义(合取);析取词或混合词,它们产生共存系列的无限分叉,且同时影响着词与意义、音节元素和符号学元素(析取)。正是分叉功能或析取综合提供了混合词的真正定义。

---

① 米歇尔·布托著,《〈芬尼根的守灵夜〉选段导论》,伽利玛出版社,1962年,第12页。

# 悖论系列8　结构

列维-斯特劳斯以二律背反的形式指出一个与拉康的悖论相类似的悖论：两个被给定的系列，一个是能指系列，另一个是所指系列，一个呈现过剩，另一个呈现不足，能指系列和所指系列通过过剩与不足在永远的不平衡中、在持续的移位中彼此联系起来。正如《宇宙》的男主角所说的那样，总是有太多的能指符号。因为原初的能指属于语言的秩序，不过语言无论以何种方式被习得，语言的元素都必须完整地、一下子被给定，因为语言的元素并不独立于它们可能发生的微分关系而实存。但所指一般属于已知物的秩序，不过已知物服从各部分之间（partes extra partes）进行的渐进运动的法则。不管认识所导致的总体化如何，总体化依然渐近于语言（langue）或语言（langage）的潜在总体性。能指系列组织着先决的总体性，而所指则赋序那些被产生的总体性："宇宙早在人类开始知道它意指什么之前就意指了……人从一开始就掌握着他深受其累的能指的完整性，以便补助就这样被给定却不会就此被认识的所指。两者之间总是存在着不相符。"①

这种悖论可被称作鲁滨孙的悖论。因为荒岛上的鲁滨孙显然只有一下子就给自己提供所有那些相互包含的规则和法则时才能重建社会的类似物,即便这些规则和法则尚不具有对象。反之,对自然的征服是渐进的、局部的、循序渐进的。任意一个社会都同时拥有所有规则——法律规则、宗教规则、政治规则、经济规则,有关爱与劳动、亲缘与婚姻、奴役与自由、生与死的规则,而社会对自然的征服——社会如无这种征服就不再是社会,从此能量资源向彼能量资源、从此对象向彼对象逐渐发生。这就是为什么法则发挥着重要影响,即便在知道它的对象是什么之前,人们却从未能准确地了解它。正是这种不平衡使革命成为可能;这完全不是因为革命是被技术发展所决定的,而是因为两个系列之间的差距使革命成为可能,这种差距要求根据技术进步的各部分来重新治理政治经济的总体性。因此,存在着两种确实一样的错误:一是改良主义或技术专家治国的错误,想要根据技术获取的节奏来推动或强加社会关系的局部治理;一是极权主义的错误,想要根据某个时刻实存的社会

---

① 参见列维-斯特劳斯,《马塞尔·莫斯著作的导言》(Introduction à l'œuvre de Marcel Mauss),载马塞尔·莫斯著,《社会学与人类学》(Sociologie et Anthropologie),法国大学出版社,1950年,第48—49页。

总体性的节奏来建构一种有关可意指物和已知物的总体化。这就是为什么技术专家是独裁者的天然朋友——计算机与独裁;但革命者生活在那分离技术发展与社会总体性的差距中,同时将他的持久革命的梦想铭记其中。不过,这种梦想本身是能动、实在性,是对所有既定秩序的有效威胁,并使其所梦想的东西成为可能。

让我们回到列维-斯特劳斯的悖论:在两个系列(能指系列与所指系列)被给定后,存在着能指系列的自然过剩、所指系列的自然不足。必然存在着"一个漂浮的能指,它是对所有有限思维的奴役,但也是对所有艺术、所有诗歌、所有神话和审美的发明的担保"。让我们补充一点,也是对所有革命的担保。然后,另一方面存在着一种被漂浮的所指,它由"不会就此被认识的"、不会就此被确定或被实现的能指所给定。列维-斯特劳斯提出以这样的方式来解释下列词:东西(truc)或玩意儿(machin)、某种事物(quelque chose)、某物(aliquid),但也解释著名的超自然力(mana)(抑或还有"这"[ça])。价值"本身清空意义,并因此能接受任何意义,其唯一功能就是填补能指与所指之间的差距","象征性的零度价值,即这样一种符号,它标记着一种象征内容必然对已经承载着所指的内容加以补充,但它可以是任意一种价值,只要这种价值还是可自由使用的储备的一部分……"既应该理解两个系列一方面由过剩所标记,一方面由不足所标记,也应该理解两种规定相互交换却从未达到平衡。因为在能指系列中处于过剩的东西在字面上是空格,是一直进行移位的、没有占有者的位置;在所指系列中处于不足的东西是多余的和未就位的、未被认识的、没有位置却占有的和总是被移位的所予。这在两副面孔下是一回事,不过是两副不成对的面孔,两个系列由此进行沟通,却未丧失它们的差异。冒险恰好发生在老实人的店铺里或秘传词所描绘的故事中。

一般来说,我们也许能规定结构的某些最低条件:1. 至少需要两个异质系列,其中一个将被规定为"能指的",另一个将被规定为"所指的"(单一系列从不足以形成一个结构)。2. 这些系列中的每个系列都是由一些只有通过它们彼此维持的关系才实存的项构成。极其特殊的事件,即那些在结构中可确定的奇异性,与这些关系相对应,或者毋宁说是与这些关系的价值相对应:完全就像在微分学中一样,奇点的分布与微分关系的价值相对应[①]。例如,音位之间的微分关系确定语言(langue)中的奇异性,语言(lan-

---

[①] 与微分学进行对照似乎是任意的、过时的。但过时的东西只是对计算的无限论解释。自19世纪末开始,卡尔·魏尔斯特拉斯(Karl Weierstrass)给出一种有限的、序列的和静态的、太接近数学结构主义的解释。而且奇异性主题依然是微分方程理论的一个基本部分。关于微分学历史的最好研究及其现代的结构 (转下页)

gue)特有的响度与意指在奇异性的"邻域"处被建构。不仅如此,看来与一个系列毗邻的种种奇异性以一种复杂方式规定着另一个系列的各个项。一个结构无论如何都包含着两种与基本系列相对应的那些奇点的分配。这就是为什么将结构与事件对立起来是不对的:结构包含着对理想的事件的记录,即结构内部的整个故事(例如,如果系列包含着各种"人物",那么故事就会把那些与两个系列中人物之间的相对位置相对应的所有奇点连接起来)。3. 两个异质系列向着一个悖论性的、作为它们"微分者"(différentiant)的元素收敛。就是这个"微分者"才是奇异性发射的原则。这个元素并不属于任何系列,或者毋宁说同时属于两个系列,并不停地通过它们进行流传。因此,它的特性是一直相关于自身被移位,"缺失它自己的位置"、它自己的同一性、它自己的相似性、它自己的平衡。它作为过剩出现在一个系列中,但只要它同时作为不足出现在另一个系列中。不过,如果它在一个系列中处于过剩之中,那是以空格的名义;如果它在另一个系列中处于不足之中,那是以多余棋子的名义或是以没有空格的占有者的名义。它同时是词与对

---

(接上页)性解释是卡尔·B·波耶(C. B. Boyer)的研究,参见他的著作《微积分概念发展史》(*The History of the Calculus and Its Conceptual Development*),Dover 出版社,纽约,1959 年。

象:秘传的词、公开的对象。

它具有的功能如下:将两个系列相互连接起来,在彼此之中反思它们,使它们沟通、共存与分叉;把那些与"错综复杂的故事"中的两个系列相对应的奇异性连接起来,确保一种奇异性之分布向另一种奇异性之分布的过渡,总之引起奇点的再分配;将它在过剩之中出现的那个系列规定为能指的,将它相关地在不足之中出现的那个系列规定为所指的,而且尤其确保意义在两个系列(能指系列与所指系列)中的给予。因为意义并不与意指本身混淆起来,但它是被赋予的东西,以便规定能指本身与所指本身。由此可得出的结论是,如没有系列、没有每个系列的各个项之间的关系、没有与这些关系相对应的奇点就不会有结构;但尤其是,不具有使一切运行的空格就不会有结构。

# 悖论系列 9　问题式

　　理想事件是什么？它是奇异性，或者毋宁说是奇异性、奇点的集合，而奇点则显示着数学曲线、事物的物理状态、心理和道德意义上的个人的特征。奇异性是尖点、拐点等，是瓶颈、结点、焦点、中心，是熔点、冷凝点、沸点等，是哭泣与欢乐的点、疾病与健康的点、希望与焦虑的点、所谓的敏感点。然而，这样的奇异性并不会混同于那在话语中进行表达的人的人格，也不会混同于命题所指称的事物状态的个体性，还不会混同于图形或曲线所意指的概念的一般性或普遍性。奇异性属于一个不同于指称、表示与意指的维度。奇异性在本质上是前个体的、非人称的、非概念的。它完全对个体与集体、人称与无人称、特殊与一般以及它们的对立无动于衷。它是中性的。另一方面，它是不"寻常的"：奇点与寻常物相对立。①

---

　　① 如前所述，在我们看来，作为"中性"的意义与奇异之物相对立，同样也与其他一些模态相对立。因为奇异性只有与指称和表示有联系才会被界定，奇异之物只是被界定为个体的或人称的，不会被界定为点状的。而现在正相反，奇异性属于中性领域。

我们说过,种种奇异性的集合与某个结构的每个系列相对应。反之,每种奇异性都是一个系列的起源,这个系列在一个被规定的方向上延伸到另一种奇异性的邻域。正是在这一意义上,不仅一个结构中有好几个发散的系列,而且每个系列本身由好几个收敛的子系列构成。如果我们考虑与两个重要的基本系列相对应的奇异性,那么我们就会认识到奇异性在两种情况下通过它们的分布来相互区分。从此系列到彼系列,某些奇点会消逝或被二分,或改变本性和功能。在两个系列产生回响、进行沟通的同时,我们就从一种分布转向另一种分布。就是说,在系列被悖论性的层级所贯穿的同时,奇异性就会被移位,被重新分配,它们彼此转换,改变集合。如果奇异性是真正的事件,那么它们就在一个唯一且相同的事件中进行沟通,后者不断地将它们重新分配,且它们的转换形成历史。佩吉(Charles Péguy)深刻洞察到历史和事件都与这样一些奇点不可分离:"存在着事件的临界点,就如同存在着温度的临界点——熔点、凝固点、沸点、冷凝点、凝结点、结晶点。甚至事件中存在着这些过熔状态,它们只有通过未来事件的碎片的引入才能被加速、被结晶和被规定。"[1]而且佩吉懂得如何在人们可梦到的最具病理性的事物和最具美感的事物中

---

[1] 佩吉著,《克利俄》(*Clio*),伽利玛出版社,第 269 页。

间发明整套语言,以便叙说一种奇异性如何沿着一条由寻常点构成的线延伸,但又如何在另一种奇异性中重新开始,在另一个集合中重新分配(两种重复:坏的重复与好的重复、束缚性的重复与拯救性的重复)。

事件是理想的。诺瓦利斯(Novalis)有时说,存在着两组事件,一组是理想的,另一组是现实的、不完美的,例如理想的新教与现实的路德宗。① 不过,这种区别并不在两类事件之间,而在本性上理想的事件与其在事物状态中的时空实现之间。这种区别就在事件与偶性之间。诸事件是在一个唯一且相同的**事件**之中进行沟通的理念性的奇异性;因此,它们具有永恒真理,而且它们的时间从不是实现它们并使它们实存的现在,而是不受限制的艾翁,是它们在其中继续存在和坚持存在的**不定式**。事件是唯一的理想性,而且颠倒柏拉图主义首先是罢黜本质,以便作为奇异性之投掷的事件取而代之。双重斗争的目标是防止所有对事件与本质的独断论式混同,但也要防止所有对事件与偶性的经验论式混同。

事件的样式是问题式(le problématique)。不应该说存在着问题式的事件,而应该说事件唯独关系着问题,并界定着问题的条件。在其将几何学的定理式

---

① 诺瓦利斯著,《百科全书》(*L'Encyclopédie*),莫里斯·德·冈迪亚克译,子夜出版社,第 396 页。

的构想与问题式的构想进行对立的精彩篇章中,新柏拉图主义哲学家普罗克洛斯(Proclus)以那些要影响逻辑质料的事件(切面、切除、附加等)来界定问题,而定理关系着那些从本质中被演绎出来的特性。[①]事件自动是问题式的、问题化的。问题确实不是被那些表达它条件的奇点所规定。我们不会说问题由此就被解决:问题反而被规定为问题。例如,在微分方程理论中,奇异性的实存和分布与被方程本身所界定的问题域有关。至于答案,它只是与积分曲线及其在处于向量场的奇异性的邻域中所采取的形式一起出现。因此,看来问题总是拥有它应得的答案,根据那些将它规定为问题的条件;奇异性确实主导着方程答案的发生。不过,正如洛特芒(Albert Lautman)所说的那样,问题-实例与答案-实例在本性上有所差异[②]——就像理想事件及其时空实现一样。我们由此必须与长久以来的思维习惯决裂:它使得我们将问题式视作

---

① 普罗克洛斯著,《〈几何原本〉第一卷注释》(*Commentaires sur le premier livre des Eléments d'Euclide*),韦埃克(Ver Eecke)译,Desclée de Brouwer 出版社,第 68 页及其后。

② 参见洛特芒著,《论数学中的结构观念与实存观念》第二卷(*Essai sur les notions de structure et d'existence en mathétiques*),Hermann 出版社,1938 年,第 148—149 页;《数学辩证结构的新研究》(*Nouvelles recherches sur la structure dialectique des mathématiques*),Hermann 出版社,1939 年,第 13—15 页。关于奇异性的作用,参见《论数学中的结构观念与实存观念》第 (转下页)

我们的认识的主观范畴,视作一个仅仅标记我们的方法的缺陷和我们预先不知道的可悲必然性的经验论时刻,而且它消失在后天知识中。即便问题白白被答案所遮蔽,它仍然继续存在于将它与其条件联系起来并统筹着答案本身之发生的**理念**中。没有这一**理念**,答案就没有意义。问题式既是认识的客观范畴,也是完全客观的存在类型。"问题式"确切地定性理想的客观性。不将问题式视作短暂的不确定性,而是视作**理念**的固有对象,康德无疑是第一人,他由此还将问题式视作发生或显现的一切东西必不可少的视域。

因此,人们以新方式设想数学与人的关系:问题不在于对人的特性进行量化和度量,而是一方面将人类事件进行问题化,另一方面将问题的条件展现为同样多的人类事件。刘易斯·卡罗尔梦想的趣味数学呈现出这一双重面向。第一种面向的确出现在一篇题为《一个错综复杂的故事》的文章中:这个故事是由那些围绕着每次都与一个问题相对应的种种奇异性的纽结构成的;人物体现着这些奇异性,并从此问题被移位、被重新分配至彼问题,哪怕是重逢于第十个

---

(接上页)二卷,第 138—139 页;《时间问题》(*Le Problème du temps*),Hermann 出版社,1946 年,第 41—42 页。

佩吉以自己的方式洞察到事件或奇异性与问题和答案的范畴之间的基本关系:参见《克利俄》,第 269 页:"无法看到结果的问题、没有解决方案的问题……",等等。

纽结，后者深陷于他们的亲缘关系的网络之中。小老鼠的那个，要么是指可消耗的对象，要么是指可表达的意义，现在被数据所取代，数据有时指食物的馈赠，有时指问题的论据或条件。第二种更深刻的尝试出现在《党派斗争的动力学》中："人们可以观察到两条线在一个表面上疲惫地穿行。两条线中年纪较大的那条经过长期的练习，已经掌握了一种在他的两个极值点之间保持均衡的技艺，但这对年轻冲动的轨迹(loci)来说则是痛苦难堪。可是年轻的那条线，在她少女的冲动中，总渴望发散，渴望成为一条双曲线或某种浪漫的、无边无际的曲线。他们曾相依相爱。迄今为止，命运和介入的表面多次将他们分离，但这已不再可能：一条线与它们相交，使这两个内角一起小于两个直角……"

人们在这个片段中将看到一种简单的寓意或一种不费力就将数学拟人化的方式，这在《西尔维与布鲁诺》的一个著名段落中亦是如此："曾经有一次巧合与一次小意外一起散步……"当刘易斯·卡罗尔谈论一种渴望外角并诉苦不能内切于圆的平行四边形，或者谈论一条遭受人们使之承受的"切割与切除"之苦的曲线时，人们倒应该回想起心理和道德意义上的个人也是由前人称的奇异性构成的，而且他们的感觉、悲怆(pathos)被建构于这些奇异性的邻域：敏感的危机点、尖点、沸点、纽结点与焦点(例如，刘易斯·卡罗尔所谓的平坦的愤怒[plain anger]或正当的愤怒[right anger])。刘易斯·卡罗尔所描述的两条线令人想起两个共振的系列;它们的渴望令人想起奇异性的分布,这些分布穿过彼此之中,并在错综复杂的故事中被重新分配。正如刘易斯·卡罗尔所说的那样,"平坦的表面性是话语的特征,任意两点在其中被给定时,说话者注定要完全错误地在这两个点的方向上延展。"①正是在《党派斗争的动力学》中,刘易斯·卡罗尔勾勒出一种有关系列和被安排在这些系列中的粒子的程度或力量的理论(LSD,伟大价值的功能……)。

人们只有在问题中才能谈论事件,而事件决定着问题的条件。人们唯有将事件作为奇异性才能进行谈论,而奇异性展开在问题域中,且答案在奇异性的邻域被组织起来。这就是为什么问题与答案的整套方法贯穿着刘易斯·卡罗尔的作品,并由此建构事件及其实现的科学语言。不过,如果与每个系列相对应的奇异性的分布形成问题的场域,那么将如何描绘悖论性元素?这种元素贯穿系列,使系列共振、沟通与分叉,并支配着所有的反复与转化、所有的再分配。

---

① 我们试图以 s'étendre en faux 来翻译 to lie 的双重意义。(lie 在英语中具有"展现/位于"与"说谎"的双重含义;在法语中,s'étendre 对应着"延展"之意,faux 对应着"说谎/虚假"之意。——译注)

这种元素本身应该被界定为疑问的场所。问题被那些与系列相对应的奇点所规定,而疑问被那些与空格或动态元素相对应的随机点所规定。奇异性的变形或再分配形成一个故事;每次组合、每次分布都是一个事件;但悖论性层级却是所有事件在其中进行沟通和被分配的**事件**,是所有其他事件都是其零星碎片的**独一的**事件。乔伊斯将知道如何将意义赋予一种要充当问题方法的问答法,即赋予**问题式**以根据的**审问**。疑问在问题中被展开,而问题在基本疑问中被展开。正如答案不会废除问题,但反而从中发现持续的条件(答案如无这些条件就会毫无意义),答案也绝不会废除疑问或填补疑问,而且疑问通过所有答案持续存在。因此,存在着某个方面,由此问题依然没有解答,疑问依然没有答案:正是在这一意义上,问题与疑问才自行指称理念的客体性,且拥有一种专有的存在,即存在的最低限度(参见《爱丽丝奇境历险记》中的"没有答案的谜语")。我们已经洞察到秘传词如何在本质上与它们联系起来。一方面,混合词与一个在分叉系列中被展开的问题不可分,这个问题完全不表达主观的不确定性,反而表达一种精神的客观平衡,这种精神在发生或显现的东西面前被定位:是理查德还是威廉姆?是暴怒如烟(fumant-furieux)还是烟如暴怒(furieux-fumant)?每次都伴随着奇异性的分配。另一方面,空缺词,或者毋宁说是那些指称空缺词的词,它们与一个经由系列来将自身掩盖、移位的疑问不可分;总是缺失它自己的位置、相似性、同一性的这个元素,它的职责是成为一个与它一起进行移位的基本疑问:Snark 是什么？Phlizz 是什么？Ça 是什么？它是一首歌曲的叠句,其中各唱段形成了同样多的、它流传所经由的系列,它是有魔力的词,如同它被"命名"所使用的所有名称都不会填补空白一样,悖论性层级的确具有这种奇异的存在、这种"客观性",后者与疑问本身相对应,且在从未回答它的情况下就与它相对应。

## 悖论系列 10　理想游戏

刘易斯·卡罗尔不仅发明了游戏,或者改变了知名游戏的规则(网球运动、槌球游戏),他还援引一种乍一看就难以找到意义和功能的理想游戏;例如,《爱丽丝奇境历险记》中的会议式竞赛,其中有人想起跑便起跑,想停下便停下;至于槌球游戏,槌球是刺猬,木槌是粉红色的火烈鸟,球门是那些从游戏一端移向另一端的士兵。这些游戏具有如下共同点:它们太游移不定,它们似乎没有任何明确的规则,既不包含胜利者也不包含失败者。我们并不"认识"这样一些似乎自相矛盾的游戏。

我们熟悉的游戏对应着一定数量的、能够成为某一理论对象的原则。这种理论既适合技巧性游戏,也适合偶然性游戏,只有规则的本性有所不同。1. 无论如何都应该是一组规则先于游戏的训练而存在,如果人们玩游戏,那么这组规则就会呈现出一种有关范畴的价值;2. 这些规则规定着那些划分偶然的假设,即失或得的假设(如果……就会有什么发生);3. 这些假设按照实际上和点数上有区别的多个投掷次数来组织游戏训练,每次投掷都会导致一种符合这样或那样情况的固定分配(甚至在人们基于一次投掷来玩游戏时,这次投掷仅仅因它所导致的固定分配和它的点数特殊性而有价值);4.投掷的结果置于"赢或输"的抉择之中。标准游戏的特点因此是预先存在的范畴性规则、可分配的假设、固定的和数目上有区别的分配、因而发生的结果。这些游戏以双重名义而局部存在:因为它们只占据着人类活动的一部分,而且人们即便使它们臻于绝对,它们也只是在某些点上抓住偶然,且将其余部分留给结果的机械性展开或作为因果性技艺的技巧。因此,不可避免的是,既然它们本身是混合的,那么它们就会诉诸另一种活动,即劳动或道德,它们是劳动或道德的讽刺画或对等物,但它们也将劳动或道德的元素融入新秩序。无论是帕斯卡尔笔下的赌徒还是莱布尼茨笔下的玩国际象棋的上帝,游戏之所以被明确地当作模型,只因为它本身就具有隐含的、不属于游戏的模型:**善**或**最佳**的道德模型,原因与效应、方法与目的的经济模型。

只把人类的"重要的"游戏与次要的游戏对立起来是不够的,只把神的游戏与人的游戏对立起来也是不够的,应该想象其他一些表面上甚至不适用的原则,游戏在其中变得纯粹起来。1.没有预先存在的规则,每次投掷都发明规则,都对它自己的规则产生影响。2.远非将偶然划分为许多有实际区别的投掷,全体投掷都肯定着整个偶然,并不断地在每次投掷上使偶然发生分叉。3. 投掷因此在实际上、点数上没有区别。它们在质上有区别,但它们全都是一种唯一且相同的投掷的各种定性形式,它们在本体论上是一。每次投掷本身都是一个系列,不过是发生在一种比可思的连续时间的最小值更小的时间之中;与这一系列性的最小值相对应的是奇异性的分配。① 每次投掷都发出奇点,例如骰子上的点。但全部投掷都被包含在随机点中,即通过所有系列、在一种比可思的连续时间的最大值更大的时间中不断进行移位的唯一投掷(lancer)。各投掷彼此相关地相继发生,但它们总是相关于这个改变规则的点同时发生,这个点随着它在每个系列的整个长度上引起偶然性而调配相应的系列,并使之发生分叉。唯一投掷是混沌,其中的每次投掷都是个碎片。每次投掷都导致奇异性的分配、星丛。但这不是分割一个介于那些符合假设的固定结果之间的封闭空间,而是一些在唯一且未分割的投掷行为的开放空间之中进行分布的动态结果:游牧式的而非定居式的分配,奇异性的每个系统在其中与其他系统进行沟通,并彼此产生共振,与此同时还被其他系统所包含,且在最重要的投掷中包含其他系统。这

---

① 关于比连续时间的最小值更小的时间的观念,可参见本书附录 2。

是问题与疑问的游戏,不再是范畴与假设的游戏。

4. 这样一种无规则、既无胜利者又无失败者、还不负责任的游戏,例如技巧与偶然在其中不再相互区别的天真者的游戏与会议式竞赛,似乎不具有任何实在性。此外,它也不会让任何人高兴。这当然不是帕斯卡尔式的人的游戏,也不是莱布尼茨式的上帝的游戏。在帕斯卡尔的教诲性赌注中竟然存在着欺骗性!在莱布尼茨的经济组合中竟然存在着糟糕的投掷!当然所有这一切都不是作为艺术品的世界。我们所谈论的理想游戏不可能被人或神变成现实。它只能被思考,还只能作为无意义被思考。但恰恰就是如此:它是思维本身的实在性。它是纯粹思维的无意识。正是每种思维在一种比意识上可思的连续时间的最小值更小的时间中形成系列。正是每种思维发射奇异性的分配。正是所有思维在一种**有长度的**思维中进行沟通,使得游牧式分配的所有形式或形态都与这种思维的移位相对应,同时到处引发偶然性并使每种思维发生分叉,为了"所有次"而"在一次中"汇集"每一次"。因为肯定所有偶然、把偶然变成肯定的对象,这只有思维才能做到。而且,如果人们不在思维中尝试着玩这种游戏,那就什么都不会发生;如果人们尝试着产生一种不同于艺术品的结果,那就不会有任何东西被产生出来。因此,这是留给思维与艺术的游戏,其中只不过有对于那些懂得如何玩这种游戏的人而言的胜利,即肯定偶然并使偶然发生分叉,而不是为了控制偶然、为了打赌、为了获胜来分隔偶然。这种游戏,只有在思维中才存在,除了艺术品不再有其他结果,它也是思维与艺术变成现实且扰乱世界的现实、道德和经济所凭借的东西。

在我们熟悉的游戏中,偶然被固定在某些点上:在那些独立的、具有因果关系的系列之间的相遇点上,例如滚球游戏和打弹子游戏。相遇一旦完成,混在一起的系列就会循着同一条轨道前进,不受任何新干扰。如果一名游戏者突然弯下身子,为了让滚球加速或受阻用尽全力吹气,那么他有可能被阻止、被驱赶,投掷可能被宣告无效。然而,除了重新引起一点偶然外,他本来想做什么?博尔赫斯就这样描述过巴比伦彩票:"既然彩票是偶然性的强化,在宇宙中引起定期的混乱,那么让偶然性参与抽签的全过程,而不限于某一阶段,岂非更好?既然偶然性能决定某人的死亡,而死亡的条件——秘密或公开,期限是一个小时或一个世纪——又不由偶然性决定,岂非荒诞可笑?……事实上抽签的次数是无限大的。任何决定都不是最终的,从决定中还可以衍化出别的决定。无知的人以为无限的抽签需要无限的时间;其实不然,只要时间无限地细分就行,正如著名的乌龟比赛的寓言所说的那样。"①这篇文章给我们留下的基本疑问是:这种不需要是无限的却只是"无限地细分的"时间是什么？这种时间是艾翁。如前所述,过去、现在与将来完全不是同一种时间性的三个部分,而是形成了对时间的两种解读,而每种解读都完整无缺且排除另一种解读:一方面是始终受限制的现在,它度量着作为原因的物体的能动与物体深层混合的状态(柯罗诺斯);另一方面是本质上不受限制的过去与将来,它们表面上汇集作为效应的非物体性事件(艾翁)。斯多亚学派思想的伟大之处就在于同时指出两种解读的必要性与它们之间的相互排斥。有时人们将会说唯有现在才实存,现在吸收或收缩过去和将来于己身,而且现在从收缩到收缩、愈加深入地抵达整个宇宙的界限,以便变成活生生的宇宙性现在。因而,只要沿着松弛的秩序前进,宇宙就会重新开始,其所有的现在就会被重构:现在的时间因此是一种受限制的、但却无限的时间,因为它是周期性的,它激活物理性的永恒回归作为**相同之回归**,而且激活道德性的永恒智

---

① 博尔赫斯著,《虚构集》(*Fictions*),伽利玛出版社,第89—90页。("乌龟比赛"的寓言似乎不仅影射着芝诺悖论,而且也影射着我们前面所论述的、博尔赫斯在《调查集》[*Enquêtes*, Gallimard, p. 159]中总结过的刘易斯·卡罗尔的悖论。)(中译本参见《博尔赫斯全集》[小说卷],王永年、陈泉,杭州:浙江文艺出版社,2006年,第107—108页。——译注)

慧作为**原因**之智慧。有时与之相反,人们将会说只有过去与将来才继续存在,它们无限地细分每一个现在,不管现在多么微小,而且它们把现在延长到它们空洞的线上。过去与将来的互补性清楚地显现出来:这是因为每个现在都被无限地分成过去与将来。或者毋宁说,这样一种时间不是无限的,因为它从未回归自身,但它是不受限制的,因为它是纯粹的直线,其两端不断地远离,进入过去、未来。难道在艾翁中不存在一个完全不同于柯罗诺斯迷宫的迷宫吗?这个迷宫更可怕,而且操纵着另一种永恒回归与另一种伦理学(**效应**的伦理学)。还是让我们考虑一下博尔赫斯的句子:"我知道一种希腊迷宫只有一条直线……下次我再杀你时,我给你安排那种迷宫,那种只有一条线的、无形的、永恒停顿的迷宫。"[1]

在一种情况中,现在是整体,过去与未来只显示出两种现在之间的相对差异,其中一种是具有较小广延性的现在,另一种是其收缩对更大广延性产生影响

---

[1] 博尔赫斯著,《虚构集》,伽利玛出版社,第 187—188 页。(博尔赫斯在《永生的故事》[*Histoire de l'éternité*]中并没走得更远,他想象的似乎只是个圆形的或周期性的迷宫。)(中译本参见《博尔赫斯全集》[小说卷],王永年、陈泉译,杭州:浙江文艺出版社,2006 年,第 165 页。——译注)

在斯多亚学派思想的评论者中间,维克多·戈尔德施密特(Victor Goldschmidt)特别分析了这两种时间构想的共存:(转下页)

的现在。在另一种情况中,现在是虚无,是纯粹的数学瞬间,是表达现在在其中被划分的过去与未来的理性存在。总之,存在着两种时间,其中一种只由嵌套的现在构成;另一种仅仅被分解为延长的过去与未来。其中一种总是确定的、能动的或被动的,另一种是永远**不定**的,是永远中性的。其中一种是周期性的,度量着物体的运动,并取决于那限制它和填充它的质料;另一种则是表面上纯粹的、非物体性的、不受限制的直线,是空洞的、独立于任何质料的时间形式。《炸脖龙》中的一个秘传词沾染着两种时间:*wabe*(按照亨利·帕里索的观点是"l'alloinde")。因为,在第一种意义上,wabe 应该基于动词 swabe 或 soak 来理解,是指雨水浸泡过的、围绕着日晷仪的草坪:这是可变的、活生生的现在之物理性的和周期性的柯罗诺斯。但在另一种意义上,这是前后都延伸得很远的林荫路,即 *way-be*,"前路漫长,后路亦漫长";这是展开的、非物体性的艾翁,它在摆脱它的质料、同时在过去

---

(接上页)一种是对可变现在的构想;另一种是对无限制细分成过去与将来的构想(*Le Système stoïcien et l'idée de temps*,Vrin,1953,pp. 36-40.)。他还指出斯多亚学派存在着两种方法和两种道德态度。但是,弄明白这两种道德态度是否与两种时间相对应,这个疑问依然晦涩难懂的;根据作者的评论来看,似乎并非如此。更何况对两种截然不同的、本身与两种时间相对应的永恒回归的疑问并未(至少直接地)出现在斯多亚学派思想中。我们将不得不回到这些点上。

与将来的两个方向上逃逸时变得自主起来,甚至雨水在其中按照《西尔维与布鲁诺》的假设水平落下。不过,这种具有直线和空洞形式的艾翁是效应-事件的时间。正如现在度量着事件的时间性实现,即它在起作用的物体的深处的化身、它在事物状态中的混合,正如事件自为地且在其无动于衷、不可穿透性中并不具有现在,但事件同时在两个方向上后退和前进,成为双重疑问的永久对象:将要发生什么事?刚刚发生了什么事?恰好是纯粹事件的令人焦虑的层面,事件一直是且完全同时是刚刚发生的和将要发生的某种事物,从不是正在发生的某种事物。人们从中感觉那个刚刚发生的 $x$ 是"短篇小说"(nouvelle)的对象;总是要发生的 $x$ 是"故事"(conte)的对象。纯粹事件是故事与短篇小说,从不是时事。正是在这个意义上,事件是符号。

斯多亚学派有时会说符号总是现在的,且是现在事物的符号:至于受到致命伤害的人,人们不可以说他受伤了、他将要死了,但可以说他在受伤时*存在*(est),他在死亡前*存在*(est)。这种现在并不与艾翁背道相驰;相反,正是作为理性存在的现在被无限地细分为刚刚发生的某种事物与将要发生的某种事物,且一直同时在两个方向上逃逸。另一种现在——活生生的现在——正在发生并导致事件。但事件仍在艾翁上保留着永恒真理,艾翁永远将事件分成临近的过去与逼近的将来,而且艾翁不断地细分事件,同时推迟过去与将来,却从未使它们更不紧迫。事件就是从未有人死亡,但总是有人刚刚死亡和总是要死亡,这发生在艾翁的空洞现在(永恒)之中。在描述一起谋杀案以至于它应该得到摹仿(纯粹的空想)时,马拉美说:"此处前进,彼处回忆,将来、过去,在现在的虚假表象下/哑剧就这样产生了,哑剧的游戏局限于永久的暗示,却未打碎镜子。"[①]每个事件都是最小的时间,比可思的连续时间的最小值更小,因为它被分为临近的过去与逼近的将来。但它也是最长的时间,比可思的连续时间的最大值更长,因为它不断地被艾翁细分,而艾翁使它等同于它不受限制的线。我们应理解的是:艾翁上的每个事件都比柯罗诺斯中的最小细分更小,但它也比柯罗诺斯的最大因子更大,即整个周期。通过其同时在两个方向上不受限制的细分,每个事件都沿着整个艾翁扩展,而且在两个方向上变得与它的直线同外延。那么我们感受到一种不再与周期有关的永恒回归的临近或者我们已经感受到一个迷宫的入口吗?这个迷宫因其是具有独一的、无厚度的直线的迷宫,所以更加可怕。艾翁是随机点绘出的直线,每个事件的各个奇点都被分配在这条线上,总

---

[①] 马拉美,《摹拟》(Mimique),载《马拉美作品集》,七星文库,第 310 页。

是相关于将各奇点无限细分的随机点,并由此使各奇点彼此沟通,在整条直线上扩展它们、拉伸它们。每个事件都与整个艾翁完全相符,每个事件都与所有其他事件进行沟通,它们全都形成一个唯一且相同的**事件**,即它们在其中具有永恒真理的艾翁的事件。这便是事件的秘密:事件存在于艾翁上,然而事件并不填充艾翁。非物体如何填充非物体?不可穿透的东西如何填充不可穿透的东西?只有物体相互穿透,只有柯罗诺斯被事物状态和它所度量的对象运动所填充。但作为空洞的、被展开的时间形式,艾翁无限细分那萦绕着它却从未居于它之中的东西,即对于所有事件而言的**事件**;这就是为什么事件或效应之间的统一性完全不同于物体原因之间的统一性。

艾翁是理想的游戏者或游戏。它是被引起的、被分叉的偶然性。它就是唯一的投掷行为,所有的投掷都在质上与之相区别。它至少在两个表上或在两个表的交接处运转或游戏。它在此绘出它平分的直线。它按照它的整个长度集中和分布与两者相对应的奇异性。两个表或系列就像天与地、命题与事物、表达与消耗一样,刘易斯·卡罗尔说过:乘法表与饭桌。艾翁恰好是两者的边界、使两者分离的直线,不过同样是连接两者的平面、不可穿透的玻璃窗或玻璃。因此,艾翁通过它不断反映和分叉的系列进行流传,同时它把一个唯一且相同的事件一方面变成命题的被表达者,另一方面变成事物的属性。这就是马拉美的游戏,即"书":与它的两个表(第一页与最后一页在同一折页上),它多重的、内部的、富有奇异性的系列(动态的、可转换的页,问题-星丛),它具有两副面孔、反映和分叉系列的直线("中心的纯粹性""雅努斯神之下的方程式")一起,且在这条线上有不断进行移位的随机点,同时一方面显现为空格,另一方面显现为多余对象(圣歌与戏剧,或者是"有点像教士、有点像舞者",还或者是带格子柜的油漆家具和格子之外的帽子,作为书的结构元素)。然而,在马拉美之**书**的稍有设计的四个篇章中,某种东西回荡在马拉美的思想中,模糊地与刘易斯·卡罗尔的系列相一致。一个篇章展开双重系列——事物或命题、吃或说、喂养或被送给、吃掉那发出邀请的夫人或回复邀请。第二篇章引出词的"坚实的、亲切的中性",即相关于命题的意义的中性与相关于听见它的人的、被表达的秩序的中性。另一个篇章以两个交织的女性形象指出一直处于失衡状态的**事件**的唯一的线,**事件**将其面孔中的一副呈现为命题的意义,将其面孔中的另一副呈现为事物状态的属性。最后还有一个篇章指出那在线上移动的随机点,即《伊纪杜尔》(*Igitur*)或《骰子一掷永远取消不了偶然》(*Coup de dés*)的点,它双重地被饿死的老人和从言语诞生的孩子所表明——"因为饿死给他提供了重新开始的权利……"①

---

① 《马拉美的〈书〉》(*Le "Livre" de Mallarmé*),伽利玛出版社:参见雅克·舍雷(Jacques Scheret)论"书"之结构和尤其是论四个篇章(第 130—138 页)的研究。尽管两部作品具有交集与某些共同问题,但马拉美似乎并不了解刘易斯·卡罗尔:甚至与汉普蒂·邓普蒂故事有关的马拉美的《童谣集》(*Nursery Rhymes*)也依赖于其他一些原始资料。

## 悖论系列 11　无意义

让我们总结一下这个悖论性元素(永动机等)的特征:它具有的功能是贯穿各个异质系列,一方面调配它们,使它们产生反响,趋向收敛,另一方面使它们分叉,将多重的析取引入它们之中的每个系列。它既是词=x,也是物=x。它具有两副面孔,因为它同时属于两个系列,但这两个系列并不相互平衡、相互连接,也从未相互配对,因为它就自身而言始终处于不平衡状态。为了解释这种关联和这种不对称,我们使用了一些可变的对子:它既是过剩又是不足,既是空格又是多余对象,既是无占据者的位置又是无位置的占据者,既是"漂浮的能指"又是被漂浮的所指,既是秘传词又是秘传物,既是空缺词又是阴暗对象。这就是为什么它总是以两种方式被指称:"因为蛇鳖就是怪兽,明白了吧。"[①]人们将避免想象这种怪兽是蛇鳖中一个极其可怕的物种:属与种的关系在此并不适

---

①　中译本参见[英]刘易斯·卡罗尔著,《猎鲨记》,人民文学出版社,2017年,第59页。——译注

合,倒是只有一个最终层级的不对称的两半适合。同样,我们从塞克斯都·恩披里柯(Sextus Empiricus)处得知斯多亚学派哲学家们掌握着一个毫无意义的词 Blituri,但他们与一个相关词一起成对地使用它,即 Skindapsos。[①] "因为 Blituri 是 Skindapsos,你明白了吧。"在一个系列中是词＝x,但同时在另一系列中是物＝x;也许如下所述,还应该在艾翁上增补第三个方面,即行动＝x,只要各系列沟通和发生共振,并形成一个"错综复杂的故事"。蛇鳖是一个闻所未闻的名称,但也是一个不可见的怪物,并诉诸一种令人敬畏的行动,即狩猎,在狩猎结束时猎人消失并失去身份。炸脖龙是一个闻所未闻的名称、一个幻想的怪兽,但也是令人敬畏的行动的对象或残忍谋杀的对象。

首先,某个空缺词被一些很平常的秘传词(那个、事物、蛇鳖等)所指称;具有初级力量的这个空缺词或这些秘传词所具有的功能是调配两个异质系列,然后这些秘传词可轮流被一些混合词所指称,而这些具有次级力量的混合词所具有的功能是使系列分叉。与这两种力量相对应的是两种不同的形态。第一种形

---

[①] 参见塞克斯都·恩披里柯著,《反对逻辑学家》(Adversus Logicos),第 8 章,第 133 页。Blituri 是个拟声词,它表达着像琴鸟的鸣叫声一样的声音;Skindapsos 是指机器或工具。

态:悖论性元素既是词又是物,就是说,指称它的空缺词或指称这个空缺词的秘传词仍然具有表达事物的特性。正是词准确地指称其所表达的东西和表达其所指称的东西。它表达它的被指称者,同样它也指称它的本义。它既说出某种事物又说出其所说出的东西的意义:它说出它的本义。因此,它完全是反常的。我们知道,所有具有意义的名称的常规法则确切地说是它们的意义只能被另一个名称($n_1 \rightarrow n_2 \rightarrow n_3 \cdots\cdots$)所指称。说出其本义的名称只能是无意义($N_n$)。无意义仅仅与"无意义"这个词相一致,而且"无意义"这个词仅仅与那些不具有意义的词(即那些被用来指称它的常规词)相一致。第二种形态:混合词本身是一种抉择原则,它也形成这一抉择的两个项(frumieux=fumant 与 furieux 或 furieux 与 fumant)。这样一个词的每个潜在部分都指称其他词的意义,或者表达那转而指称它的其他部分。还是在这种形式下,词整体上说出它的本义,而且在这种新名义下是无意义。具有意义的各个名称的第二个常规法则确实是:它们的意义并不能决定它们本身融入其中的抉择。无意义因此具有两种形态,一种形态符合逆退式综合,另一种形态符合析取综合。

有人可能提出异议:所有这一切都毫无意义。这或许是一种糟糕的词语游戏——假设无意义说出它的本义,因为无意义按照定义来讲是没有意义。这种反对没有根据。所谓的词语游戏,就是说无意义有意义,而意义就在于没有意义。但这根本不是我们的假设。当我们假设无意义说出它的本义时,我们反而想指出意义与无意义具有一种特别的关系,这种关系不可能在真假关系上被复制,就是说不可能简单地被构想为一种排斥关系。这的确是意义的逻辑的最一般的问题:如果是为了在意义与无意义之间找到一种类似于真假关系的关系,那么从真的领域提升到意义的领域又有什么用?我们已经认识到,为了按照受条件限制者的样子来将条件设想为可能性的简单形式,从受条件限制者提升到条件是多么地徒劳无功。条件与它的否定之间所具有的关系不可能同受条件限制者与它的否定之间所具有的关系是同一类型。意义的逻辑必然注定要在意义与无意义之间设定一种内在关系的原初类型、一种共现(coprésence)的样式,通过将无意义视作一个说出其本义的词,我们只能暂时提出这种共现样式。

悖论性元素在两种前述的形态下是无意义。但常规法则并不完全反对这两种形态。这两种形态反而使那些富有意义的规范词服从这些并不适用它们的法则:任何规范名称都具有一种应该被另一个名称所指称的意义,后者应该规定着那些被其他名称所填补的各种析取。只要这些富有意义的名称服从这些法则,它们就接受意指的规定性。意指的规定性与法则不是一回事,但却来自于法则;它将名称(即词与命题)与概念、特性或类别联系起来。由此,当逆退式法则表明一个名称的意义应该被另一个名称所指称时,这些不同程度的名称从意指的视角看就参照了不同"类型"的类别或特性:任何特性都应该属于一种比它施加影响的特性或个体更高级的类型,而且任何类别都应该属于一种比它所包含的对象更高级的类型;集合从此不能自身包含元素,也不能包含不同类型的元素。同样根据析取法则,意指的规定性说明了分类得以产生所相关的特性或项并不属于任何相关于它而被归类的同类群:一个元素不可能是它规定的次集的一部分,也不可能是它预设其实存的集合的一部分。因此,与无意义的两种形态相对应的是荒诞的两种形式,这两种形式被界定为"被剥夺了意指",而且还建构着各种悖论:自身作为元素而被包含的集合、划分其假设的集合——所有集合的集合——的元素以及"军队的理发师"(barbier du régiment)。因此,荒诞有时在逆退式综合中是形式层面的混杂,有时在析取综合中是恶性循环。[1] 意指的规定性的好处就在于产生不矛盾律和排中律,而非这两者是现成被给予的;悖论本身在那些被剥夺了意指的命题中则导致矛盾或包含的发生。也许应该从这个视角来考虑斯多亚学派有关命题的联系的某些构思。因为,当斯多亚学派对"如果这是白天,那么天是亮的"或"如果这个女人不得不有奶,那么她就生过孩子"等类型的假设性命题如此感兴趣时,评论者们肯定有理由令人想起问题在此不是一种在词的现代意义上的物理结果或因果性的关系,但他们也许错误地从中看到同一性关联下的一种简单的逻辑结果。斯多亚学派给假设性命题的构成成分编过号;我们可以把"天亮"或"生过孩子"看作是意指比它们施加影响的东西("天亮""有奶")更高类型的特性。命题之间的联系既不可化约为分析论的同一性,也不可化约为经验论的综合,但属于意指的领域——以致于矛盾不是在一个项与它的对立面的关系中被孕育,而是在一个项的对立面与另外的项之间的关系中被孕育。根据假设性向合取

---

[1] 这种区分在罗素看来符合无意义的两种形式。关于这两种形式,参见弗兰茨·克拉海(Franz Crahay)著,《数理逻辑的形式主义与无意义的问题》(*Le Formalisme logico-mathématique et le problem du non-sens*),美文出版社,1957。在我们看来,罗素的区分要比胡塞尔在《逻辑研究》(*Recherches de logiques*)中对"无意义"与"反意义"所做的过于宽泛的区分更可取,科耶夫在 (转下页)

性的转换,"如果这是白天,那么天是亮的"意味着白天而天没亮是不可能的;也许因为"白天"就应该是它所假设的一个集合的元素,而且属于相关于它而被分类的那些群中的一个群。

　　无意义不亚于意指的规定性,它导致了意义给予,但方式完全不同。因为,从意义的视角来看,逆退式法则不再将不同程度的名称与类别或特性联系起来,而是将它们分布在事件的异质系列中。这些系列无疑是被规定的,一个被规定为能指的,另一个被规定为所指的,但意义在此系列和彼系列中的分配完全独立于意指的确定关系。这就是为什么我们认识到一个被剥夺了意指的项仍然具有意义,意义本身或事件独立于所有影响类别和特性的模态,相关于所有这些特征是中性的。事件在本性上不同于特性和类别。具有意义的东西也具有意指,但出于与事件具有意义这一点完全不同的理由。意义因此与各悖论的新类型不可分,各悖论标记出无意义在意义中的在场,就如前述的悖论标记出无意义在意指中的在场一样。这次一方面是无限细分的悖论,另一方面是奇异性分布的悖论。在各系列中,每个项只因其与所有其他项的相对位置才具有意义,但这个相对位置本身根据层

--------

(接上页)《说谎者埃庇米尼得斯》(*Epiménide le menteur*, Hermann 出版社,第 9 页及其后)中曾受启于胡塞尔的区分。

级=x 的绝对位置取决于每个项,而层级=x 被规定为无意义,且不停地通过各系列流传。意义确实被这种流传所生产,作为回归能指的意义,但也作为回归所指的意义。总之,意义始终是效应。它不仅在因果意义上是效应,而且在"视觉效应""声音效应"的意义上是效应,或更好是表面的效应、位置的效应、语言的效应。这样一种效应绝不是显像或错觉;这是在表面上展开或延长的产物,且它严格地与自因共现、同外延,并将这种原因规定为与其效应不可分离的内在原因,是在效应本身之外的纯粹的虚无(nihil)或 $x$。这样一些效应,这样一种产物,习惯于被专名或单名所指称。专名只有在它诉诸这一类效应的情况下才能完全被视作符号:这样,物理学才谈论"开尔文效应""塞贝克效应""塞曼效应"等,或者医学才用那些能够编制疾病症状图表的医生的名字来指称疾病。在这一路径上,对作为非物体性效应的意义的发现——意义一直在它所贯穿的各个项的系列中被元素=x 的流传所生产——应该被命名为"克律西波斯效应"(effet Chrysippe)或"卡罗尔效应"(effet Carroll)。

按照新近惯例被命名为结构主义者的作者们也许并不具有其他共同点,但下面这一点却是要点:意义,完全不是作为显像,而是作为表面与位置的效应,被空格在结构的系列中的流传所生产(死亡的位置、国王的位置、盲目的斑点、漂浮的能指、零度价值、后台或缺席的原因等)。结构主义,无论自觉与否,都会赞美与斯多亚学派式的、卡罗尔式的灵感的重逢。结构真是生产非物体性意义的机器(*skindapsos*)。结构主义以这种方式指出,意义被无意义与其持续的移位所生产,且意义产生于那些独自不是"能指"的元素的各自设定,人们此时反而从中看不到与所谓的荒诞哲学之间的比照:是刘易斯·卡罗尔,不是加缪。因为对于荒诞哲学而言,无意义在一种与其简单的关系中是与意义相对立的东西,以致于荒诞一直由意义的不足、缺乏所界定(不存有充足的意义……)。反而从结构的角度看,总是有太多的意义:被作为自身之不足的无意义所生产和过度生产的过剩。一切就像雅各布森一样界定着一种零音位,它不具有任何规定的语音价值,但却与音位的缺席相对立,而不是与音位相对立,同样,无意义不具有任何特殊的意义,但与意义的缺席相对立,而不与它过剩地生产的意义相对立,却从未与它的产物维持着一种有人想将之简化的、简单的排斥关系。[①] 无意义既是没有意义的东西,但又是本身在导致意义给予时与意义的缺席相对立的东西。而且这便是无意义该有的意思。

结构主义最终在哲学上且对整个思想而言的重

---

① 参见列维-斯特劳斯在《马塞尔·莫斯著作的导言》中有关零音位的评论(马塞尔·莫斯著,《社会学与人类学》,第50页)。

要性可基于这一点来衡量:它移动了边界。当意义的观念接替了有缺陷的**本质**时,哲学的边界似乎处于那些将意义与新的超越性(上帝的新化身、变形的天)联系起来的人与那些从人与人的深渊(新近被挖掘的、隐蔽的深度)中寻找意义的人之间。论述雾天(柯尼斯堡的天空)的新神学家与论述洞穴的新人文主义者以作为意义之秘密的**人-上帝**或**上帝-人**的名义占据着舞台。有时很难区分他们。但是,如今使区分成为可能的首先是我们对这种没完没了的话语感受到的厌倦,人们在这种话语中会问是驴骑人还是人骑驴、人骑自己。然后我们感觉到一种对意义施加作用的、纯粹的反意义;因为,不管怎样,无论天地,意义都被阐述为**原则**、**储藏库**、**储备物**、**起源**。作为天之原则,有人说它基本上是被遗忘的或被遮蔽的;作为地之原则,有人说它是深深被涂抹的、迂回的、错乱的。但在涂抹和遮蔽下,有人要求我们重新找到和恢复意义,或者在有人不可能充分理解的上帝中,或者在有人不可能充分探查的人中。因此,令人愉快的是如今好消息引起反响:意义从不是原则或起源,它是被生产的。意义既不是有待发现、恢复的,也不是有待再利用的,而是有待被新机制生产的。它不属于任何高度,它也不处于任何深度,而是表面的效应,与表面及其自己的维度分不开。不是因为意义缺乏深度或高度,毋宁说是高度和深度缺乏表面,缺乏意义,或者只因一种假设意义的"效应"才具有意义。我们不再自问宗教的"原始意义"是在于人类欺骗过的上帝还是在于上帝形象中被异化的人类。例如,我们并没有在尼采的著作中寻找一个颠倒或超越的先知。如果有一个作者——只要上帝之死(禁欲理想从高处跌落)对他而言被人性的虚假深度、内疚意识和愤恨所补偿就没有任何重要意义,那么这个作者的确就是尼采:他将他的发现带到别处,带进格言和诗歌中,格言和诗歌既不会使上帝也不会使人说话,它们是通过确立有效的理想游戏来生产意义、测量表面的机器。我们并没有在弗洛伊德的著作中寻找一个有关人性深度和起源意义的探索者,而是寻找无意识机制的神奇发现者,意义通过无意识被生产,总是按照无意义被生产。[1]
不是在神的共相或人的个性中,而是在这些比我们自己更属于我们的、比诸神更神圣的奇异性中,我们的

---

[1] 在那些与路易·阿尔都塞的主要论题一致的片段中,J-P·奥兹耶(J.-P. Osier)提出了下述区分:区分意义对其而言是有待在多少有点儿迷失的起源中重新找到的那些人(不管这种起源是神圣的还是世俗的、是本体论的还是人类学的)与起源对其而言是无意义、意义总是作为认识论的表面效应被生产的那些人。在将这个标准应用于弗洛伊德和马克思时,J-P·奥兹耶认为解释问题绝不在于从"派生"转到"原始",而在于理解意义在两个系列上的生产机制:意义总是"效应"。参见费尔巴哈的《基督教本质》(*L'Essence du christianisme*, éd. Maspéro, 1968)的序言,尤其是第15—19页。

自由、我们的有效性找到场所，同时具体地激活诗歌与格言、持久的变革与局部的作用，我们怎么没有感受到这一点？有什么官僚主义的东西存在于这些实为大众和诗歌的幻想机器中？只要我们一点点消失，只要我们能在表面上，只要我们像鼓一样绷紧皮肤，"伟大的政治"就足以开启。有一种空格既不是为了人也不是为了上帝；有一些奇异性既不是来自一般也不是来自个别，既不是人称的也不是全称的；所有一切都被流传、回声、事件所贯穿，而流传、回声、事件比人类从未梦想的、上帝也从未构想的东西更富意义、更自由、更有效。促使空格流传，而且促使前个体的、非人称的奇异性言说，简而言之是生产意义，这就是今日的任务。

# 悖论系列 12  论悖论

在说悖论要比《数学原理》(*Principia mathematica*)与刘易斯·卡罗尔更相配时,人们并未摆脱悖论。对刘易斯·卡罗尔有益的,亦对逻辑学有益。在说军中理发师并不实存、反常的集合也不实存时,人们并未摆脱悖论。因为悖论反而固守于语言,而且整个问题就在于弄清楚语言本身在未必使这些实体持续存在的情况下是否能够运转。人们也不会说,悖论会导致一幅错误的、未必可靠的、徒然复杂的思想影像。应该是太"简单",以至不会有人相信思想是一种简单的、本身就清楚的行为,这一行为并不会在无意识中使无意识和无意义的所有力量发挥作用。悖论只有在人们将其视作思想的能动性时才是消遣,在人们将其视作"思想的**受难**"时则不然,同时人们发现什么只能是被思考的、什么只能是被言说的,况且"思想的**受难**"也是不可言喻的东西、不可思议的东西——精神的**虚空**(Void mental)、艾翁。最终人们将不会诉求那些被导致的实体的矛盾性特点,人们将不会说理发师不可能属于军队,等等。悖论的力量就在于此,即悖论不是矛盾的,但却使我们目击矛盾的发生。矛盾律适用于实在与可能,但不适用于其所来源的不可能,就是说矛盾律不适用于悖论,或者毋宁说,不适用于悖论所再现的东西。

意指的悖论本质上是异常的集合(它自包含为元素或包含不同类型的元素)与不顺从的元素(它是它所预设实存的集合的一部分,并属于它所规定的两个次集)。意义的悖论本质上是无限细分(始终是过去-未来的,但从未是现在的)与游牧式分配(它被分布在开放空间中,而不是分布在封闭空间中)。但悖论无论如何都具有的特点是同时在两个方向上展开,且使得认同成不可能,同时它们时而强调这些效应中的一种意义,时而强调这些效应中的另一种意义:这便是爱丽丝的双重冒险,即生成-疯狂与名字-失去。这是因为悖论与信念(doxa)相对立,基于信念的两个方面——良知与常识。不过,良知被用来说一个方向:它是独特的意义,它表达某一秩序的要求,应该根据这一秩序来选择和遵循一个方向。这个方向容易被规定为从最微分化的东西到最不微分化的东西、从事物到原火的方向。人们根据这个方向定位时间之矢,因为最微分化的东西必然在它界定个体系统的起源的范围内显示为过去,而最不微分化的东西则显示为未来与终结。从过去到未来的这种时间秩序因此相关于现在(即相关于一种在被考虑的个体系统中被选择的、被规定的时段）被确立。良知就这样被给予其完成功能、本质上可预见的条件；如果人们从最不微分化的东西转向最微分化的东西，例如，如果那些首先是不可分辨的温度在自身微分化的过程中产生，那么预见显然在另一个方向上是不可能的。这就是为什么良知能够如此深刻地重新出现在热力学之中。但它最初依仗着最高模型。良知本质上是分配者，它的格式是"一方面与另一方面"，但它导致的分布在这样一些条件中得以实现，即差异被这些条件置于开端，在一种可被操控的运动中被掌握，而这一运动被认为是填补差异、平均差异、取消差异、补偿差异。这就是从事物到原火或者从世界（个体系统）到上帝的意思。这样一种被良知所牵涉的分布的确被确定为固定的或定居式的分配。良知的本质是给予自身一种奇异性，以便在整条由寻常的、有规则的点组成的线上展开它，这些点取决于整条线，却避免和削弱整条线。良知完全是可燃烧的、可消化的。良知与农业有关，与土地问题和围场定居不可分，与中产阶级的操作不可分，中产阶级的各组成部分被认为是相互补偿、相互调节的。蒸汽机和畜牧场，但还有特性与类别，都是良知的鲜活来源：不仅作为出现在某个时代中的事实，而且作为永恒的原型；不是通过简单的隐喻，而是为了将"特性"与"类别"等术语的所有意义联系起来。良知的系统性特点因此是对唯一方向的肯定，是对从最微分化到最不微分化、从奇异到规则、从非凡到寻常的这个方向的规定，是根据这一规定对从过去到未来的时间之矢的定位，是在这一定位中赋予现在指导性作用，是这样使之可能的预见功能，是定居式分配的类型，所有上述特点都在其中被联系起来。

良知在意指的规定性中发挥着主要作用。但它在意义给予中却没有发挥任何作用，这是因为良知总是占据第二位，因为它导致的定居式分配预设这另一种分配，就像围场假设一种首先是自由的、开放的、不受限制的空间——山坡或山丘一样。那么，说悖论遵循着不同于良知的另一个方向，且经由一种也许只是精神娱乐的心血来潮就从最不微分化的东西转向最微分化的东西，这样就足够了吗？为了重复一些著名的例子，可以肯定的是，温度如果在自身微分化的过程中发生变化，或者黏性如果促使自身加速，那么人们就不再能"预见"。但是为什么？并不是因为事物发生在另一种意义上。另一种意义也许还是一种独特意义。然而，良知并不满足于规定独特意义的特殊方向，它一般首先规定一种独特意义的原则，哪怕是指出这一原则一旦被给予就会迫使我们选择这样一个方向，而不是另一个方向。因而，悖论的力量完全不在于遵循另一个方向，而在于指出意义总是同时采取两种意义，同时采取两个方向。良知的反面不是另一种意义;另一种意义只是精神的消遣,即它有趣的能动性。但作为被动的悖论发现人们不能区分两个方向,人们不能确立一种独特意义,既不是一种对于思想的严肃、劳动而言的独特意义,也不是一种对于消遣和次要游戏而言的相反意义。如果黏性促使自身加速,那么黏性将使运动物体脱离静止,不过是在一种无法预见的意义上。"哪个方向?哪个方向?"爱丽丝问道。疑问没有答案,因为是意义的本义不具有方向,不具有"良知",但意义始终同时在两个方向上运行,在无限细分的、延长的过去-未来中运行。物理学家玻尔兹曼(Boltzmann)解释道,从过去向未来的时间之矢只有在个体的世界或系统中且相关于一种在这些系统中被规定的现在才有价值:"对于整个宇宙而言,时间的两个方向因此不可能有区别,同样在空间中也不存在上或下"(就是说不存在高度或深度)①。我们重现发现艾翁与柯罗诺斯之间的对立。柯罗诺斯便是独自实存的现在,后者把过去与未来变成它的两个可被操控的维度,以便人们一直从过去走向未来,但是在现在在局部的世界或系统中相继而来的范围内。艾翁在抽象时刻的无限细分中是过去-未来,而抽象时刻不断地同时在两种意义中解体自身,

---

① 玻尔兹曼著,《气体理论课程》(*Leçons sur la théorie des gaz*),第 2 卷,Gauthier-Villars 出版社,第 253 页。

同时永远避开任何现在。因为在被视作所有系统的系统或被视作异常的集合的宇宙中,没有任何现在是可确定的。与现在可被定位的线(它在个体系统中"调节"它接受的每个奇点)相对立的是艾翁线,艾翁线从一种前个体的奇异性跃向另一种奇异性,并在彼此之中重启所有奇异性,根据游牧式分配的形态来重启所有系统,每个事件在游牧式分配中已然是过去,且还是未来,多少是同时进行的,而且在那使它们进行沟通的细分中始终是前夜与翌日。

在常识(sens commun)中,sens 不再被用来说方向,而是被用来说器官。人们说 sens 是共同的,因为正是认同的器官、功能、官能才将任意的多样性与**相同**的形式联系起来。常识进行辨认、确认,不亚于良知进行预测。主观上,常识归摄灵魂的多种官能或微分化的身体器官,且将它们与一种能够说我的统一性联系起来:正是一个唯一且相同的我才会感知、想象、回忆、知道等,才会呼吸、睡觉、行走、吃饭……在这个主体之外语言似乎是不可能的,这个主体在语言中表达自己和展示自己,并叙说他做的事情。客观上,常识归摄那被给予的多样性,并将这种多样性与对象的特殊形式或世界的个体化形式的统一性联系起来:我看到、嗅到、品尝到、触到的正是相同的对象,我感知、想象、回忆的正是相同……正是在相同的世界中,我才呼吸、行走、熬夜或睡觉,同时我按照一个规定系统的法则从一个对象转向另一个对象。即便如此,语言在它所指称的这些同一性之外似乎还是不可能的。人们的确认识到良知与常识这两种力量的互补性。良知不能指定任何开端和任何结束、任何方向,它不能分配任何多样性,如果良知不会向着一个能够将这种多样与主体的同一性形式、对象或世界的持久性形式联系起来的层级来超越自身,人们就假定这个层级从头到尾都是在场的。反之,这种同一性形式在常识中仍然是空虚的,如果它不向着一个能够用在此开始在彼结束的、这样或那样的多样性来规定它的层级以超越自身,而且人们假定这个层级只要实现它的各个部分的均衡,就会一直持续。质必须同时被阻止和被度量、被赋予和被辨认。正是在良知与常识的这种互补性中,我、世界与上帝——作为方向的最终出口和同一性的最高原则的上帝——的联盟被建立起来。因此,悖论的确是对良知与常识同时发生的颠倒:一方面它显示为无法预料的生成-疯狂的两种同时意义,另一方面它显示为丧失的、不可识别的同一性的无意义。爱丽丝一直是同时在两个方向上行走的人:奇境(Wonderland)处于一直被细分的双重方向上。爱丽丝也是丧失同一性的人,即她自己的同一性、事物的同一性和世界的同一性:在《西尔维与布鲁诺》中,仙境(Fairyland)与**共同场所**(Common-place)相对立。爱丽丝经受并错过了常识的所有考验:自我意识作为器官的考验——"你是谁?",对对象的知觉作为辨识的考验——避开任何认同的木材,记忆作为背诵的考验——"这从头到尾都是假的",梦作为世界统一性的考验——每个个体系统在世界中为了某个宇宙的利益而解体(有人在这一宇宙中一直是别人梦中的一个元素)——"我不喜欢归别人的梦所有"。如果爱丽丝不再有良知,那么她还会有常识吗?如果语言没有在它之中进行自我表达和展示的主体,没有可指称的对象,没有可根据固定秩序进行意指的类别和特性,那么语言似乎无论如何都是不可能的。

然而,正是在一点上,意义给予才会发生在这个先于任何良知和常识的领域。在此语言凭藉着悖论的被动而达到它的最高力量。在良知之上,刘易斯·卡罗尔笔下的成对物再现了生成-疯狂的两种同时意义,首先在《爱丽丝奇境历险记》中是制帽商与三月野兔:它们中的每一个都栖居在一个方向上,但两个方向是不可分离的,每一个方向将自身细分成另一个方向,因此,人们可在它们之中的每一个方向上找到这两个方向。应该是制帽商与三月野兔都发疯,有的还总是二度发疯,有一天他们"谋杀了时间",就是说摧毁尺度,消灭将质与某种固定事物联系起来的停顿和静止,他们就一起变疯了。他们杀死了现在,现在只不过是在他们受苦的同伴睡鼠的沉睡形象中继续存在于他们之间,但现在也只不过继续存在于茶歇时间被无限细分成过去与未来的抽象时刻之中。因而,他们现在不停地变换位置,他们一直同时在两个方向上迟到和提前,但从不准时。在镜子的另一侧,三月野兔与制帽商再次以两个信使的身份出现,根据艾翁同时发生的两个方向,一个来,另一个去,一个寻找,另一个取回。此外,特威丹和特威帝显示出两个方向的不可辨别性,且显示出两种意义在朝着指示他们房屋的分叉路的每个方向上的无限细分。但正如成对物使生成的任何尺度、质的任何停顿以及由此而来的良知的任何训练都变得不可能一样,汉普蒂·邓普蒂体现着国王的天真,他是词的**主人**、意义**给予者**,他以这样的方式分配差异,以致于任何固定的质、任何可度量的时间都不会与可识别的或可辨认的对象有关,他摧毁常识:汉普蒂·邓普蒂,他的腰部与脖子、领带与腰带混淆起来——他就像他缺乏微分化的器官一样缺乏常识,他只是由运动的、"不和谐的"奇异性构成。汉普蒂·邓普蒂将不会认出爱丽丝,因为爱丽丝的每种奇异性在他看来都被同化到器官(眼睛、鼻子、嘴)的寻常集合中,并属于一张过于规则的、像在每个人身上一样组织起来的脸的**共同场所**。在悖论的奇异性中,没有东西开始或结束,一切都同时在未来与过去的意义上进行。正如汉普蒂·邓普蒂所说的那样,人们总是能阻止自身在两个方向成长,如果另一个方向不缩小,一个方向就不会长大。如果悖论是无意识的力量,那也不必惊讶:悖论总是在意识的间距之中、悖逆着良知或在意识的背后、悖逆着常识而发生。有关的疑问是:人什么时候变成秃头? 或者,什么时候有了一堆东西? 克律西波斯的回答是人们最好停止计算,甚至可以去睡觉,随后将看得一清二楚。当卡尔内亚德(Carnéade)反对说一切都在克律西波斯的醒悟时重新开始和相同的疑问被提出来,他似乎真就不理解这个回答。克律西波斯更明确地回答道:人们总能成对地脱困,能在坡度加大时让马减速,或者用一只手降低而用另一只手提高。① 因为问题如果是要知道"为什么发生在这个时刻而不是另一个时刻?""为什么水在零度时会改变性质?",那么只要零度被视作温度计上的一个寻常点,疑问就会被不当地提出。如果零度反而被视作一个奇点,那么零度就与发生在奇点上的事件不可分,事件相关于它在始终要到来且已然过去的寻常线上的实现而始终被命名为零。

我们自此能够提出语言在表面上展开、意义在命题与事物的边界上给予的图表。这个图表再现着所谓次级的、语言特有的组织。它被我们起了各种双名的悖论性元素或随机点赋予活力。将这个元素呈现

---

① 参见西塞罗著,《早期柏拉图学院哲学》(*Premiers académiques*),§29。亦可参见克尔凯郭尔在《哲学片段》(*Miettes*)中的评论,他武断地认为卡尔内亚德的观点有道理。

为在表面上贯穿两个系列或呈现为在两个系列之间勾勒艾翁的直线,这是同一回事。它是无意义,且确定着无意义的两种动词形态。但恰好因为无意义处于一种与意义的原始的内部关系之中,所以无意义也是把意义配备给每个系列的各个项的东西。彼此相连的这些项的相对位置取决于它们相关于无意义的"绝对的"位置。意义一直是一种在各系列中被那贯穿它们的层级所生产的效应。这就是为什么意义就像它在艾翁上被汇集一样,本身就具有两副与悖论性元素的不对称面孔相对应的面孔:一副面孔趋向于被规定为能指的系列,另一副面孔趋向于被规定为所指的系列。意义坚持存在于系列(命题)之中的一个系列:它是命题的可表达者,但不会与表达它的命题混淆起来。意义突然发生在另一个系列(事物状态)上:它是事物状态的属性,但不会与它归之于自身的事物状态、实现它的事物和质混淆起来。因此,容许将这样的一个系列规定为能指的和将这样的另一个系列规定为所指的,正好是意义的两个方面(持存与超存在)和它们所源自的无意义或悖论性元素的两个方面(空格与多余对象)——在一个系列中的没有占有者的位置与在另一个系列中的没有位置的占有者。这就是为什么意义就其本身而言是重现无意义形态的基本悖论的对象。但如果意指的条件还未被规定,意义给予就不会产生,系列的各个项一旦被配备意义,今后就将在一个将它们与可能的指示与展示(良知、常识)联系起来的第三级组织中屈从于意指的条件。在表面上总体展开的这个图表必然在这些点中的每个点上被一种极端的、持久的脆弱性所影响。

# 悖论系列 13
# 精神分裂症患者与小女孩

没有什么东西比表面更脆弱。次级组织难道不会被一种比炸脖龙更加强大的怪兽——被一种无定形的和无内容的无意义（截然不同于我们前面将其视作仍内在于意义的两种形态的那些东西）——威胁吗？这种威胁首先是不可感知的，但某些步骤足以令人意识到一种不断放大的缺陷，而且表面的整个组织已经消失，突然转向了一种可怕的初级秩序。无意义不再提供意义，它消耗掉一切。人们首先认为自己待在同样的元素中或待在一种邻近的元素中。人们发觉自己已改变元素，已进入风暴之中。人们还认为自己是在小女孩与孩子中间，人们已经处于不可逆转的疯狂之中。人们也许认为自己处于文学研究的前沿，处于语言与词语的最高发明之中；人们已经处于痉挛性生命的讨论中，处于一种与身体有关的病理性创造的黑夜之中。这就是为什么观察者必须要注意：例如在混合词的借口下，看到有人将儿歌、诗歌实验与疯狂体验混合起来，这是几乎不能接受的。一名伟大诗人可以在一种与他曾是的那个孩子和他喜欢的那些孩子的直接关系中进行写作；一个疯子可以与他一起在一种他曾是的和他不停地是的那个诗人的直接关系中产生最宏大的诗歌作品。这决不是为孩子、诗人和疯子的可笑的三位一体辩解。我们应该心怀无比的钦佩和崇敬注意那些揭示一种潜藏在粗糙的相似性之下的深刻差异的滑动。我们应该注意无意义的那些截然不同的功能和深渊，注意混合词的异质性，混合词毫不允许发明它们的那些人之间的任何混合，甚至是使用它们的那些人之间的任何混合。一个小女孩可以唱"俏鹌鹑"（Pimpanicaille），一个艺术家可以写"愤怒如烟"（frumieux），一个精神分裂症患者可以说"洞若神明"（perspendicace）[①]：我们没有任何理由相信问题对于那些粗略相似的结果而言是同一回事。将巴巴尔之歌与阿尔托的呼叫声混合起来——"Ratara ratara ratara Atara tatara rana Otara otara katara…"——是不严肃的。我们应该补充的是，逻辑学家们在他们谈论无意义时犯的过错就是提供那些被他们自己辛苦建构的、为了满足他们论证需要的

---

[①] Perspendicace 是一个来自精神分裂症患者的混合词，用来指那些待在主体脑袋之下的（垂直的［perpendiculaires］）、极其敏锐的（perspicaces）神灵们，引自乔治·杜马（Georges Dumas），《按照精神病划分的超自然与诸神》（*Le Surnaturel et les dieux d'après les maladies mentales*），法国大学出版社，1946，第 303 页。

干瘪例子,好似他们从未听到过一个小女孩歌唱、一个伟大诗人朗诵、一个精神分裂症患者说话。这便是那些所谓逻辑学的例子的不幸(在罗素著作中除外,罗素一直受启于刘易斯·卡罗尔)。但逻辑学家的缺点在此反而还不允许我们重组一个反对他的三位一体。问题是临床的问题,就是说是从此组织向彼组织滑动的问题,或是逐渐的、创造性的组织破坏的形成问题。况且问题也是批评的问题,就是说是微分层次规定的问题,无意义在微分层次上改变形态,混合词改变本性,整个语言都改变维度。

然而,粗糙的相似性首先布下它们的陷阱。我们想凭藉相似性的这些陷阱来考虑两个文本。安托南·阿尔托有时得面对刘易斯·卡罗尔:首先是在汉普蒂·邓普蒂一章的改写中,然后是在一封他在罗德兹(Rodez)写的评价刘易斯·卡罗尔的信中。在人们阅读《炸脖龙》第一节时,如安托南·阿尔托所翻译的,人们感觉前两句诗还是与刘易斯·卡罗尔的标准相一致,且符合那些与其他法语译者(亨利·帕里索或雅克·布鲁纽斯)很类似的翻译规则。但从第二句诗的最后一个词开始,从第三句诗开始,便产生了一种滑动,甚至还产生了一种起支配作用的、创造性的崩溃,使我们处于另一个世界和一种截然不同的语言中。① 尽管恐慌,但我们还是毫不费劲地辨认出这种语言:它是来自精神分裂症的语言。甚至混合词似乎在其被卷入晕厥和致使喉音超负荷时具有另一种功能。我们同时度量着将刘易斯·卡罗尔在表面上被发送的语言与安托南·阿尔托在身体深层中被打磨过的语言分隔开的间距——他们的问题的差异。因此,我们在他在罗德兹写的一封信中提供了他们的问题对安托南·阿尔托的声明所产生的全面影响:"我没有翻译完《炸脖龙》。我尝试着翻译了一段,但这让我感到厌倦。我从未喜欢过这种诗,我总是觉得它充斥着一种矫揉造作的孩子气……我不喜欢表面的诗歌或语言,它们显示出快乐的休闲与智力的成功,智力依赖肛门,但从未将灵魂或内心置于其中。肛门一直是引起恐怖的东西,我并不接受人们未被撕裂就拉屎,由此也就失去了灵魂,《炸脖龙》里没有灵魂……人们能发明语言(langue),并促使纯粹语言(langue)与不符合语法的意义一起说话,但这种意义必须本身

---

① 安托南·阿尔托,《阿尔沃与奥姆,针对刘易斯·卡罗尔的反语法尝试》,《弩》(*L'Arbalète*),1947 年第 12 期。

Il était roparant, et les vliqueux tarands

Allaient en gibroyant et en brimbulkdriquant

Jusque là où la rourghe est à rouarghe a rangmbde et rangmbde a rouarghambde :

Tous les falomitards étaient les chats-huants

Et les Ghoré Uk'hatis dans le Grabugeument.

有价值,就是说它必须来自于痛苦……《炸脖龙》是这样一名唯利是图者的作品,他想在智力上自我陶醉,他想在美餐之后沉湎于他人的痛苦……当人们挖掘存在的便便和它的语言时,诗歌必定散发出糟糕的气味,《炸脖龙》还是一首它的作者防止自己在痛苦的子宫存在物中坚持的诗歌,每个伟大诗人都沉浸其中,他在艰苦创作中感觉不好。在《炸脖龙》中有一些关于粪便性的段落,但这是一个冒充高雅的英国人的粪便性,他像热烙铁烫出来的小发卷一样在内心中煎炸污秽之物……这是一个吃得太饱的男人的作品,这一点可在他的作品中感觉到……"[1]总之,安托南·阿尔托将刘易斯·卡罗尔视作一个反常者、一个卑俗的反常者,后者满足于创立一种有关表面的语言,且不会感受到一种深层的语言的真问题——痛苦、死亡和生命的精神分裂问题。刘易斯·卡罗尔的游戏在安托南·阿尔托看来是幼稚的,他的食物过于世俗,甚至他的粪便性也虚伪且过于有教养。

暂且搁置阿尔托的才华不谈,让我们来考虑其优美、密度保持临床风格的另一篇文章[2]。有个自称是病人或精神分裂症患者的"语言系大学生",他体验到

---

[1] 《给亨利·帕里索的信》(Lettre à Henri Parisot),载《罗德兹书信集》(Lettres de Rodez),GLM 出版社,1946 年。
[2] 路易·伍尔夫森,《精神分裂症患者与语言或精神病患者的语音学》,《现代》,第 218 期,1964 年 7 月。

口欲性的两个系列的实存与析取:这是物-词、消耗-表达、可消耗的对象-可表达的命题的二元性。这种在吃与说之间的二元性可以更有力地被表达:付款-说话、排便-说话。然而,尤其是这种二元性还在两种词、两种命题、两种语言之间被输送和被恢复:本质上与食物和粪便有关的母语(英语);本质上是表达的、病人努力习得的外语。母亲以两种等效的方式威胁他,以便阻止他在这些语言(langues)中进步:有时她在他面前挥舞着那些诱人但难消化的、被藏在箱子里的食物;有时她在他有时间塞住耳朵之前就出现在他面前,突然对他说英语。他防备着这种由一组越来越臻于完善的程序所导致的威胁。首先,他狼吞虎咽、吃得过饱、踩着箱子,但同时不断地重复某些外来词。在更深的层次上,他在根据音素(即便辅音是最重要的)将英语词翻译成外来词时确保着两个系列之间的共振,并确保着此系列向彼系列的变换:例如,英语词 *tree*(树)得以变换多亏了重新出现在法语词中的 R、然后多亏了重新出现在希伯来语词中的 T;而且,像俄语用 *derevo* 指树一样,人们同样可以把 *tree* 转换成 *tere*,T 由此变成 D。这套已经变得复杂的程序在病人想使某些联想起作用时让位于一种一般化的程序:其辅音字母 R 与 L 提出极其微妙的问题的 *early*(tôt)被转换到相关的法语词组:"suR-Le-champ"("在田野上"),"de bonne heuRe""matinaLement"

("美好时刻""一清早"),"à la paRole""dévoRer L'espace"("以言语的方式""吞没空间"),或者,甚至被转换成一个秘传的、虚构的德语谐音词"*urlich*"。(人们会想起,在雷蒙·鲁塞尔发明的、用来在法语内部建构和变换系列的技巧中,他基于某些联想来区别第一种受限制的程序和第二种一般化的程序。)某些难处理的词有时抵制所有激活那些令人难以忍受的悖论的程序:例如英语词 *ladies*(女士们),只适用于一半人,但只能由德语词 *leutte* 或俄语词 *loudi* 来转译,反而是指整个人类。

即便如此,人们首先还感觉到某一种与刘易斯·卡罗尔系列的相似性。同样在刘易斯·卡罗尔的作品中,重要的、吃-说的口欲二元性有时被移位,并转入两种命题或命题的两个维度之间,有时会变得僵硬,并变成支付-说话、粪便-语言(爱丽丝应该在老实人的店铺里购买鸡蛋,汉普蒂·邓普蒂则支付词语;至于粪便性,正如安托南·阿尔托所说的那样,它到处隐藏在刘易斯·卡罗尔的作品中)。同样,当安托南·阿尔托详述他自己的相互矛盾的系列——存在与服从、生活与实存、行动与思考、质料与灵魂、身体与精神,他自己感觉到一种特别的、与刘易斯·卡罗尔之间的相似性。这是安托南·阿尔托本人在他说刘易斯·卡罗尔超越时间而抄袭他、剽窃他时所表露的感觉,既针对汉普蒂·邓普蒂关于鱼的诗歌,也针对《炸脖龙》。可是安托南·阿尔托为什么补充说他与刘易斯·卡罗尔毫不相关？为什么特别的亲密关系也是一种根本的、确定的奇特性？只需要再思量一次刘易斯·卡罗尔的系列如何、在什么地方被组织起来就够了：两个系列在表面被连接起来。在这个表面上，有一条线就像两个系列（命题与事物或命题的各维度）之间的边界线一样。意义沿着这条线被构思，既作为命题的被表达者又作为事物的属性，即表达的"可表达者"与指称的"可归因者"。两个系列因此被它们的差异连接起来，且意义贯穿着整个表面，尽管它留在它自己的线上。而且这种非物质性的意义可能是各种物体性事物、它们的混合物、它们的能动与被动的结果。但这种结果来自于一种完全不同于物体性原因的本性。这就是为什么作为效应的意义总是在表面上诉诸一种本身非物体性的准因：这是一直变动的、在秘传词与混合词中被表达的且同时从两边分配意义的无意义。所有这一切都是刘易斯·卡罗尔的作品像镜面效应一样起作用的表面组织。

安托南·阿尔托说这只是表面而已。激活安托南·阿尔托才华的启示，症状较轻的精神分裂症患者熟悉它，还以自己的方式体验它：对于安托南·阿尔托而言，没有表面、不再有表面。刘易斯·卡罗尔在他看来如何不是一个矫揉造作的、不受所有深层问题侵扰的小女孩？第一种精神分裂症的迹象是表面爆裂。事物与命题之间不再有边界,恰恰是因为不再有身体(物体)的表面。精神分裂症式的身体的第一个层面是一种滤器-身体(corps-passoire):弗洛伊德突出精神分裂症患者的这种禀赋来把握像无数小洞一样被开凿的表面和皮肤。① 其结果是整个身体只不过是深度而已,且将一切事物卷进、逮入这种张开的、再现基本退化的深度。一切都是物体,而且是物体性的。一切都是物体的混合,且在物体中是嵌套、穿透。阿尔托说一切都是身体的,"我们的背部拥有丰满的脊椎骨,它们被痛苦之钉刺穿,经由直立行走、承重的努力、对自由放任的抵制,它们通过相互嵌套在彼此之上形成脑颅"②。树、脊柱、花、秆茎植物通过身体生长,总是有其他一些身体渗透进我们的身体之中,并与它的各部分共存。一切都直接是脑颅、箱装食物和粪便。因为不再有表面,所以内部与外部、容器与内容物不再有确切的界限,它们深陷于普遍的深度或转向现在的圆圈,而现在随着进一步被塞满而缩得越

---

① 弗洛伊德,《无意识》(1915年),载《元心理学》,玛丽·波拿巴(M. Bonaparte)、安娜·贝尔曼(A. Berman)译,伽利玛出版社,第152—155页。通过引用两个病人案例(其中一个病人担忧他的皮肤,另一个病人担忧他的短筒袜,他的短筒袜作为小洞系统,有持续变大的危险),弗洛伊德指出这有一种既不能适合癔症患者也不能适用着魔者的、精神分裂症特有的症状。

② 安托南·阿尔托,载《火焰之塔》(*La Tour de feu*),1961年4月。

来越小。由此就产生了体验矛盾的精神分裂症的方式:或者在贯穿着身体的深层裂缝中,或者在嵌套和打转的、碎片化的各部分中。滤器-身体、碎片化的身体和分解的身体形成了精神分裂症患者的身体的三个首要维度。

在表面的这种破产中,整个词失去意义。词也许保留着某一种不过被感觉为虚空的指称能力;词也许保留着某种被感觉为无关紧要的展示能力;词也许保留着某种被感觉为"名不副实"(fausse)的意指。但词无论如何都失去它的意义,就是说它有能力汇集或表达一种区别于物体(身体)之能动与被动的非物体性效应、一种区别于自身当下实现的理念性事件。任何事件都会被实现,即便是在幻觉的形式下。任何词都是身体的,直接影响着身体。具体程序如下:一个词,经常具有食物本性,以大写字母出现,就如同印在一幅固定词和废黜词的意义的拼贴作品中一样;但在被固定的词失去意义的同时,它爆裂成碎块,分解为音节、字母,尤其分解为直接对身体起作用、穿透身体和伤害身体的辅音。我们从患有精神分裂症的、语言专业的大学生身上洞察到这一点:就是在母语被废黜意义、其语音元素变得极其伤人的同一时刻。词停止表达事物状态的属性,它的碎块与令人难以容忍的音质混淆起来,侵入它的碎块得以在其中形成混合物、新事物状态的身体,好像它的碎块本身是嘈杂的有毒食物和被封存的粪便一样。身体的各个部分,即各个器官,根据那些影响它们和侵犯它们的分解元素而被规定。① 在被动的这一程序中,纯粹的情动-语言取代语言的效应:"一切书写都是**龌龊之物**(COCHON-NERIE)"(就是说已决定的、被划出的任何词都被分解成嘈杂的、食物性的和粪便式的碎块)。

从此,对于精神分裂症患者而言,问题不在于恢复意义,而在于摧毁词、消除情动或将身体的痛苦的被动转换成胜利的能动、将服从转换成操纵,这一直发生在爆裂的表面下的这种深度之中。语言专业的大学生提供了某些方法的例子,词的痛苦裂片通过这些方法在母语中变换为那些与外语相关的能动。而且,正如伤害刚刚处在那些影响着嵌套或脱位的身体各部分的语音元素中一样,胜利也只有通过呼吸-词、叫声-词的创立才能在当前获得,其中所有字面的、音节的和语音的价值被非书写的、格外重读的价值所替代,与这些价值相对应的是一种作为精神分裂症身体的新维度的荣耀身体,是一种完全通过吹气、吸气、蒸发、流体传输来运行的、没有部分的有机体(安托南·

---

① 关于字母-器官,参见安托南·阿尔托的《仙人球的仪式》(Le Rite du peyotl),载《塔拉乌玛拉人》(Les Tarahumaras),弓弩出版社,第26—32页。

阿尔托的高级身体或无器官身体)。① 毫无疑问,能动的程序(与被动的程序相对立)的这种规定性首先显得不够充分:流体似乎确实与碎块一样有害。但这是根据能动-被动的双重性。正是在这一点上,精神分裂症中所体验到的矛盾才找到它的真正应用点:被动与能动之所以是一种双重性的不可分离的两极,乃因为它们所形成的两种语言不可分离地属于身体,属于身体的深处。因此,人们从不会确信一个没有部分的有机体的理想流体不会驱逐寄生性蠕虫、器官的碎片和固体食物、粪便残余;甚至人们确信有毒的力量确实利用流体和吹气来使被动的碎块进入身体。流体必然变质,但不是自主地,而只是经由它不可与之分离的另一极而变质。总之,流体再现着能动极或完美混合物的状态,与再现着被动极的不完美混合物的嵌套和创伤形成对比。精神分裂症中有一种体验斯多亚学派区别两种物体性混合物的方式,其中一种是部分的和变动的混合物,一种是整体的和液态的、使身体未受损害的混合物。被注气的流体的或液体的元素中有一种能动的混合物的未被写出的秘密,后者就像"**海洋**原理"一样,与那些被嵌套部分的被动混合

---

① 参见《塔拉乌玛拉人》第 84 页,1948 年:"没有嘴没有舌没有牙没有喉咙没有食管没有胃没有腹没有肛门我将重造我所是的人。"(无器官身体只是由骨与血构成。)

物形成对比。正是在这一意义上,安托南·阿尔托才将汉普蒂·邓普蒂论海与鱼的诗转换为论服从与操纵问题的诗。

能动的这第二种语言、这种程序在实践上是被如下内容确定的:其辅音、喉音和嘘音的超负荷,其呼语和内在重音,其呼吸音与音步划分,其取代所有音节价值乃至字面价值的转调。问题在于通过使词成为不可分解、不可能瓦解而将词变成一种能动:无发音的语言(langage sans articulation)。但纽带在此是一种颚化的、非器官的原则,即海一般的断块或海一般的整体。关于俄语词 derevo(树),语言专业的大学生为一种复数形式 derev'ya 的实存而感到高兴,他觉得内在的呼语在这个词中确保着辅音(语言学家的软符号)的融合。并非使辅音分离、使它们变得可发音,人们可能会说,简化为软符号的元音使辅音通过颚化而彼此不可分离,使它们难以辨认甚至不可发音,但在一种连续的呼吸中将它们变成同样多的、能动的呼叫声。① 全部呼叫声在呼吸中被连接起来,就像辅音在颚化的辅音中被连接起来一样,就好像鱼在整个海洋中或骨头在无器官身体的血液中被连接起

---

① 参见路易·伍尔夫森,《精神分裂症患者与语言或精神病患者的语音学》,《现代》,第 218 期,第 53 页:在 derev'ya 中,"颚化的 v 与 y 之间的逗号表示所谓软的符号,这种符号在这个词中毋宁说是使一个完整的辅音 y 按照(颚化的)v 发音,这种 (转下页)

来一样。况且还有火的符号、"水气之间摇曳的"波纹,安托南·阿尔托说,呼叫声在呼吸中是同样多的噼噼啪啪声。

当安托南·阿尔托在《炸脖龙》中写道:"Jusque là où la rourghe est à rouarghe a rangmbde et rangmbde a rouarghambde",关键在于激活词、给词打气、使词颚化或使词燃烧,以便词变成一种没有部分的身体的能动,而不是一种破碎的有机体的被动。问题在于用软符号把词变成一种对辅音的强化、一种对辅音的不可分解。在这种语言中,人们始终能找到混合词的对应词。至于"rourghe"和"rouarghe",安托南·阿尔托自己用 ruée、roue、route、règle、route à régler 来指示(有人还将在这个清单上补充安托南·阿尔托居住过的罗德兹地区)。同样,当他用内在的呼语来说"Uk'hatis"时,他指示 ukhase,匆匆忙忙、昏头昏脑,并补充说"赫卡忒注视下的夜间颠簸,她想说那些被抛出正路之外的月球猪"(cabot nocturne sous Hécate qui veut dire les pourceaux de la lune rejetés hors du

---

(接上页)现象可以说在没有软符号的情况下和由于下述的软元音而被颚化,在此语音上可以用 ya 来表示,并在俄语中由唯一字母来书写,唯一字母前后都具有大写字母 R 的形式(发 *dirévya* 的音;有强度的重音当然对第二个音节有影响;开口的、短促的 *i*,颚化的或像半元音[j]一样融合的 *d*、*r* 和 *v*)"。同样在该书第 73 页,精神分裂症患者对俄语词 *louD'Mi* 的评论亦是如此。

droit chemin）。不过，一旦词显示为混合词，它的结构和附加其上的评论便使我们相信完全不同的事情：安托南·阿尔托的"Ghoré Uk'hatis"不是迷失的猪、刘易斯·卡罗尔的"*mome raths*"或亨利·帕里索的"verchons fourgus"的对应词。它们不在这个平面上竞赛。因为它们远非根据意义来确保系列的分叉，相反，它们是在亚意义（infra-sens）的领域中引起一连串介于重读的、辅音的音素之间的联想，根据一种随着意义生产而确实吸收、再吸收意义的流动的、棘手的原理：Uk'hatis（或迷路的月球猪）就是 K'H（颠簸）'KT（夜间的）H'KT（赫卡式）。

人们并未充分地标记出精神分裂症词语的二元性：在其伤人的语音的价值中发生爆裂的被动-词语、将那些不发音的重读的价值连接起来的能动-词语。这两种词相关于身体的二元性（破碎的身体与无器官身体）被详述。它们诉诸两种剧场——恐怖或被动的剧场、本质上能动的残酷剧场。它们诉诸两种无意义（被动的无意义与能动的无意义）：被剥夺意义、被分解为音素的词的无意义，形成一个不可分解的、仍然被剥夺意义的词的重读音素的无意义。一切都在此发生，在意义下、远离表面而起作用和承受作用。次意义（sous-sens）、非意义（insens）、潜意义（*Untersinn*），必须将之与表面的无意义区分开来。按照荷尔德林的词句，"符号清空意义"，这在它的两个层面下便是语言,即便是符号,它也是与身体的能动或被动混淆在一起的符号。①这就是为什么只说精神分裂症的语言被一种不停的和疯狂的、能指系列在所指系列上的滑动所界定,似乎是极其不够的。实际上,完全不再有系列了,两个系列消失了。无意义不断地给表面提供意义,无意义既在能指方面又在所指方面吸收、吞没所有意义。安托南·阿尔托说,实为无意义的**存在**有牙齿。在我们称为次级的表面组织中,肉体与有声词同时被一条非物体性的边界分离开来和连接起来,即意义的边界,它一方面再现词的纯粹的被表达者,另一方面再现身体的逻辑属性。因此,意义徒劳是身体的能动与被动的结果,这是一种本性上差异的结果,本身既不是能动也不是被动,它使有声的

---

① 在极其精彩的论著《精神分裂症中的动态结构化》(*Structuration dynamique dans la schizophrénie*,伯尔尼:Verlag Hans Huber 出版社,1956 年)中,吉塞拉·潘可夫(Gisela Pankow)曾相当长久地推动精神分裂症中的符号作用的研究。人们可相关于潘可夫夫人引证的那些病例来特别考虑:对爆裂成语音片段的、凝固的食物性词语的分析,例如 CARAMELS(焦糖)(第 22 页);内容与内容物的辩证法、极性对立的发现、与之相关的水与火的主题(第 57—60、64、67、70 页);对作为能动造反的符号的鱼与作为解放符号的热水的奇怪祈求(第 74—79 页);两种身体的区分,即人-花的敞开的和分解的身体以及给它充当补充的无器官的头(第 69—72 页)。

然而我们觉得潘可夫夫人的解释低估了无器官的头的作用,而且在精神分裂症中被体验到的符号的体制只有通过身体的被动-符号与身体的能动-符号的区分才会在意义之下被理解。

语言不要与肉体有任何混淆。相反,在精神分裂症的这一初级秩序中,身体的能动与被动之间只不过有二元性而已,而且语言同时是两者,它完全被重新吸收进张开的深度之中。不再有任何东西妨碍命题突然转向身体,妨碍命题把它们的声音元素与身体嗅觉的、味觉的、消化的感受(affect)混淆起来。不仅不再有意义,而且也不再有语法或句法,而且在最坏的情况下,甚至不再有发音清晰的、音节的、字面的或语音的元素。安托南·阿尔托可以给他的随笔起名为"针对刘易斯·卡罗尔的反语法尝试"。刘易斯·卡罗尔需要一种很严谨的语法,它不得不汇集词的词形变化与发音,就好像与身体的弯曲和关节分离一样,即便只经由反射它们和给它们返回意义的镜子。① 这就是为什么我们能逐点地将安托南·阿尔托与刘易斯·卡罗尔进行对立——初级秩序与次级组织。"吃-说"类型的表面系列确实与表面上相似的深层极点没有共同之处。两种表面上的、在系列之间分配意义的无意义形态与两种产生意义、吞没意义和再吸收意

---

① 正是在这一意义上,发明(invention)在刘易斯·卡罗尔的作品中才在本质上是词汇的,但不是句法或语法的。从此,混合词通过使系列分叉而开启无限多的、可能的解释;总之,句法的严谨性实际上排除了这些可能性当中一定数量的可能性。这在乔伊斯的作品中亦是如此,就如让·帕里斯曾指出的那样《太凯尔》[Tel Quel],第30期,1967年,第64页)。安托南·阿尔托却与之相反,但因为不再有确切地说是意义的问题。

义的无意义潜入（潜意义）毫无关系。口吃的两种形式，即痉挛性的形式与紧张性的形式，只是大体上与两种精神分裂症语言类似。表面的切口与深层的**裂变**没有共同之处。在过去-未来的无限细分中、在艾翁的非物体性线上被掌握的矛盾在物体的肉体性现在中与极点的对立毫无关系。即使混合词具有完全异质的功能。

  在孩子爬上表面或征服表面之前，人们可在孩子身上发现一种分裂"位态"（position）。甚至在表面上，人们一直能发现类精神分裂症的碎块，因为表面确切具有的意义就在于组织和展示那些来自深层的元素。混合一切也还是糟糕的、令人恼火的：在孩子身上对表面的征服、表面在精神分裂症患者身上的破产、在所谓的——例如——反常的人身上对表面的掌握。人们可以把刘易斯·卡罗尔的作品当作一种精神分裂症式的童话。一些冒失的英国精神分析家曾这么做：他们记录爱丽丝的望远镜-身体、她的嵌套与脱位、她显在的食物困扰与潜在的粪便困扰，那些既指食物碎块也指"优选的碎块"的碎块，那些迅速分解的食物性词语的拼贴和标签，同一性的丧失、鱼与海……人们还可以问制帽商、三月野兔和睡鼠在临床上再现何种疯癫。而且，在爱丽丝与汉普蒂·邓普蒂的对立中，人们可一直辨认出两个矛盾极："破碎的身体——无器官身体"、滤器-身体与荣耀的身体。安托南·阿尔托本人没有其他理由来面对有关汉普蒂·邓普蒂的文章。但安托南·阿尔托的提醒就在这个确切的时刻引起反响:"我未曾翻译……我从未喜欢过这首诗……我不喜欢表面的诗歌或语言。"通过相信发现那些人们必然到处重新找到的相同质料或者那些制造错误差异的类似形式,一种糟糕的精神分析具有了两种欺骗自身的方式。精神病的临床层面与文学的批评层面恰恰同时被错过。结构主义有理由提醒:形式与质料只有在它们在其中得以组织的原始的和不可简化的结构中才具有意义。一种精神分析应该先来自几何维度,后来自历史轶事。因为生命、性本身先处于这些维度的组织和定位之中,后处于发生性的质料与被孕育的形式之中。精神分析不可能局限于指称病例、展示经历或意指情结。精神分析是关于意义的精神分析。精神分析先是地理的,后是历史的。精神分析区分不同的国度。安托南·阿尔托不是刘易斯·卡罗尔,也不是爱丽丝,刘易斯·卡罗尔不是安托南·阿尔托,刘易斯·卡罗尔甚至不是爱丽丝。安托南·阿尔托使孩子陷于一种极端暴力的、符合两种深层语言的、身体的被动与能动的抉择之中:要么孩子没有出生,就是说没有使他未来的脊柱挣脱束缚,他的父母在他的脊柱上发生关系(反向自杀)——要么他产生一具流体的和荣耀的、火焰式的、无器官的和无父母的身体(像安托南·阿尔托将其称作将诞生的"女儿们"的那些人一样)。刘易斯·卡罗尔反而按照其非物体性意义的语言期待着孩子:他在孩子脱离母亲身体的深处、还未发现自己的身体的深处的时刻期待着孩子,即小女孩与水面平行的短暂时刻,就像爱丽丝在她自己的泪水池里一样。这是些别样的国度、别样的无关系的维度。我们可以相信表面有自己的怪兽(蛇鳖和炸脖龙)、恐惧和残酷,尽管这三者为了不再来自深层而仍具有棘爪,且能够侧向抓住,或者甚至使我们重新陷入我们认为我们可避免的深渊。刘易斯·卡罗尔和安托南·阿尔托并没有就此相遇;唯有评论者能够改变维度,这是他的巨大缺陷,即他并不完全停留在任何一个维度之中的符号。我们不会为刘易斯·卡罗尔提供安托南·阿尔托的一页纸;安托南·阿尔托是文学上有绝对深度的孤单者,他由于痛苦而发现了一具鲜活的身体和这具身体的奇妙语言,正如他所说的那样。他探索着如今还尚未知的亚意义。但刘易斯·卡罗尔仍然是诸表面的主人和土地测量员,人们认为诸表面是如此著名,以至于人们无法探索它们,意义的整个逻辑仍被局限于它们之上。

# 悖论系列 14　双重因果关系

　　意义的脆弱性很容易被解释。属性具有一种与物体性质截然不同的本性。事件具有一种与物体的能动与被动截然不同的本性。但事件是它们导致的结果：意义是物体性原因及其混合的效应。因此，事件总是冒着被它的原因逮住的危险。事件只有在因果关系包含着因果异质性的范围内才会脱身，才会确定它的不可化约性：因果之间的原因之关联与因果之间的效应之关系。这就是说非物体性的意义，作为物体的能动与被动的结果，只有在意义在表面与一种本身是非物体性的准因联系在一起的范围内才能保存它与物体性原因之间的差异。这就是斯多亚学派如此清楚地洞察到的一点：事件屈从于一种双重因果关系，一方面诉诸那些是其原因的物体的混合物，另一方面诉诸其他一些是其准因的事件。① 相反，之所以

---

①　参见亚历山大的克雷芒著，《杂记》(Stromates)，第 8 章，第 9 页："斯多亚学派说物体在严格意义上是原因，但以变形的方式、如同摹仿原因一样是非物体。"

伊壁鸠鲁学派未能最终发展他们的包膜和表面理论，之所以他们没有触及非物体性效应的观念，也许是因为"拟像"仍屈从于深层物体的唯一因果关系。但即便从表面的纯粹物理学看，双重因果关系的要求也显示出来：液态表面的诸事件一方面诉诸它们作为实在原因取决的分子之间的变化，但另一方面诉诸它们作为（理念的或"虚构的"）准因取决的、一种所谓表面的张力的变动。我们尽力以一种适合表面与事件的非物体性特征的方式来给第二种因果关系赋予根据。我们觉得事件，就是说意义，关系着一种悖论性元素，后者作为无意义或随机点起作用、作为准因起作用并确保效应的充分自主性。（这种自主性真不会揭穿前述的易碎性的谎言，因为无意义在表面上的两种形态能够轮流在被动与能动的两种深层的无意义中进行转换，这样非物体性效应就被重新吸收进物体的深层。相反，这种易碎性不会揭穿自主性的谎言，只要意义拥有它自己的维度。）

因此，效应的自主性首先被它与原因的本性差异、其次被它与准因的关系所界定。不过，这两个层面给意义赋予了一些极其相异的、甚至表面上对立的特征。因为意义只要肯定它与物体性原因、事物状态、质与物理混合物的本性差异，作为效应或事件的意义的特点就是显著的无动于衷（impassibilité）（不可穿透性、贫乏、无效，既不是能动的也不是被动的）。

但这种无动于衷不仅标记出意义与被指称的事物状态之间的差异,而且还标记出它与表达它的命题之间的差异:从这个方面看,它显示为中性(从命题中提取出来的替身、命题模态的悬置)。相反,意义一在它与那在表面上产生它和分配它的关系中被把握,它就承袭、分有、甚至囊括和拥有这种理念性原因的力量:如前所述,这种原因在其效应之外什么都不是,它萦绕着这种效应,它与这种效应保持着一种内在关系,后者在这种效应被生产出来的同时就将产物变成生产者的某种东西。没必要重新出现在意义本质上被生产出来的特征上:意义从不是原始的,但一直是被导致的、被派生的。总之,这种派生是双重的,而且它与准因的内在性相适应,创造了它所开辟的、致使分叉的路径。这种发生的能力,在这些条件下,我们无疑应该相关于命题本身来理解它,因为被表达的意义必须孕育命题的其他一些维度(意指、展示、指称)。但我们必须还相关于这些维度被填补的方式,最终甚至相关于那在某种程度上或以某种方式填补这些维度的东西来理解它:即相关于被指称的事物状态,被展示的主体状态,被意指的概念、属性与类别。如何调和这两个矛盾层面?一方面是相关于事物状态的无动于衷或相关于命题的中性,另一方面是既相关于命题又相关于事物状态本身的发生力量。如何调和假命题具有意义所依据的逻辑原则(以致于作为真值条件的意义仍然对真假漠不关心)与同样肯定的先验原理(根据这一原理,命题总是具有真值、命题配得上的和根据其意义属于命题的真值的份额与种类)?这样说是不够的:这两个层面可被自主性的两种形态所解释,而且是由于人们在一种情况中只将效应视作本性上不同于它的实在原因,在另一种情况下将效应视作与它的理念性准因有关。因为,正是自主性的这两种形态使我们陷入矛盾之中,却没有就此解决矛盾。

简单的形式逻辑与先验逻辑之间的这种对立贯穿着整个意义理论。即有胡塞尔在《纯粹现象学通论:纯粹现象学和现象学哲学的观念(第1卷)》中举的例子。人们会想起胡塞尔将意义揭示为行为的意向相关项(noème)或命题的被表达者。沿着这一路径,追随着斯多亚学派,他依靠现象学的还原方法恢复了意义在表达中的无动于衷。因为意向相关项不仅从一开始就意味着一种有关表达命题的论题或模态的中性化复象(被知觉之物、被回忆之物、被想象之物),而且还拥有一个完全独立于意识的这些模态与命题的这些正题特点的核心,后者还完全不同于那被设定为实在的对象的物理性质(例如,作为意向相关项的颜色的纯粹谓项,对象的实在性和人们意识到对象的方式都不会在其中起作用)。不过,就在意向相关项的意义的这一核心中出现某种更隐秘的东西,一种"极度"或先验隐秘的"核心",它只不过是意义本身与对象在它的实在性中的关系,即现在必须以先验方式被孕育或被建构的关系与实在性。追随着芬克,保罗·利科的确突出了《纯粹现象学通论:纯粹现象学和现象学哲学的观念(第1卷)》第4编中的这一转折点:"不仅意识在一种被意向的意义(sens visé)中被超越,而且这一被意向的意义在一个对象中被超越。被意向的意义还只是一种内容——当然是意向的而非实在的内容……[但现在]意向相关项与对象的关系本身要由作为意向相关项的最终结构的先验意识来建构"①。在意义的逻辑的中心,人们总是重新找到这个问题,这种无瑕疵的、作为贫乏向发生的过渡的构想。

但胡塞尔式的发生似乎在耍花招。因为核心的确被规定为属性,但属性被理解为谓项而非动词,就是说被理解为概念而非事件(这样,表达按照胡塞尔的观点才会产生一种概念性的形式,或者意义与一种一般性密不可分,尽管这种一般性不可与种的一般性混淆起来)。从此,意义与对象的关系自然来自于一些意向相关项的谓项,以及某种能够给它们充当载体或统一原理的事物=x之间的关系。因此,这种事物=x完全不像一种内在的、与意义共现的无意义,某

---

① 保罗·利科注释,载胡塞尔的《纯粹现象学通论:纯粹现象学和现象学哲学的观念(第1卷)》,伽利玛出版社,第431—432页。

个没有预设那应该被孕育的东西的零点;这毋宁说是康德的对象=x,其中 x 仅仅指"任意的",同时它与意义一起处在超越性的外在理性关系之中,它现成地给自身提供指称的形式,正好作为那可作为谓项的一般性的意义,已经现成地给自身提供了意指的形式。显然胡塞尔不是从一种必然是"悖论性的"和严格地说是"不可识别的"层级(缺失它自己的同一性和它自己的起源)来思考发生,反而是从一种有关常识的、肩负着解释任意对象的同一性的原始官能,甚至从一种有关良知的、肩负着无限解释所有任意对象的认同过程的官能来思考发生。① 人们在胡塞尔的信念(doxa)理论中清楚地认识到这一点,其中信念的不同样式按照原信念(Urdoxa)被孕育,原信念作为一种与那些被规定的官能相关的常识的官能起作用。已经如此清晰地出现在康德著作中的内容也同样对胡塞尔有价值:与常识的形式进行决裂的这种哲学的无能为

---

① 胡塞尔著,《纯粹现象学通论:纯粹现象学和现象学哲学的观念(第 1 卷)》,第 455—456 页:"在有差异的行为或行为的意识相关项中配备有差异的'规定地位'的 x,必然被意识作为相同物触及……";第 478 页:"与每个'真正实存的'对象原则上相对应的(在本质不受条件约束的一般性的先天性中)是一种可能的意识的观念,对象本身在这种意识中可以最初的、因此是完全恰当的方式被把握……";第 480 页:"这种连续被更准确地规定为在各个方向上是无限的,在它诸显像的所有相位中是由可规定的同样的 x 构成……"。

力。那么这样一种哲学又会怎样？这种哲学的确领会到，如果它没有至少暂时地与信念的特殊内容和模态进行决裂，它就不会是哲学，但它保存了哲学的本质部分，即形式，而且它在一种被呈现为"原始的"思想影像中满足于将一种只是经验性的训练提升到先验层面。这不仅在被构想为一般谓项的意义中是被现成给予的意指维度；这也不仅在意义与任意一个可规定的和可个体化的对象的假设关系中是被给予的指称维度；这还在先验主体的设定中是展示的整个维度，先验主体保持着人称、人称意识和主体同一性的形式，并满足于在经验之物的特征上移印先验之物。在康德直接从相应的心理综合中推断出三种先验综合时，康德著作中显而易见的内容在胡塞尔著作中仍然是显而易见的，这是在胡塞尔从感知的"视觉"推断出一种原始的和先验的"**看**"时。

因此，不仅人们在意义的观念中给自己提供一切应该经由这种观念所孕育的东西，而且更重要的是人们在将表达与这些其他维度（人们打算把整个观念与它们区别开来）混淆起来时弄乱整个观念——人们将整个观念先验地与这些维度混淆起来（人们想在形式上把整个观念与它们区别开来）。核心的隐喻令人焦虑不安，它们囊括了成问题的东西。胡塞尔的意义给予的确借用了一个程度上越来越同质的回归系列的恰当显像，随后借用一种由异质系列（意向活动的系列与意向相关项的系列)构成的组织的恰当显像,而异质性系列被一个具有双重面孔(**原信念**与任意对象)的层级所贯穿。① 但这只是对真正发生、意义给予(它必须在系列中实现自身时规定真正发生)与双重无意义(它必须在作为准因起作用时主宰着意义给予)的理性的或理性化的歪曲。其实,基于内在准因的意义给予与因命题的其他维度而产生的静态发生只有在一个与萨特在他 1937 年发表的决定性文章中提出的诸条件相符合的先验场域中才能产生:一个无人称的先验领域,它不具有综合的人称意识或主体同一性的形式——主体反而一直是被建构的。② 根据从不能相似于其赋予根据的东西;且尚不足以就根据来说:这是别样的历史,也是别样的地理,却不是别样的世界。与人称形式一样,意义的先验领域必须排除一般的形式与个体的形式;因为人称的形式只显示一个展示自身的主体的特点,而一般的形式只是显示客观的、被意指的类别与特性的特点,个体的形式以客

---

① 胡塞尔著,《纯粹现象学通论:纯粹现象学和现象学哲学的观念(第 1 卷)》,§100—101、§102 及其后。

② 参见萨特,《自我的超越性》,载《哲学研究》,1936—1937 年,随后由 Vrin 出版社出版。"无人称的或前人称的"先验领域的观念,即**我**(Je)与**自我**(Moi)的生产者,具有重要意义。在萨特的著作中阻止这个论题展开其所有结果的,是无人称的先验领域仍被规定为意识的领域,意识从此通过纯粹意向性或纯粹滞留的运作必须自动在没有**我**的情况下被统一起来。

观的方式显示被个体化的、可指称的系统的特点,这些系统诉诸本身个体化的和指称的主观视角。因此,我们并不认为问题有真正进展,既然胡塞尔把个体化的中心和个体的系统、单子与视角、莱布尼茨式的**自我**而非康德式的**我**的形式列入先验领域。[①] 然而,正如我们将会看到的,这里有一种极其重要的变化。但先验领域不是个体的,也不是人称的——不是一般的,也不是普遍的。这是说先验领域是既不具有形态也不具有差异的无基底、精神分裂症的深渊?一切都与之相悖,以某个领域的表面的组织为开端。无论如何都是无人称的和前个体的奇异性、因此是反一般性的观念,现在必须为了这个领域及其发生力量的规定性来给我们充当假设。

---

① 在《笛卡尔的沉思》(*Méditations cartésiennes*)中,单子、视觉中心或视角在作为统觉的综合统一的**我**的一侧占据着极其重要位置。在胡塞尔的评论者中间,加斯东·贝尔热(Gaston Berger)的贡献就在于坚持这种滑动;因此,他可以针对萨特提出反对意见说,前人称的意识也许不需要**我**,但不能不需要视角或个体化的中心(参见加斯东·贝尔热著,《胡塞尔哲学中的我思》(*Le Cogito dans la philosophie de Husserl*)〔奥比耶出版社,1941年,第154页〕与《关于认识条件的研究》(*Recherches sur les conditions de la connaissance*)〔法国大学出版社,1941年,第190—193页〕。)反对意见具有针对性,只要先验领域仍被规定为建构"意识"的领域。

## 悖论系列 15　奇异性

意义的两个时刻,即无动于衷与发生、中性与生产力,并不像是其中一方可能被当作另一方的显像那样。事件的中性、无动于衷,事件对于内与外、个体与集体、特殊与一般等对立的规定性的冷漠,这些甚至成为一种常量,事件如无此常量就不具有永恒真理,就无法区别于它的短暂实现。之所以战役是众多事件中的一个事件(但是在它的本质上的**事件**)例子,那无疑是因为战役同时以很多种方式被实现,因为每个参与者在其可变的现在之中能够在不同的实现层次上把握战役:对于那些在司汤达、雨果、托尔斯泰之间变成经典的比较亦是如此,就如同他们"看见"战役,并使他们的男主人公们看见战役。但这尤其是因为战役飞越它自己的战场,相关于其所有的短暂实现是中性的,相关于战胜者与战败者、懦弱者与勇敢者是中性的和无动于衷的,战役因为这一点而更加可怕,它从不是现在的,但始终还要到来和已经过去,因此它只有通过它本身以匿名方式激发的意志才能被把握,即这种的确应该被称为"冷漠"的意志,后者体现在一个既不再是勇敢者也不再是懦弱者、不再可能是战胜者也不再可能是战败者的战士身上，战役就是这样超然，待在**事件**该待着的地方，由此分有它可怕的无动于衷。战役在"哪里"？这就是为什么战士在逃跑时就被看到逃跑、他在跳跃时就被看到跳跃，注定要从事件的永恒真理的高度来考虑每次短暂实现，事件就体现在永恒真理中，哎呀，事件就体现在他自己的肉体中。战士还需要一场漫长的征服来达到这种对勇气与懦弱的超越，通过"意志的直觉"(intuition volitive)达到这种对事件的纯粹把握，就是说通过事件在他身上导致的意志，这种直觉不同于所有经验性的直觉，后者还与实现的各种类型相一致。① 因此，论事件的最重要著作，在这个方面比司汤达、雨果和托尔斯泰更重要，它是斯蒂芬·克莱恩（*Stephen Crane*）的《红色英勇勋章》（*The Red Bandge of Courage*），其中男主人公匿名称自己是"年轻人"或"年轻战士"。这有点像在刘易斯·卡罗尔所描写的那些战役中发生的那样，其中一阵剧烈的嘈杂声、一

---

① 乔治·古尔维奇（Georges Gurvitch）使用词汇"意志的直觉"来指"前提条件"不会限制其能动性的直觉；他将这个词汇应用于邓·司各脱和笛卡尔的上帝、康德的意志、费希特的纯粹行为《理论风尚与道德学问》[*Morale théorique et science des mœurs*]，法国大学出版社，1948年，第54页及其后）。我们认为这个词汇首先在所有格的双重意义上适合斯多亚学派的意志，即事件的意志。

块黑色的和中性的巨云、一只喧闹的乌鸦飞过战斗人员,而且仅仅为了使战斗人员更不易于区分才分开或驱散他们。的确有一位战神,但在所有神中,他最无动于衷,最少被祷告穿透——"**不可穿透性**"、空洞的天空、艾翁。

相关于一般意义上的命题样式,意义的中性可从几个视角显现出来。从量的视角看,意义既不是特称的也不是泛称的,既不是全称的也不是人称的。从质的视角看,意义完全独立于肯定与否定。从模态的视角看,意义既不是实然的,也不是必然的,甚至还不是疑问的(主观不确定性的样式或客观可能性的样式)。从关系的角度来看,意义在表达它的命题中既不与指称混淆起来,也不与展示或意指混淆起来。最后从类型的视角看,意义并不会与多亏了前述命题特征的运作才从经验上被规定的意识的任何直觉或任何"位态"混淆起来:经验性的直觉、想象、记忆、知性、意志的直觉或位态,等等。胡塞尔明确就这些样式或视角中的一些样式或视角指出意义的独立性,符合现象学还原方法的要求。但阻止他把意义设想为完满的(不可穿透的)中性的,是操心在意义中保存良知和常识的理性样式,他错误地将其呈现为模板、"非模态化的母形式"(**原信念**)。正是这种同样的操心才使他将意识形式保存在先验之物中。因此,有时意义的完满的中性只有在意识本身之中作为析取的一个方面才能被触及:要么是实在的我思在理性法庭下的母位,要么是作为不活跃的和无动于衷的、不受理性法庭影响的"对等物""不恰当的我思""影子或倒影"的中立化。① 这样被呈现为意识的根本切口的东西,的确对应着意识的两个层面——关于样式的中性与发生力量。但是,在析取选择中分配两个层面的方法并不比那将这些层面中的一个层面视作显像的方法更令人满意。不仅发生因此是一种虚假的发生,而且中性也是一种伪中性。我们反而洞察到的是,相关于存在的变动和命题的模态,同样的事物应该被作为中性的表面效应和多产的原则来把握,不是根据意识的析取,而是根据两种因果关系的二分和合取。

我们力图规定无人称的和前个体的先验领域,它与相应的经验领域并不相似,无论如何都不会与未分化的深度混淆起来。先验领域不能被规定为意识领域:不管萨特的企图如何,人们都不能把意识保存为环境,同时拒绝人称形式和个体化视角。意识如果没有统一综合就什么都不是,但是,如果没有**我**(Je)的形式和**自我**的视角,就不会有意识的统一综合。非个体的或非人称的东西反而是奇异性的发射,由于奇异性出现在无意识的表面上,由于奇异性通过游牧式分

---

① 参见《纯粹现象学通论:纯粹现象学和现象学哲学的观念(第 1 卷)》中不同寻常的 §114(与论理性法庭,§111)。

配具有了一种可变动的、内在的自行统一原则,游牧式分配根本区别于作为意识综合之条件的固定的、定居式的分配。奇异性是真正的先验事件:费林盖蒂(Ferlinghetti)称之为"奇异物的第四人称"。奇异性远非是个体的或人称的,而是主宰着个体和人称的发生;奇异性在"可能语气"中被分配,"可能语气"不会独自包含**自我**或**我**,但在自身现实化、实现自身时产生奇异性,尽管这种现实化的形态完全不像被实现的可能语气。只有奇点理论才能超越人称的综合和个体的分析,如同它们是(或发生)在意识中一样。我们不能接受那同时全都危害心理学、宇宙论和神学的抉择:要么是已经在个体和人称中被占用的奇异性,要么是未分化的深渊。当充满着匿名的和游牧的、无人称的、前个体的奇异性的世界敞开时,我们最终行走在先验领域上。在前述系列的进程中,这样一个世界的五个重要特征已经被勾勒出来。

第一,事件-奇异性对应着异质系列,后者被组织成一个既不是稳定的也不是不稳定的、但是"亚稳定的"系统,这个系统具有系列之间的差异在其中被分配的势能(势能是纯粹事件的能量,而现实化的形式对应着事件的实现)。第二,奇异性具有自行统一的过程,只要悖论性元素贯穿各系列并使之共振,这个过程就一直是可变动的和可移位的,悖论性元素同时把相应的奇点包含在同一个随机点上,且把所有的发射、所有的投掷都包含在同一个投掷行为中。第三，奇异性或潜能萦绕着表面。在只在边缘才展开的晶体中，一切都发生在表面上。无疑，有机体不会以同样的方式被展开；有机体不断在内部空间中收拢，就像有机体不断地在外部空间中散开一样，即有机体不断地同化与外化。但膜在其中仍然是重要的：膜具有潜能，更新极性，膜撤开间距而明确使内部空间与外部空间建立联系。内与外、深与高只有通过接触的这种拓扑学表面才具有生物学的价值。因此，即使在生物学意义上，也应该理解："最深邃的是皮肤"。皮肤具有一种表面特有的生命势能。而且，正如事件不占据表面但萦绕着表面一样，表面的能量并不被局限在表面上，而是关联着它的形成与更新。西蒙东极其精彩地写道："生物活着受制于自身，活在它自己的界限上……以生命为特征的极性处在膜的层次上，就是在这个地方，生命才以本质的方式实存、作为动态拓扑学的一个方面，动态拓扑学本身维持着生命实存所经由的亚稳定性……内部空间的整个容量以拓扑学方式在生物的界限上与外部空间的容量有关联，确实拓扑学中不存在间距；存在于内部空间的全部生命质料主动在生物的界限上呈现给外部世界……属于内部性环境的这一事实不仅意味着是在里面，而且意味着是在界限的内侧……在被极化的膜的层次上，内部的过去与外部的未来相互对立……"①。

作为第四种规定,人们因此将会说表面是意义的场所:符号仍然缺乏意义,只要符号没有融入那在两个系列之间确保共振的表面组织(两种影像-符号、两幅照片、两种踪迹等)。但这一意义世界还不牵涉方向的统一,也不牵涉器官的群落,后两者需要一个接收器,它能按照另一种维度导致表面的诸平面的相继分级。不仅如此,这一意义世界与它的事件-奇异性一起呈现出一种它所必不可少的中性。不仅因为这一意义世界为了获得意指、展示与指称而飞越它将被赋序所依据的各维度,而且因为它飞越其作为势能的能量的种种实现,就是说其各事件的实现,后者可以是内部的,也可以是外部的,可以是集体的,也可以是个体的,依据在其两副面孔上超越间距和确保连续性的接触表面或中性的表面界限。第五,这就是为什么这一意义世界以问题式为情境:奇异性在一个本来成

---

① 西蒙东著,《个体及其生物物理学的发生》,法国大学出版社,1964年,第260—264页。西蒙东的整本书在我们看来非常重要,因为它阐述了无人称的、前个体的奇异性的第一种理性化理论。基于这些奇异性,它明确要促使鲜活的个体与认知的主体的发生。因此,这是一种对先验之物的新构想。以下是我们尝试着界定先验领域所凭藉的五个特征:场域的势能、系列的内部共振、膜的拓扑表面、意义的组织、问题式的地位,它们全都被西蒙东分析过。因此,这一段和下一段的素材紧紧依赖于这本书,我们只有通过结论部分才会脱离这本书。

问题的领域中被分配,且作为没有方向可与之相联系的拓扑事件突然发生在这个领域中。这有点儿像对一些化学元素,我们知道它们在哪里早于知道它们是什么,我们在认识奇点的本性之前先认识奇点的实存与分布(颈、结、焦点、中心……)。如前所述,这允许我们给"问题式"和它具有的不定性下一个完全客观的定义,因为一方面是被指引的奇异性的本性,另一方面是它们没有方向的实存与分布,两者都取决于客观上有区别的层级。①

从此,真正发生的条件显现出来。确实意义是对先验哲学的特有发现,并要取代旧有的形而上学的**本质**。(或者毋宁说,意义首先一次从其无动于衷的中性的方面被一种与亚里士多德哲学决裂的、有关命题的经验逻辑所发现,然后再一次从其发生的生产力的方面被与形而上学决裂的先验哲学所发现。)但弄清

---

① 参见洛特芒著,《时间问题》,Hermann 出版社,1946 年,第 41—42 页:"微分方程理论的几何学解释的确揭示两种绝对有差别的实在性:存在着方向场和那些能够突然发生在它之上的、拓扑学意义上的偶性,例如像没有任何方向可与之相联系的奇点的平面中的实存,而且与积分曲线在方向场的奇异性的邻域呈现出的形式一起存在着积分曲线……奇异性的实存与分布是与微分方程界定的矢量场相关的基本概念;积分曲线的形式与微分方程的解法相关。两个问题肯定是互补的,因为场的奇异性的本性被曲线在它们的邻域中呈现的形式所界定;一方面是矢量场,另一方面是积分曲线,它们是本质上有区别的两种数学实在性,这仍然是真实的。"

楚先验领域应该如何被规定,这一疑问真是太复杂了。我们认为不可能以康德的方式给这个疑问提供**我**的人称形式、统觉的综合统一,即便这种统一被给予一个普遍的范围;萨特的反对意见在这一点上是决定性的。但不再可能给这个疑问保存意识的形式,即便这种无人称的意识被那些还假设个体化中心的纯粹意向性和纯粹滞留所确定。将先验作为意识的所有规定的错误就在于照着先验应该赋予根据的东西的形象和样子来设想先验。因此,要么人们给自己提供人们打算用先验方法酝酿的现成物,人们在人们假设其属于建构意识的、所谓"原始的"意义上给自己提供现成物;要么人们按照康德本人的观点拒绝发生或建构,以便遵循简单的先验性条件限制,但人们并不会就此逃脱恶性循环,条件根据恶性循环诉诸它所拓印其影像的受条件限制者。确实这种将先验界定为原始意识的要求据说是有根据的,因为认识的实在对象的条件应该是与认识的条件一样;如果没有这一条款,先验哲学就丧失所有意义,尽管它应该为对象建立那些使旧形而上学的**本质**和神圣**存在**复活的自主条件。受条件限制者的双重系列,就是说经验性意识的系列与它对象的系列,因此应该被奠基在一个原始层级上,这个层级抓住对象性(对象=x)的纯粹形式和意识的纯粹形式,且基于后者建构前者。

但这种要求似乎一点也不合理。形而上学与先验哲学的共同之处首先是它们强加给我们的抉择：要么是未分化的基底、无基底、无定形的非存在、无差异和无特性的深渊，要么是极度被个体化的**存在**、极力被人称化的**形式**。除了这种**存在**或这种**形式**之外，你们将只有混沌……换言之，形而上学与先验哲学达成一致，以便设想那些只是已经被束缚在至上的**自我**或高傲的**我**之中的可规定的奇异性。因此，在形而上学看来，将这个至上的**自我**规定为这样一种自我似乎是完全自然的：这种自我显示出一种被形而上学的概念无限和完全规定的、并由此拥有整个原始实在性的**存在**的特点。确实这种**存在**必然是被个体化的，因为它将绝对不表达实在的东西的任何谓项或任何特性都抛到非存在或无基底的深渊之中，且它将接受那些只表达有界限的实在性的派生性谓项的任务委托给它的创造物，就是说委托给有限的个体性。[1] 在另一极，先验哲学选择**人称**的有限的综合形式，而非选择个体的无限的、分析式的存在；在先验哲学看来，将这个高傲的**我**(Je)从人的方面进行规定，且导致哲学长

---

[1] 传统形而上学的最精彩的说教性陈述被康德以这种方式在《纯粹理性批判》"先验的理想"一节中所阐述。康德指出一切可能性的总和的理念如何排除与"原始的"谓项完全不同的谓项，并由此建构个体的**存在**的完全被规定的概念（"只有在这种情况下，关于一物的普遍概念自身才会被完全规定，且作为有关一个个体的再现而被认识"）。因此，普遍在思维中不过是这种至上的个体性与有限的个体性之间的沟通形式：普遍性思维无论如何都诉诸个体。

久以来满意的重要对换（**人-上帝**）似乎是自然的。我与再现是同外延的，就如刚才个体与**存在**是同外延的一样。但在两种情况下，人们停留在未分化的无基底与被束缚的奇异性的抉择上：从此，必然是无意义与意义处于一种简单的对立中，且意义本身既显示是原始的，又显示是与最初的谓项混淆不清的，要么是在至上的**存在**的个体性的无限规定中被考虑的谓项，要么是在高傲的主体的无限的形式建构中被考虑的谓项。人类的或神明的，正如施蒂纳所说的那样，的确是相同的谓项，无论它们在分析上属于神圣的存在还是它们在综合上关系着人的形式。而且，只要意义被设定为原始的和可做谓项的，弄清楚是一种被人遗忘的神圣意义还是一种在上帝中被异化的人类意义就无关紧要。

这一直是一些非凡的时刻，是哲学在其中使**无基底**进行言说，并发现其愤怒、无定形、盲目的神秘语言的那些时刻：波默（Jakob Boehme）、谢林、叔本华。尼采起初是他们当中的一员，是叔本华的信徒，当时他在《悲剧的诞生》中促使无基底的狄奥尼索斯说话，同时使其对立于阿波罗的神圣个体化，还对立于苏格拉底的世俗人称。这是"谁在哲学中说话？"或"什么是哲学话语的'主体'"？的基本问题。但哪怕是使无定形的基底或未分化的深渊说话（伴随着它所有的酒醉和愤怒的声音），人们仍无法摆脱先验哲学与形而上学一样强加的抉择:除了人称与个体之外,你将不会区别任何东西……因此,尼采的发现是在别处,当时他通过摆脱叔本华和瓦格纳来探索无人称的和前个体的奇异性的世界,即他当时称作狄奥尼索斯的或强力意志的世界、自由的和不受束缚的能量。这是些不再被束缚在无限的**存在**的固定个体性(著名的上帝不变性)之中也不再被束缚在有限的主体的定居式界限(著名的认识限制)之中的游牧式的奇异性。这是某种东西,它既不是个体的也不是人称的,然而却是奇异的,尽管它完全不是来自未分化的深渊,但同时它从一种奇异性跳到另一种奇异性,一直掷骰子,这一掷属于一种在每一掷中总是被打碎的和被重组的同一投掷行为。这是生产意义的狄奥尼索斯机器,其中无意义与意义不再是处于一种简单的对立之中,而是彼此共存在一种新话语中。这种新话语不再是形式的话语,但更不是无形式的话语:它毋宁说是纯粹的无形式。"你将是一个怪物、一种混沌……"尼采回答道:"我们实现了这种预言。"[1]这是这种新话语的主体,但它不再有主体,不再有人或上帝,更别说取代了上帝的人。正是这种自由的、匿名的和游牧的奇异性也确实贯穿着人、植物和动物,不管其个体化的质料和其人称性的形式如何:超人并不意味着另一回事,

---

[1] 《尼采全集》,Kröner 出版社,XV,§83。

即所是的一切的高级类型。这是一种奇特话语,它必须革新哲学,并将意义最终不视作谓项、特性,而视作事件。

尼采在他自己的发现中就如同在梦中一样瞥见了下列行为的方法:行走在大地上,掠过大地,跳舞,把地底怪物和天空形态遗留下的东西带回表面。但他确实被一项更深刻的、更宏伟的也更危险的工作压垮了:他在他的发现中体验到一种有关下述行为的新方法:探索基底,以独特的眼光洞悉基底,从基底辨别出无数种声音,使所有这些声音说话,哪怕他被他解释和栖住的这种深层捉住,就像这种深层从未存在过一样。他无法忍受停留在脆弱的表面上,然而他通过人与诸神曾描述过这种表面的踪迹。返回他革新的、他重新挖掘的无基底,正是在这一点上,尼采才以自己的方式消亡了。要么是"准-消亡"(quasi-péri);因为疾病与死亡是事件本身,就如同应由双重因果关系审判的人一样:身体、事物状态和混合物的双重因果关系,但也有准因的双重因果关系,后者再现着非物体性表面的组织或去组织的状态。因此,尼采变得精神错乱,并死于全身麻痹,似乎是身体的梅毒混合物。但这一事件遵循的缓慢进展,这次与激发全部作品并共同激发生命的准因相关,所有这一切都与全身麻痹、视觉性偏头痛和他承受痛苦的呕吐无关,除非给它们提供新的因果关系,即一种永恒真理——不管它们的身体性实现,作品中的一种风格,而不是身体中的一种混合物。除了在这种双重因果关系之下,我们不会看到其他提出作品与疾病关系的问题的方式。

# 悖论系列16　本体论的静态发生

　　实在的先验领域由这种表面拓扑学,这些游牧的、无人称的和前个体的奇异性构成。个体在这一领域之外的产生方式构成发生的第一个阶段。个体与世界密不可分,但所谓的世界是什么?一般情况下,如前所述,奇异性能以两种方式被把握:在它的实存或分布中,但也在它的本性中,依照它的本性,奇异性被延伸或被扩展到一个在一条由寻常点构成的线上被规定的方向上。这第二个方面已经再现了某一种固定状态、一种奇异性得以实现的开端。一个奇点在分析上被延伸到一个由寻常点构成的系列,直至另一种奇异性的邻域,诸如此类:世界就是这样被构成,只要各系列是收敛的("另一个"世界开始于被获得的各系列在其中发散的一些点的邻域)。世界已经包含着一个被收敛所选择的奇异性的无限系统。但是,在这个世界中,个体被建构,个体选择和包含系统的有限数量的奇异性,个体将这些奇异性与其自己的物体所体现奇异性结合起来,个体使这些奇异性延展在自己的寻常线上,甚至能在那些与内外保持联系的膜上重组这些奇异性。莱布尼兹这样说是有道理的：个体性的单子根据其他物体与它的物体的关系来表达世界，并根据它的物体的各部分之间的关系来表达这种关系本身。因此，个体始终处在一个如同收敛圆的世界中，而且世界只有围绕着那些占据和填充世界的个体才能被形成和被思考。弄清楚世界本身是否具有一个能够重组奇异性的潜能的表面，这个疑问一般通过否定得到解决。世界在收敛的秩序中可以是无限的，然而它可以具有有限的能量，而且这一秩序可以是受限制的。人们在此辨识出熵的问题；因为奇异性正是以同样的方式才在寻常点构成的线上被延伸，势能才被现实化，并落到它的最低层次。重组的能力只是被迫在世界中且暂时地让步于个体：正好是个体的活生生的现在的时间，周围世界的过去和未来反而根据这种时间接受了一个固定的、不可逆的方向。

个体-世界-个体间性的复合体从静态发生的视角界定实现的第一个层面。在这第一个层面上，奇异性既在一个世界中又在构成这个世界的各个体中被实现。实现自身或被实现是指：在一个由寻常点构成的系列上延伸，根据收敛的规则被选择，被具身化在物体中、变成物体的状态，为了新实现和受限制的新延伸而被局部重组。这些特点中没有任何一个特点属于奇异性本身，但只属于包含它们的个体化的世界和尘世的个体；这就是为什么实现一直既是集体的又是个体的,既是内部的又是外部的,等等。

实现自身也就是被表达。莱布尼兹坚持一个著名的论题:每个个体单子都表达世界。但这个论题并未被充分地理解,只要它被解释为它是指谓项在表达的单子中的固有性。因为确定无疑的是被表达的世界并不实存于那些表达它的单子之外,所以它实存于那些作为单子固有的谓项系列的单子之中。然而,同样确定无疑的是,上帝创造世界而不是创造单子,被表达者不会与它的表达混淆起来,而是坚持存在或继续存在。[①] 被表达的世界由微分关系与毗邻的奇异性构成。它的确形成一个世界,只要取决于每种奇异性的各系列与取决于其他奇异性的各系列一起收敛:正是这种收敛将"共可能性"(compossibilité)定义为世界之综合的规则。在各系列发散的地方,另一个世界开启了,与前面的世界是不共可能的。共可能性的奇特观念因此被界定为奇异性的连续统,因为连续性把系列的收敛作为理想标准。因而,不共可能性的观念不可还原为矛盾的观念;毋宁说矛盾以某种方式来源于不共可能性:在罪人-亚当与非罪人-亚当之间的矛盾来源于亚当在其中犯罪与不犯罪的诸世界的不

---

① 《莱布尼茨给阿尔诺的信》(lettres de Leibniz à Arnauld)的不变论题:上帝的确没有创造罪人-亚当(Adam-pécheur),而是创造了亚当犯罪的世界。

共可能性。在每个世界中,个体单子表达这个世界的所有奇异性——无限性——好像发生在低语声或昏厥中一样;但每个单子只是"清楚地"包含或表达一定数量的奇异性,也就是处在每个单子得以构成的邻域处的、与它的物体连在一起的奇异性。显然,奇异性的连续统完全不同于这样一些个体,后者在清晰性的多变的和补充的等级上包含着连续统:奇异性是前个体的。如果的确是被表达的世界仅仅实存于各个体之中且作为谓项实存于各个体之中,那么它就以另一种方式继续存在,作为事件或动词继续存在于那些控制个体构成的奇异性之中:不再是罪人-亚当,而是亚当在其中犯罪的世界……在莱布尼茨的哲学中赋予谓项的固有性以特权是武断的。因为谓项在表达的单子中的固有性首先假定被表达的世界的共可能性,而且被表达的世界转而假设纯粹的奇异性根据收敛和发散的规则进行的分配,这些规则还属于意义和事件的逻辑,不属于说教和真理的逻辑。莱布尼茨在发生的这第一个阶段走得太远:他将被建构的个体视作包含的中心,视作是在世界中和在世界的物体上包含奇异性。

实现的第一个层次相应产生了个体化的世界和个体性的自我,它们充满这些世界中的每个世界。个体在其所包含的奇异性的邻域处被建构;而且个体将世界表达为取决于这些奇异性的各系列的收敛圆。

在被表达者并不实存于它的表达之外(就是说在表达它的个体之外)的范围内,世界的确是主项的"归属",事件的确变成了谓项,即主项的分析性谓项。披上绿装显示着树得以在其邻域处被建构的事件-奇异性;或者犯罪显示着亚当得以在其邻域处被建构的事件-奇异性;然而,是绿色的、是罪人现在是被建构的主项(树和亚当)的分析性谓项。因为所有个体单子都表达着它们的世界的全体性——尽管它们只是清楚地表达它们的世界的选择性部分,所以它们的物体形成混合物和聚集体、多变的联想,伴之以清晰与晦暗的领域:这就是为什么关系在此甚至是混合物的分析性谓项(亚当吃了智慧树的果子)。但进而言之,与莱布尼茨理论的某些方面相反,应该说谓项的分析秩序是一种有关共存或相继的秩序,没有逻辑的等级也没有一般性的特征。当谓项被归因于个体性主项时,它就不具有一般性的任何等级;"有颜色"不再比"是绿色的"更一般;"是动物"不再比"是合理的"更一般。增加的或递减的一般性只有从谓项在命题中注定为另一个谓项充当主项的时刻才会出现。只要谓项与个体有关,就应该从中辨认出一种与它们的分析性特征混淆在一起的、同等的直接性。"有颜色"不再比"是绿色的"更一般,因为只有这种颜色才是绿色,只有这种绿色才是这种与个体性主项有关的色调变化。这种玫瑰如果不具有这种玫瑰的红色就不是红色的。

这种红色如果不具有这种红色的颜色就不是颜色。人们可以任凭谓项是未规定性的,它不会由此获得一般性的规定。换言之,尚没有概念和中介的秩序,但按照共存和相继只有混合物的秩序。动物和有理性的、绿色与颜色是两种同样直接的谓项,它们在个体性主项的物体中转译混合物,其中一个谓项仍比另一个谓项更直接地被赋予个体性主项。正如斯多亚学派所说的那样,理性是一种渗透到和延展到动物体之中的体。颜色是一个吸收或反射另一个体的发光体。分析性谓项仍不牵涉对属或种、特性或类别的任何逻辑思考,但仅仅牵涉现实的、物理的结构和多样性,它们使分析性谓项在物体的混合物中成为可能。这就是为什么我们归根结底将直觉领域辨认为实存的直接再现、分析性谓项以及对混合物或聚合体的种种描述。

但是,在这第一种实现的场地上,第二种层次被赋予根据并被展开。人们重新发现了胡塞尔关于笛卡尔第五个沉思的问题:是什么在**自我**中超越单子、单子的归属和谓项?或更准确地说,是什么给予世界"一种准确地说是客观的、在建构的秩序上是次级的超越性的意义"(且不同于第一个层次的"内在超越性")?[①] 但这里的解决方法不可能是现象学的解决方法,因为**自我**与个体单子一样被建构。这一单子、这一活生生的个体在一个作为连续统或收敛圆的世界中被界定;但是,在某个事物在那些无论如何都是不共可能的世界中通过那些无论如何都是发散的系列被辨认时,作为认识主体的**自我**才会出现:因此,在"世界"(*Welt*)这个词的新意义上,主项"面对"世界,而活生生的个体是在世界中,且是在个体之中的世界(非世界[*Unwelt*])中。因此,当胡塞尔使认同的最高综合在其所有线都是收敛的或协调的连续统的元素中发挥作用时,我们就不能遵从他的观点。[②]这样,人们就不会超越第一个层次。只有当某个事物在发散的系列之间、在不共可能的世界之间被辨别时,超越个体化世界的对象=x才会出现,同时思考对象=x的**自我**也超越俗世的个体,由此给世界提供一种新价值,与被赋予根据的主体的新价值形成对比。

这种操作产生的方式,总应该使之回到莱布尼茨的剧场——而不是胡塞尔的沉闷机制。一方面,我们知道奇异性与完全客观的不定性领域不可分,这不定性领域是其游牧式分配的开放空间:确实问题的职责

---

① 参见《笛卡尔沉思录》,§48。(胡塞尔很快就把这个问题引向他人的先验理论。关于**他人**在静态发生中的作用,参见附录 4)。

② 《纯粹现象学通论:纯粹现象学和现象学哲学的观念(第 1 卷)》,§143。

是诉诸那些构成这种高级的和实证的不定性的诸条件,事件的职责是不断地被细分和被联合成一个唯一且相同的**事件**,奇点的职责是根据那些动态的、进行沟通的形态被分配,这些形态把所有投掷都变成唯一且相同的投掷行为(随机点),并把投掷行为变成投掷的多重性。然而,尽管莱布尼茨没有触及到这一游戏的自由原则,因为他不知道也不愿意从中引起相当多的偶然性,或者使发散变成肯定本身的对象,所以他无论如何都在那使我们现在操心的实现层次上获得所有结论。他说问题具有那些必然包含"模糊符号"或随机点的诸条件,就是说解决方法的不同情况与之对应的奇异性的多重分布:因此,锥形截面的方程表达着一个唯一且相同的**事件**,其模糊符号将其分成各种各样的事件——圆、椭圆、双曲线、抛物线、直线,它们形成与问题相应的与规定解决方法之发生的、同样多的情况。因此,应该设想不共可能的世界,不管它们的不共可能性如何,它们都包含着共同的且在客观上共同的某个事物,后者再现着发生元素的模糊符号,相关于这种模糊符号,好几个世界作为同一个问题的解决方法的种种情况而出现(所有投掷、同一次投掷行为的种种结果)。因此,在这些世界中,例如有一个客观上未被规定的、就是说仅仅通过某些奇异性而确实得到界定的亚当,这些奇异性能以截然不同的方式在那些有差异的世界中相互组合和相互完善(是第一个人,生活在伊甸园,从他身上诞生了一个女人等)①。不共可能的世界变成同一故事的不同变体:例如塞克斯都·恩披里柯听到神谕……或者正如博尔赫斯所说的那样,"方君有个秘密;一个陌生人找上门来……有几个可能的结局:方君可能杀死不速之客,可能被他杀死,两人可能都安然无恙,也可能都死,等等。在彭寂的作品里,各种结局都有;每一种结局是另一些分岔的起点。"②。

我们根本不再面对着一个被那些已经固定的并

---

① 因此,我们根据莱布尼茨的主题区分三种选择:一种选择是通过收敛界定世界,另一种选择是在这一世界中界定完善的个体,最后还有一种选择是界定不完善的或者毋宁说是模糊的元素,它们为好几个世界和相应的个体所共有。

在这第三个选择上,或者在"模糊的"亚当上,他被少量的谓项(是第一个人等)所建构,这些谓项应该在那些有差异的世界中被有差异地加以完善,参见莱布尼茨《评论阿尔诺的信》(Janet 版第 1 卷,第 522 页及其后)。的确亚当在这篇文章中不会单独实存,他只有相关于我们的有限知性才有价值,他的谓项只是一般性。但与之相反的是,在《神正论》(*Théodicée*, § 414—416)的著名片段中,不同的塞克斯都在各种各样的世界中具有一种极其特殊的客观统一性,这种统一性立基于奇异性观念的模糊本质和无限计算视角的问题范畴。莱布尼茨过于仓促地构思了一种与奇点有关的"模糊符号"的理论,并以锥形截面为例子,参见《论普遍性的方法》(De la méthode de l'Universalité)(《小册子》[*Opuscules*],Couturant 出版社)。

② 博尔赫斯著,《虚构集》(Fictions),伽利玛出版社,第 130 页。(中译本参见[阿根廷]博尔赫斯著,《博尔赫斯全集》[小说卷],王永年、陈泉译,杭州:浙江文艺出版社,第 130 页。——译注)

被组织成收敛系列的奇异性所建构的个体化世界,也不再面对着那些表达这个世界的、被规定的个体。我们现在面对着奇点的随机点、奇异性的模糊符号,或者毋宁说我们面对着再现这种符号、有益于这些世界中的好几个世界且归根到底有益于全部世界的东西,跨越了它们的发散和那些充斥着它们的个体。因此有一个"模糊的亚当",就是说流浪汉、游牧者、亚当=x,为好几个世界所共有。如同有塞克斯都=x、方君=x一样。归根到底,有为全部世界所共有的某物=x。所有对象=x是不同的"人称"。它们被谓项所定义,但这些谓项根本不再是在世界中被规定的个体的所有分析性谓项,而且这些谓项引起对这些个体的描述。相反,它们是综合地界定不同人称的谓项,同时它们开启那些作为同样多变量或可能性的不同世界和个体性:这对于亚当而言"是第一个人和生活在伊甸园中",对方君而言是"持有一个秘密和被不速之客搞乱"。至于绝对共有的和所有世界都是其变量的任意对象,它以初期的可能或范畴为谓项。每个世界非但不是那些在不同系列中被描述的个体的分析性谓项,反而不共可能的世界是相关于析取综合被界定的人称的综合谓项。至于那些实现人称的可能性的变量,我们必须将它们视作那些必然指称类别和特性的概念,由此,这些概念本质上在一种基于范畴背景而得以继续的规定中受到增加或递减的一般性影响:花园确实可包含一种红色玫瑰,但在其他世界或其他花园中有那些不是红色的玫瑰、不是玫瑰的花。变量是特性和类别。它们完全区别于第一层次的个体性的聚合体:特性和类别在人称的秩序中被赋予根据。这是因为人称本身首先是具有单一成员的类别,而且它们的谓项是具有一个常量的特性。每个人称都是其所属的类别的唯一成员,然而这是一种被与之有关的世界、可能性和个体确立的类别。多重类别与可变特性来源于这些具有单一成员的类别和这些具有一个常量的特性。我们因此相信整个演绎可这样被阐述:1.人称;2.人称所建构的、具有单一成员的类别和属于人称的、具有一个变量的特性;3.外延的类别和可变的特性,就是说是源之于它们的一般概念。正是在这一意义上,我们才解释了概念与**自我**之间的基本联系。普遍的自我的确是与那为全部世界所共有的某物=x 相对应的人称,正如其他自我是与那为好几个世界所共有的特殊事物=x 相对应的人称。

我们不能详细地追踪这整个演绎。重要的仅仅是确定被动发生的两个阶段。首先,从建构它的事件-奇异性开始,意义就产生它在其中被实现的第一种复合体:在收敛圆中组织奇异性的非世界、表达这些世界的个体、物体的状态、这些个体的混合物或聚合体、描述这些状态的分析性谓项。然后极不相同的、在第一种复合体上被建构的第二种复合体出现了:为好几个世界或全部世界所共有的世界、界定这"共有的某物"的人称、界定这些人称的综合谓项、源自它们的类别和属性。正如发生的第一个阶段是意义的运作一样,发生的第二个阶段也是那始终与意义共现的无意义的运作(随机点或模糊符号):这就是为什么两个阶段和它们的区分必然被赋予根据。根据第一个阶段,我们认识到"良知"的原则如何形成,或者差异的已然固定的和定居式的组织的原则如何形成。根据第二个阶段,我们认识到作为认同功能的"常识"的原则如何形成。但构想这些被产生的原则可能是错误的,好像它们是先验的,就是说按照它们的影像构想它们从中产生的意义和无意义可能是错误的。然而,这就解释了莱布尼茨确实没有提出理想游戏的分配规则和他只是在那些最接近被建构的个体的基础上、在那些已然被良知形成的领域中才构想前个体,不管他在奇点和游戏的理论中研究得多么深入(参见莱布尼茨的不体面的宣言,当时他规定哲学是新概念的创造,只要新概念没有颠倒"被确立的感情")。这还解释了胡塞尔如何在他的建构理论中给自己提供常识的现成形式,将先验之物构想为**人称**或**自我**,而且他没有区分作为被产生的认同的形式的 x 与作为截然不同的层级的 x,后者是激活理想游戏和无人称的先验领域的生产性的无意义。① 确实人称是尤利西斯,人称严格地说是无人,而是从这一无人称的先验领域被生产出来的形式。而且,个体一直是任意的,就像夏娃一样从亚当的肋骨中诞生,从前个体的先验领域在一条由寻常点构成的线上被延长的奇异性中诞生。个体与人称、良知与常识由被动的发生所产生,但是从与它们相似的意义与无意义开始产生,我们认识到它们的前个体的和无人称的先验游戏。况且良知和常识被它们的生产的原则所侵蚀,而且被悖论从内部所颠倒。在刘易斯·卡罗尔的作品中,爱丽丝毋宁说像个体、发现意义的单子一样,她已经预感到无意义,同时她再度从她陷入的世界中上升到表面,但她陷入的世界也被包含进她心中,且将混合物的僵化法则强加于她;西尔维与布鲁诺毋宁说像"模糊的"人称一样,后者从好几个世界(人的世界和仙女的世界)所共有的"某物"发现无意义,并发现无意义面对意义的在场。

---

① 然而有人将在被规定为**自我**的先验领域中从决心或原始的动点来察觉胡塞尔的奇怪暗示。参见《纯粹现象学通论:纯粹现象学和现象学哲学的观念(第 1 卷)》,§122。

## 悖论系列17　逻辑的静态发生

个体是无限的分析命题：分析命题在它们所表达的内容中是无限的，但在它们的清晰表达中、在它们的具体的表达领域中是有限的。人称是有限的综合命题：综合命题在它们的定义中是有限的，但在它们的应用中是不确定的。个体和人称本身是本体论命题，因为人称立基于个体（但个体反而被人称所确立）。然而，本体论发生的第三种元素，即多重类别和转而取决于人称的可变特性，并不具体表现在第三个本身是本体论的命题之中。相反，这一元素使我们转向了另一个命题秩序，它一般建构逻辑命题的可能性的条件或形式。相关于这一条件，同时与这一条件一起，个体和人称现在不再发挥着本体论命题的作用，而是发挥着质料层级的作用，质料层级实现可能性，且在逻辑命题中规定着与受条件限制者的实存之间的必然关系：作为与个体物（世界、事物状态、聚合体、个体化物体）的关系的指称关系，作为与人称的关系的表示关系——就其本身而言界定指关系的可能性的形式。因此，我们可更好地理解下述疑问的复杂性：什么在逻辑命题的秩序中是首要的？因为意指如果作为可能性的条件或形式是首要的，那么在那些界定意指的多重类别和可变特性在本体论秩序中以人称为依据的范围内，意指无论如何都诉诸表示，而表示则在人称转而立基于个体的范围内诉诸指称。

进而言之，从逻辑发生到本体论发生，不存在平行性，但毋宁说存在一种包含着各种变动和干扰的中继。因此，使个体与指称、人称与表示、多重类别或可变特性与意指相对应，这太简单了。的确指称关系只有在一个屈从于个体化的各个方面的世界中才能被确立；但这不够充分：指称在连续性之外要求对取决于人称的表示秩序的一种同一性的设定——我们前面在谈及指称预设表示时转译的东西。相反，如果人称在命题中被表示或被表达，那不会不顾个体、事物状态或物体状态，后者不限于被指称，而是相关于个人的欲望、信念或建构性计划形成同样多的情形和可能性。最终，意指假设了与个体化一起发生的良知的形成，正如在人称中寻到其来源的常识的形成一样；而且，意指在既肯定前提又摆脱结论的能力中牵涉着指称与表示的整个运作。因此，如前所述，有一种极其复杂的结构，根据这种结构，逻辑命题的三种关系中的每一种关系在一般情况下都依次是首要的。这种结构整体上形成语言的第三级排列。正因为它被本体论的和逻辑的发生所产生，所以它取决于意义，就是说它取决于那独自构建出一种截然不同且以全然不同的方式被分配的次级组织的东西(这样就有了两个 x 之间的区分,一是无形式的悖论性元素的 x,它在纯粹的意义上缺失它自己的同一性,一是任意对象的 x,它只显示常识中产生的同一性形式的特征)。因此,如果我们思考第三级排列的这一复杂结构(其中命题的每种关系都必须以一种环状的方式依赖其他关系),那么我们就认识到它的各个部分的集合和它的每个部分如果失去这种互补性就会崩溃:不仅因为逻辑命题的回路始终能够被摧毁,如同一个环被劈开一样,以便揭示以其他方式被组织起来的意义,而且尤其因为逻辑命题的关系在意义本身具有一种能够使意义在无意义中发生翻转的易碎性时就有可能失去全部尺度,而且意指、表示和指称有可能在一种无基底的未分化的深渊中发生崩溃,这种无基底只不过包含着畸形物的搏动。这就是为什么我们在命题的第三级排列之外乃至在意义的次级组织之外预感到了整个语言都在其中发生内卷的、可怕的初级秩序。

意义似乎在其对随机点和奇点、问题与疑问、系列与移位的组织中是双重发生的:它不仅与其被规定的维度(指称、表示、意指)一起产生逻辑命题,而且还产生逻辑命题的客观的相关物,这些相关物本身首先作为本体论命题被产生(被指称者、被表示者、被意指者)。发生的两个方面之间的变动或干扰解释了一种如同错误一样的现象,因为,例如,一个被指称者能够在一个与被考虑的逻辑命题并不对应的本体论命题中被提供。但错误是一种过于人为的观念、一个抽象的哲学概念,因为它只影响那些被假定是现成的和孤立的命题的真值。真假观念得以从诸命题转向这些命题被认为能解决的问题,而且在这一转移中完全改变意义,只有在这一范围内,发生的元素才被发现。或者毋宁说,当真假本身定性问题而不再定性与问题相应的诸命题时,意义的范畴才取代真值的范畴。从这一视角,我们懂得了问题远非指示经验性认识的主观的和暂时的状态,而是诉诸一种理念的客观性、一种由意义构成的复合体,后者既赋予认识以根据也赋予已知物以根据,既赋予命题以根据也赋予它的相关物以根据。正是问题与其条件的关系才将意义界定为问题本身的真值。有可能发生的是诸条件仍不足以被规定,或反而被多重规定,以致问题是错误的问题。诸条件的规定一方面牵涉着奇异性在其中被分布的游牧式分配的空间(**拓扑斯**[Topos]),另一方面牵涉着这种空间被再分为次级空间所经由的一种分解时间,每个次级空间逐渐通过增添新出现的一些点来界定,这些点确保着对被考虑的领域的逐渐的、全面的规定(**艾翁**[Aiôn])。总是有一种凝聚和投掷奇异性的空间,正如有一种通过未来和过去的事件碎片逐渐完成的时间一样。因此,存在问题在时间和空间上的自主规定,问题在这一自主规定中前进,同时填补它自身条件的不足并预防它自身条件的过剩。正是在这一点上,真才变成意义和生产力。解决方法的确在问题规定自身的同时被酝酿。这甚至是为什么人们常常相信解决方法不会使问题继续存在,解决方法一旦被找到,它事后就给问题赋予一个必定被超越的主观时刻的地位。但情况完全相反。正是通过一种特有的过程,问题才同时在空间和时间中被规定,而且问题在规定自身的同时也规定着它所坚持的解决方法。正是问题与其诸条件的综合才产生了诸命题、它们的维度和它们的相关物。

因此,意义被表达为命题与之相应的问题,只要命题指出特殊的回答、意指一般解决方法的各种情况、表示解决的主观行为。因此,与其以不定式形式或分词形式(雪-是白色的、雪的是-白色的)表达意义,似乎不如以疑问形式表达意义可取。的确,疑问形式被移印在一种被假设是可给予或被给予的解决方法上,它只是一种被认为由被提问者所掌握的回答的中立化的复象(雪是什么颜色? 几点了?)。至少疑问形式具有将我们置于我们所探寻的东西的路径上的优势:真问题,它并不相似于它所归摄的诸命题,但它在规定它自身条件时产生诸命题,而且它确定着那在一般意指和人称表示的框架中被提出的诸命题的置换的个体性秩序。提问只是基于经验命题被投射的或者毋宁说被重构的问题阴影,但问题就其本身而言是发生元素的实在性,是没有被化约为命题的任何论题的复杂主题。① 正是同一种暗示才从经验方面将问题移印在那些给问题充当"答案"的命题上,而且从哲学或科学方面以"相应的"命题的可能性的形式界定问题。可能性的这种形式可以是逻辑的,抑或是几何的、代数的、物理的、先验的、道德的,等等。这都无关紧要;只要问题以它的"可解性"(résolubilité)被界定,意义就被混同于意指,条件就只会按照受条件限制者的样子被设想。事实上,正是可解性的领域才与问题的自主规定的过程有关。正是问题本身与它的自身条件的综合才通过同时规定条件和受条件限制者来确定理念的或不受条件限制的某物,就是说可解性的领域与这一领域中的解决方法、诸命题的形式与它们在这种形式下进行的规定、作为真值条件的意指与作为条件的真值的命题。问题从不相似于它所归摄的诸命题,也不相似于它在命题中产生的诸关系:它不是命题式的,尽管它不会实存于表达它的诸命题之外。因此,当胡塞尔声称表达只是复象且表达

---

① 在《精神现象学》前言中,黑格尔明确指出哲学的(或科学的)真理并不有关于一个被当作简单疑问句("凯撒生于何时?"类型)的回答的命题。关于问题或论题与命题之间的差异,参见莱布尼茨的《新文集》(*Nouveaux essais*)第 4 卷第 1 章。

必然具有与接受表达的东西一样的"论题"时,我们就不能遵从他的观点。因为问题式这样就只不过是其他论题中间的命题性论题,而且"中性"再次从另一侧跌落,一般与所有论题相对立,但只是为了再现另一种仍将被表达者构想为相应命题的复象的方式:我们根据胡塞尔的观点重新发现意识的抉择,即构成复象的两种方式的"原型"和"阴影"[①]。反而似乎是问题作为主题或被表达的意义拥有一种本质上属于它的中性,不过问题也似乎从不是原型或阴影,从不是表达它的诸命题的复象。

问题相关于命题的所有样式而言是中性的。只是动物而已(Animal tantum)……只不过圆作为圆既不是特殊的圆,也不是方程中被再现的概念(方程的一般项在每种情况下还必须接受特殊值),而是微分系统,奇异性的发射与之相对应[②]。问题并不实存于

---

① 《纯粹现象学通论:纯粹现象学和现象学哲学的观念(第1卷)》,§114、§124。

② 波尔达-德姆林(Bordas-Demoulin)的确在其非常优秀的著作《笛卡尔主义或科学的真正革新》(*le Cartésianisme, ou La veritable renovation des sciences*, 1843)中指出圆周的这两种表达式之间的差异:$x^2+y^2-R^2=0$ 与 $y\,dy+x\,dx=0$。在第一个表达式中,我毫无疑问能赋予每个项以各种值,但我尤其应针对每种情况赋予每个项以各种值。在第二个表达式中,$dy$ 和 $dx$ 取决于任何特殊值,而且它们的关系只诉诸那些界定角的三角切线的奇异性,与曲线的相切使角与横坐标轴($dy/dx=-x/y$)联系起来。

诸命题之外，诸命题将问题表达为它们的意义，严格地说这一点意味着问题不存在：问题在诸命题中坚持存在、继续存在或持续存在，而且与我们前面遇到过的这种超存在混淆起来。但这种非-存在并不是否定的存在，它是问题式的存在，应该被写作（非）-存在（[non]-être）或？-存在（？-être）。问题不受制于否定与肯定；问题仍然具有一种与其作为问题的设定相一致的实证性（positivité）。纯粹事件同样进入这一超越肯定与否定的实证性，同时将这两者视作一个问题的解决方法的不同情况，纯粹事件通过所发生之事和它"设定"或"去设定"的奇异性来界定这个问题。事件……"某些命题是去设定的（abdicativae）：它们废黜、否认某物的对象。因此，当我们说快乐不是一种善时，我们就废黜有关善的质的快乐。但斯多亚学派认为这种命题甚至是设定的（dicativae），因为他们说：某种快乐有时不是善，即在于将发生之事设定在这种快乐之上……"①

我们不得不区分复象和中性这两种观念。意义是中性的，但意义从不是表达意义的诸命题的复象，也从不是它所抵达的和被诸命题所指称的事物状态。这就是为什么我们只要还处于命题的回路上，我们就只能间接推论意义是什么；但是，意义直接是什么，我

---

① 阿普列乌斯（Apulée），《论解释》（去设定-设定的术语对子）。

们认识到人们只有通过中断回路、在一种类似于劈开或展开莫比乌斯环的操作中才能理解这一点。人们不能按照受条件限制者的样子设想条件;纯化任何相似性的先验领域依然是一种不希望中了意识或我思圈套的哲学的任务。然而,为了始终忠于这一要求,我们必须拥有一种不受条件限制者来作为条件在一种自主形态中的异质性综合,这一自主形态将自己与中性和发生力量联系起来。不过,当我们前面谈及意义的中性时,当我们将这种中性呈现为替身时,这不是从发生的视角来看,因为意义拥有一种承继准因的发生力量,而是从其他视角来看,因此,意义首先被视作非物体性原因所产生的效应;无动于衷的和贫乏的表面效应。如何既坚决主张意义甚至产生它在其中体现的事物状态,又坚决主张意义被这些事物状态、物体的能动和被动所产生(无瑕疵的构想)?

　　静态发生的观念本身消除矛盾。当我们谈到物体与它们的混合物产生意义时,这不是根据一种预设意义的个体化。物体之中的个体化、它们的混合物之中的尺度、它们的变异之中的人称和概念的游戏,这整个排列假设了意义与意义在其中展开的、前个体的和无人称的中性领域。因此,正是以一种不同的方式,意义本身才被物体所产生。这次涉及到那些在它们的未分化的深度之中、在它们的无尺度的搏动中被把握的物体。而且,这种深度以一种原初的方式发挥作用:通过其组织表面与将自身囊括入表面的力量。有时,这种搏动通过为质料最大值形成表面最小值(因此是球面形式)而发挥作用,有时通过表面的增加和表面根据不同过程(伸长、破碎、捣碎、干燥与润湿性、吸附、泡沫、乳剂等)进行的增多而发挥作用。爱丽丝的所有历险(她的缩小与伸长、她的食物困扰和遗尿症、她与各种球体的相遇)必须从这个角度被重新解读。表面既不是能动的也不是被动的,表面是被混合的物体的能动与被动的产物。表面的作用就在于飞越它自己的、无动于衷的、不可分的领域,就像普罗提诺谈及的这些微薄的和连续的薄片一样,液体从一面向另一面浸润和穿过的这些薄片。[①] 作为单分子层的贮藏处,表面确保内部的和外部的、无厚度的两种层的连续性和侧面凝聚性。作为纯粹的效应,表面无论如何都是准因的场所,因为表面的能量即便不属于表面本身也应归因于表面的任何形成;而且虚构的表面张力源于表面,作为对表面的平面发挥作用的力量,人们将这种力量归因于那为了增加表面而被消耗的劳作。作为突然的凝缩、融合、涂层的状态变化、奇异性的分配与改组的剧场,表面能无限地增加,就像在两种液体相互溶解在彼此之中的时候一样。因此有了作为深层混合物的效应的表面的整个物理学,

---

① 普罗提诺,《九章集》,第 2 卷第 7 章第 1 节。

它不断汇集整个宇宙的变动、搏动,而且将它们囊括入这些运动的界限。但是,与表面的物理学相对应的必然是形而上表面。形而上表面(先验领域)将被称之为下列两者之间被确立的边界线:一方面是那些在整体上和在将之囊括的界限之中被把握的物体,另一方面是那些任意的命题。如下所述,这种边界线牵涉着与表面相关的声音的某些属性,这些属性使语言和物体、物体性深度和声音连续统的区别性分布成为可能。从各个方面看,表面是先验领域本身,是意义或表达的场所。意义是在表面上被形成和被展开的东西。甚至边界线不是分离,而是连接的元素,以致于意义同时被呈现为物体所发生之事与那在诸命题中坚持存在的东西。因此,我们必须坚决主张意义是替身,意义的中性与它的复象地位分不开。不过,替身根本不再意指一种渐趋消逝的和脱离肉体的相似性、一种掏空肉体的影像,像没有猫的微笑一样。替身现在被表面的生产、表面的增加和加固所界定。替身是反面和正面的连续性,是建立这种连续性的技艺,以致于意义在表面上同时被分配在两侧,作为那在诸命题之中继续存在的被表达者与作为那突然出现在物体状态中的事件。当这一生产失败时,当表面被爆破和裂缝撕裂时,物体就重新跌入它们的深层,一切重新跌入匿名的搏动,词本身在其中只不过是对物体的眷恋:在意义的次级组织下低吼的初级秩序。相反,只要表面牢固,意义就不仅作为效应被分布在表面上,而且还分有那被附着于表面的准因:意义转而产生个体化和那随后在规定物体与其被度量的混合物的过程中所发生的一切,意义也产生意指和那随后在规定命题与其被确定的关系的过程中所发生的一切——整个第三级排列或静态发生的对象。

# 悖论系列 18　哲学家的三种形象

哲学家既通俗又与科学有关的形象似乎是被柏拉图主义确定下来的：一个攀登上升的人，他来自洞穴，他上升得越多，他就越得到更多的提升和净化。在这一"上升心理"中，道德与哲学、禁欲理想与思想观念建立了极为密切的联系。不仅哲学家在云端的通俗形象取决于这一点，而且哲学家的科学家形象也取决于这一点，根据这后一种形象，哲学家的天空是可理解的天空，它没有让我们离开大地，因为它包含着大地的法则，但在这两种情况下，一切都发生在高度上。（即便这是个人在道德法则的天空中的高度。）当有人问"是什么在思想中被定位？"时，思想本身似乎预设了它得以展开所依据的轴线与定位，思想似乎在有历史之前先有地理，思想似乎在建构系统之前勾勒不同的维度。高度是柏拉图主义特有的东方。哲学家的操作因此被规定为上升、皈依，就是说被规定为转向其所来源的高处的原则（principe d'en haut）的运动和借助于这样一种运动来规定自身、填充自身和认知自身的运动。人们将不会比较哲学与疾病，但存在着哲学特有的疾病。理念论是柏拉图主义哲学的先天性疾病，而且随着它一系列的上升与下降，理念论甚至是哲学的躁郁症形式。躁狂症激发和引导着柏拉图。辩证法是**理念**的逃逸（*l'Ideenflucht*）；正如柏拉图所谈及的**理念**，"理念逃逸或消失……"而且，甚至在苏格拉底之死中，有某种抑郁自杀的东西。

尼采怀疑过这种以高处为依据的定位，而且他问过，假使这种定向远没有再现哲学的实现，那么是否毋宁说它就不是苏格拉底开启的蜕化和歧途。由此尼采重新质疑了思想定位的整个问题：难道不正是根据其他维度，思考行为才在思想中被孕育和思考者才在生命中被孕育？尼采掌握着一种他发明的方法；不应该满足于传记和目录索引，而应该抵达生平轶事与思想格言同一的秘密点。这就像意义一样，一方面意义被归因于生命的状态，另一方面意义在思想命题中坚持存在。在这一点上有不同的维度、时间与地点，有从未缓和的冰川地带或酷热地带，即充满异国情调的整个地理学，它显示着思考样式的特征，也显示着生命风格的特征。也许第欧根尼·拉尔修在其精彩的篇章中预感到了这种方法：找到那些与生命有关的**格言**，它们也是思想的**轶事**——哲学家的姿态。恩培多克勒与埃特纳火山的故事就是一则哲学轶事。它与苏格拉底之死一样有价值，但它确实在另一种维度上起作用。这位前苏格拉底哲学家没有走出洞穴，他反而认为人们在其中被卷入得不够充分或被吞没得不够充分。在提修斯的故事中,他所拒绝的是线团:"您的上升道路,把您引向外面、引向幸福与美德的线团对我们有什么重要意义……? 您想借助这一线团拯救我们吗? 至于我们,我们恳切地请求:用这个线团把您自己吊起来!"前苏格拉底哲学家们把思想置于洞穴中、把生命置于深度中。他们探查水与火。正如恩培多克勒打碎雕像一样,他们用锤子做哲学,也就是用地质学家、洞穴学者的锤子。在水与火的洪流中,火山仅仅吐出了恩培多克勒唯一的东西——他的铅制凉鞋。与柏拉图式的灵魂的翅膀相对立的是恩培多克勒的凉鞋,后者证明了他属于大地,他在大地之下,并且他是原地生成的。与柏拉图式的翅膀的拍打声相对应的是前苏格拉底哲学家们的锤子的敲打声。与柏拉图的皈依相对应的是前苏格拉底哲学家的颠覆。被嵌套的深度在尼采看来是哲学的真正定位,是在未来哲学中应该被复活的前苏格拉底哲学发现,伴随着一种也是思想的生命的全部力量或一种也是物体的语言的全部力量。"在每个洞穴后面都有另一个更深的洞穴,应该有另一个更深的洞穴,在表面之下都有一个更广阔、更奇异、更丰富的世界,在任何根基下面、在任何基础之外都有一个深渊。"①起初是精神分裂症:前苏格拉底主义是哲学特有的精神分裂症,是在身体与思想中被挖掘的绝对深度,后者使荷尔德林先于尼采懂得发现恩培多克勒。在恩培多克勒的著名轮换中、在爱与恨的互补性中,我们一方面遭遇了憎恨的身体、被分成几块的滤器-身体、"没有脖子的头、没有肩的胳膊、没有前额的眼睛",另一方面我们遭遇了荣耀的和没有器官的身体,"碎片的形式",没有肢体,没有声音也没有性别。同样,狄奥尼索斯向我们展示了他的两副面孔,他敞开的和被撕裂的身体,他的无动于衷的和无器官的身体,这是被肢解的狄奥尼索斯,也是不可穿透的狄奥尼索斯。

只有在征服表面之后,尼采才重新发现了深度。但他没有停在表面上;在他看来,表面毋宁说是必须从深度之眼的革新视角被判断的东西。尼采对柏拉

---

① 令人感到奇怪的是,巴什拉在他力图描绘尼采式想象的特征时将其呈现为"上升的心理"《空气与梦》[L'Air et les songes],第五章)。不仅巴什拉把大地与表面在尼采思想中的作用降低为最小,而且他将尼采的"垂直性"解释为首先是高度和上升。然而,它毋宁说是深度和下降。除非在偶然情况下,否则猛禽就不会攀升:它翱翔和"猛扑"。甚至应该说深度被尼采用来揭露高度的理念和上升的理想;高度只是一种神秘化、一种表面效应,后者没有欺骗深度之眼,并在其注视下解体。关于这一点,参见米歇尔·福柯的评论,《尼采·弗洛伊德·马克思》,载《尼采》(Nietzsche),华幽梦研讨会文集(Cahiers de Royaumont),子夜出版社,1967年,第186—187页。

图之后发生的事情几乎没有兴趣,因为他认为这必然是长期堕落的结果。然而,依据方法本身,我们感觉到哲学家的第三种形象出现了。而且,尼采的格言尤其适合他们:这些希腊人由于接近表面而多么具有深度![1] 这第三类希腊人甚至完全不再是希腊人。他们不再期待从大地或原地的深度中获得拯救,也不再期待从天空和**理念**中获得拯救,他们在侧面从事件、东方获得拯救——正如刘易斯·卡罗尔所言,从那里升起了所有美好的事物。犬儒学派和斯多亚学派与麦加拉学派一起开启了一种新哲学和一种新型轶事。应重读第欧根尼·拉尔修著作中最精彩的篇章——论述犬儒主义者第欧根尼的篇章,论述斯多亚主义者克里西波斯的篇章。人们会从中看到一个稀奇古怪的挑衅系统如何发展。一方面,哲学家狼吞虎咽,塞饱自己;他在公共广场上自慰,同时他遗憾饥饿不能这样被缓解;他没有谴责与母亲、姐妹、女儿的乱伦;他忍受着同类相食和食人习性——当然他也保持着最高程度的节制和贞洁。另一方面,当有人向他提出疑问时,他就缄默不语或打你一棍子,或者当你向他提出一个抽象的、棘手的疑问时,他回答你的方式是指明一份食物,甚至是向你提供一盒他随后对着你打碎的食物——总是以棍子敲打的方式。然而,他也会

---

[1] 《尼采反对瓦格纳》(*Nietzsche contre Wagner*),后记第 2 节。

持有一种新话语、一种新逻各斯,后者被悖论、新的哲学价值和哲学意指所激活。我们确实感到这些轶事不再是柏拉图式的也不是前苏格拉底式的。

这就是整个思想和思考之意义的重新定位:不再有深度也不再有高度。犬儒学派和斯多亚学派反对柏拉图的玩笑数不胜数:问题始终是废黜**理念**和指出非物体不是在高处,而是在表面,非物体不是最高原因,而尤其是表面效应,非物体不是**本质**,而是事件。在另一方面,有人将指出深度是一种助消化的幻觉,后者完成理想的视觉性幻觉。实际上,这种狼吞虎咽、这种对乱伦的辩解、这种对同类相食的辩解是什么意思?当这后一个主题为克里西波斯和犬儒主义者第欧根尼所共有时,第欧根尼·拉尔修并没有为克里西波斯提供任何解释,但他为犬儒主义者第欧根尼提出了一个极具说服力的解释:"在他看来,无论是从神庙里偷东西,还是吃任何动物的肉,都不是荒诞不经的事,甚至吃人肉也不是什么邪恶的事——这从一些外邦人的习俗中显示得非常清楚。他还说,通过正当的推理可知,万物彼此互含,相互渗透。在面包里有肉,在蔬菜里有面包;而其他物体则通过某种看不见的通道和分子渗透并以气体的形式结合到它们当中。他在《提俄斯特斯》一书中阐明了这种理论——

如果这部悲剧真的是他的……"①这个也与乱伦具有同等价值的论题证实了一切在物体的深度中都是混合物;不过没有一些据以判断此混合物而非彼混合物可能为坏的规则。与柏拉图所相信的相反,对于混合物而言没有一种居于高处的度量,即没有可界定好坏混合物的**理念**组合。与前苏格拉底哲学相反,没有更多的内在尺度能够确定混合物在**自然**(Phusis)深处的秩序和级数;任何混合物都与相互渗透的物体和共存的诸部分具有相同的价值。混合物的世界如何不可能是一切在其中都被许可的黑暗深度的世界?

克里西波斯区分了两种混合物:一是改变物体的、不完美的混合物,一是使物体未受损害并使物体在其所有部分中共存的、完美的混合物。毫无疑问,物体原因之间的统一性界定着一种完美的、液态的混合物,其中一切都恰当地处在宇宙性现在之中。但在它们受限制的现在的特殊性中被捕捉的物体没有根据它们的因果关系的秩序直接相遇,这种秩序只对整体有意义,同时也考虑到全部组合。这就是任何混合物都可被说成好或坏的原因:它在整体的秩序中是好的,但在局部相遇的秩序中是不完美的、坏的,甚至是

---

① 中译本参见[古罗马]第欧根尼·拉尔修著,《名哲言行录》,徐开来、溥林译,广西师范大学出版社,2010年,第285-286页。——译注

极坏的。在被动本身是穿透其他物体的物体且特殊意志是根本恶的这个领域中,如何谴责乱伦和同类相食?以塞涅卡的奇特悲剧为例,人们可以问:何谓斯多亚派思想与这种悲剧性思想之间的统一性?这种思想第一次演绎了那些献身于恶的人,由此如此准确地预示了伊丽莎白一世时代的戏剧。某些斯多亚化的合唱队不足以实现这种统一性。真正斯多亚式的,在此便是发现被动-物体及其组织或遭受的恶毒的混合物,即滚烫的毒药、食子盛宴。提俄斯特斯的悲剧性进餐不仅是犬儒主义者第欧根尼的失传的主题,而且也是幸好被保存的塞涅卡的主题。被施毒的祭服通过焚烧皮肤、吞噬表面开始运作;然后它们抵达更深的层面,沿着一种从被刺穿的身体到被撕裂的身体(被撕碎的肢体[membra discerpta])的轨道。有毒混合物到处在身体的深处沸腾,可憎的巫术、乱伦和食物被制造出来。让我们寻找解毒剂或反证:塞涅卡和整个斯多亚学派思想的悲剧主人公是赫拉克勒斯。然而,赫拉克勒斯始终相关于三个领域被定位:地狱的深渊、天堂的高度和大地的表面。在深处,他只找到了可憎的混合物;在天空,他找到了虚空乃至那些重复地狱恶魔的天堂怪物。不过,他是大地的调节者和测量员,他甚至行走在水面上。他以各种方式重新上升到或重新下降到表面上;他带回来地狱狗和天堂狗、地狱蛇与天堂蛇。在其针对深度与高度的双重斗争中，他不再是深处的狄奥尼索斯，也不是高处的阿波罗，而是表面的赫拉克勒斯：被重新定位的整个思想、新地理学。

斯多亚主义有时被陈述为它超越柏拉图而引起了一种向前苏格拉底主义的回归，例如向赫拉克利特的世界的回归。问题毋宁说是一种对前苏格拉底世界的全面重估：经由深层混合物的物理学来解释这一世界，犬儒学派与斯多亚学派将它部分地丢弃给所有局部性的无序，后者仅仅与**伟大的**混合物协调一致，就是说与原因之间的统一性协调一致。这是一个恐怖与残暴、乱伦与食人的世界。无疑还有另一个方面：能够从赫拉克利特的世界上升到表面并要接受一种全新地位的东西——在其本性与物体-原因之间的差异之中的事件、在其本性与贪婪的柯罗诺斯之间的差异之中的**艾翁**。同时柏拉图主义经历了一次类似的、全面的重新定位：它想要更进一步击败前苏格拉底世界，更好地击退它，在高度的影响下击垮它，我们看看它如何从自己的高度被废黜，而且**理念**重新跌落到作为简单的非物体性效应的表面上。这就是斯多亚学派的伟大发现，既反对前苏格拉底哲学家又反对柏拉图：表面的自主性，独立于高度和深度，反对高度和深度；对那些非物体性事件、意义或效应的发现，它们不可化约为有深度的物体与有高度的**理念**。所发生的一切与被言说的一切在表面上发生和被言说。表面与实为无意义的深度和高度一样是可探索的、未知的,更是有可能的。因为重要的边界被移位了。它不再根据高度经过普遍与特殊之间。它不再根据深度经过实体与偶性之间。也许应该将探索新轨迹的荣耀赋予安提斯梯尼:在事物与命题本身之间。在其如其所是的、被命题所指称的事物与不会实存于命题之外的被表达者之间(实体只不过是事物的次级规定,普遍只不过是被表达者的次级规定)。

表面、帷幕、地毯、斗篷,犬儒学派和斯多亚学派在它们之中确立自身,并且四周被它们围绕着。表面的双重意义、反面与正面的连续性取代了高度与深度。除了说不出名称的混合物之外,帷幕背后没有任何东西。除了虚空的天空之外,地毯上面没有任何东西。意义在表面上出现和游戏,至少有人懂得以合适的方式击垮表面,以致于意义形成尘埃般的字母,或者像手指可以在上面写字的玻璃上的蒸气一样。犬儒学派和斯多亚学派的棍打哲学替代了锤打哲学。哲学家不再是来自洞穴的人,也不再是柏拉图的灵魂或鸟,而是表面上的扁平动物——壁虱、跳蚤。哲学的象征物不再是柏拉图式的翅膀,也不再是恩培多克勒的铅制凉鞋,而是安提斯梯尼和第欧根尼的双重斗篷。棍棒与锤子,就像手持狼牙棒和身穿狮子皮的赫拉克勒斯一样。由于其既反对柏拉图式的皈依又反对前苏格拉底式的颠覆,该如何命名哲学的新运作?也许它可由反常一词来命名,至少反常适宜于这种新型哲学家的挑衅系统,如果反常真就意味着一种奇异的表面艺术的话。

## 悖论系列 19　幽默

首先,似乎语言不可能在表达者的状态中或在被指称的可感事物中找到一个充分根据,但只有在给语言提供真假可能性的**理念**中才能找到一个充分根据。然而,难以看清楚的是,命题通过何种奇迹以一种比可言说的物体或被言说的物体更可靠的方式来分有**理念**? 除非理念本身是"名称本身"(noms en soi)。在另一极,物体能更好地给语言赋予根据吗? 当声音转而求助物体和变成被混合的物体的能动与被动时,它们只不过是令人心碎的无意义的携带者。人们相继揭露柏拉图式的语言与前苏格拉底式的语言、理念论语言与物理性语言、躁狂症语言和精神分裂症语言的不可能性。没有出路的选择成为必要:要么什么都不说,要么合并和吃掉所说的话。正如克里西波斯所说的那样,"如果你说货车这个词,那么货车就通过了你的嘴",如果所说的是货车的**理念**,情况不会更好,也不会更便利。

理念论语言由那些被实在化的意指组成。但是,每次我们被问及这类所指——"**美、正义**……是什么?**

人是什么?",我们回答这类问题要通过指称物体,通过指示可模仿的乃至是可消耗的对象,如有必要还通过给予一顿棍棒(棍棒被视作任何可能发生的指称的工具)。通过扔出一只被拔了毛的公鸡,犬儒主义者第欧根尼回答了柏拉图将人作为"没有羽毛的两足动物"的定义。至于问"什么是哲学?"的人,第欧根尼一边用绳子拎着鲉鱼,一边回答道:鱼是最口语性的动物,它在潮湿的元素中设定缄默症、可耗费性、辅音的问题——语言的问题。柏拉图嘲笑那些满足于提供例子的,指示、指称而不触及**本质**的人:我没有问你(他曾经说)谁是正义的,而是问正义是什么,等等。然而,让柏拉图从他想让我们攀登的路上重新下来是容易的。每次有人就意指向我们提问时,我们就答之以一种纯粹的指称、一种纯粹的指示。而且,为了劝服目击者相信问题不是简单的"例子"且柏拉图的问题被不适当地提出,人们将摹仿被指称的东西,将摹拟它,或者人们将吃掉它,人们将打碎被指示的东西。重要的是赶快行动:立刻找到某种要指称、要吃掉或要打碎的东西,它取代那有人促使我们探寻的意指(**理念**)。因为在被指示的东西与我们被问及的问题之间不存在且不应该存在相似性,所以行动要越快越好;只有一种棘手的关系,它否认错误的、柏拉图关于本质与例子之间的二元性。为了这种以纯粹的指称、指示、消耗和破坏取代意指的操练,需要一种奇异的灵感,需要懂得如何"下降"——幽默,与苏格拉底的反讽或上升的技艺相对立。

然而,这样一种下降在哪里抛下我们?直至将我们抛进物体的基底与物体的混合物的无基底;只因为任何指称都在消耗、磨碎和破坏中被延长,除非有人能够停止这种运动,好像棍棒打碎了它所指示的一切,显然语言既不能立基于指称,也不能立基于意指。意指将我们抛进那些取代意指和废黜意指的纯粹指称,这就像无-意指一样地荒诞。但指称转而将我们抛进破坏性的、助消化的基底,这是作为次意义或潜意义的深度的无意义。那么有什么出路?从语言从高处跌落然后隐没所经由的同一运动中,我们必须被带回到表面,那里不再有要指称的或要意指的任何东西,但纯粹意义被生产出来:纯粹意义在它与第三种元素的基本关系中被生产出来,这次是表面的无意义。即便如此,重要的还是赶快行动,是速度。

智者从表面上发现什么?纯粹事件,从它们的永恒真理中被把握的纯粹事件,就是说从作为它们的基础的实体中被把握的纯粹事件,独立于它们在事物状态的内部中的时空实现。或者,同样的是发现纯粹的奇异性,即在其随机元素中被把握的奇异性的发射,独立于使奇异性具体化或实现奇异性的个体和人称。幽默的这一冒险、高度与深度为了表面的利益而进行的这种双重废黜,首先是斯多亚学派智者的冒险。但是,后来且在另一种语境中,这也是禅宗的冒险——反对婆罗门教的深度与佛教的高度。著名的问题-测验、问-答、公案(*koan*),证明意指的荒诞性,指出指称的无意义。禅杖是普遍的工具、疑问的主人,哑剧和消耗是答案。回到表面,智者从中发现了对象-事件,因为一切都在建构对象-事件的实体的虚空中进行沟通,智者发现了艾翁,对象-事件在艾翁中被描绘和被展开,却从未填满虚空。① 事件是形式与虚空的同一。事件不是作为被指称者的对象,而是作为被表达者或可表达者的对象,这一对象从不是现在的,但始终是已经过去的和尚未到来的,由此就出现在马拉美的作品中,它具有它自己的不在场或它的废除的价值,因为这种废除(*abdicatio*)的确是其作为纯粹**事件**在虚空中的设定(*dedicatio*)。"假如你有一根禅杖,"禅师说,"那么我就给你一根,假如你没有禅杖,那么我就拿走它"(或如克里西波斯所言:"如果你没有失去一件东西,那么你就拥有它;然而你没有失去角,因此你有角")。否定不再表达任何否定的东西,但仅仅

---

① 斯多亚学派已经构思了一种关于**虚空**的极为精彩的理论,既将它作为超存在,又作为持存。如果非物体性事件是存在或物体的逻辑属性,那么虚空就是像这些属性的实体一样,这种实体在本性上不同于物体性实体,以致人们甚至不能说世界"在"虚空"中"。参见爱弥尔·布雷耶著,《古代斯多亚主义中的非物体理论》第三章。

与其不成对的两半一起释放纯粹的可表达者，一半始终缺少另一半，因为前者因其固有的缺陷而实现超越，即使前者因其过剩而缺少（词＝x 之于物＝x）。人们可在禅宗的技艺中清楚地看到这一点：不仅是绘画艺术（其中不受支撑的手腕所操控的毛笔平衡着形式与虚空，而且在偶然动作和"像头发一样的线"的系列中分配着纯粹事件的奇异性），还有园艺、花艺和茶艺、箭艺、剑艺（其中"铁器的挥动"从令人赞叹的空虚中突然出现）。通过被废除的意指和失去的指称，虚空是与其自身的无意义一起被创造的意义或事件的场所，那里只不过发生了场所。虚空本身是悖论性的元素，是表面的无意义，是作为意义的事件从中涌现的、始终被移位的随机点。"不再有应该逃避的生死循环，也不再有要获得的最高认识的循环"：虚空的天空既拒绝精神的最高思维又拒绝自然的深层循环。问题与其说触及直接（l'immédiat），倒不如说规定直接被"立即"固定为不可触及的这一场所：虚空和连同它一起的任何事件得以产生的表面、作为剑的锋刃或弓弦的边界。因此就有了无画之画、不思之思、不射之射、无言之言：完全不是在高度或深度上难以言表的东西，而是语言在其中变得可能的这种边界、这种表面，语言在变得可能时只不过激发了一种缄默的直接沟通，因为只有通过复活所有间接的、被废除的意指和指称，语言才能被言说。

与人们问什么使语言成为可能差不多,人们问谁在言说。很多种回答被用来回答这样一种疑问。我们称之为把个体规定为言说者的、"古典式的"回答。他所言说的东西毋宁说被规定为特殊性,而手段,就是说语言本身,被规定为约定的一般性。因此,在一种联合的三重运作中,问题在于摆脱个体的普遍形式(实在性),与此同时人们从其所谈的内容提取纯粹**理念**(必然性)并把语言与一种理想模型进行对照,这种模型被假设是原始的、自然的或纯粹理性的(可能性)。正是这种构思激活了作为上升的苏格拉底式反讽,并同时给它提供了如下任务:使个体摆脱他的直接实存,向着**理念**超越可感的特殊性并建立那些符合模型的语言法则。这是记忆的和言说的主体性的"辩证法的"集合。不过,为了这一运作是完整的,不仅个体必须是起点和跳板,而且个体最终也被重新发现,**理念**的普遍物毋宁说像一种介于两者之间的交流方法。反讽的这种关闭、这种回路在柏拉图的思想中还是缺乏的,或者仅仅以喜剧和嘲讽的形式出现,正如在苏格拉底与阿尔基比阿德之间的交流中发生的那样。在古典式的反讽最终不仅规定实在性的整体而且规定作为极度原始的个体性的可能物的集合时,它反而获得这种完美的状态。如上所述,康德渴望使再现的古典世界接受批判,他开始准确地描绘这个世界:"关于一切可能性的总和的这个理念……把自己纯化为一个先天地得到通盘规定的概念,并因此成了有关一个单独对象的概念"[1]。古典式的反讽作为保证存在与个体在再现世界中的共存性的层级起作用。因此,不仅理念的普遍物,而且与第一批可能物相关的、纯粹的理性语言的模型,都变成极度个体化的上帝与上帝所创造的派生性个体之间进行自然沟通的手段;而且正是这个上帝使一种从个体向普遍形式的上升成为可能。

但是,根据康德的批判,反讽的第三种形态出现了:浪漫主义反讽规定了作为人称而不再作为个体进行言说的人。反讽立基于人称的有限的、综合的统一性,不再立基于个体的分析的同一性。反讽被**我**(Je)与再现本身的共存性所界定。在此不止有一种语词变化(为了规定它的整个重要性,例如,必须评估蒙田的《随笔集》与卢梭的《忏悔录》之间的差异:前者在它们探索个体化最多样的形态的范围内已经被铭记进古典世界,后者在它们是人称或"**我**"的第一宣言的范围内预告了浪漫主义)。不仅普遍的**理念**和可感的特殊性,而且个体性的两个极端和与个体相对应的世界,现在都变成人称特有的可能性。这些可能性继续

---

[1] 康德著,《纯粹理性批判》(先验的理想)。(中译本参见[德]康德著,《纯粹理性批判》,邓晓芒译,杨祖陶校,北京:人民出版社,2004 年,第 459 页。——译注)

被分配为原始的可能性与派生的可能性,但原始的只不过对全部可能的世界而言是指人称的不变谓项(范畴),派生的只不过是指个体的可变量,其中人称就体现在这些有差异的世界之中。由此产生了一种有深度的转变——**理念**的普遍物、主体性的形式、作为可能物之功能的语言模型。作为不受限制的类别、无论如何都有唯一成员(**我**)的人称的设定,这就是浪漫主义反讽。毫无疑问,在笛卡尔的我思中,尤其在莱布尼茨式的人称中已经有预兆性的元素;但这些元素仍从属于个体化的要求,而它们在康德之后的浪漫主义中解放自己,为它们自己而表达,同时颠倒了这种从属关系。"这种自由也以一种更为积极的方式表现出来,因为反讽的个体通常在可能性的形式中穿越各色各样的规定,诗意地使自己适应于所有这些规定,然后才终结于虚无。依毕达哥拉斯的学说,灵魂在世界上游荡,与此相似,在反讽中灵魂四处漂泊,只不过它不需要那么长的时间……就像小孩子们一样伸出指头,数着自己的命运:贵人(Edelmann)、乞丐(Bettelmann),等等。由于这样的规定对他只不过是可能性而已,所以他几乎能以与小孩子们同样快的速度从头到尾,一气数完。真正花费反讽者时间的,是精心打扮自己,穿上与他所创造的诗意人物相称的服装……如果既定现实对反讽者丧失了其有效性,这不是因为它是过时了的现实,需要被一个更具真理性的现实所取代,而是因为反讽者是永恒的自我,没有一个现实对他来说是适当的。"①

反讽的所有形态所共有的特点是它们把奇异性关闭在个体或人称的界限之内。但是,反讽只是表面上扮演着流浪者的角色。不过尤其重要的是,这就是为什么所有这些形态遭到了一个从内部对它们产生影响的亲密敌人的威胁:未分化的基底、我们前面谈到的无基底,无基底再现了悲剧性思想和反讽与之保持最矛盾关系的悲剧性声调。正是苏格拉底所描述的狄奥尼索斯,不过也正是魔鬼将普遍的个体性在其中分解的镜子引向上帝和创造物,而且还正是混沌导致了人称的解体。个体掌握着古典话语,人称掌握着浪漫主义话语。然而,处于这两种话语之下并以不同方式颠覆它们时,正是没有面孔的**基底**在一边低吼一边言说。如前所述,基底的这一语言、与身体的深度混在一起的语言,具有一种双重性力量:爆裂的语音元素的力量与发音含糊的调值的力量。毋宁说,正是前者从内部威胁和颠倒了古典话语,正是后者从内部威胁和颠倒了浪漫主义话语。因此,我们应该在每种情况下、针对每种话语来区分三种语言。首先是现实

---

① 克尔凯郭尔,《反讽的概念》。(皮埃尔·梅纳著,《克尔凯郭尔:生平与作品》,第 57—59 页。)(中译本参见[丹]克尔凯郭尔著,《论反讽概念》,汤晨溪译,中国社会科学出版社,2005 年,第 244—246 页。——译注)

语言，它与言说者（个体或人称……）的完全日常的规定相对应。其次是理想语言，它根据掌握者的形式再现话语的模型（例如，《克拉底鲁篇》的神圣模型与苏格拉底的主体性相对，莱布尼茨的理性模型与古典时代的个体性相对，进化论的模型与浪漫主义的个人相对）。最后是秘传语言，在每种情况下它都从根本上再现了对理想语言的颠覆与对现实语言的掌握者的分解。况且，每次都存在着理性模型与其秘传的颠倒之间的内部关系，正如反讽与悲剧性基底之间的内部关系那样，以致于人们完全不再可能知道反讽的最大值在哪一侧。这就是为什么寻找独特用语、独特概念来支持所有秘传语言都是徒劳的：同样徒劳的是支持终结古典世界的古德·吉柏林（Court de Gébelin）的语音、文字和音节的伟大综合与支持结束浪漫主义的让-皮埃尔·布利斯特（Jean-Pierre Brisset）的演化的、声调的伟大综合（我们也看到不存在混合词的一致性）。

对于"谁在言说？"的这个疑问，我们有时以个体进行回答，有时以人称形式进行回答，有时以分解两者的基底进行回答。"抒情诗人的自我从存在深渊的深处高呼，他的主体性是纯粹的想象"[1]。然而还回荡着最后的回答：它否认未分化的原始基底，也否认

---

[1] 尼采著，《悲剧的诞生》，第 5 章。

个体和人称,而且它拒绝它们的矛盾,也拒绝它们的互补性。不,奇异性没有被囚禁在个体和人称之中,而且当人们击垮个体和人称时,人们也未跌进未分化的基底、无基底的深度。所谓无人称的和前个体的,是自由的和游牧的奇异性。比任何基底更有深度的,是表面、皮肤。这里形成一种新型的秘传语言,它本身是它自身的模型和它的现实性。生成-疯狂在其沿着艾翁的直线、永恒性上升到表面时改变形态;同样分解的自我、有裂缝的"**我**"、丧失的同一性在它们不再被击败时也改变形态,为了相反地解放表面的奇异性。无意义与意义摆脱了它们之间的动态对立关系,以便融入静态发生的共现,作为表面的无意义与划过表面的意义。悲剧性与反讽让位于一种新价值——幽默。因为反讽如果是存在与个体或者"**我**"与再现的共外延性,那么幽默也是意义与无意义的共外延性;幽默是表面与替身的技艺、游牧的奇异性与一直被移位的随机点的技艺,是静态发生的技艺,是纯粹事件的手段或者是"第四人称单数"——任何被悬置的意指、指称和表示,任何被废止的深度和高度。

# 悖论系列 20
# 论斯多亚学派的道德问题

第欧根尼·拉尔修记载了斯多亚学派将哲学比作蛋:"蛋壳是逻辑学,蛋白是伦理学,完全居于中心的蛋黄是物理学"。我们的确觉得第欧根尼使之合理化了。我们必须重新找到格言-轶事,就是说公案。我们必须想象一个对意指提问的弟子:哦,导师,伦理学是什么?斯多亚学派的智者从他加衬里的披风掏出一个水煮蛋,他用手杖指着这个蛋(要么他掏出蛋后就给弟子一顿棍杖,且弟子理解他应该自己回答。弟子转而拿起手杖,打碎了蛋,以致于一点蛋白仍附着于蛋黄,一点蛋白仍附着于蛋壳。要么导师应该自己来做这一切;要么弟子只有在许多年后才会理解)。不管怎样,伦理学的处境的确被展现在表面的逻辑学蛋壳与深层的自然哲学蛋黄之间。斯多亚学派的导师难道不就是汉普蒂·邓普蒂本人吗?弟子的历险难道不就是爱丽丝的历险吗?爱丽丝的历险就在于使物体的深度重新上升到词语的表面,由此产生对伦理学的模棱两可之处的令人烦恼的体验;物体的伦理学或词语的伦理性("有人所言内容的伦理学")——食物的伦理学或语言的伦理学、吃的伦理学或说的伦理学、蛋黄或蛋清的伦理学、事物状态的伦理学或意义的伦理学。

因为我们必须回到我们刚才说的内容,至少为了引入某些变体。随着把斯多亚学派哲学家呈现为那些否认深度,那些仅仅从中发现了与身体-被动和恶意相对应的地狱般混合物的人,我们得以迅速进展。斯多亚学派体系包含着整个物理学,以及这种物理学的伦理学。如果被动和恶意真是物体,那么善意、德行、真实的再现、正当的赞同也是物体。如果这样或那样的物体形成可憎的、食人的和乱伦的混合物,那么在整体中被把握的物体集合就必然形成一种完美的混合物,这个混合物仅仅是诸原因之间的统一或宇宙性的现在,恶本身相关于此只能是"结果"的恶。如果有被动-物体,那么也有能动-物体,即**大宇宙**的被统一的物体。斯多亚学派的伦理学关注事件;它就是期望事件本身,即在那发生的范围内期望所发生的事情。我们还不能估计这些表达的意义。然而,不管怎样,事件如何能被把握和被期待?而事件却未被诉诸它所产生的物体性原因,且通过物体性原因诉诸作为**自然**的原因的统一性。因此,正是占卜在此给伦理学赋予了根据。占卜性的解释实际上由(尚未被实现的)纯粹事件与物体深度之间的关系、事件从中产生的物体之能动与被动构成。而且，人们可确切地说明这种解释如何进展：问题始终在于切割厚度、切削表面、定位表面、增加表面和增多表面，以便追踪那些在表面上显现的线和切口的轨迹。由此将天空分成不同的部分，从中分配鸟的飞行线，在地面上追踪猪嘴拱地时勾勒出来的字母，从表面上掏出肝脏并观察线和裂缝。占卜在更一般的意义上是表面、出现在表面上的线条和奇点的技艺；这就是为什么两个占卜者相视而笑（来自一种幽默的笑）。（无疑应区分两种操作，一是对于还是物体性的线、影像、印记或再现而言的形而下表面(surface physique)的产生，一是这些东西在"形而上学的"表面上进行的转译，纯粹事件的非物体性的线只不过在这一表面上游戏，这种转译建构这些影像的被解释的意义）。

但是，下述内容当然不是偶然的：斯多亚学派的伦理学从未能也从不想信赖占卜的物理方法，它向着一个完全不同的极定位自身，按照一种完全不同的方法（逻辑学的方法）来展开自身。维克多·戈尔德施密特的确指出了斯多亚学派的伦理学游移于其间的极点的二元性：因此，问题一方面可能是尽可能地分有一种神圣的视觉，它在深度上将所有的物理原因在宇宙性现在的统一中汇集起来，以便对那些由之产生的事件进行占卜。不过，另一方面，问题反而是不管怎样都期望着事件，没有任何解释，多亏了从一开始就伴随着事件实现的"再现的运用",甚至还给它确定可能是最受限制的现在。① 在一种情况下,人们从宇宙性现在转向尚未被实现的事件;在另一种情况下,人们从纯粹事件转向它最受限制的当下实现。而且,尤其重要的是,在一种情况下,人们把事件与它的物体性原因及其物理统一性联系起来;在另一种情况下,人们把事件与它的非物体性准因联系起来,也就是事件所收集的并使之在它自己的实现的产生之中共振的因果关系。这一双重的极已经被包括在双重因果关系的悖论和静态发生的两种特点之中——无动于衷与生产能力、漠不关心与工作效率——目前显示着斯多亚学派智者特征的纯洁构想。第一极的不充分从此来自这一点:事件既然是非物体性效应,那么它们在本性上就区别于它们所由之产生的物体性原因;事件除了物体性原因之外还有其他法则,而且事件只有通过它们与非物体性准因之间的关系才被规定。西塞罗的确说过,时间的流逝类似于绳索的展开(explicatio)②。但是,事件恰好并不实存在那被展开的绳索的直线上(艾翁),正如原因并不实存在那被缠绕的绳索的圆周上(柯罗诺斯)。

---

① 参见维克多·戈尔德施密特著,《斯多亚学派哲学的体系与时间观念》(*Le Système stoïcien et l'idée de temps*),Vrin 出版社,1953 年。

② 西塞罗著,《论占卜》(*De la divination*),第 56 页。

再现的逻辑运用是什么？这种技艺被爱比泰克德（Epictète）和马可·奥勒留（Marc Aurèle）运用到极致。斯多亚学派的再现理论的全部晦涩之处众所周知，正如它流传给我们的那样：赞同在可感的、物体性的、作为印记的再现之中的作用和本性；本身还是物体性的、合理的再现源之于可感的再现的方式；不过，尤其是构成"可理解的"或不"可理解的"再现的特点的东西；最后是物体-再现或印记与非物体性的效应-事件之间（再现与表达之间）的差异的范围①。正是这最后的两个难点基本上关系到我们的主题，因为可感的再现是指称，合理的再现是意指，不过还因为只有非物体性事件才建构被表达的意义。我们特别遭逢过表达与表达之间的这种本性差异，每当我们标出意义或事件的特别性、其向被指称者和所指者的不可化约性、其与特殊和一般相关的中性、其无人称的和前个体的奇异性。这种差异与对象＝x（作为再现在常识中的归属性层级）与事物＝x（作为表达在悖论中的不可识别的元素）之间的对立一起达到顶点。但是，如果意义从不是可能再现的对象，那么意义就仍然介入再现，而再现作为将一种极特别的价值授予再

———

① 关于非物体性的可表达者向即便是合理的再现的不可化约性，参见爱弥尔·布雷耶的具体段落，《古代斯多亚主义中的非物体理论》，第16—19页。

现与其对象之间所维持的关系的东西。再现独自被交付给一种仅仅外在的相似或类似的关系。但是,再现是内在"有区别的""恰当的"或"内含的"所凭借的内在特征,源自于再现包含和囊括表达的方法,尽管再现不能再现表达。本性上区别于再现的表达仍然作为某种被(或者未被)囊括在再现之中的东西起作用。例如,作为事物状态和质的死亡知觉,或者作为意指的谓项的"必死的"概念,仍然是外在的(被剥夺了意义),尽管它们没有将死亡事件包含为在一方中被实现的和在另一方中被表达的东西。再现必须包含着它没有再现的表达,但没有表达,再现本身不可能是"内含的",而且仅仅偶然地或从外部具有真实性。知道"我们是必死的"是一个必然的但空虚的和抽象的知识,有效的和连续的死亡当然不足以恰当地取代这一知识,只要死亡没有被理解为无人称的事件,后者被提供了一个始终敞开的、成问题的结构(在哪里和什么时候?)。人们经常区分两类知识,一类是无关紧要的知识,它仍外在于它的对象,另一类是具体的知识,它无论在哪里都寻找它的对象。再现要触及这种拓扑学的典型,只有通过它所包含的、被隐藏的表达,也就是通过它所囊括的事件。因此有再现的"运用",再现没有这种运用就会被剥夺生命与意义;而且,维特根斯坦和他的弟子们通过这种运用来界定意义是有道理的。但是,这样一种运用不受一种与被再现者相对的再现功能、甚至也不受作为可能性形式的再现性所界定。这里也像其他地方一样,函子(fonctionnel)向着拓扑学被超越,而且这种运用处于再现与某种超再现的东西(未被再现的、仅仅被表达的实体)之间的关系之中。再现囊括着具有另一种本性的事件,再现最终在其边缘处囊括着事件,再现最终趋向这一点,再现使这种替身或这种折边获得成功,这就是界定丰富的运用的运作,就像再现在没有达到这一点时仍只是面对其被再现者的死字母,在它的再现性内部仍是愚笨的。

斯多亚学派的智者"认同"准因:他置身于表面上,置身于那穿过表面的直线上,置身于那勾勒或穿过这条直线的随机点上。因此,他就像弓箭手一样。然而,与弓箭手的这种关系不必以隐喻的方式被理解为意图伦理学,正如普鲁塔克劝说我们的那样,他说斯多亚学派的智者被认为做了一切,不是为了达到目的,而是为了达到目的做了那取决于他的一切。这种合理化意味着一种姗姗来迟的和对斯多亚主义充满敌意的解释。与弓箭手的关系更接近禅宗:射箭手必须达到瞄准也是不瞄准的程度(即射箭手本人),而且达到箭矢在创造它自己的目标时沿着直线飞行的程度,达到靶子的表面也的确是直线和点、射箭手、射击与射击对象的程度。这便是作为选择的官能(pro-airesis)的、带有东方思想色彩的斯多亚学派意志。

智者就在那里等待着事件。就是说,智者理解纯粹事件,这基于它的永恒真理,独立于它的时空实现,它被理解为沿着艾翁线既永恒到来又已然过去。但与此同时,智者也期望具身化,即非物体性的纯粹事件在事物状态和它自己的物体、它自己的肉体中的实现:既然认同准因,那么智者"使"非物体性效应"物体化",因为效应承继原因(戈尔德施密特对散步这样的事件就阐述得很清楚:"散步,作为存在方式是非物体性的,在从散步中显示出来的霸权原则的效应下具体化[prend corps]。"①而且,与应用于散步一样,这应用于伤口或射箭也是真实的)。但是,假如事件不是已经正在因物体性原因的深度而被产生,并在物体性原因的深度中被产生,假如疾病没有在物体的最深处被防备,那么智者如何能是非物体性事件的准因并由此能期望它的具身化?准因不创造,它"起作用",而且只期望所发生之事。因此,再现与再现的运用就在这一点上起作用:当物体性原因通过宇宙的混合物、产生非物体性事件的普遍性现在起作用和受作用时,准因为了使这种物理因果关系增加而起作用,它使事件在可能最受限制的、最精确的、最瞬间的现在之中具体化,而现在是在它被再分为未来与过去的范围内被

---

① 维克多·戈尔德施密特著,《斯多亚学派哲学的体系与时间观念》,第 107 页。

把握的纯粹瞬间,不再是将过去和未来聚到己身的世界的现在。参与者仍占据瞬间,而参与者所扮演的角色对未来充满希望或恐惧,对过去充满回忆或懊悔:正是在这个意义上,参与者才进行再现。使那在瞬间起作用的最短时间与那根据艾翁可思的最长时间相一致。把事件的实现限制在没有混合物的现在,使更集中的、更紧张的、更即时的瞬间成为可能,是因为现在表达了受限制的过去和未来,这就是再现的运用:摹仿者,而不是占卜者。人们不再从最长的现在转向仅仅被说成更小的现在的未来和过去,反而从被认为不受限制的未来和过去到不再被细分的纯粹瞬间的最小的现在。就这样斯多亚学派的智者不仅包含和期望事件,而且再现事件并由此选择事件,摹仿者的伦理学必然延长意义的逻辑。从纯粹的事件开始,摹仿者控制并倍增实现,他在没有混合物的瞬间的帮助下度量混合物,而且阻止它们泛滥。

# 悖论系列21 论事件

人们有时会犹豫不决地将一种具体的或诗意的生活方式称为斯多亚式的,好像一种学说的名称太过于书卷气、太过于抽象,以至于不能用来指称与创伤的最私人性的关系。但是,一些学说如果不是源自创伤与生命格言——它们是同样多的、承载着惩戒性挑衅的思辨轶事,那又源自何处呢?乔·布斯凯(Joe Bousquet)理应被称作斯多亚主义者。他在他的永恒真理中将他深深铭刻在他身体中的创伤领悟为纯粹事件,然而情况不止于此。就各事件在我们身上得到实现而言,它们期待我们和渴望我们,它们向我们示意:"我的创伤先于我而实存,我出生就是为了使其具体化"[1]。关键是抵达事件在我们身上创造的这一意志,是生成我们身上所产生的事物的准因——**操纵者**

---

[1] 有关乔·布斯凯对创伤、事件和语言的全部沉思的作品,参见两篇发表在《南方手册》(*Cahiers du Sud*,No. 303,1950)的重要文章:勒内·内利(René Nelli)的《乔·布斯凯与他的复象》和费尔迪南·阿尔吉耶(Ferdinand Alquié)的《乔·布斯凯与语言伦理学》。

(l'Opérateur),是生产事件在其中得以反射的表面与衬里,事件重新发现自身的非物体性,且在我们身上显示着作为无人称的和前个体的事件超越一般与特殊、集体与私人而在自身中所拥有的中性光辉——世界公民。"一切都在我生命的事件中各就其位,此后我将它们据为己有;而且,经历它们就是我自己想与它们相匹敌,好像它们必须只从我这里才掌握它们所拥有的更好的和完美的东西"。

要么伦理学毫无意义,要么这就是伦理学想要说的,伦理学只会说:莫要配不上发生在我们身上的事情。相反,将所发生的事情理解为不公正的和不值得的(这总是某个人的错误),这便是使我们的伤疤成为令人厌恶的东西,即怨恨本身,针对事件的怨恨。不再有其他恶意。真正不道德的,是对下述道德观念的一切利用:正义、不正义、优点、错误。那么期望事件是什么意思?这是说战争发生时就接受战争、创伤和死亡发生时就接受创伤和死亡吗?很有可能的是,顺从还是一种怨恨形态,而怨恨确实拥有很多形态。假如期望事件首先就是释放出它的永恒真理,就像用它来维持的火一样,这种期望达到这样的境地:战争针对着战争被发动起来,创伤是所有创伤的鲜活痕迹和疤痕,逆转的死亡针对着所有死亡被期望。意志的直觉或嬗变。乔·布斯凯写道:"针对我对死亡的见解——意志的崩溃,我将代之以死亡的渴望——意志的神化"。从这一见解到这一渴望,没有什么东西以某种方式发生变化,除了意志的变化,即一种整个身体的原地跳跃,整个身体用其有机体的意志换一种精神的意志,它现在所期望的真不是所发生的事情,而是在所发生的事情之中的某种事物,与刚刚所发生的事情一致的某种事物,按照晦涩的、幽默的一致性的法则:**事件**。正是在这个意义上,命运之爱才与自由人的战斗融为一体。任何事件中都有我的厄运,但也有辉煌和光芒,它使厄运干枯,并使得事件一旦被期望就在它最收缩的尖点上、在某一操作的边缘上被实现,这便是静态发生或纯洁构想的效应。事件的光芒、辉煌是意义。事件不是所发生的事情(意外之事),事件在所发生的事情中是向我们示意和等待我们的、纯粹的被表达者。根据上述的三种规定,事件在所发生的事情中是必须被理解、被期望、被再现的东西。乔·布斯凯还写道:"成为你厄运的手下,学习如何体现你厄运的完美与光芒。"人们不能说得再多,人们也从未说过再多;变得与发生在我们身上的事情相适合,因此期望和释放事件,变成他自己的事件的儿子,并由此重生,再次诞生,与他的肉体诞生断绝关系。变成其事件之子,而不是其作品之子,因为作品本身只会由事件之子所产生。

参与者并不像神一样,毋宁说是像反-神一样。神与参与者通过他们的时间解读而相互对立。人类作为过去或未来把握的东西,神在永恒现在中对之进行体验。这尊神是柯罗诺斯:神圣的现在是整个圆,而过去和未来则是与整个圆的特殊段相关的维度,这一特殊段将其余部分置于整个圆之外。相反,参与者的现在最狭小、最收缩、最即刻、最准时,它是一条不断划分线并将自身分成过去-未来的直线上的点。参与者属于艾翁:不是最深层的、最完满的现在,即展开的、包含未来和过去的现在,在此出现一种不受限制的过去-未来,后者被反射在并不比镜子更厚的空洞的现在之中。参与者再现着,但他所再现的东西一直还是未来的且已经是过去的,而他的再现是无动于衷的,而且被划分、被二分却未断裂,既未起作用,也未被作用。正是在这个意义上才有喜剧演员的悖论:他停留在瞬间,为了表演某种不断提前和延后、希望和召回的东西。他表演的从不是一个人物,而是由事件的成分构成的主题(复杂的主题或意义),就是说,此主题由那些彼此沟通的、确实从个体和人称的界限中被释放的奇异性构成。参与者在一个始终还可进一步可分的瞬间绷紧他的整个人格,以便向无人称的和前个体的角色敞开。因此,他始终处于扮演一个可扮演其他角色的角色的境地。这个角色和演员的关系,与未来和过去和在艾翁线上与它们相对应的瞬间的现在关系一样。参与者因此实现事件,但以截然不同于事件在事物的深处被实现的方式。或者毋宁说,参与者以自己的方式用另一种实现来对这种宇宙性的、物理性的实现进行重复,另一种实现很表面,因而更加清晰、锐利和纯粹,它要划定前一种实现的界限,从中抽离出一种抽象线,使事件只保留它的轮廓或辉煌:变成他自己的事件的喜剧演员——反实现。

因为物理混合物只有在整体的层次上、在神圣现在的整个圆中才是公正的。然而,对于每个部分而言,存在着许多不公与丑行,许多寄生性的、食人肉的过程,这些过程也的确激起我们面对我们身上发生的事情的恐惧、我们对所发生的事情的怨恨。幽默与一种选择性力量不可分离:在所发生的事情(意外之事)中,幽默选择纯粹事件。幽默从吃中选择说。乔·布斯凯确定幽默-演员的种种特性:每次有必要时就毁灭痕迹;"在人类与劳作中间建立起他们在辛酸之前的存在";"赋予瘟疫、暴政、最恐怖的战争以徒劳统治的喜剧的可能性";总之,为每种事物抽离出"无玷污的份额"、语言与意愿——命运之爱。[①]

为什么任何事件都是瘟疫、战争、创伤、死亡的类型?这只是意味着厄运的事件多于幸运的事件?不是,因为问题在于任何时间都具有双重结构。在每个事件之中,的确有实现的现在时刻,事件体现在事物

---

① 参见乔·布斯凯著,《国都》(*Les Capitales*),Le cercle du livre 出版社,1955 年,第 103 页。

状态、个体、人称中的时刻,有人边说边指称的时刻:哦,到时候了;而且事件的未来和过去只有根据这一确定的现在、从体现它的事件的角度才会得到评判。但另一方面还有从自身被把握的、避开现在的事件的未来和过去,因为此种事件摆脱事物状态的限制,因为它是无人称的和前个体的、中性的,既不是一般的也不是特殊的,即唯一事件……;或者毋宁说,它不拥有其他的现在,只拥有再现它的动态瞬间的现在,后者总是被二分为过去-未来,由此形成理应被称作反实现的东西。在一种情况下,正是我的生命才让我觉得它对我而言太过脆弱,才在一个在与我的确定关系中变成现在的点上进行逃离。在另一种情况下,恰恰我才对生命而言太脆弱,恰恰生命才对我而言太强大,到处抛掷它的奇异性,既与我无关,也与一个作为现在的、可规定的时刻无关,除了与无人称的瞬间有关,后者被二分为尚未到来的未来与已经逝去的过去。这种含糊性基本上是伤口和死亡、致命伤口的含糊性,没有人像莫里斯·布朗肖那样指出这一点:死亡同时是处于一种与我和我的身体的极端的或确定的关系之中的东西、在我之中被赋予根据的东西,但也是与我无关的东西(非物体的与不定的、无人称的),是在自身之中被赋予根据的东西。一方面有被实现和被完成的事件的部分,另一方面有"其完成不能实现的事件的部分"。因此有两种完成,就像实现与反实现一样。正是因此,死亡及其伤口才不是其他事件中间的一种。每个事件就像死亡一样,是复象并在其复象中是无人称的。"它是现在的深渊,是我与之无关的无现在的时间,即那种我不能冲向的东西,因为在它之中,我不会死,我被剥夺了死的能力,在它之中,人们(on)会死,人们不断地不停地死。"[1]

这个"人们"多么不同于日常平凡琐事中的人们!这是无人称的和前个体的奇异性的"人们",是纯粹事件的"人们",在纯粹事件中,死了(il meurt)就像下雨了(il pleut)一样。"人们"的荣耀是事件本身或第四人称的荣耀。这就是为什么没有私人的事件和其他集体的事件;只有个体物与普遍物、特殊性与一般性。一切都是奇异的,且因此同时是集体的与私人的、特殊的与一般的,但既不是个体的也不是普遍的。哪一场战争不是私人的事务?反之,哪一次创伤不是来自战争和整个社会?哪个私人事件不具有它的所有坐标(它的所有无人称的、社会的奇异性)?然而,有很多丑行透露出:战争牵涉着每个人;但这又不是真的,战争并不牵涉那些利用战争或为战争效劳的人——怨恨的创造物。而且,同样的丑行透露出:每个人都

---

[1] 莫里斯·布朗肖著,《文学空间》(L'Espace littéraire),伽利玛出版社,1955 年,第 160 页。(中译本参见[法]莫里斯·布朗肖著,《文学空间》,顾嘉琛译,商务印书馆,2003 年,第 155 页。译文有所改动。——译注)

有他自己的特殊的战争、创伤;这对于那些抓挠伤疤的人而言也不是真实的——还是辛酸和怨恨的创造物。这只对于自由人而言是真实的,因为他抓住了事件本身,而且因为他不会任由事件这样被实现,却不作为演员来进行反实现。只有自由人才因此能在唯一的暴力中理解所有暴力、在唯一的**事件**中理解所有致命事件,唯一事件不再给偶然之事留有余地,不仅揭露或罢黜个体之中的怨恨力量,而且揭露或罢黜社会中的压迫力量。正是通过传播怨恨,僭主才形成同盟者,即奴隶和仆人;只有革命者才能摆脱怨恨,人们通过怨恨分有压迫秩序,并总是从中获益。但一个唯一且相同的事件呢?提取和提纯的混合物,且它刚刚未混合地度量了一切,而不是把一切混合在一起:所有暴力和所有压迫都汇集到这个唯一事件,后者通过揭露一个暴力、一个压迫来揭露所有暴力和所有压迫(疑问的最近的或最终的状态)。"诗人愿意承担的精神病理学不是个人命运的一个不吉祥的小意外、一个个别的意外障碍。不是送奶人的卡车碾过了他的身体并让他成为残疾人,而是黑色百人团的骑兵们对维尔诺犹太人区中的先辈们进行大屠杀……他头部受到的打击不是来自街头流氓的打架,而是当警察攻击示威者们……他之所以像一个天才的聋子一样叫喊,乃因为格尔尼卡和河内的炸弹震聋了他……"①。正是在所有事件都这样在唯一的事件中汇聚的动态的和确切的点上,嬗变才得以发生:在这个点上,死亡转而反对死亡,死就如同是对死亡的罢黜,死的无人称性不仅标记着我迷失于我之外的时刻,而且标记着死亡迷失于自身的时刻和最奇异的生命为了取代我而呈现的形态。②

---

① 克劳德·罗伊(Claude Roy)论诗人金斯堡的文章,载《新观察家》(*Nouvel Observateur*),1968年。

② 参见莫里斯·布朗肖著,《文学空间》,第155页:"为了把死亡提高到它自身的高度,为使死亡在自身迷失之点和我在我之外迷失之点相吻合而做的努力,并不是一种一般的内部事情,而是对于事物来说包含着巨大的责任,只有通过事物的中介……才有可能实现"。(中译本参见[法]莫里斯·布朗肖著,《文学空间》,顾嘉琛译,商务印书馆,2003年,第149页。——译注)

# 悖论系列 22　瓷器与火山

"毫无疑问,所有的人生都是一个垮掉的过程。"[1]几乎没有句子在我们的脑海里与这种锤击般的噪音一起产生同样的共鸣。几乎没有什么文本拥有这种不可弥补的名著特征,而且与菲茨杰拉德的短篇小说一样能够强加沉默、强迫一种受恐吓的默认。菲茨杰拉德的整部作品都是对这一命题、尤其是对他的"当然"的独特阐发。有一个男人和一个女人,有一对夫妻(如果不是因为问题已经在于运动、在于被界定为二分体的过程,那为什么是夫妻?),他们拥有被人们视作幸福的一切:美貌、魅力、富有、肤浅和才华横溢。然后某种事情发生了,致使他们就像一个盘子或一个玻璃杯一样被打碎。存在着精神分裂症患者

---

[1] 法译本[美]菲茨杰拉德著,《崩溃》(The Crack-Up),1936年,载《崩溃》(*La Fêlure*),伽利玛出版社,第341页。(中译本参见[美]菲茨杰拉德著,《崩溃》,黄昱宁、包慧怡译,上海译文出版社,2011年,第90页。在法语中,fêlure一词兼有"裂缝"与"精神崩溃"的含义,德勒兹经常在两种含义上使用该词,既指具体事物出现的"裂缝",又指抽象精神出现的"崩溃"。——译注)

与酗酒者的可怕的促膝长谈,如果死亡没有把他们全都虏获。这就是众所周知的自行毁灭吗?究竟发生了什么?他们没有尝试任何超出他们力量的特殊事情;然而,他们好像从一场对他们而言太惨烈的战役(破碎的身体、扭伤的肌肉、死气沉沉的灵魂)中振作起来:"那种感觉就好比黎明时分我站在一道荒凉的山岭上,手里攥着一杆空膛步枪,靶子也倒了。没什么问题要解决——唯有一片沉默,只能听见我自己呼吸的声音……我的自我牺牲浸透在黑暗中。"①当然,无论内外都发生了太多的事情:战争,股市暴跌,某种程度的衰老,抑郁,疾病,才华流失。但所有这些嘈杂的偶然之事已经立刻具有了影响;而且它们不可能自足,如果它们没有挖掘和钻研某种具有完全不同性质的东西,这种东西反而只是在远处和在太晚时才被它们揭示出来——沉默的裂缝。"我们为什么接连失去和平、爱、健康?"存在着某种沉默的、不可感知的、表面上的裂缝,即表面的唯一**事件**,后者好像被悬置于自身之上,翱翔在自己之上,飞过它自己的场域。真正的差异不在内外之间。裂缝既不是内在的也不是外在的,它处于不可感的、非物体性的、理念的边界。因此,裂缝与内外发生的事情具有干扰与交叉、不连

---

① 中译本参见[美]菲茨杰拉德著,《崩溃》,黄昱宁、包慧怡译,上海译文出版社,2011年,第101、106页。——译注

贯连接的复杂关系——彼此在两种不同的节奏上留下印迹:一切嘈杂的事情都发生在裂缝的边缘,而且没有裂缝就不可能是任何东西;反之,裂缝只有在所发生的事情的影响下才继续它的沉默路径,才沿着具有更小阻力的各种线改变方向,才展开它的画布。直到噪音与沉默在终点的爆裂声和爆炸声中紧密和持续地交织在一起,这些爆裂声和爆炸声意味着裂缝的整个运作体现在物体的深处之中,与此同时内外的作用使物体的边缘变得松弛。

(我们可以这样的语言来回答安慰我们的朋友:"上帝作证,但凡我裂开了,我就非得让整个世界陪我一起裂开不可。听着!这是世界唯有经过你的理解才存在,所以这样说好得多:裂开的并不是你——那是大峡谷。"①这种美国式的、通过投射进行的安慰对于那些知道裂缝既不是内在的又不是外在的人来说不是什么好事,且他们知道它向外的投射既标出终点的临近,也标出最纯粹的内摄[introjection]。而且如果裂缝变成大峡谷的裂缝或马德雷山脉的峭壁的裂缝,如果沟壑、山脉和火山的宇宙性影像取代亲密而熟悉的陶瓷,那么什么会发生改变?如何阻止自己体验一种对石头的不可忍受的同情、一种令人惊呆的认

---

① 中译本参见[美]菲茨杰拉德著,《崩溃》,黄昱宁、包慧怡译,上海译文出版社,2011年,第96—97页。——译注

同? 正如马尔科姆·劳瑞[Malcom Lowry]转而让另一对夫妻中的一人所说的那样:"但是,就算是已经四分五裂,难道在它分崩离析前就没有办法来拯救那些已经被劈开的碎片吗?……哦,但为什么没有某种幻想的'地质魔术'将这些碎片重新焊接起来呢!伊冯娜[Yvonne]渴望治愈这块被撕裂的岩石……她是其中的一块岩石,她也渴望拯救另一块,这样两块可能都会被拯救。她尽力让自己接近它,她诉说衷肠,热泪盈眶,饱含激情,她诉说所有的宽恕:另一块石头仍岿然不动。'这都很好',它说,'但恰巧是你的错,而至于我自己,我打算随心所欲地瓦解!'"[①]。)

无论它们之间的连接如何紧密,这里有本性上不同的两种元素、两种过程:将其非物体性的和沉默的直线延长到表面上的裂缝与外部的打击或嘈杂的内部推力,后者使裂缝发生偏离,加深裂缝并在物体的厚度中铭记或实现裂缝。这难道不就是莫里斯·布朗肖刚刚区分的死亡的两个层面吗? 一是作为事件的死亡,与死亡在其中被分开的过去与未来不可分离,它从未是现在的,它是非人称的死亡,这种死亡是"不可把握之物,即我无法抓住的东西,它并不以任何

---

[①] [美]马尔科姆·劳瑞著,《在火山下》,Buchet-Chastel 译,第 59—60 页,关于上述的一切,参见附录 5。(本段译文根据英文本译出。——译注)

关系,不以任何方式同我相联,它永不前来,我也不朝它走去"①;一是在最僵化的现在中发生和被实现的、个人的死亡,"它把死亡的自由和进行死亡冒险的权力当作终极的前景"②。人们可以援引两种过程的连接得以产生的、好几种极为多变的方式:自杀、疯狂、毒品或酒精的使用。也许后两种手段是最完美的,因为它们需要花费时间,而非把两条线汇集到一个致命点。然而,在任何情况下都有某种容易引起错觉的东西。当莫里斯·布朗肖将自杀视作使死亡的两个面孔重合的意志时——通过最具有人称性的行为延伸非人称死亡的意志,他就清楚地指出这种连接、连接的这种诱惑是不可避免的,但他还尝试着界定他的错觉。③ 实际上,整个本性差异持续存在于被结合到一

---

① 中译本参见[法]莫里斯·布朗肖著,《文学空间》,顾嘉琛译,商务印书馆,2003年,第93页。——译注

② 同上。——译注

③ 同上,第104—105页:"我想通过自杀在确定的时辰杀死自己,我把死同现在联在一起:是的,现在,现在。但是,没有任何东西再显示出这种'我想要'的幻想和疯狂,因为死亡从来不是现时的……在此,自杀不是那种迎接死亡之物,它更多地是欲把死当作未来来消灭的东西,欲使死亡失去作为它本质的那个未来部分……人们不可能'设想'自杀。人们准备要自杀,人们投入行动,以采取最终的动作,这个最终的动作依旧属于有待去做的事情的正常范围之内,但是这个动作并不是为了死,它同死无关,它并没有把死亡置于它的在场中……"(中译本参见[法]莫里斯·布朗肖著,《文学空间》,顾嘉琛译,商务印书馆,2003年,第93—94页。——译注)

起的东西或者被严格延伸的东西之间。

  但是,问题不在于此。这种本性差异如果不是为了抽象的思考者继续存在,那么会为谁继续存在呢?关于这个问题,这个思考者怎么才不是可笑的?两种过程本性上是有差异的,那就顺其自然吧。但是,为了一个过程不会自然地和必然地延伸另一个过程,该怎么做?非物体性的裂缝在表面上的沉默痕迹怎么还不变成它在嘈杂的物体的厚度中的深化?表面的切分怎么不变成深处的分裂(Spaltung),表面的无意义怎么不变成深度的无意义?如果期望就是期望事件,那么人们怎么还不期望事件在物体的混合物中且在这种主宰全部摄入的悲剧意志中的完满实现?如果表面的秩序本身就有裂缝,那么这种秩序怎么不自己破裂?如何阻止自身加速毁灭?即便丧失所有与之相关的优势——语言组织与生命本身。人们怎么才不会达到这种境地——人们只不过能在一种精神分裂症的深处中进行拼读和喊叫而完全不再说话?如果表面上有裂缝,那么如何避免有深度的人生变成垮掉的事情和变成"当然"?当避免使非物体性的裂缝实存、避免使它在物体的深处中具体化时,有可能维护它的持存吗?更确切地说,当避免那显示受害者或真正患者特点的完满实现时,有可能局限于事件的反实现——演员或舞蹈演员的简单的、平面的再现吗?所有这些疑问都控诉着思考者的滑稽可笑:是的,总是有两个方面,有本性上差异的两种过程。但是,当乔·布斯凯谈到创伤的永恒真相时,那是以个人的、可憎的、他在身体中所承受的创伤的名义。当菲茨杰拉德或马尔科姆·劳瑞谈到这种形而上的、非物体性的裂缝时,当他们从中同时找到他们思想的场所和阻碍、他们思想的来源和枯竭、意义与无意义时,那是借助他们喝过的全部酒精量,后者在身体上实现了裂缝。当安托南·阿尔托谈论思想的侵蚀就像谈论某种既是基本的又是意外的东西——根本的无能为力却又强大的力量,那已然来自精神分裂症的基底。每个人冒险做某种事情,尽可能地冒这个险,而且从中获得一种不受时效约束的权利。当抽象的思考者提供有智慧的和有辨别力的建议时,那还剩下什么给他?那么,我们待在岸上时就一直要谈论乔·布斯凯的创伤、菲茨杰拉德的和马尔科姆·劳瑞的酗酒、尼采的和安托南·阿尔托的疯狂吗?我们要变成这些漫谈的熟手吗?我们只希望那些遭受打击的人没有太损害自己吗?我们要做调查和创办特刊吗?抑或我们上前一点看看自己是一个轻度酗酒者、一个轻度疯子、一个轻度自杀者、一个轻度游击队员——刚好够延长裂缝但未过度到使裂缝无法弥补地加深的地步?无论人们转向哪里,一切似乎是凄凉的。的确,该如何停留在表面上而不是搁置在岸上?如何通过拯救表面和表面的整个组织来实现自救(包括语言与生命)？如何触及这种政治、这种全面的游击战？（还是不得不从斯多亚主义接受告诫……）。

酗酒没有显现为对快乐的探索,而是显现为对效应的探索。这种效应主要在于此:现在的异乎寻常的硬化。人同时生活在两种时间中,人同时生活在两种时刻中,但完全不是以普鲁斯特的方式。另一个时刻能够诉诸审慎人生的计划,也诉诸对审慎人生的回忆;它仍然以完全不同的和被深刻改变的方式实存,它在这一被硬化的现在中被把握,而这一现在就像一个在硬化肉体上的柔软脓包一样环绕着它。在另一时刻的这一柔软的中心,酗酒者因此认同他的爱、"他的恐惧和他的怜悯"的对象,而现在时刻的被体验和被期望的艰难允许他远距离地抓住现实[①]。而且,酗

---

① 菲茨杰拉德著,《崩溃》,第353—354页。"我只想要一份绝对的安静,好让真想想我怎么会渐渐对悲伤生出一种悲伤的态度,对忧郁生出一种忧郁的态度,对悲剧生出一种悲剧的态度——我究竟是怎么会渐渐地与我恐惧、同情的对象打成一片的……类似于这样的'打成一片'会让能力荒废。而是说,这样的情形会让精神失常的人没法工作。列宁不愿吃无产阶级的苦,华盛顿不愿受麾下士兵的罪,狄更斯也不愿过他笔下的伦敦穷人的日子。当托尔斯泰努力将他自己与他关注的对象在某种程度上融为一体时,这种尝试既显得虚伪,又一败涂地……"(中译本参见[美]菲茨杰拉德著,《崩溃》,黄昱宁、包慧怡译,上海译文出版社,2011年,第105—106页。——译注)这个选段是对精神分析理论尤其是克莱因理论关于躁郁位态的精彩说明。然而,正如我们接下来要看到的那样,有两点在这些理论中成了难题:其中躁狂症通常被阐述为一种对抑郁位态的反应,而躁狂症似乎反而规定着抑郁（转下页）

酒者既喜欢这种侵袭他的僵化,也喜欢这种僵化环绕和隐藏的柔和。其中的一个时刻在另一个时刻之中,而且现在被如此硬化、被瘫痪,只是为了投注这个准备要爆裂的柔和点。两个同时进行的时刻奇怪地被形成:酗酒者根本没生活在未完成过去时或未来时,他只有复合过去时,但是一种极其特别的复合过去时。他在醉酒中形成一种想象的过去,好像过去分词的柔性要与现在时的助动词的硬度结合起来:"我爱过"(j'ai-aimé)、"我做过"(j'ai-fait)、"我见过"(j'ai-vu)——这里表达两种时刻的结合,酗酒者在后一种时刻中体验前一种时刻的方法,同时享有躁狂症之万能的乐趣。这里复合过去时根本没有表达距离或完成。现在时是动词 avoir 的现在时,而所有的存在在后一种同时发生的时刻、分享的时刻、分词的认同中是"过去的",但是,多么奇异的、几乎无法忍受的张力……现在环绕、投注和束缚另一个时刻的这种接受、这种方式。围绕着柔软的中心、熔岩、液态的或糊状的玻璃制品,现在变成了结晶体或花岗岩的圆。然而,这种张力还为了其他东西而松开。因为复合过去时的功用就是变成"j'ai-bu"形式。现在的时刻不再

―――――――
(接上页)位态,至少在酗酒的结构中如此;另一方面,认同通常被阐述为一种对对象丧失的反应,而认同似乎还真规定着这种丧失、导致这种丧失和甚至"期望"这种丧失。

是酒精效应的时刻,而是效应之效应的时刻。而且,目前另一个时刻不加区别地包括最近过去时(我刚喝过酒的时刻)——最近过去时所隐藏的想象性认同的系统和多多少少远离的、朴素过去的现实元素。这样现在的硬化部分完全改变了意义;现在在其僵硬中变得失去控制,变得褪色,不再束缚任何东西,而且还间离另一种时刻的所有方面。据说,最近过去时,还有在它之中被建构的认同的过去,最终是提供质料的朴素过去,所有这一切都迅速逃逸了,所有这一切也远离了,远距离地被这种褪色的现在的普及化的扩张、被这种新出现的现在在越来越大的荒漠中的新僵化所维持。第一种效应的复合过去时被第二种效应的唯一的"我喝过"(j'ai-bu)所取代,现在时的助动词在其中只不过表达任何分词和任何分有的无限距离。现在时(j'ai)的硬化部分现在与过去(bu)的逃逸效果相关。一切都在 *has been* 中达到顶点。过去的这种逃逸效应、对象在任何意义上的这种丧失,构成了酗酒的抑郁层面。而且这种逃逸效应也许产生了菲茨杰拉德的最大力量、他最深刻表达过的内容。

令人好奇的是,菲茨杰拉德没有或很少描绘那些在喝酒和找酒喝的过程中的人物。菲茨杰拉德不以匮乏和需要的形式体验酗酒:也许是出于羞耻,要么他一直能喝酒,要么有几种酗酒形式,其中一种形式转向他最近的过去本身。(马尔科姆·劳瑞的情况相反……但是,当酗酒以需要的这种模糊形式被体验时,时间的同样深刻的畸形出现了;这次整个未来被体验为先将来时,这里还伴之以一种对这种复合将来时的强烈抛掷、一种走向死亡的效应之效应)①。对于菲茨杰拉德的男主人公们而言,酗酒甚至只要规定过去逃逸的效应,就是垮掉的过程:不仅是他们与之分离的朴素过去(天啊,醉酒十年),还有他们刚喝酒的最近过去时和第一效应的幻想式的过去。一切都变得同样遥远,而且规定着再喝酒或者毋宁说是喝过酒的必然性,以便战胜这一硬化的和褪色的、唯一继续的和意指死亡的现在。正是在这一点上,酗酒才是惩戒性的。因为的确有其他一些事件能够以它们自

---

① 在马尔科姆·劳瑞的著作中,酗酒也与它使之可能发生的认同和这些认同的失败不可分离。他的堕落小说《在驶往白海的压仓货中》(*In Ballast to the White Sea*)中以认同和凭借认同进行拯救的机会为主题,参见《书信选》(*Choix de lettres*),Denoël 出版社,第 265 页及其后。无论如何,人们在先将来时中找到一种类似于我们在针对复合过去时看到的抛掷。

在一篇非常令人感兴趣的文章中,君特·斯坦因(Günther Stein)分析过先将来时的特点;被延长的未来就像复合过去时一样不再属于人:"时间的特殊方向、实证意义甚至与这种时间不再适合:时间归结为不再是将来的某种事物,归结为不属于我的艾翁;当然人还能思考和指示这一艾翁的实存,但以贫乏的方式,没有包含它和实现它……直陈式简单将来时形式 *je serai* 自此以后变成 *ce qui sera*,*je ne le serai pas*。这种形式的实证性表达是先将来时:*j'aurai été*。"(《自由的病理学:论非认同》,载《哲学研究》[第六卷],1936—1937 年)

己的方式导致这种酒精-效应：失去金钱、失去爱、失去祖国、失去成功。这些事件不管酒精和外在方式就导致这种酒精-效应，但它们类似酒精的结果。例如，菲茨杰拉德将金钱体验为"我发财了"，后者使他与他还没有发财的时刻区分开来，还使他与他发了财的时刻区分开来，而且与他那时放任自己对"真富豪"的认同区分开来。例如盖茨比的宏大的爱情场景：在盖茨比爱和被爱的时候，他在"令人惊恐的多愁善感"中表现为一个醉酒的人。他全力使这一现在变得麻木不仁，而且想使这一现在束缚最温柔的认同——他被同一个女人完全地、专一地且毫无保留地爱慕的复合过去时的认同（5年的失踪就像10年的醉酒一样）。正是在认同的这一顶点——菲茨杰拉德曾说它相当于"所有成就的死亡"——盖茨比才像玻璃杯一样破碎了，他才失去一切，他才失去他的新爱旧欢和他幻想的爱。然而，在所有这些同一类型的事件中给酗酒提供一种惩戒性价值的，是酒精同时是爱与爱的失去、金钱与金钱的失去、祖国与祖国的失去。它在垮掉的协调过程中同时是对象、对象的失去与这种失去的法则（"当然"）。

弄明白裂缝是否能避免在物体中以这样或那样的形式被具体化和被实现的疑问显然不应由一般规则裁决。裂缝仍是个词，只要物体没有受到它牵累，只要肝脏与大脑、各个器官没有呈现出人们谈及未来所依据且本身就可进行预测的这些线。之所以有人问健康为什么是不够的,问为什么裂缝是合乎愿望的,也许是因为有人只不过通过裂缝、在裂缝的边缘上进行过思考,因为人性中善的、重要的一切通过裂缝、在那些自己迅速垮掉的人身上进进出出,因为有人向我们提出的与其说是健康,倒不如说是死亡。有另一种健康吗? 就像一个尽可能久地在它自己的疤痕中继续存在的物体一样,就像马尔科姆·劳瑞梦想着重写一种适当地终止自身的**"裂缝"**,而且他从未放弃一场与生命攸关的再征服的理念。确实,如果裂缝没有危及物体,那么它就不是任何东西,但当它在物体的内部使它的线与其他线相互交织时,它也就不再存在和有价值。人们不能提前预言,应该进行冒险,同时尽可能长时间地延续,不应忽略意义伟大的健康。唯有事件也被铭记在肉体之中,事件的永恒真理才被掌握;但每次我们不得不通过一种反实现来增加这种痛苦的实现,这种反实现限制、戏弄、改观这种实现。应该与自己相伴,首先为了继续活着,但也包括我们的死亡时刻。反实现不是任何东西,当反实现独自运作和要有益于本应发生的事情时,它就是小丑式的反实现。不过成为的确发生的事情的哑剧演员,重复反实现的实现、远距离的认同,就像真正的演员或舞蹈演员那样,就是要给事件的真理提供那不要与其必然的实现相混淆的唯一机会,就是要给裂缝提供它掠过非物体性的表面的场域而未停止在每个物体上的爆裂声的机会,而且给我们提供比我们本认为能够的还要走得更远的机会。在纯粹事件每次都永远被囚禁在它的反实现之中的范围内,反实现解放纯粹事件,其他情况下也一直如此。人们不能放弃的希望是,酒精或毒品的种种效应(它们的"启示")将为了它们自己能够在世界的表面上被复活和被恢复,独立于实体的运用,条件是规定这一运用的社会异化的技巧被转变为革命探索的手段。巴勒斯就这一点写下了一些奇怪段落来证明这种对伟大的**健康**的探索——属于我们自己的虔诚方式:"考虑到人们能通过化学方法获得的一切可以通过其他一些路径达到……"对表面的扫射,以便使身体的刺伤发生转变,哦,致幻剂!

# 悖论系列 23　论艾翁

我们从一开始就认识到对时间的两种解读——对柯罗诺斯的解读与对艾翁的解读——如何相互对立:1.根据柯罗诺斯,只有现在才实存于时间之中。过去、现在和未来不是时间的三个维度;只有现在填满时间,过去和未来在时间中是与现在相关的两个维度。这就是说与某种现在(某种广延与绵延)相关的未来或过去属于更广阔的现在,属于更大的广延或绵延。一直有更广阔的、吸收过去和未来的现在。过去和未来有关现在的相关性因此导致一种彼此相关的现在本身的相关性。神将那对我来说是未来或过去的东西体验为现在,也就是我在更受限制的现在上进行体验。柯罗诺斯是对那些相关的现在的嵌套、缠绕,伴随着作为极端的圆或外部罩子的上帝。在斯多亚学派的启发下,波爱修斯说神圣的现在使未来和过去难于理解或包含着未来和过去。[①]

---

① 波爱修斯著,《哲学的慰藉》(*Consolation de la philosophie*),第 6 篇散文。

2. 在柯罗诺斯中,现在在某种意义上是物体性的。现在是混合物或混合的时间,是混合本身的过程。使缓和(tempérer)、使时间化(temporaliser)就是混合。现在度量着物体或原因的能动。未来和过去,毋宁说是被动在物体中留下的东西。然而,恰好一个物体的被动诉诸一个更有力的物体的能动。因此,最强大的现在,即神圣的现在,是强大的混合物,是物体性原因之间的统一。这一现在度量着一切都在其中同时发生的宇宙期的能动性:宙斯也是帝亚(Dia),即**"穿过的东西"**(l'A-travers),或者是被混合的东西,即**混和者**(Incorporateur)①。最强大的现在因此绝不是不受限制的;现在的职责是划定界限,是物体能动的界限或尺度,即便是物体的最强大部分或所有原因的统一(**宇宙**)。然而,它可以是无限的,却不是不受限制的:它囊括着任何现在,它重新开始,而且它在前一宇宙期之后度量着一个与前宇宙期同一的新宇宙期,在这个意义上,现在是圆的。对于每个现在诉诸一个相对更广阔的现在所经由的相对运动,应该给它加上一种最广阔的现在所特有的绝对运动,后者在深处收缩和膨胀,以便在宇宙期的运作中吸收或恢复它所环

---

① 参见第欧根尼·拉尔修著,《名哲言行录》,第七卷。(关于这一点,中译本参见[古罗马]第欧根尼·拉尔修著,《名哲言行录》,徐开来、溥林译,广西师范大学出版社,2010 年,第 361 页。——译注)

绕(环抱-照耀[embrasser-embraser])的相关的现在。

3. 柯罗诺斯是广阔而深邃的现在的调节运动。但是,他恰好从哪里获得他的尺度?为了现在就这样掌握内在尺度的原则,填满他的诸物体具有足够的统一性、它们的混合物具有足够的正当性和完善性吗?也许这在宇宙性的宙斯的层次上可行。但对随意的物体和每个部分的混合物适用吗?就没有一种有关现在的根本性混乱吗?就是说,难道没有一种颠倒和颠覆任何尺度的基底,一种避开现在的、深度的生成-疯狂吗?而且这某种未被度量的事物只是局部的和部分的,或者,它没有逐渐地蔓延到整个宇宙——由此使其有害的、畸形的混合物和宙斯或柯罗诺斯本身的颠覆到处占据支配地位?斯多亚学派已经没有这种关于世界、信任与怀疑的双重态度来对应两种混合物——随着其展开而保存的白色混合物和发生改变的、混乱的黑色混合物?在马可·奥勒留的《沉思录》中经常回荡着这种抉择:这是好混合物还是坏混合物?这个疑问只有在这样的情况下才找到答案:两个项最终变得无关紧要,同时善(也就是健康)的地位不得不在别处、在另一个方向上、在另一种元素中被探寻——艾翁对柯罗诺斯。①

深度的生成-疯狂因此是一种坏的柯罗诺斯,与好的柯罗诺斯的鲜活的现在互相对立。萨图恩在宙斯的深处低嗥。各种质的纯粹而未被度量的生成从内部威胁着被定性的物体的秩序。物体失去了它们的尺度,且只不过是拟像而已。作为被释放的力量,过去与未来在威胁现在和一切实存物的同一个深渊中进行报复。我们认识到柏拉图在《巴门尼德篇》第二个假设结束时如何表达这种生成:回避现在的强力(因为"是现在的"可能是"存在"[être],而不是生成)。然而,柏拉图补充说"回避现在"是生成不能做的事情(因为它现在生成,而不能跳到"现在"[maintenant]之上)。两种表达是真实的:时间只有现在来表达现在在时间中的内部颠覆,只因为这种颠覆是内部的和深处的。柯罗诺斯还必须根据现在来表达未来和过去对现在的报复,因为这些是他包含的和影响它的独特项。这是他自己想死的方式。因此,还正是一种令人惊恐的、未被度量的现在回避和颠覆另一种现

---

① 马可·奥勒留著,《沉思录》,第 12 卷第 14 点。而且在《沉思录》第 6 卷第 7 点:"上上下下、前后左右都是元素的运动。而德性的运动却不如此:它是一种更神圣的东西,被一种几乎不可见的东西推动,在它自己的道路上愉快地行进。"(中译本参见[古罗马]马可·奥勒留著,《沉思录》,何怀宏译,中央编译出版社,2008 年,第 105 页。——译注)(我们在此重新找到双重否定——对循环的否定和对高级认识的否定。)

在——好的现在。作为物体性的混合物,柯罗诺斯变成了深处的切口。正是在这种意义上,现在的冒险才呈现于柯罗诺斯之中,且根据持久的现在的两个层面——绝对运动与相对运动、整体的现在与部分的现在:相关于深处的他自己,在他爆裂或收缩(精神分裂症的运动)的范围内;相关于他有点儿广阔的外延,根据谵妄性的未来与过去(躁郁症的运动)。柯罗诺斯想死,但这不是已经让位于对时间的另一种解读吗?

1. 根据艾翁,只有过去和未来在时间中坚持存在或继续存在。不是现在吸收过去和未来,而是未来和过去在每个瞬间划分现在,同时在两个方向上无限地将现在再划分为过去和未来。或者毋宁说,正是没有厚度和广延的瞬间才将每个现在再划分为过去和未来,而不是广泛的、有厚度的现在包含着彼此相关的未来和过去。在这种艾翁与那已经在自己的领域中颠倒柯罗诺斯的深度的生成-疯狂之间有什么差异?在这项研究之初,我们能够推进,就好像两者被紧密地延长:它们全都与物体的和被度量的现在相互对立,它们甚至具有回避现在的强力,它们展开(质、量、关系、模态的)相同的矛盾。至多两者之间有定位的变化:与艾翁一起,深度的生成-疯狂升到表面,拟像转而变成幻象,深层的切口呈现为表面的裂缝。但我们得知定位的这一变化、表面的这一征服在每个方面都意味着根本的差异。这几乎是《巴门尼德篇》的第二个假设与第三个假设之间的差异——"现在"(maintenant)的假设与"瞬间"的假设。不再是未来和过去颠覆实存的现在,而是瞬间使现在堕落为持存的未来和过去。根本性的差异不再简单地在柯罗诺斯与艾翁之间,而是在表面的艾翁与柯罗诺斯和深度的生成-疯狂的集合之间。在表面与深度的两种生成之间,人们甚至不再能够说有某种共同的东西——避开现在。因为深度如果避开现在,那正是凭借"现在"(maintenant)的全部力量才把它的发疯似的现在与度量的明智的现在对立起来;而且,如果表面避开现在,那是以"瞬间"的全部强力使它的时刻区别于任何可确定的、划分指向和再次指向的现在。没有任何东西上升到表面却未改变本性。艾翁既不再属于宙斯,也不再属于萨图恩,而是属于赫拉克勒斯。当柯罗诺斯表达物体的能动和物体性的质的创造时,艾翁则是非物体性的事件的场所,是不同于质的属性的场所。当柯罗诺斯无法与那些作为原因和质料来填充它的物体分离,艾翁则充满那些萦绕着它却从未填满它的效应。当柯罗诺斯是受限制的和无限的,艾翁作为未来和过去是无限制的,但作为瞬间则是有限的。当柯罗诺斯与环绕以及这种环绕所遭遇的意外——诸如刹住或抛掷、爆裂、脱位、硬化——不可分离,艾翁则在两个方向上都不受限制的直线上展开。既然艾翁始终是已经过去和永远尚未到来,那么艾翁是时间的永恒真理：时间的纯粹而空洞的形式，它从它现在的、物体性的内容中解放出来，并由此展开它自己的圆，在直线上延长自己，它也许因为这个理由而更加危险重重、更加错综复杂、更加迂回曲折——马可·奥勒留谈及的这另一种运动，它既不上上下下地发生，也不循环地发生，而只有在表面上发生，即"善"的运动……而且，如果这一边也有死亡意愿（vouloir-mourir），那是以完全不同的方式。

2. 正是这个由非物体性效应和表面效应构成的新世界才使语言成为可能。如下所述，因为正是这个新世界使诸声音脱离其物体性的能动和被动的简单状态；正是这个新世界辨别语言，阻止语言与诸物体的音响效果混淆起来，使语言摆脱诸物体的口唇-肛门式的规定。纯粹事件赋予语言以根据，因为它们等待语言就如同它们等候我们，还因为它们只有在表达它们的语言中才具有纯粹的、奇异的、无人称的和前个体的实存。正是被表达者在它的独立性中才赋予语言或表达以根据，就是说声音为了具有意义与从属地意指、表示、指称而不属于作为物理性质的物体而获得的形而上属性。意义的最一般的运作就在于此：正是意义才使表达意义的东西实存，作为纯粹的持存，意义使自身从此实在于表达意义的东西之中。因此，作为表面效应或事件的环境，艾翁的职责是勾勒事物与命题之间的边界：艾翁以它的整条直线勾勒这一边界,如没有这一边界,声音就会不得已选择物体,命题本身不是"可能的"。通过将语言与事物、物体分开并同样与那些言说者分开的边界,语言得以成为可能。因此,我们能够重新抓住表面组织的详细情况,就如同表面被艾翁所规定的那样。

首先,艾翁的整条线被这样的**瞬间**所贯穿,即它不断地在这条线上被移位且一直缺失它自己的位置。柏拉图的确说过瞬间是非拓扑的(atopon),是失去位置的。它是悖论性的层级或随机点、表面的无意义与准因、抽象的纯粹时刻,抽象的作用首先是同时在两种意义上将任何现在在艾翁线上划分与再划分为过去-未来。其次,瞬间由此从现在与占据现在的个体和人称中抽取出来的是奇异性,是两次被投射的奇点,一次被投射到未来,一次被投射到过去,由此在这双方程下形成那些由纯粹事件构成的元素:以释放孢子的囊的方式。但再次,在双重方向上同时展开的直线勾勒物体与语言、事物状态与命题之间的边界。语言或命题体系没有这种使之可能的边界就不会实存。因此,语言不断诞生在它被赋予根据和可以说是被期待的艾翁的未来方向上,尽管语言也必须描述过去,但恰好将过去描述为不断在另一个方向上出现和消失的事物状态的过去。总之,直线现在与它的两个外围部分有关,它把这两个部分分开,但还将彼此连接为两个可展开的系列。直线将它们同时与贯穿它的、瞬间的随机点和在它之中被分布的奇点联系起来。因此有两个始终不平等的、不平衡的方面,一是转向事物状态,一是转向命题。但它们没有被化约为事物状态或命题。事件与事物状态有关,但作为这些状态的逻辑属性,完全不同于它们的物理性质,尽管事件突然发生在它们之上,在它们之中被具身化或被实现。意义与事件是一回事,不过这次它与诸命题有关。而且意义与诸命题有关,是作为它们的可表达者或被表达者,后者完全不同于诸命题所意指的内容、诸命题所表示的内容和诸命题所指称的内容,甚至不同于诸命题的声音性质,尽管声音性质之于事物或物体的独立性只是被事件-意义的这整个组织所确保。因此,整个组织在它的三个抽象时刻从点转向直线、从直线转向表面:勾划线的点,形成边界的线,从两边被展开、被打开的表面。

3. 许多运动以不牢固的、难处理的机制相互交叉:有一种机制,物体、事物状态和混合物在它们的深层中被把握,它们通过这种机制终于产生理想的表面或在这一产生中受挫;相反,有一种机制,通过这种机制,表面的事件在物体的现在中、按照复杂的规则被实现,首先将它们的奇异性囚禁在世界、个体和人称的界限之中;还有一种机制,通过这种机制,事件意味着某种过剩的、与其实现相关的东西,意味着某种变革世界、个体和人称且使它们处于影响和分解它们的基底之深处的东西。因此,现在的概念具有多种意义:未被度量的、脱位的现在,作为深处和颠覆的时间;可变的和被度量的现在,作为实现的时间;也许还有另一种现在。此外,如何有一种可度量的实现?如果第三种现在没有时刻阻止此种实现跌入颠覆之中并阻止与它混淆起来的话。大概艾翁似乎完全不可能有现在,因为瞬间不停地在现在之中划分成未来与过去。但这只是表象而已。事件中过剩的东西理应被实现,尽管它没有毁灭就不能被现实化或被实现。在柯罗诺斯的两种现在之间——颠覆由基底产生的现在与实现在形式中产生的现在,还有第三种现在,应该有与艾翁有关的第三种现在。确实,作为贯穿整条直线的悖论性元素或准因的瞬间本身应该被再现。甚至就是在这一意义上,再现才能在它的边缘处囊括着表达,尽管表达本身具有另一种本性,尽管智者能够"认同"准因,尽管准因本身缺失它自己的同一性。再现瞬间的艾翁的这种现在完全不像柯罗诺斯的广阔的和深邃的现在:它是没有厚度的现在,是演员、舞蹈演员或哑剧演员的现在,是纯粹的、反常的"时刻"。它是纯粹操作的现在,而非混和的现在。它不是颠覆或实现的现在,而是反实现的现在,后者阻止前者颠覆后者,阻止后者与前者混淆起来,而且要重复替身。

# 悖论系列 24　事件的沟通

斯多亚学派思想最大胆的一点便是因果关系的破裂：原因深入地诉诸一种它们所特有的统一，且效应在表面上维持着另一种类型的特别关系。命运首先是物理原因之间的统一或联系；那些非物体性效应显然在它们是这些原因的效应的范围内屈从于命运。但在它们在本性上区别于这些原因的范围内，它们彼此融入准-因果性的关系之中，它们一同融入一种与本身是非物体性的准因的关系之中，这种准因为它们确保一种特别的独立性，后者的确不是关于命运，而是关于那通常应该源自命运的必然性。斯多亚学派的悖论肯定命运，但否定必然性。① 这是因为智者按照伦理学的两极以两种方式获得自由：一次因为他的灵魂可触及完善的物理原因的内部性，另一次因为他的精神玩耍着那些极其特别的、在纯粹外部性的元素中被建立在诸效应之间的关系。似乎物体性原因与内部性的形式不可分离，但非物体性效应与外部性的

---

① 西塞罗的《论命运》的总主题。

形式不可分离。一方面,种种效应-事件的确与它们的物理原因具有因果性的关系,但这种关系并不来自必然性,它来自表达;另一方面,它们之间或它们与它们理想的准因具有一种甚至不再来自因果关系但还来自且只来自表达的关系。

疑问变成:事件之间的这些表达关系是什么?事件之间似乎形成沉默的相容性与不相容性、难以评价的合取与析取的外在关系。一个事件为什么与另一个事件相容或不相容?我们不能使用因果关系,因为这关涉着效应之间的关系。而且,什么在事件的层次上导致命运,什么导致一个事件不管其任何差异而重复另一个事件,什么导致生命不管它身上所发生之事的所有变异性而由一个唯一且相同的**事件**构成,生命被一个唯一且相同的裂缝所贯穿,生命在所有可能的音调上与所有可能的言语一起演奏着一种唯一且相同的旋律,这些都不是因果关系,而是一组非因果性的对应,由此形成回声、反复与共振的系统,形成符号系统,总之形成表达的准因果关系,完全不会形成强迫的因果关系。当克律西波斯要求假设命题向合取命题或析取命题转变时,他的确指出事件按照粗糙的因果关系来表达合取和析取的不可能性。[①]

那么应该诉求于同一性与矛盾吗?两个事件因

---

① 《论命运》,第 8 页。

为相互矛盾而不相容吗?但这不是把那些只对概念、谓项和类别有价值的规则应用于事件吗?甚至就假设命题(如果这是白天,那么天是亮的)来说,斯多亚学派觉察到矛盾不可能在唯一的层次上被确定,但能在本原本身与结果的否定之间被确定(如果这是白天,那么天是亮的)。如前所述,矛盾中的这种层次差异致使矛盾一直是由不同本性的过程引起的。事件不像概念:正是事件被假定的(在概念中被展示的)矛盾是由事件的不相容引起的,反之则不然。例如,有人说一种蝴蝶不可能同时是灰色的和强壮的:有时代表们是灰色的和虚弱的,有时是强壮的和黑色的。[①]我们总是能确定一种因果性的物理机制来解释这种不相容性,例如谓项 gris(灰色的)所依赖的但会软化、弱化相应类别的激素。而且,我们能从这种因果条件断定一种在灰色的存在与强壮的存在之间的逻辑矛盾。但如果我们区分纯粹事件,那么我们就看到变灰与变黑是同样肯定的:变灰表达着安全性的增加(隐藏自身、与树干混淆起来),而变黑表达着活力的增加(使活力增加[invigorer])。在这两种规定性(其中每一种都拥有自己的优势)之间,首先有一种初级的、事件的不相容性的关系,物理因果关系只会使不

---

① 参见乔治·康吉莱姆著,《正常与病态》,法国大学出版社,第90页。

相容性次级地铭记到物体的深处,逻辑矛盾只会将不相容性随后转译成概念的内容。总之,从理念的或意向相关项的准因的角度来看,事件之间的关系首先表达非因果性的对应、非逻辑的相容性或不相容性。斯多亚学派的力量便是致力于这一路径:事件按照什么标准是结合(copulata)、相容性(confatalia,或不相容性[inconfatalia])、合取(conjuncta)或析取(disjuncta)? 即便如此,星相学也许还是第一次重要尝试,以便确定一种有关这些非逻辑的不相容性和这些非因果性的对应的理论。

然而,根据一些留给我们的、残缺的和令人失望的片段,斯多亚学派似乎的确未能避免回到简单的物理因果关系或逻辑矛盾的双重诱惑。第一位讨论非逻辑的不相容性的理论家,并因此是第一位讨论事件的重要理论家,就是莱布尼茨。因为被他称作共可能的东西和不共可能的东西不会被简化为只决定可能与不可能的同一物和矛盾物。共可能性甚至不会假设谓项在一个个体主体或单子中的固有性。反之亦然,且只有那些与首先是共可能的事件相对应的谓项才被规定为固有的谓项(罪人亚当的单子只有以谓项的形式才会包含与亚当的罪孽共可能的、未来的和过去的事件)。因此,莱布尼茨强烈意识到事件之于谓项的先前性和原创性。共可能性应该以原创的方式在前个体的层次上被确定,通过事件的奇异性在寻常线上展开时所形成的系列的收敛。不共可能性应该被这样一些系列的发散所确定：之所以与我们所知道的不一样的另一个塞克斯图斯与我们的世界是不共可能的，乃因为他回应了这样一种奇异性，它的系列与我们世界的系列一起发散，而我们世界的系列围绕着我们所知道的亚当、犹大、耶稣、莱布尼茨等人被获得。当围绕着它们的奇异性组织起来的诸系列彼此在所有的方向上延伸时，两个事件是共可能的；当诸系列在组合的奇异性的邻域中发散时，两个事件是不共可能的。收敛与发散是完全原创的关系，这些关系覆盖着非逻辑的共可能性与不共可能性的丰富领域，并由此形成意义理论的一个基本组成成分。

但不相容性的这种规则，莱布尼茨使用它是为了使事件相互排斥：他否定性地使用发散或析取，或排斥。不过，这只有在事件已经在对一个算计、挑选的上帝的假设下、从事件在有区别的世界或个体中实现的角度被把握的范围内才是有根据的。如果我们考虑纯粹事件以及莱布尼茨受神学要求所阻而不能掌握其原理的理想游戏，那也完全不再是有根据的。因为，从这一别样的视角来看，系列的发散或膜的析取（*membra disjuncta*）不再是排斥的否定性规则，根据这些规则，事件是不共可能的、不相容的。发散、析取反而就被这样肯定。但作为肯定对象的发散或析取是什么意思？按照一般规则，两种东西只有在它们的

202 差异从内部被否定、被消除的范围内才会同时被肯定,即便这种取消的层次与差异的消失一样被认为规定着差异的产生。当然,同一性在此并不是冷漠的同一性,但正是一般经由同一性,对立物才同时被肯定,要么人们深挖对立物中的一个以便从中找到另一个,要么人们建立两者的综合。我们反而谈论这样一种运作,两种事物或两种规定性根据这种运作经由它们的差异被肯定,即它们只有就它们的差异本身被肯定、本身是肯定的范围内才是同时肯定的对象。问题完全不再在于对立物的同一性,就这样还与否定和排斥的运动不可分离。① 问题在于差异物之间的实证性间距:不再是使两个对立物相同,而是将它们之间的间距肯定为那将它们作为"差异物"彼此关联的东西。作为间距的实证性间距(而不是被取消的或被超越的间距)的理念在我们看来是必不可少的,因为它能以对立物之间的有限差异来度量对立物,而不是以一种未被度量的对立来使差异相等,而且以一种本身无限的同一性来度量对立。这不是应该"一直发展到"矛盾的差异,正如黑格尔在他满足否定物的意愿中所思考的那样,正是矛盾在循着与矛盾相对应的间距时才应该揭示它的差异的本性。实证性间距的理

---

① 关于排斥和驱逐的作用,参见黑格尔《逻辑学》中的论"矛盾"一章。

念是拓扑的、表面的,且排除以同一性重现否定物的任何深度或任何高度。尼采以这样一种方法举了个例子,它无论如何都不应该与对立物的未知的同一性相混淆(像唯灵论和痛苦有益论的哲学的奶油蛋挞一样)。尼采勉励我们体验健康和疾病,以至于健康是一种有关疾病的生命视角,且疾病是一种有关健康的生命视角。使疾病作为一种对健康的探索,使健康作为一种对疾病的调查研究:"从病人的透镜出发去看比较健康的概念和价值,又反过来根据丰富生命的充盈和自信来探视颓废本能的隐秘工作——这乃是我最长久的训练,是我最本真的经验,如果说是某个方面的训练和经验,那我在这方面就是大师了。我已经胜券在握,我有能力转换视角……"①。人们没有辨别对立物,人们肯定对立物的任何间距,但将其作为将对立物彼此关联的东西。健康在制造出一个肯定着它与疾病的间距的对象时肯定着疾病。间距竭力肯定着它与之拉开距离的东西。使健康成为一种对疾病的评估,并使疾病成为一种对健康的评估的这种方法,这不就是**伟大的健康**(或快乐的知识)吗?这是允许尼采在他生病的那一刻体验高级健康的东西。

---

① 尼采,《瞧,这个人》,Vialatte 译,巴黎:伽利玛出版社,第20页。(中译本参见[德]尼采著,《瞧,这个人》,孙周兴译,商务印书馆,2016年,第12页。——译注)

相反,不是尼采在他生病时失去健康,而是在他不再能肯定间距时,在他不再能通过他的健康来使疾病成为一种有关健康的视角时,他失去健康(那么正如斯多亚学派所说的那样,角色终止了,剧本结束了)。视角并不意指理论判断。"方法"是生命本身。我们已经从莱布尼茨得知不存在关于物的视角,但物、存在物是视角。不过,他使视角服从排斥规则,以致每个视角只有在它们收敛的范围内才向其他一些视角敞开:关于同一座城市的不同视角。反之,视角由于尼采的观念而向着它所肯定的发散敞开:正是另一座城市符合每个视角,每个视角是另一座城市,因为各个城市只有通过它们的间距才被连接起来,且它们只有通过它们的系列、它们的房屋、它们的街道的发散才引起反响。且在城市中总是有另一座城市。每个项按照整个间距变成一直通到另一个项的尽头的方法。尼采的透视(透视主义)是一种比莱布尼茨的视角更有深度的技艺;因为发散不再是一种排斥原理,析取不再是一种分离方法,不共可能的东西现在是一种沟通方法。

不是析取被简化为简单的合取。三种综合被区分:对单一系列的建构有影响的连接综合(如果……那么……[si…, alors]);合取综合(与[et]),作为收敛系列的建构的方法;分布发散系列的析取综合(或者[ou bien])。连接、合取、析取。但恰好整个疑问是弄明白析取在什么条件下是一种综合而不是一种分析方法,此方法满足于按照其概念的同一性来排除事物的谓项(析取否定性的、限制性的或排斥性的使用)。只要由析取所规定的发散或去中心变成了肯定对象本身,答案就会被提供。析取完全不会简化为合取。析取之所以仍然是一种析取,乃因为它对这样的发散产生且继续产生影响。但这种发散被肯定,以致于或者本身变成纯粹的肯定。一定数量的谓项并不按照物的概念的同一性从物中被排除出去,每种"物"都向着它所经由的谓项的无限敞开自身,与此同时它失去它的中心,即它作为概念或自我的同一性。[①] 事件的沟通取代谓项的排除。如前所述,什么是这种肯定的综合性析取的方法:它是由悖论性层级的设立构成的,即具有两副不成对的面孔的随机点,后者贯穿那些作为发散的发散系列,并使它们通过它们的间距、在它们的间距中引起共振。因此,收敛的理念中心在本性上永远是去中心的,它不过是用于肯定发散。这就是为什么一条秘传的、偏离中心的路径似乎已向我们敞开,它完全不同于寻常路径。因为析取通常严格来说不是综合,而只是一种服务于合取综合的可调节的分析,因为析取使未收敛的系列相互分离;且每种

---

[①] 关于析取在改变原理时在其中变成一种肯定性综合的诸条件,参见附录 3。

合取综合本身轮流倾向于服从于连接综合,因为它在连续性的条件下使收敛系列彼此延长时组织着它所影响的这些收敛系列。不过,秘传词的整个意义使这一路径折返:变成综合的析取到处引起它的分岔,以致于合取已经总体上协调异质的和歧异的发散系列,以致于连接具体而言已经在单一系列的连续显像中收缩许多发散系列。

这是一个区分深度的生成与表面的艾翁的新理由。因为这两者乍一看似乎在作为对立物之同一性的无限同一性的内部消除每个事物的同一性;从量、质、关系、模态的所有视角来看,对立物似乎在表面上与在深度中一样被连接起来,且似乎具有同一种意义,同样也具有同一种亚意义。但一切东西一再随着上升到表面而改变本性。而且应该区分个人同一性丧失的两种方式、矛盾得以展开的两种方式。在深度中,正是通过无限的同一性,对立物才进行沟通,每个对立物的同一性才被打碎、被分裂;每个项因而同时是片刻与整体,是部分、关系与整体,是自我、世界与上帝,是主项、系词与谓项。但在只有不定式的事件得以展开的表面上,情况才会截然不同:每个事件通过其间距的实证特点、通过析取的肯定特点与另一个事件进行沟通,因而自我混同于这种在自我之外解放的、将作为同样多无人称的和前个体的奇异性的分散系列置于自我之外的析取本身。这已经是反实现:不定式的间距,而非无限的同一性。一切发生都经由歧异物的共振、关于视角的视角、透视的移位、差异的分化,而不是经由对立物的同一性。确实,自我的形式通常确保系列的连接,世界的形式通常确保可延长的和连续的系列的收敛,上帝的形式正如康德清楚研究的那样确保那在其排斥性的或限制性的应用中被掌握的析取。但当析取触及赋予它一种本身就综合和肯定的价值的本原时,世界和上帝经历着一种共同的死亡,为了这样一些发散系列的利益,它们现在超出任何排除、任何合取、任何连接。克罗索夫斯基的力量就是指出了三种形式如何具有它们被连接起来的机缘,不是通过辩证法的转换与对立物的同一,而是通过事物表面所共有的消散。如果自我相关于命题是展示的本原,那么世界是指称的本原,上帝是意指的本原。但作为事件被表达的意义则具有一种截然不同的本性,它就像来自总是被移位的悖论性层级一样来自无意义,来自永远去中心的、离心的中心,它是纯粹符号,而纯粹符号的一致性仅仅但又极度排斥自我的一致性、世界的一致性与上帝的一致性。[①] 贯穿

---

① 参见附录 3。克罗索夫斯基谈及"这种思想如此完美一致,以至于它在我思考它的那一瞬间将我排除"(《相同之永恒回归的亲身体验中的遗忘与回想》[Oubli et anamnèse dans l'expérience vécue de l'éternel retour du Même],载《尼采》[Nietzsche],华幽梦研讨会文集,子夜出版社,1967年,第234页。亦参见)(转下页)

这样的发散物的表面的这种准因、这种无意义,通过奇异性流传的、将奇异性作为前个体的和无人称的奇异性发射的这个随机点,不会允许上帝继续存在,不会容忍作为原始个体性的上帝继续存在,也不会容忍作为**人称**的自我继续存在,还不会容忍作为自我元素和上帝产物的世界继续存在。一些被肯定的系列的发散形成"混沌界"(chaosmos),而不再形成世界;贯穿那些被肯定的系列的随机点形成反-自我,而不再形成自我;被设定为综合的析取以他的神学原则换取恶魔原则。这种去中心的中心,正是它才在系列之间并为所有的析取勾勒艾翁的冷酷直线,即自我、世界和上帝的遗骸在其中被排成行的间距:世界的大峡谷、自我的裂缝、上帝的肢解。因此,直线上有一种作为博尔赫斯谈及过的最可怕迷宫的永恒回归,它截然不同于柯罗诺斯的圆形的或单中心的回归:永恒回归,它不再是个体、人称和世界的永恒回归,而是纯粹事件的永恒回归,在线上被移位的瞬间不断地把纯粹事件划分成已经过去的和尚未到来的。只有**事件**继

---

(接上页)《好客的法则》的后记。克罗索夫斯基在这些文章中详述了一种有关符号、意义和无意义的理论和一种对尼采的永恒回归的深刻的、原创性的解释,尼采的永恒回归被构想为肯定发散和析取的离心力量,不会让自我的同一性、世界的同一性或上帝的同一性继续存在。

续存在,即唯一**事件**、对所有对立物而言的唯一**事件**(Eventum tantum),它通过它自己的间距与自身进行沟通,同时通过它所有的析取产生共振。

# 悖论系列 25　单义性

我们的问题似乎在探索过程中发生了完全改变。我们追问什么是事件之间的非逻辑的相容性与不相容性的本质。在发散被肯定、析取变成实证综合的范围内,甚至对立的所有事件似乎在它们之间都是相容的,它们似乎"相互表达"(s'entre'expriment)。不相容只会与事件在其中被实现的个体、人称和世界一起才产生,但不是产生在事件本身之间或它们非宇宙的、无人称的与前个体的奇异性之间。不相容不是在两个事件之间,而是在一个事件与将另一个作为发散的事件去实现的世界或个体之间。在这一点上,有某种东西并未任凭自身简化为一种介于谓项之间的逻辑矛盾,然而它是一种不相容性,不过是一种非逻辑的不相容性,就如莱布尼茨的原创性标准应该被应用其上的"幽默的"(d'humeur)不相容性。正如我们在人称与个体的差异中界定过的那样,人称想以反讽方式戏弄这样一些不相容性,正是因为它们是非逻辑的。而且,我们以另一种方式认识到混合词如何从词汇的角度表达所有相容的、分叉的和在混合词之间产生共振的意义,但也认识到混合词如何融入与这样或那样的综合形式的不相容性。

　　问题因此是懂得个体如何能越过它的形式和它与世界的句法联系来触及事件的普遍沟通,就是说不仅在逻辑矛盾之外而且甚至在不合逻辑的不相容性之外触及对析取综合的肯定。个体应该将自身把握为事件。而且,个体的确也将在他身上被实现的事件把握为另一个被嫁接到他之上的个体。因此,这个事件不包含个体,不期望个体,不再现个体,却也不包含和期望作为个体的所有其他事件,不再现作为事件的所有其他个体。每个个体可能像一面用来凝缩奇异性的镜子一样,每个世界可能像在镜子中的间距一样。这是反实现的最终意义。但这更是尼采对作为偶然情况(cas fortuit)的个体的发现,正如这一发现被克罗索夫斯基在一种与永恒回归的本质性关系中复述和恢复的那样:由此,"只要个体只是寻找他自己的中心,没有看见他自己所属的圆,令个体不安的剧烈振动就会令个体烦乱不安,因为这些振动如果让个体烦乱不安,那么这是因为每次振动都回应着一种个体性,后者区别于个体从难以寻觅的中心的角度所认为的个体性;由此,同一性本质上是偶然的,个体性的系列应该被每种个体性所贯穿,以便此系列或此同一性的偶然性使得所有个体性成为必然。"[①]我们不会将相反的各种质提升到无限境地来肯定它们的同一性;我们将每个事件提升到永恒回归的强力,以便从所发生之事中诞生的个体肯定其与任何其他事件之间的间距,而且一旦肯定了这种间距,个体就会跟随它、适合它,同时经历所有被其他事件牵涉的其他个体,并从中提取一个再次只是自身或普遍自由的唯一**事件**。永恒回归不是一种有关各种质及其循环转换的理论,而是一种有关纯粹事件及其线性的或表面的凝缩的理论。因此,永恒回归保持一种选择性意义,并继续与一种不相容性保持联系,确切地说是永恒回归以阻止其构成和运行的形式呈现的不相容性。通过使每个事件反-实现,舞蹈演员-演员提取出纯粹事件,后者与所有其他事件沟通,并通过所有其他事件、与所有其他事件一起返回自身。他把析取变成一种肯定析取物本身和使每个系列在另一个系列中产生共振的综合,同时每个系列回到自身,因为另一个系列回到它自身,而且当另一个系列回到自身中时,每个系列就会回到自身之外:探索所有的间距,但保持在同一条线上,而且为了留在同一个位置上而飞速奔跑。灰蝴蝶理解"隐藏"这一事件,以致于它仍留在同

---

① 克罗索夫斯基,《尼采的都灵时期》(Le Période turinoise de Nietzsche),《蜉蝣》(*L'Ephémère*),第 5 期。

一个位置上,紧贴着树干,它与黑蝴蝶的"鼓舞"一起跨越整个间距,并使另一个事件作为个体产生共振,但在它自己的、作为事件、作为偶然情况的个体之中。我的爱好便是一种对间距的探索,是一段漫长的行程,后者在另一个世界之中和在另一个个体身上肯定着我对朋友的怨恨,并使分岔的和分支的系列在彼此之中产生共振——幽默的解决办法,不同于仍被奠基于对立物的同一性之上的人称的浪漫主义反讽。"您来到这里,但是某一个可能的过去,您是我的敌人,在另一个过去的时期,您又是我的朋友……时间永远分岔,通向无数的将来。在将来的某个时刻,我可以成为您的敌人……将来已经是眼前的事实……不过我是您的朋友……他背朝着我。我已经握好手枪。我特别小心地扣下扳机"[①]。

哲学混淆于本体论,但本体论混淆于存在的单义性(类比一直是一种神学的而非哲学的幻觉,后者适应于上帝、世界与自我的形式)。存在的单义性并不意味着有一种唯一且相同的存在;相反存在者是多重的、有差异的,总是被析取综合所产生,它们本身是析取的、发散的,即析取的成分(*membra disjoncta*)。存

---

[①] 博尔赫斯著,《虚构集》,伽利玛出版社,第 130—133 页。(中译本参见[阿根廷]博尔赫斯著,《博尔赫斯全集》[小说卷],王永年、陈泉译,杭州:浙江文艺出版社,1999 年,第 130—134 页。——译注)

在的单义性意味着存在是**声音**（Voix），存在被述说，并且以存在被述说的一切的一种唯一且相同的"意义"被述说。存在被述说的东西根本不是同一的。但存在对于存在被述说的一切而言是同一的。因此，对于发生在最多样的事物上的一切而言，存在作为唯一事件而发生；对于所有事件而言，存在作为**唯一事件**（Eventum tantum）而发生；对于所有形式而言，存在作为极端形式而发生，所有形式在极端形式中仍是析取的，但会使它们的析取产生回响和发生分叉。存在的单义性混淆于析取综合（最高的肯定）的实证应用：永恒回归本身或者——正如我们就理想游戏所认识到的那样——一次性地对偶然的肯定、针对所有投掷而言的唯一投掷行为、针对所有形式与所有次而言的唯一**存在**、对于实存着的一切而言的唯一持存、对于所有生物而言的唯一幽灵、对于任何喧哗与每一滴海水而言的唯一声音。错误可能是在存在与存在被述说的东西的伪-单义性一起被述说的范围内混淆存在的单义性。但是，与此同时，如果**存在**没有发生就不会被述说，如果存在是所有事件在其中沟通的唯一事件，那么单义性则同时诉诸所发生之事和所述说之物。单义性意味着正是同一事物才发生和被述说：所有物体或事物状态的可归属物与所有命题的可表达者。单义性意味着意向相关物的属性与语言的被表达者的同一：事件与意义。因此，单义性不会任由存在继续存在于存在在类比的视角下所具有的模糊状态。单义性提升、抽取存在,以便更好地将存在区别于存在得以发生的事物与存在被用来述说的事物。单义性使存在摆脱存在者,以便一次性地将存在与存在者联系起来,以便每次都把存在抑制在存在者上。作为纯粹言说与纯粹事件,单义性将语言的内部表面(持存)与存在的外部表面(超-存在)联系起来。单义的存在持续于语言之中,突然发生在事物上;它与存在的外部关系一起度量着语言的内部关系。既然单义的存在既不是能动的也不是被动的,那么它是中性的。它本身就是超-存在,即实在、可能与不可能所共有的存在的最小值。作为所有事件归一的虚空中的位置、所有意义归一的无意义之中的表达,单义的存在是艾翁的纯粹形式,是将事物与命题联系起来的外部性形式。[1] 总之,存在的单义性具有三种规定性:对于所有事件而言的唯一事件,对于所发生之事和所述说之物而言的唯一且相同的某物,对于不可能、可能与实在而言的唯一且相同的存在。

---

[1] 关于"虚空时间"在事件构思中的重要性,参见格罗图伊森(B. Groethuysen),《论时间的某些方面》(De quelques aspects du temp,《哲学研究》第 5 卷,1935—1936 年):"可以说任何事件都处于什么都没发生的事件中",而且通过所发生的一切,存在着虚空时间的持久性。乔·布斯凯《国都》一书的深刻兴趣就已经根据存在的单义性、基于邓·司各脱的沉思来提出语言问题。

## 悖论系列26　语言

　　正是事件使语言成为可能。但"使……成为可能"并不意味着促使开始。人们总是在言语的秩序中开始,但不是在语言的秩序中开始,一切在语言的秩序中同时地、一下子被给予。总是有某个人开始说话,说话的某个人是表示者,人们说的是被指称物,人们说出的是意指。事件并不如此:它不会比它被谈论的更多,也不会比它被述说的更多。然而,事件就这样适宜于语言,它萦绕着语言,以致于它并不实存于表达它的诸命题之外。但它不会混淆于诸命题,被表达者不会混淆于表达。事件并不先于语言而实存,但它先在语言中坚持存在,由此给语言提供根据与条件。使语言成为可能意味着如下这一点:声音不会混淆于事物的音质、物体的音响效果、它们的能动和被动。使语言成为可能的东西,是将声音与物体分开并将声音变成命题、使声音为了表达功能变得自由的东西。这一直是说话的嘴,但声音不再是一具吃饭的身体的噪音——纯粹的口欲性,以便变成一个自我表达的主体的表示。这一直是被谈论的身体及其混合物,但声音已经不再是与这些身体临近的质,以便与这些身体一起融入一种新关系(指称关系)和表达言说与被言说的这种权力。不过,指称与表示并不会赋予语言以根据,但它们只有与语言一起才会被变得可能。它们须以表达为条件。表达建立在作为表达者的实体或被表达者的实体的事件之上。使语言成为可能的是事件,只要事件既不混淆于表达它的命题,也不混淆于说出命题的那个人的状态,还不混淆于被命题指称的事物状态。而且,所有这一切确实都只是无事件的噪音和不易区别的噪音。因为事件不仅成为可能并使它使之成为可能的东西分离,而且在它使之成为可能的东西之中进行区别(参见在指称、表示和意指的命题中的三重区别)。

事件如何使语言成为可能?我们已经认识到什么是事件的本质,即纯粹的表面效应、无动于衷的非物体。事件产生于物体,产生于物体的混合物,产生于物体的能动与被动。但事件在本性上区别于它所由之产生的东西。因此,事件归因于物体、事物状态,但并不完全作为一种物理性质:只是作为一种极其特别的、辩证的或者毋宁说是意向相关项的、非物体性的属性。这种属性并不实存于表达它的命题之外。但它在本性上区别于它的表达。因此,它实存于命题之中,但并不完全作为物体或质的名称,也不完全作为主项或谓项:只作为被包含在动词之中的命题的表达者或被表达者。正是同样的实体才是突然出现在事物状态之中的事件和持存于命题之中的意义。从此,在非物体性事件得以建构并建构表面的范围内,它使它的双重指涉的各个项上升至这种表面:它作为意向相关项的属性所诉诸的物体,它作为表达者所诉诸的命题。而且,它将这些项组织成它分离的两个系列,因为正是通过这种分离并在这种分离中,它本身区别于产生它的物体与它使之可能的命题。事物与命题(吃-说)之间的这种分离、这种边界-线也的确进入"使之可能"之中,就是说进入命题本身之中,经过名词与动词之间,或者毋宁说是经过指称与表达之间,因为指称总是诉诸物体或按理说诉诸可消耗的物品,表达诉诸可表达的意义。但边界-线如果没有最终表达它所分离的东西,那么它就不会在表面上引起系列的这种分离,因为它在两边都由一种唯一且相同的、非物体性的潜能进行操作,一边被界定为是突然发生在事物状态之中,另一边被界定为是持存于命题之中。(这就是为什么语言本身只有一种力量,尽管它有几种维度)。边界-线因此使发散的系列收敛,但这样它就不会消除也不会修改它们的发散。因为边界-线使发散的系列不是在本身之中收敛(这是不可能的),而是围绕着悖论性元素收敛,悖论性元素即贯穿线或通过系列循环的点,即只为了本身进行发散的东西而建构收敛圆的、总是被移位的中心(肯定析取的力量)。这种元素、这个点是表面效应所关联的准因,只要它们在本性上区别于它们的物体性原因。正是这个点在语言中被多种类型的秘传词所表达,同时确保各系列的分离、协调与分岔。因此,语言的整个组织呈现出三种形态——形而上的或先验的表面,非物体性的、抽象的线与去中心的点:表面效应或事件;在表面上是内在于事件的意义线;在线上是无意义的点,即与意义共现的表面的无意义。

古代两个重要的思想体系——伊壁鸠鲁主义与斯多亚主义——已经尝试着在事物之中确定使语言成为可能的东西。但它们以截然不同的方式处理语言。因为,不仅为了确立自由,而且为了确立语言及其用法,伊壁鸠鲁学派建立了一个基于原子的偏斜的模型,斯多亚学派反而建立了一个基于事件的结合的模型。因此,不必惊讶的是,伊壁鸠鲁学派的模型优先考虑名词与形容词,因为名词就像由其偏斜构成的原子或语言素材一样,形容词就像这些复合词的各种质一样。但斯多亚学派的模型基于那些"更加傲慢的"词来理解语言:动词与动词变位,根据非物体性事件之间的联系。疑问是要懂得什么在语言中是首要的(名词还是动词),这个疑问根据"太初有行"的一般格言、在人们把动词变成初始行动的再现者并把词根变成动词初始状态的范围内是不能被解决的。因为,的确不是动词再现行为;动词表达事件,即完全差异的东西。而且,语言不再从初始的词根被展开;语言围绕着那些规定其整体的形式元素组织起来。但语言如果并不按照外部时间的相继来逐渐被形成,那么人们将不会就此相信它的总体性是同质的。的确,"音素"确保任何语言区别在"词素"或"义素"中是可能的,但反而是意指的和形态的统一才在语音区别中规定了一种被考虑的语言(langue)相关的那些区别。整体因此不能被一种简单的运动所描述,而是被一种有关往返、语言的作用与反作用的运动所描述,后者再现着命题的循环论证。[1] 而且,如果语音作用形成语言的开放空间,那么语义的反作用就形成一种外部时间,空间如无这种外部时间就不可能按照这样或那样的语言(langue)被规定。不过,不考虑各元素、仅仅从运动的角度,名词与其性数格变化体现着作用,而动词与其变位则体现着反作用。动词不是一种有关外部行为的影像,而是一种有关语言内部的反作用的过程。这就是为什么动词在其最一般的观念中包含着语言(langue)的内在时间性。正是动词在将意

---

[1] 关于回归或反作用的这个过程与其所蕴含的内在时间性,参见古斯塔夫·纪尧姆(Guastave Guillaume)的著作(与 E. Ortigues 在《话语与象征》[*Le Discours et le symbole*, Aubier, 1962]中所做的分析)。纪尧姆在《法语动词变位系统中的时期与时态层次》(Epoques et niveaux temporels dans le système de la conjugaison française)得出一种有关不定式的原创性构思,载《结构语言学手册》(*Cahiers de linguistique structurale*),第 4 期,拉瓦勒大学。

指重新引向指称、将义素重新引向音素时建构了命题的圆环。但是,人们也从动词推论出这种圆环隐藏或盘绕的东西,这种圆环一旦在直线上被劈开与被展开、被展示、被铺开就显示出来的东西:作为命题的被表达者的意义或事件。

动词具有两个极:一是现在时,它根据相继的物理时间来标出它与可指称的事物状态之间的关系;一是不定式,它根据它所包含的内在时间来标出它与意义或事件之间的关系。整个动词摇摆在下述两者之间:一是一旦从整个命题被展开就再现圆的不定式的"样式",一是反而将这种圆封闭在命题的被指称物之上的现在的"时态"。在这两者之间,动词按照指称、表示与意指的关系来使它的所有变位发生弯曲。纯粹的不定式是艾翁、直线、空洞形式或间距;它绝不包含时刻的差别,但不再在过去与未来同时发生的双重方向中从形式上被分开。不定式并不蕴含语言(langue)内部的、却不表达意义或事件的时间,即语言(langue)所提出的问题集合。不定式使语言的内部性与存在的外部性建立关系。因此,不定式承继事件之间的沟通;而且,单义性被从存在转为语言,从存在的外部性转为语言的内部性。歧义性(équivocité)一直是名词的歧义性。在未被规定的、无人称的、无现在时的、无声音多样性的不定式的形式下,**动词**是语言的单义性。因此,动词是诗歌本身。因为不定式动词在语言中将所有事件都表达成一个事件,所以它表达语言的事件,即语言本身可以说是目前与那使语言成为可能的东西混淆起来的唯一事件。

# 悖论系列 27　口欲性

　　区分语言的东西使得语言成为可能。将声音与物体分开的东西把声音变成语言的元素。将说与吃分开的东西使言语成为可能,将命题与事物分开的东西使命题成为可能。使之成为可能的是表面与表面上发生的事情:作为被表达者的事件。被表达者使表达成为可能。但我们从此面对着一项最后的任务:对解放声音并使声音独立于物体的历史进行叙述。问题不再是一种静态发生,后者在事物状态中从假定的事件走向它的实现并在命题中走向它的表达。问题在于一种动态发生,后者直接从事物状态到事件、从混合物到纯粹线、从深度到表面生产,且不应该牵涉其他的发生。因为,从另一种发生来看,我们理应把吃与说设定为两个已经在表面上分离的、被事件分离与表达的系列,而事件产生于其中的一个系列并作为意向相关项的属性与之联系起来,而且事件使另一个系列成为可能并作为可表达的意义与之联系起来。但说如何确实摆脱吃,或者表面本身如何被生产出来,非物体性事件如何产生于物体状态,这都是完全不同的问题。当人们说声音变得独立时,人们的意思是声音不再是一种与物体、噪音或叫声临近的特殊质,以便现在指称各种质、表示物体、意指主项与谓项。的确,声音在指称中具有约定俗成的涵义(valeur)——在表示中具有惯常的涵义、在意指中具有人为的涵义——只因为声音在更高层级的表面上获得独立:表达性。无论从哪个方面看,深度与表面的区别相关于自然与约定、自然与习惯、自然与诡计之间的区别是首要的。

不过,深度的历史始于最可怖的东西:恐怖剧场,梅兰妮·克莱因将其变成难以忘怀的画面,而且在恐怖剧场中婴儿从人生初年开始就同时是舞台、演员与惨剧(drame)。口欲性、嘴与乳房首先是无基底的深度。乳房与母亲的整个身体不仅被分裂成好对象与坏对象,而且侵略性地被掏空、被撕裂,被变成碎屑、食物碎块。这些部分对象在婴儿身体中的内摄(introjection)伴随着对这些内在对象的侵略性的投射(projection),并且伴随着这些对象在母亲身体中的再-投射:因此,被内摄的碎块也像那些有害的和惹人讨厌的、爆炸性的和有毒的实体一样,这些实体从内部威胁婴儿的身体并不断在母亲的身体中被重构。因此便有了持续的再-内摄的必要性。内摄与投射的整个系统是身体在深度之中、通过深度进行的沟通。而且,口欲性自然延伸进同类相食与肛欲性之中,部分对象在其中是那些能够使母亲的身体与婴儿的身体一样跳跃的排泄物,因为一方的碎块总是另一方的迫害者,而且迫害者总是在这种可憎的、建构婴儿的**被动**的混合物中被迫害。在嘴-肛门或食物-粪便的这个系统中,身体炸裂普遍的污秽处,并使之炸裂。①有关内摄的与投射的、食物的与粪便的、内在的部分对象的这个世界,我们将之称为拟像的世界。梅兰妮·克莱因将其描述为婴儿的偏执-分裂位态(position paranoïde-schizoïde)。继之而来的是一种标记双重过程的抑郁位态(position dépressive),因为孩子努力以好的样式重构一个完整的对象,并自身努力认同这个好对象,由此获得一种相应的身份,即便他在这出新戏剧中不得不分享威胁与痛苦、好对象所经受的所有迷恋。抑郁性"认同"与他对超我的确认和他的自我形成一起在此接替偏执的和分裂的"内摄-投射"。一切最终为了进入一种被俄狄浦斯情结经由新危险所标示的性位态,力比多冲动在其中往往摆脱破坏性的冲动,并通过"象征化"来投注越来越组织化的对象、兴趣与活动。

我们就克莱因图式的某些细节提出的评论只是

---

① 参见梅兰妮·克莱因的《儿童精神分析》(*La Psychanalyse des enfants*,1932 年,Boulanger 译,法国大学出版社):例如第 159 页极其精彩的描述。

以点明"定位"为目标。因为关于位态的整个主题的确按照可变的或旋转的坐标与维度牵连着心理生命的观念与这种生命的基本点、组织的定位的观念,即活跃维度的整个地理学、整个几何学。首先,似乎偏执-分裂位态混淆于口-肛门的深度(无基底的深度)的展开。一切都从深渊开始。但在这一点上,在充斥着深度的部分对象与碎块的这个领域中,我们不能确信的是"好对象"(好乳房)是否与坏对象一样能被视作是内摄的。梅兰妮·克莱因本人指出在内摄中以好坏对对象进行的划分夹带着好对象都无法抵制的分割,既然人们从不确信好对象并不隐藏坏碎块。不仅如此,所有一切是碎块的东西原则上都是坏的(即迫害与迫害者);只有有益健康的东西、完整的东西才是好的;但正好内摄并不使有益健康的东西继续存在。① 这就是为什么一方面是分裂位态特有的平衡,另一方面是它与最终的抑郁位态的关系,两者似乎都不能产生于好的对象本身的内摄,而且它们应该被修正。分裂位态与内摄的和投射的、有毒的和粪便的、口的和肛门的、坏的部分对象相对立的,不是一个甚

---

① 参见梅兰妮·克莱因在这一意义上的评论与她对费尔贝恩(W. Fairbairn)的主题的参考,按照这个主题,"起初只有坏对象才被内化"(但梅兰妮·克莱因拒绝这个主题):《精神分析的发展》(*Développements de la psychanalyse*),1952 年,Baranger 译,法国大学出版社,第 277—279 页。

至是部分的好对象,毋宁说是无部分的有机体,是无器官身体,它没有嘴与肛门,放弃任何内摄或投射,并以这种代价实现完整。正是在这一点上**本我**与自我的张力才得以形成。被对立起来的是两种深度,一是空陷的深度,碎块在其中旋转、爆炸,一种是完满的深度——两种混合物,其中一种混合物是由坚硬的、固态的碎片构成,它会发生改变;另一种混合物是液态的、流动的和完善的,既没有部分也不会改变,因为它具有融化和接合的属性(血块中的所有骨头)。在这个意义上,似乎尿道的主题未被置于与肛门的主题一样的平面上;因为粪便如果一直是器官与碎块,有时作为有毒的实体令人担心,有时被用作再弄碎其他碎块的武器,那么尿反而显示出一种湿润原则,该原则能够将所有碎块一起联系起来,并在变成无器官的身体的完满深度中超越这种弄碎行为。[1] 而且,如果人

---

[1] 梅兰妮·克莱因没有确立肛门的施虐症与尿道的施虐症之间的本性差异,她坚持她的原则,根据她的原则,"无意识没有确立身体的各种实体之间的差别"。一般来说,我们认为有关精神分裂症的精神分析理论倾向于忽视无器官身体这一主题的重要性与活力。我们前面就潘可夫夫人的研究考虑过这一点。但这一点在梅兰妮·克莱因的著作中更清楚(例如可参见《精神分析的发展》,一个有关失明和扣子及颈的长罩衫的梦在这本著作中被解释为一种简单的闭合符号,而无器官身体却从中被得出)。实际上,无器官身体与液态的特殊性在这种意义上被联系起来,即湿润原则确保将碎块融合为聚块,即便是"海水的聚块"。

们假设精神分裂症患者以他所有的习得语言退化到这种分裂位态，那么人们将不会惊讶在精神分裂症语言中重新发现被动-词语（爆炸性的粪便碎块）与能动-词语（被水或火的原则融合的聚块）的二元性与补充性。从此，一切都发生在深度之中、在意义的领域下、在纯粹噪音的两种无意义之间，一是爆炸性的物体与词的无意义，一是物体的聚块或发音不清楚的词的无意义（这没有意义[ça n'a pas de sens]，作为两个方面的实证过程起作用）。补充极的同样的二元性在精神分裂症中被重新发现在重述与言语重复症之间，例如在下颌发出的嘎吱声与紧张症之间，而前者见证内在对象，见证内在对象使之变成碎块的又把内在对象变成碎块的身体，后者为了无器官身体进行展示。

在我们看来，之所以好对象本身没有被内摄，乃因为好对象从一开始就属于另一种维度。正是好对象才具有另一种"位态"。好对象处于高处，高高在上，如不改变性质就不会任凭自身跌落。高度不应被理解为一种相反的深度，而应被理解为一种原始维度，该维度本性上区别于占据高度的对象以及贯穿高度的层级。超我并不从被内摄的初级对象开始，正如梅兰妮·克莱因所说的那样，而是从这个仍居于高处的对象开始。弗洛伊德经常强调这种从深处到高处的转译，这种转译在**本我**与超我之间突出定位的整个变化和心理生命的基本重组。当深度具有一种被内容-容器、虚-实、胖-瘦等动态范畴决定的内在张力时,高度特有的张力就是垂直度、尺寸差异、大小的张力。与那些被内摄的部分对象(它们如果也没表达一种对孩子的侵略性就不会表达孩子的侵略性,而且它们是坏的,并因此是危险的)相反,好对象本身是完整的对象。如果好对象显示最强烈的残酷以及爱与抗议,那不是从一个部分的和分裂的方面,而是作为完整的好对象,它的所有表示都来自一种高级的高度统一。好对象的确将分裂的两个极据为己有,一极是它从中提取力量的部分对象,一极是它从中提取形式的无器官身体,即完备性或完整性。因此,它与作为(在碎块化身体之中被内摄和被投射的)部分对象仓库的本我与自我(作为完整的无器官身体)保持着复杂的关系。只要好对象是抑郁位态的原则,它就不会接替分裂位态,但在这种状态的趋势中形成自身,伴随着那些见证一种在两者之间持续沟通的借用、障碍与推动。在万不得已的情况下,类精神分裂症患者无疑能强化他自己的位态的张力,以便将自身封闭在高度或垂直度的揭示上。但无论如何,高度的好对象都保持着一种与部分对象的斗争,斗争的关键是两种维度的激烈对抗中的力量。孩子的身体像一个装满被内摄的野兽的陷阱一样,野兽努力腾空捕捉好对象,好对象转而面对着野兽,就像一只无情的猛禽一样展开行动。在这种情境中，自我一方面认同好对象本身，在爱的模型中以好对象为榜样，同时兼有自我反对内在对象的力量与憎恨的性质，但也在这些坏对象的威胁下兼有自我的创伤、痛苦的性质。[①] 另一方面，自我认同这些坏的、努力捕捉好对象的部分对象，自我给它们提供帮助、联盟，甚至提供怜悯。这便是本我-自我-超我的漩涡，每一个都在这个漩涡中接受自我所分配的、同样多的打击，且这个漩涡规定着躁郁位态（position maniaque-dépressive）。相关于自我，在自我具有与内摄对象相关的部分的范围内，好对象就像超我一样发挥它的所有憎恨。但好对象在自我经过它的旁侧并试图认同于它的范围内给自我提供帮助与爱。

爱与恨并不诉诸部分对象，但表达完整的好对象的统一，这一点应该根据这个对象的"位态"——它高高在上的超越性——被理解。在爱或恨、帮助或打击之外，高度中有"躲避""后退"。好对象本性上是迷失的对象：即好对象从第一次出现和显现，就只作为已

---

[①] "受伤害的-未受伤害的"（blessé-indemne）的区分不要混淆于"部分的-完整的"（partiel-complet）的区分，但前者本身适应于抑郁位态的、完整的好对象，参见梅兰妮·克莱因的《精神分析的发展》，第 201 页。不必惊讶的是超我是"好的"，但又是残酷的，而且还是脆弱的，诸如此类；弗洛伊德已经谈论了一种好的、令人快慰的、与幽默有关的超我，同时补充说，还有很多东西有待我们就超我本质展开学习。

丧失的、被丧失的对象。这便是它突出的统一性。只要作为丧失的,好对象才将爱给予这样的人,他第一次只有将它作为"重新寻回的"才能找到它(认同于它的自我),且好对象将恨给予这样的人,他将它作为"已被发现的"但已经在那儿的某物进行侵犯——尽管自我支持内在对象。既然好对象在分裂位态中突然发生,那么它把自己装扮出一副预先实存的样子,即一贯在目前与深度相互冲突的这另一种维度中预先实存。因此,比它给予爱与打击所经由的运动更高,还存在着它后退经过的、它后退进其中的、它使我们遭受挫折的本质。它在它的创伤下后退,但也后退到它的爱恨之中。它只将它的爱作为被再次给的、宽恕的爱而给予;只将它的恨作为令人想起不会发生的威胁和警告的恨而给予。因此,正是基于挫折,好对象才作为丧失的对象分配爱与恨。如果它恨,那是作为好对象,与它爱一样。如果它爱认同于它的自我,如果它恨认同于部分对象的自我,那么它更多是后退,使自我遭受挫折,自我踟躇于两者之间,且它怀疑自我的双重运作。挫折是爱与恨的共同起源,根据挫折,第一次只能是第二次。好对象是残酷的(超我的残酷),鉴于它把所有这些从高处被给予的爱恨时刻汇集起来,伴随着一个改变方向的层级,该层级只将它的礼物作为再被给予的礼物而提供。在精神分裂症的前苏格拉底主义之后到来的因此是抑郁的柏拉图主义：**善**只有作为模糊回忆的对象才被掌握，作为基本上是遮蔽的对象被揭露；——只给予它所不具有的东西，因为它高于它所给予的东西，被退回到它的高度；至于**理念**，柏拉图说："它逃逸或它消失"——它在内在对象的作用下消失，但它相对于自我逃逸，因为它先于自我，它随着自我前进而后退，给自我留下的只是一点儿的爱恨。如前所述，这些是抑郁性的复合过去时的所有特点。

被好对象规定的躁郁位态因此呈现出各种各样的新特点，与此同时它融入偏执-分裂位态。这不再是拟像的深度世界，而是高高在上的偶像的深度世界。这不再是内摄和投射的机制，而是认同的机制，这不再是自我的同样的裂变或划分。分裂划分处于爆炸性的、内摄的与投射的内在对象（或者更确切地说是被这些对象分割的身体）与揭露投射和内摄的、无器官的和无机制的身体之间。抑郁性的划分处于认同的两个极之间，即自我对内在对象的认同与自我对高处对象的认同。在分裂位态中，"部分的"修饰内在对象，并与"完整的"相对立，而"完整的"修饰抵抗这些对象的无器官身体，修饰这些对象使无器官身体遭受的分割。在抑郁位态中，"完整的"现在修饰对象，不仅归摄未受伤害的和受到伤害的，而且归摄在场的与缺席的，作为这个最高对象在它之外给予和退回到它自身所经由的双重运动。因此，挫折的经验，即自行后退或基本丧失的好对象的经验，属于抑郁位态。对于分裂位态，一切都是在内摄和投射的机制中得以施行的或经受的侵略性，在碎块化的部分与无器官身体的紧张关系中，一切都是被动与能动，一切都是处于深层的身体之间的沟通、进攻与防御。没有给剥夺、令人失望的情境留有余地。令人失望的情境出现在分裂位态的过程中，但来自另一种位态。因此，抑郁位态给我们准备了某种东西，它既不是能动也不是被动，而是无动于衷的后退。因此，躁郁位态在我们看来也具有一种区别于偏执-分裂型的侵略性的残酷。残酷意味着所有那些从高处给予的爱恨时刻，需经由一个好对象，不过是后退的且只是使它给予的东西再度给予的、丧失的对象。受虐症不仅在它所经受的痛苦中属于抑郁位态，而且在它喜欢通过认同好对象本身的残酷而给予的痛苦中也属于抑郁位态，而施虐症不仅在它所施加的痛苦中取决于分裂位态，而且在它通过侵略性的投射和内向化所遭受的痛苦中也取决于分裂位态。从另一个视角看，我们已经认识到酗酒如何适应于抑郁位态，以复合过去时发挥着同时是最高对象、它的丧失和这种丧失的法则的作用，最终在它的悲剧性的现在时中取代精神分裂症的湿润原则。

那么动态发生的第一个阶段就出现了。深处是喧嚣的：咯咯声、撕裂声、嘎吱声、爆裂声、爆炸声、内在对象的爆裂噪音,不过也有对上述喧器声做出回应的无器官身体的含糊不清的呼吸-叫喊声,所有这一切都形成一个显示出口-肛门的贪婪的声音系统。而且这个类分裂系统与可怕的预言不可分离:说将在吃与拉屎中被裁剪,语言将在粪土中被裁剪,语言与它的单义性……(安托南·阿尔托谈论"存在的巴巴与它的语言")。但正好确保这种雕刻的最初草图、语言形成的最初阶段的,是高高在上的抑郁位态的好对象。因为,正是好对象从深处的所有噪音中抽取出**声音**。如果人们考虑好对象的特点(只能作为丧失的对象才被掌握,第一次出现就作为已经在那儿的好对象,诸如此类),那么这些特点似乎必然集合成一种言说的和来自高处的声音。① 弗洛伊德强调超我的声学起源。对于孩子而言,语言的最初研究方式的确在于把语言掌握为装出预先实存的、诉诸于已经在那儿的东西的整个领域的东西的模型,掌握为传递传统的家庭声音,在家庭声音中,对处于姓氏分类下的孩子而言,语言已经是问题,它必须在被理解之前就融入家庭声音。这种声音甚至以某种方式掌握有组织的语言的所有维度:因为它指称好对象本身,抑或相反,

---

① Robert Pujol 用拉康的术语指出:"丧失的对象只能被意指,不能被重新寻回……"(《幻象的理论研究方式》[Appoche théorique du fanstasme],《精神分析》第 8 期,1964 年,第 15 页)

它指称内摄的对象;它意指某种事物,即结构预先实存的领域的所有概念和类别;而且它显示完整的人的情感变化(充满爱的和令人安心的、攻击的和嚎叫的、抱怨自身受伤害的、或后退的和缄默的声音)。但声音由此呈现出有组织的语言的诸维度,却尚未能使组织原则变成可掌握的,声音本身根据这种组织原则可能是一种语言。因此,我们停留在意义之外,且远离意义,这次是在一种有关高度的前-意义(pré-sens)之中;声音尚未掌握那使之变成语言的单义性,而且声音在只有通过它的凸起才具有统一性时仍陷入其指称的歧义性、其意指的类比、其表示的双重性之中。因为,确实,当声音指称丧失的对象时,人们并不知道它指称什么;人们不知道它意指什么,因为它意指那预先实存的秩序;人们不知道它表示什么,因为它以它的原则表示后退或沉默。它同时是对象、丧失的法则和丧失。它的确是作为超我的上帝的声音,即禁止的、但人们却不知道什么被禁止的声音,因为人们将只有通过惩罚才理解它。这便是声音的悖论(同时标记出关于类比与歧义性的所有理论的不足):声音具有语言的诸维度,却不具有这种语言的条件,声音期待着将使之变成语言的事件。声音不再是噪音,但也不是语言。至少人们可根据口语来度量声音的进展,或者相关于分裂型的声音系统来度量这种抑郁性声音的原创性。当声音使诸噪音缄默时,与当声音本身在诸噪音的侵犯下发出呻吟或本身保持沉默时一样,声音仍与诸噪音形成对比。从噪音到声音的过渡,我们不断地在梦中重温这种过渡;观察者的确注意到诸噪音在进入睡眠者的梦中时如何组织成那准备唤醒他的声音。[①] 我们睡觉时是精神分裂症患者,但我们被闹钟叫醒时是躁郁症患者。当类精神分裂症患者抵抗抑郁位态时,当精神分裂症患者倒退到这种位态之下,这是因为声音威胁着完整的身体,类精神分裂症患者多亏了完整的身体才有所行动,同样声音也威胁着内对象,精神分裂症患者因之而受损害。正如在患精神分裂症的语言系大学生的情况下,母亲的声音应该立刻被解构为文字语音学上的声音,并被重构为发音含糊的聚块。精神分裂症患者在面对抑郁位态时体验到的身体、思维与言语的窃取只是一回事。不应该问回音、约束和窃取相关于自发现象是首要的还是仅仅是次要的。这是一个错误的问题,因为从精神分裂症患者那里偷窃的东西不是声音,通过高处的声音所偷窃的反而是前声音的整个声音系统,他能够将其变成他的"精神的自动装置"。

---

① 参见柏格森著,《精神能量》(*L'Energie spirituelle*),法国大学出版社,第 101—102 页。

# 悖论系列 28　性

"部分的"(partiel)一词具有两种意义:它首先指内摄的对象的状态与附属于这些对象的冲动的相应状态。但它另一方面还指身体的可选择带与从中找到"来源"的冲动状态。冲动的确具有一种本身可以是部分的对象:对于口欲带而言的乳房或手指,对于肛门带而言的粪便。两种意义无论如何都不会混淆起来。人们常常注意到"期"(stade)与"带"(zone)这两种精神分析观念并不一致。期以这样一种活动为特点,这种活动可吸收其他活动,并以某种方式实现冲动的混合——因此是第一个口欲期中的也同化了肛门的吸收作用,或者是能够延长第一个口欲期的也收回了嘴的排泄作用。相反,各种带呈现界域的某种隔离、投注这个界域的活动与现在从这个界域中找到有区别的来源的诸冲动。期的部分对象被它所服从的活动弄成碎片;带的部分对象毋宁说是通过它占据的和限制它的界域与整体分开。毫无疑问,带的组织与期的组织几乎同时产生,因为所有位态在人生初年就被构思,每种位态侵犯那先于它的位态和介入它的过程。但基本差异如下:各种带是表面的前提条件,且它们的组织意味着不再是深度也不是高度的第三种维度的构造、发现或投注。可以说一个带的对象"被投射",但投射不再意指深度的机制,而且现在指示一种有关表面的操作———一种出现在表面上的操作。

根据弗洛伊德关于性感带(zones érogènes)的理论以及这些带与反常的关系,性反常的第三种位态因此可以被界定,将它的自治建立在它特有的维度上(作为区别于抑郁性的上升或转变与精神分裂症的颠覆的性反常)。性感带在身体的表面上、在黏膜所标记的开口周围被勾勒出来。当人们注意到内部器官也能变成性感带时,似乎这只是以身体的自发的拓扑学为条件,根据这种拓扑学,正如西蒙东(Gilbert Simondon)就膜所说的那样,"在拓扑学意义上内部空间的整个容量在生物的极限上与外部空间的容量有关"[1]。甚至光说性感带在表面上被勾勒出来是不够的。表面并不先于性感带存在。实际上,每个带在开口所建构的奇异性周围都是表面空间的动态形成,并在所有方向上延伸到那取决于另一种奇异性的另一个带的邻域。我们的性化身体首先是一件百衲衣。每个性感带因此与下述内容分不开:一个或几个奇

---

[1] 西蒙东著,《个体及其生物物理学的发生》,第263页。

点,一种围绕着奇异性被界定的系列性的发展,一种投注这个界域的冲动,一个作为满意对象"被投射"在界域上的部分对象(影像),一个与界域相关的并体验到满足的观察者或自我,一种与其他一些带的连接方式。表面整体上是这种连接的产物,而且我们将会看到表面提出一些特别的问题。但正因为表面的整体并不预先实存,性在它初期的(性成熟前的)方面应该被界定为部分表面的真正生产,与之相应的自体性欲应该以被投射在表面上的满足对象和凝视并沉湎于满足对象的自恋型的小我为特点。

这种生产如何发生?这种性位态如何形成?显然,应该在先前的那些位态中且尤其在分裂位态对抑郁位态的反应中寻找它的原则。高度确实对深度具有一种奇特的反应力量。从高度的角度来看,似乎是深度在运转,以新方式定位和展开;从猛禽的高处视野来看,高度也只不过是一种多多少少容易打开的褶子,或者是一种有关表面的、被围绕的、被包围的局部开口。对分裂位态的固恋或回归无疑意味着一种对抑郁位态的抵制,就像表面将不能形成的那样:每个带因此被无数个废除它的开口所刺穿,或者相反,无器官身体被封闭在一种无界限和无外部性的、完满的深度之上。更有甚者,抑郁位态当然本身并不建构表面:它毋宁说是使那在其中冒险的冒失者突然陷入开口之中,正如人们从尼采的境况中所看到的那样,他从高处、从六千尺的高度发现表面,只是为了被那继续存在的开口所吞没(参见尼采精神错乱之前的躁郁症迹象的插曲)。总之,高度使部分表面的构造成为可能,就像五颜六色的田野展现在机翼下一样,而且不管超我如何残酷,超我对表面带的性组织不无顺从,只要它能假设性冲动在那里与深层的毁灭性冲动分离。①

当然,性冲动或力比多冲动已经在深层起作用。但重要的是知道它们的混合是什么状态,一方面藉由保存的冲动,另一方面藉由死亡的冲动。然而,在深层,建构食物系统(吸收作用乃至排泄作用)的保存冲动的确具有实在的对象与目标,但鉴于婴儿的软弱无力,它们并不掌握自身满足与拥有实在对象的方法。因此,所谓性冲动严格地以保存冲动为榜样,只要有机会就会产生,同时以内摄的和投射的部分对象替代未被触及的对象:性冲动与拟像之间存在着严格的互补充性。但毁灭因此不是指与形成的实在对象相关的某种特征,它定义内在的部分对象的整个形成方式

---

① 这在梅兰妮·克莱因的著作中是个不变的主题:超我并不将它的压抑首先留给力比多冲动,而只留给与力比多冲动同时发生的毁灭性冲动(例如,可参见《精神分析的发展》第148—149页)。因此,焦虑与罪责并不产生于甚至是乱伦的力比多冲动,而是首先产生于毁灭性冲动及其压抑:"可能不是乱伦的趋向首先引发罪恶感;对乱伦的畏惧本身最终是由以持久方式与乱伦的原始欲望相关的毁灭性冲动导致的"。

(各种碎块)以及与之相关的总体性,因为内在的部分对象既是被摧毁的,又是摧毁者,而且它既用于摧毁自我,也用于摧毁他者,以致于摧毁-被摧毁占据着内在的整个感性。正是在这个意义上,三种冲动才混合在深层,混合在这样一些条件之中,以致于保存宁可提供冲动,性提供替代对象,而且毁坏提供可逆的整个关系。但只因为保存在其底部被它融入其中的这个系统所威胁(其中吃变成了被吃),所以人们看到整个系统发生移位;而且死亡在无器官身体中恢复为冲动,与此同时这具死亡的身体永久地被保存、被喂养,而且以性的方式产生于自身。口-肛门-尿道的深层的世界是旋转的混合世界,人们确实能将后者命名为无-基底,且它证实着持续的颠覆。

当人们把性与表面或带的构造联系起来时,人们想表达的意思因此是力比多冲动找到一种至少是明显的、恰好在自体性欲中被表达的双重解放的时机。一方面力比多冲动摆脱保存冲动的饮食模式,因为它们在性感带中找到新来源,在被投射在这些性感带上的影像中找到新对象;这样便有了区别于吮吸(succion)的轻轻吮吸(suçotement)。另一方面,力比多冲动摆脱毁灭性冲动的限制,只要它们介入表面的生产工作和与这些薄膜状的新对象之间的新关系。因此,例如,区别深度的口欲期与表面的口欲带再次是如此地重要;被内摄的和被投射的、内在的部分对象(拟像)与按照完全不同的机制被投射在带上的表面对象（影像）：取决于深度的颠覆和与表面不可分离的反常。① 因此，人们应该将被双重解放的力比多视作一

---

① 第一点——性冲动摆脱保存冲动或进食冲动——的确被拉普朗什和彭塔利斯所强调，参见《精神分析辞汇》(*Vocabulaire de la psychanalyse*，法国大学出版社，1967 年）第 43 页（与《原始的幻象、诸起源的诸幻象、幻象的起源》[Fantasme originaire, fantasmes des origines, origine du fantasme]，载《现代》第 215 期，1964 年，第 1866—1867 页)。但如果说保存冲动具有一个外部对象，性冲动为了一种"代词的"东西而放弃这个对象，这不足以界定这种解放。事实上，被解放的性冲动真还具有一个被投射在表面上的对象：因此就用了被吮吸的手指作为乳房的投射（在不得已的情况下，一个性感带之于另一个性感带的投射)。这是拉普朗什与彭塔利斯完全辨认出的东西。但尤其是，性冲动只要在深层支持进食冲动，它们就已经具有区别于这些冲动的对象的特殊对象：内在的部分对象。应该区别的东西因此是性冲动的两种状态、支持这些冲动的两种对象、两种投射机制。而且，应该被批评的是一种像幻觉对象的观念一样的观念，这种观念被不加区别地应用于内在对象、丧失的对象、表面的对象。

由此就产生了另一个要点的重要性——性冲动摆脱毁灭性冲动的束缚。梅兰妮•克莱因总是强调这一点。整个克莱因学派有一种有根据的尝试来为性辩解，并使性摆脱它只在深层才相关的毁灭性冲动。正是在这一意义上，性犯罪的观念才被保拉•海曼(Paula Heimann)提出异议(《精神分析的发展》[*Développements de la psychanalyse*]，第 308 页)。确实，性是反常的，但反常首先被表面的部分的性感带的作用所界定。"性犯罪"属于另一个领域，其中性与毁灭性冲动只有在深层的混合物中才一起发挥作用（颠覆而非反常)。无论如何，人们将不会在回归"性成熟前的阶段"的极其宽泛的主题下混淆两种截然不同的退化：例如向深层的口欲期的退化与向表面的口欲带的退化。

种真正的表面能量。然而,人们不能相信的是:其他一些冲动消失了,它们不会在深层继续它们的工作,或者,尤其是它们不会在新系统中找到原初的位态。

我们在此还应该使整个性位态与它的连续元素一起起作用,但它的连续元素如此相互侵犯,以至前面的元素只有被它与后面的元素的对峙、它对后面的元素的预示所决定。性成熟前的、刺激性欲的带或表面与它们的连接的问题不可分。然而,确定无疑的是这种连接以多种方式被实现:在一个带上被展开的系列被延伸到另一个系列的范围内,通过相邻;在一个带能够在另一个带上被重新折叠或被投射,并提供另一个带得到满足的影像的范围内,通过间距;在拉康的镜像阶段中是极其间接的。总之,直接或总体的整合的功能或一般的连接的功能通常转归到生殖带。正是生殖带必须把所有其他部分的带联系起来,多亏菲勒斯。然而,在这一点上,菲勒斯并不发挥着器官的作用,而是发挥着被投射在这个享有特权的带上的特殊影像的作用,对女孩和男孩都一样。这是因为阴茎器官已经具有一段与分裂位态和抑郁位态相关的漫长历史。与任何器官一样,阴茎经历了它在其中被分割的、被置于母亲身体与孩子身体的深层的冒险,它是被侵犯者与侵犯者,可与一块有毒的食物、一块爆炸性的排泄物相比较;而且它也经历了高度的冒险,它在其中就像任何完整的良好的器官一样提供爱与惩罚,同时它后退以便形成完整的人或与声音相应的器官,即双亲组合起来的偶像。(同时,首先被解释为纯粹噪音、暴怒、侵犯的父母性交变成了一种有组织的声音,甚至包含在其沉默不语的和使孩子受挫的力量之中)。正是从所有这些视角,梅兰妮·克莱因才指出分裂位态与抑郁位态提供俄狄浦斯情结的早熟元素,就是说从坏阴茎向好阴茎的过渡是通向严格意义上的俄狄浦斯情结、生殖组织和相应新问题的必要条件。① 这些新问题,我们知道它们包括什么:组织表面并进行表面之间的连接。正好由于表面涉及性冲动之于进食冲动和毁灭性冲动的脱离,所以孩子能够相信他将食物和力量留给父母,而且作为抵偿,他期望阴茎作为良好的和完整的器官将要被设定和

---

① 关于坏阴茎与好阴茎,例如,可参见梅兰妮·克莱因著,《儿童精神分析》,第 233 页、第 265 页。梅兰妮·克莱因着重指出俄狄浦斯情结不仅意味着"好阴茎"的先决位态,也意味着力比多冲动之于毁灭性冲动的解放:"只有当小男孩非常相信男性生殖器官的好意——他父亲的生殖器官就像他自己的一样,只有当他能让自己感受到他对他母亲的生殖欲望……他就能面对俄狄浦斯情结在他身上导致的憎恨与竞争"(《论精神分析》[Essais de psychanalyse],M. 德里达译,Payot 出版社,第 415 页)。如下所述,这并不意味着性位态和俄狄浦斯情结式的处境不包含它们的焦虑和新危险;这便有了一种对阉割的特别恐惧。而且,如果在俄狄浦斯情结的早熟阶段,超我真就首先操纵着它对毁灭性冲动的严格措施,那么"对力比多冲动的防御促使它出现在后面的阶段中"(《儿童精神分析》,第 148—149 页)。

被投射在他自己的生殖带上,将变成"重复"他自己的器官的菲勒斯,且菲勒斯允许他与母亲拥有性关系却不冒犯父亲。

因为这一点才是最基本的:一开始就对与俄狄浦斯情结相关的要求的提防与节制。作为投射在生殖带上的影像,菲勒斯决不是一种有关渗透与脱出的进攻性工具。相反,它是一件有关表面的工具,注定补偿毁灭性冲动、内在的坏对象和深层的阴茎使母亲的身体遭受的创伤,并注定使好对象消除疑虑、说服好对象不要改变方向(我们觉得梅兰妮·克莱因所强调的"补偿"过程在这个意义上属于一种本身是补偿的表面的构造)。焦虑与罪责并不来自与俄狄浦斯情结有关的乱伦欲望;它们的确先形成,前者与分裂型的侵犯性一起形成,后者与抑郁型的挫折一起形成。与俄狄浦斯情结有关的欲望毋宁说是本来就能消除它们。俄狄浦斯是赫拉克勒斯类型的调解英雄。这便是底比斯人的循环。俄狄浦斯消除了深层的地狱般的力量,消除了高处的天堂般的力量,并只要求得到第三种统治权,即表面,只是表面而已——由此他相信他没犯错误且确信他安排了一切来逃避预言。应该由对整个神话的解释所展开的这一点在菲勒斯的固有本性中找到证实:菲勒斯不应该进入深处,但就像一把被用于耕种土地薄薄的肥沃层的犁铧,它勾勒出一条表面上的线。来自生殖带的这条线就是这样一条线，它把所有性感带在它们之间联系起来，它因此确保它们的连接或内衬，并把所有的部分表面在孩子的身体上变成同一个表面。不仅如此，这条线被认为在母亲本人的身体上重新确立一个表面，并使退隐的父亲再度回来。正是在这个与俄狄浦斯情结有关的菲勒斯阶段，父母双亲之间的清晰划分才会出现，即将有待补偿的受伤身体的层面据为己有的母亲与将有待使之再度回来的好对象的层面据为己有的父亲；但尤其在这一阶段，孩子才在他自己的身体上追寻表面的构造与各种带的整合，多亏生殖带的有充分根据的特权。

# 悖论系列 29　好意必受惩罚

因此，必须想象俄狄浦斯不仅是无辜的，而且充满热情和好意：他是要经受一种相似的痛苦体验的第二个赫拉克勒斯。但为什么他的好意似乎转而反对他？首先因为他所经历的事情的脆弱，即表面的特有脆弱。人们从不会确信毁灭性冲动在性冲动的影响下继续起作用时不会操纵性冲动的作用。作为被投射在表面上的影像，菲勒斯恐怕在每一刻都被深处的阴茎或高处的阴茎所补偿，并因此被阉割为菲勒斯，因为深层的阴茎本身是贪婪的、阉割的，而高处的阴茎是令人失望的。因此存在着由与前俄狄浦斯情结有关的退化所导致的阉割的双重危险（贪婪-阉割、剥夺-阉割）。而且，被菲勒斯勾勒出来的线恐怕要堕入深处的**分裂**；而乱伦恐怕要重返一种可能既是母亲的也是孩子的脱出的状态，重返一种同类相食的混合物，其中吃人者也同样被吃掉。总之，分裂位态乃至抑郁位态——前者的焦虑和后者的罪责，不停地威胁着俄狄浦斯情结；正如梅兰妮·克莱因所说的那样，焦虑与罪责并不产生于乱伦的事情，它们毋宁说是阻止乱伦的事情形成,并不断地牵累着乱伦的事情。

然而,这第一个回答并不是充分的。因为表面的构造仍然把性冲动与来自深层的毁灭性冲动之间的区别作为原则与意图,并在这一点上遭遇某种超我或高处的好对象方面导致的沾沾自喜。俄狄浦斯所经历的事情的危险因此也应该来自一种内在演化;不仅如此,第一个回答所援引的混乱、物体混合物的危险只有根据这些由俄狄浦斯所做的事情本身散发出的新危险才会获得它们的全部意义。总之,俄狄浦斯所经历的事情必然导致一种它特有的新焦虑、一种新罪责、一种不可被简化为前两者的新阉割——与俄狄浦斯相关的"阉割情结"的名称只会适应这一阉割。表面的构造是最无辜的,"无辜的"一词并不是指"没有反常"。例如,在俄狄浦斯情结的时刻,当人们在菲勒斯的符号的影响下从生殖的部分表面的组织转到它们的整合或生殖连接时,我们应该相信超我放弃了它的最初善意。为什么?

表面在自我的发展中具有决定性的影响,弗洛伊德的确指出了这一点,当时他说意识-知觉的系统被确定在原生质的球状物的表面上形成的膜上。① 作为"初级自恋"的术语,自我首先寄宿于深层,寄宿于

---

① 参见弗洛伊德著,《超越快乐原则》,第 4 章。这一整章对于表面的生命-精神理论是必要的。

球状物本身或无器官身体之中。但自我只有在"自体性欲"中与部分表面和萦绕着部分表面的所有小我一起才会获得一种独立性。那么,自我的真正考验就在连接的问题之中,因此在它自己的连接的问题之中,当时作为表面能量的力比多在"次级自恋"中投注它。我们刚才预感到这一点,诸表面与自我本身在表面的这种菲勒斯连接伴随着那些被称作俄狄浦斯情结的操作:正是这一点才应该被分析。孩子将菲勒斯接受为一种被理想的好阴茎投射在他的身体的生殖带之上的影像。这个礼物(器官的自恋式的过分投入),他将它接受为他能够引起所有他的其他带的整合所经由的条件。但是,他如没有把一些极其重要的变化引入其他地方就不会完成表面生产的这项工作。首先,他划分了给予性的偶像或高处的好对象。双亲先前被组合起来,依据那些被梅兰妮·克莱因清晰得出的惯用语:深层的母亲身体包含着大量的、作为内在的部分对象的阴茎;而且尤其是高处的好对象同时是作为完整的对象的阴茎与乳房,即被提供阴茎的母亲和被提供乳房的父亲。我们现在应相信这种划分由此就从好对象所归摄的两种析取(未受伤害的-受伤害的、在场的-缺席的)中产生,孩子开始提取否定物,并用它来形容母亲的影像与父亲的影像。一方面,孩子把母亲等同于受伤的身体,作为完整的好对象的初级维度(不应该与深处的被爆裂的或被碎块化的身体混洧的受伤害的身体);另一方面,孩子将父亲等同于最后的维度,作为退回到它的高度之上的好对象。至于母亲的受伤害的身体,孩子想与他得到修复的菲勒斯一起对它进行修复,使它成为未受伤害的,他想在这个身体上重新创造一个表面,与此同时他也为他自己的身体创造一个表面。而且,他想与他能引起人回忆的菲勒斯一起使退隐的对象再度回来,并使它在场。

每个人在无意识中都是离异父母的孩子,他梦想着修复母亲并使父亲出现,把父亲从退隐中拉回来:这在我们看来是弗洛伊德所谓的"家族小说"的根基,他将"家族小说"与俄狄浦斯情结联系起来。孩子在其自恋式的自信中从不会有更好的意图,他也从不会感觉良好,而且他远不是做一件令人焦虑的和犯错误的事情,他在这一位态中也从不相信自己也近乎消除上述那些位态中的焦虑或罪责。他真取代了父亲,并且将母亲作为他乱伦欲望的对象。但几乎是代理的乱伦关系在此并不意味着暴力:既不是脱出也不是篡位,反而是表面关系,是修复或追忆的过程,菲勒斯在其中导致了表面的衬里。人们抹黑俄狄浦斯情结,并使之变得冷酷,这只能通过不断地忽略对发生了最坏情况的先前阶段的恐惧,且只能通过不断地忘记这一点:俄狄浦斯情结的情境只在力比多冲动如何能摆脱毁灭性冲动的范围内才会被达到。当弗洛伊德指出正常人不仅比他所认为的更不道德,而且比他所觉察到的更有道德,这一点首先就俄狄浦斯情结而言是真的。俄狄浦斯是一出悲剧,但可以说悲剧人物应被想象为快乐的和无辜的,而且是开端良好的。通过修复而与母亲的乱伦、通过追忆而对父亲的替代,不仅仅是好的意图(因为正是与俄狄浦斯情结一起,意图——尤其是道德观念——才会产生)。作为意图,它们是与表面上最无辜的能动性分不开的延伸,对于孩子而言,该能动性就在于从他所有的部分对象中产生一种整体表面,同时利用被好阴茎从高处投射的菲勒斯,并使这种投射的父母影像受益。俄狄浦斯是赫拉克勒斯式的人物,因为他作为调解者也想自己建立一个与他相称的王国,即表面与土地的王国。他相信他能驱除深层的怪物,并让自己从高处与力量结盟。而且,与他所经历的事情分不开的是修复母亲和使父亲出现:真正的俄狄浦斯情结。

但为什么一切变得这么糟糕?为什么新焦虑和新罪责被生产出来?为什么赫拉克勒斯已经从朱诺身上找到一个充满仇恨的、抵制所有的修复提议的后母,并从宙斯身上找到一个越来越退隐的、在给他支持之后便越来越远离的父亲?看起来表面的事业(好的意图、人间王国)不仅遭遇一个预料之中的敌人,他来自地狱深层,必须被击败;并且还遭遇一个出乎意料的敌人,即来自高处的敌人,然而后者使这件事情成为可能,且不再能支持这件事情。作为好对象的超我开始谴责力比多冲动本身。确实,俄狄浦斯在他的修复-乱伦的欲望中看见了。他所看见的东西(划分一旦被做出)和他不该看见的,是母亲的受伤害的身体不仅被它含有的内在阴茎所伤害,而且还在表面上缺少阴茎的范围内,像被阉割的身体一样受伤害。作为被投射的影像的、给孩子的阴茎提供新力量的菲勒斯反而指称母亲身上的匮乏。然而,这一新发现基本上威胁着孩子;因为它(从划分的另一方面)意指阴茎是父亲的财产,孩子在想使父亲重新出现、使父亲在场时背叛了退隐的父亲的本质,而这种本质只有作为被再找到的东西(在缺席中和在遗忘中被再找到)才能被找到,但从未在消除遗忘的"事物"的简单在场中被给予。① 此刻因此变得真实的是,孩子如果想修复母亲就阉割和捅破了她,如果想使父亲出现就背叛他和杀死他,将他变成尸体。阉割,即阉割引起的死亡,因此变成了孩子的命运,阉割在他现在所体验的这种焦虑中被母亲所反思,在他现在将其作为报仇符号遭受的这种罪责中被父亲所惩罚。整个故事开始于作为被投射在生殖带上的影像的菲勒斯,而且菲勒斯给孩子的阴茎提供报仇的力量。但一切似乎都随着消

---

① 对俄狄浦斯的所有重要解释必然整合那些借鉴前述位态(分裂位态和抑郁位态)的元素:这样荷尔德林对退隐或离开的强调就诉诸一种与前-俄狄浦斯情结相关的位态。

散的和导致孩子的阴茎消失的影像而终止。"反常"是表面的历程,而且就有某种变质的东西在这一历程中被揭示出来。菲勒斯在表面上、通过所有部分表面而勾勒出来的线只不过是阉割的轨迹,菲勒斯本身在其中消散,且阴茎与菲勒斯一起消散。唯一配得上"情结"的特殊名称的这种阉割原则上区别于其他两种阉割,即通过吞食-吸收引起的深层的阉割、通过剥夺-挫折引起的高处的阉割。这是一种通过吸收(ad-sorption)进行的阉割,是表面的现象:例如表面上的毒药、赫拉克勒斯烧伤的长衣和皮肤上的毒药,例如可能只是被凝视的影像上的毒药,就像那些启发伊丽莎白一世时代的戏剧的、镜子或画布上的有毒涂层。但就是这样,正是根据其特殊性,这种阉割才重新找到其他两种阉割,它作为表面的现象似乎标记出失败或疾病,早熟的霉菌,表面过早毁坏、表面上的线重返深层分裂和表面的乱伦在深处重返食人性混合物的方式——根据我们刚刚援引的第一个理由。

然而,故事并不会到此中止。至于俄狄浦斯,对意图的伦理范畴的释出具有一种肯定的、可观的重要性。乍一看,在变坏的好意图中只有否定:有意的能动简直被那真正完成的东西所否定、消除;况且,真正完成的能动被那个实现能动和拒绝责任的人所否认(不是我,我不想要这样,"我不知不觉地杀死了")。但在两种规定的能动(有意的能动与完成的能动)的简单对立的框架中思考好意图和它的基本反常性可能是错误的。一方面,有意的行动确实是能动的影像、被投射的行动,而且我们不会谈论意志的心理计划,而是谈论使这一心理计划成为可能的东西,就是说谈论与形而下表面相关的投射机制。正是在这一意义上,人们才能将俄狄浦斯理解为**显像**的悲剧。意图远不是深层的层级,而是整个表面的现象,即恰当地与形而下表面的连接相对应的现象。**影像**的观念本身,在指称部分带的表面对象之后,随之就指称被投射在生殖带上的菲勒斯,然后指称那来自于分裂的、薄膜状的父母影像,最后指称一般意义上的、关系着表面的能动,完全不是特殊的某个能动,而是在表面上展开和能萦绕着表面的任何能动(修复与追忆,修复表面并使出现在表面上)。但另一方面,完成的能动确实不再是一种与另一种能动对立的、被规定的能动,也不是一种可能是被投射的能动的后果的被动。正是发生的某事,转而再现着那能够发生的一切,或更好是必然由能动与被动导致的某种事物,但它具有一种完全不同的本性,本身既不是能动也不是被动:事件、纯粹事件、**唯一事件**(杀死父亲与阉割母亲、本身被阉割与死亡)。可以说完成的能动与另一个能动一样被投射在表面上。不过,这是一种完全不同的表面,它是形而上的或先验的。似乎整个能动投射在一个双重屏幕上,一重屏幕被一种性的和身体的表面所建构,另一重是被一种已经是形而上的或"大脑的"表面所建构。总之,意图作为俄狄浦斯情结的范畴完全不把一种被规定的能动与另一种能动对立起来,不把某个有意的能动与某个完成的能动对立起来。相反,意图抓住任何可能的能动的整体,并将其一分为二,将其投射在两个屏幕上,并根据每个屏幕的必然要求来规定每个方面:一方面,能动的整个影像被投射在一个身体的表面上,能动本身在上面显示为有意的,并以修复与追忆的方式被规定;另一方面,能动的整个结果被投射在一种形而上表面上,能动本身在上面显示为被生产的和非有意的,以死亡与阉割的形式被规定。著名的"否认"机制(这不是我想要的东西……),与它对思维的形成的所有重要性一起,就必须被解释为表达从一个表面向另一个表面的过渡。

我们还是进行得太快。显然能动导致的死亡与阉割关系着身体,它们并不自行建构形而上表面,而且它们甚至不属于形而上表面。然而,一旦说这是一条由各阶段所勾画出的漫长道路,它们就正在路上。确实,带着"自恋式的创伤",就是说,当菲勒斯的线转换成阉割的轨迹时,将次级自恋的自我投注在表面上的力比多就其自身而言经历了一种极其重要的蜕变:弗洛伊德将其命名为去性化的蜕变,去性化的能量在他看来既给养死亡本能也限定思维机制。因此,我们应该给死亡与阉割的主题提供一种双重价值:它们在俄狄浦斯情结的持续或清算中与在确定的生殖性征的组织中、与在它与前述的维度(分裂位态与抑郁位态)的关系中一样在它自己的表面上所具有的价值;但还有一种价值,它们将其呈现为去性化的能量的来源与这种能量在其形而上学的或纯粹思维的新表面上再投注它们所凭藉的原初方式。这第二个过程——在某种程度上独立于另一个过程,因为它并不直接与俄狄浦斯情结的清算的成功或失败成正比——在它的第一方面上对应着所谓的升华,并在它的第二个方面上对应着所谓的象征化。因此,我们应该承认变形并不与菲勒斯的线在身体的或形而下的表面上向阉割的轨迹的转换一起停止,而且阉割的轨迹本身在一种截然不同的、形而上的、非物体性的、导致它的蜕变的表面上与一种裂缝相对应。这种变化提出了各种问题,它们与形成新表面的去性化的能量、升华和象征化的机制本身、自我在这个新平面上的命数有关,最终与死亡或阉割之于新旧系统的双重归属有关。① 这种思维裂缝,在非物体性表面上,我们在它的思辨形式下从这种思维裂缝辨认出艾翁的

---

① 去性化的能量的理论由弗洛伊德在《自我与本我》第四章中所概述。我们在两个点上摆脱弗洛伊德的阐述。一方面,弗洛伊德经常进行自我表达,好像自恋式的力比多本身牵涉 (转下页)

纯粹线或死亡本能。不过，的确是这样，应该在字面上抓住弗洛伊德的理念——死亡本能事关思辨。与此同时，人们将回想起这最后的变形与其他变形一样遭受危险，且以一种更剧烈的方式：裂缝尤其要冒险打碎它无论如何都不会与之分开的表面，在另一个表面上重新连接阉割的简单轨迹，或更糟糕的是堕入深层或高处的**分裂**中，同时把表面的所有残骸卷入这种一般化的溃退中，结束从中再找到起点，而死亡本能从中再找到无基底的毁灭性冲动——依据我们前面在死亡的两种形态之间看到的混乱；这便是晦涩之处的中心点，它不断地提出思维与精神分裂症和抑郁症、思维与一般意义上的精神病**分裂**、思维还与神经症的阉割等关系的问题，"因为毫无疑问所有的人生都是一个垮掉的过程"，包括思辨性人生在内。

---

（接上页）着能量的去性化。这是在次级自恋的菲勒斯式的自我还与父母的影像（修复、使出现）一起支配对象关系的范围内不能被维持的东西；因此，去性化只有与在其特殊性中被界定的阉割情结一起才能产生。另一方面，弗洛伊德将这种去性化的能量称作"中性的"；他的意思是它是可移位的，并能从厄洛斯转向塔纳托斯。但是，如果它真不满足于重新连接塔纳托斯或死亡本能，如果它真地至少以死亡本能在表面上呈现的思辨形态建构死亡本能，那么"中性的"一词应该具有一种截然不同的、我们将在接下来的段落中看到的意义。

# 悖论系列30 幻象

幻象具有三个主要特点:1. 它既不再现能动也不再现被动,而是再现能动与被动的结果,即纯粹事件。这样的事件是实在的还是想象的? 这个疑问未被很好地提出。区别并不在想象与实在之间,而是在事件本身与物体性的事物状态之间,后者导致前者,或前者在后者之中被实现。事件是效应(例如阉割"效应"、弑父"效应"……)。但正是作为效应,事件应该与那些不仅是内生的而且是外生的原因联系起来,即实际的事物状态、真正采取的能动、真正被实现的被动与静观。因此,弗洛伊德有理由保持实在性在幻象产生中的权利,即便在他将幻象认作超越实在性的产物时。① 孩子们确实观察母亲的身体、父亲的身体和父母的交媾,他们确实是成人诱惑的承担对象,他们遭受着阉割的确切的和详细的威胁……忘记或假装忘记这些完全是不合适的。弑父、乱伦、投毒、剖腹不会缺席于公共和私人的历史。总之,即便在各种幻

---

① 参见弗洛伊德,《精神分析五讲——狼人》,第五讲。

象是效应时,且因为它们是效应,它们在本性上也不同于它们的实在原因。我们谈论内生的原因(遗传体质、种系遗传、性征的内在演化、内摄的能动与被动),也谈论外生的原因。这因为幻象按照其所再现的事件的样子是一种不仅区别于事物状态及其质性也区别于心理体验与逻辑概念的"意向相关项的属性"。它本身属于一种理念性的表面,它在这种表面上作为效应被产生,而且它超越内外,因为这种理念性的表面的拓扑学属性是在"它的"内侧面与"它的"外侧面建立联系,以便将它们展开在一个单一侧面上。因此,事件-幻象服从双重因果关系,一方面诉诸它得以在深层产生的外因与内因,但另一方面诉诸在表面上"导致"它并使它和所有其他事件-幻象沟通的准因。我们第二次认识到位置如何被预备给这样一些效应,它们本性上不同于其被导致的结果:第一次从抑郁位态开始,当原因退到高处并给一种即将发生的表面的展开留有自由空间时;然后在与俄狄浦斯情结相关的情境中,当意图为了一种完全不同性质的结果留有自由空间时,菲勒斯在其中发挥着准因的作用。

各种幻象既不是能动的也不是被动的,既不是内在的也不是外在的,既不是想象的也不是实在的,它们的确具有事件的无动于衷与理想性。面对这种无动于衷,它们在我们心中唤起一种令人难以忍受的期望,即对要导致结果的东西、已经正在进行而并未导致结果的东西的期待。精神分析以重要的三位一体（谋杀-乱伦-阉割、吞食-脱出-吸收）对我们谈论了什么？如果不是谈论纯粹事件？所有事件就如在创伤中一样都归于一？《图腾与禁忌》是关于事件的重要理论，而且精神分析学在一般意义上是关于事件的学问：只要别把事件视作应该探寻并摆脱其意义的某种东西，因为事件是意义本身，只要它摆脱或区别于那些产生它的、它在其中被实现的事物状态。关于各种事物状态与它们的深层、它们的混合、它们的能动与被动，精神分析学给予最鲜活的解释；但为了达到由此导致的结果的出现，即作为表面效应的、具有完全不同性质的事件。因此，无论前述的位态的重要性还是始终将事件与其原因连接起来的必要性如何，精神分析学正确地令人将俄狄浦斯的角色作为"核情结"（complexe nucléaire）回想起来——与胡塞尔的"意向相关项的核"同样重要的用语。因为正是藉由俄狄浦斯情结，事件才摆脱它的深层原因，展现在表面上，并从动态生成的角度与它的准因联系起来。这是事件的完美罪行、永恒真理与王国荣耀，它们其中的每一个在一种唯一且相同的幻象的变体中都与其他的两个进行沟通：事件区别于它的实现，也区别于产生它的各种原因，并利用这个相对这些原因的永恒过剩部分，这个相关于它的实现的未完成的部分，飞越它自己的场域，使我们成为它自己的后裔。而且，如果的确就在这个部分之中,事件的实现不能完成,原因也不能产生,事件依然保持完整,那么事件也正是在此才致力于反实现,而且我们的最高自由也在于此,通过我们的最高自由,我们展开事件,并将它引向它的终结、它的蜕变,最终变成实现与原因的主宰。作为纯粹事件的学问,精神分析学也是一门有关反实现、升华与象征化的艺术。

2. 幻象的第二个特点是它相关于自我的处境,或者毋宁说是自我在幻象之中的处境。的确,幻象在次级自恋的菲勒斯式的自我中找到它的起点(或它的创造者)。但如果幻象具有转向它的创造者的特性,那么鉴于与其不可分的展开与发展,什么是自我在幻象中的位置?拉普朗什与彭塔历斯在种种条件下特别提出了这个问题,就如同他们提前否认任何容易的回答一样:尽管自我在幻象中能够在这样或那样的时刻显得起作用,显得经受能动,显得是观察的第三者,但自我既不能动也不被动,而且没有在任何时刻任凭自身固定在一个位置上,即便这个位置是可逆的。原始的幻象"也许以一种在场景中伴随着主体之在场的主体化的缺席为特征";"主体与对象的任何分布都被废除","主体并不以对象或它的符号为目的,主体用形象来塑造被影像序列困扰的他自己……他被再现为参与了场景,却在与原始幻象最接近的形式中没有一个位置能被指定给他"。这些评论有两个好处:一方面,它们着重指出幻象不是能动或被动的表象,而是属于一个截然不同的领域;另一方面,它们指出如果自我在其中消失,那不可能是根据对立物的任意一种同一性、根据能动在其中变为被动的颠倒——正如这在深层的生成及其所蕴含的无限同一中发生的那样。①

然而,当这两位作者在一种仍求助于自我,甚至明确求助于自体性欲的内侧(en-deçà)的代词模型中探寻这种对能动与被动的超越时,我们不能追随他们。代词的价值——自我惩罚而非惩罚或被惩罚,或者更好的情况是看见自己而非看见或被看见——的确被弗洛伊德证实了,但似乎没有超越对立物的同一性的视角,要么通过深化它们当中的一个,要么通过

---

① 参见拉普朗什与彭塔利斯的《原始的幻象、诸起源的诸幻象、幻象的起源》(载《现代》第 215 期,1964 年,第 1861—1868 页):"例如,父亲引诱女儿,这也许是引诱的幻象的概括性表达。正如人们偶尔说的那样,原初过程的标志在此不是组织的缺席,而是结构的这种特殊特征:结构是一种具有多重入口的程序,在其中什么也不会预示主体将一下子就在女儿这个项中找到位置;人们能够看到这个项也将确定在父亲这个项,乃至引诱这个项。"这甚至是拉普朗什与彭塔利斯对苏珊·伊萨克的论文《幻象的本性与功能》(Nature et function du phantasme,载《精神分析的发展》)提出的批评的要点:苏珊·伊萨克在以冲动作为幻象的模型时给主体赋予一种被规定的能动位置,即便能动转变为被动,被动转变为能动。他们对此反驳道:"只要从并入(incorporation)的幻象中辨认出吃与被吃的等价就够了吗? 只要主体位置的理念被维持着,即便主体在其位置上是钝化的,我们就触及最基本的幻象的结构吗?"

两者的综合。毋容置疑的是弗洛伊德仍然束缚于这样一种"黑格尔式的"视角,正如人们在语言领域中从一篇论那些具有矛盾意义的原始词(mots primitifs)的论文所看到的那样。① 事实上,对能动与被动的超越以及与之相应的自我解体不会发生在一个无限的或反思的主体性的方向上。超越能动与被动的不是代词,而是结果——能动与被动的结果、表面效应或事件。出现在幻象中的是自我向着表面敞开并解放自我所束缚的、非宇宙的、无人称的和前个体的奇异性所经由的运动。在字面上,这种运动就像孢子一样释放出奇异性,并在这种释放中发生爆裂。应该在这一意义上解释"中性的能量"这个词组:"中性的"因此是指前个体的和无人称的,但并不形容一种要重返无基底的能量的状态,反而诉诸通过自恋式的创伤从自

---

① 关于对立物的颠倒与反对自我的翻转之间的联系,及在这一点上关于代词的价值,可参见弗洛伊德的《冲动及其命运》(*Les Pulsions et leurs destins*),载《元心理学》(*Métapsychologie*)。

弗洛伊德有关原始词中的对立意义的文章遭到本维尼斯特的批评(《评弗洛伊德发现中的语言功能》[Remarques sur la function du langage dans la découverte freudienne],载《普通语言学问题》[*Problèmes de linguistique générale*]),本维尼斯特指出语言(langue)极可能不包含这样或那样的范畴,但也不能给后者提供矛盾性的表达。(然而,在阅读本维尼斯特的著作时,人们感觉到语言[langue]必然混淆于理性化的纯粹过程;语言[langage]无论如何不都牵涉着与它的明显组织相关的悖论性步骤吗?即便这些步骤决不被简化为对立物的认同。)

我中解放的奇异性。这种中性，就是说奇异性被一个在表面上被分解或被吸收的自我发射或者毋宁说恢复所经由的这种运动，本质上属于幻象："一个孩子被殴打"便是这样的情况（根据拉普朗什和彭塔历斯所援引的例子，抑或还有"父亲引诱女儿"的情况）。因此，自我的个体性与幻象本身的事件混淆起来；哪怕是幻象之中被再现的事件被理解为另一个个体，或更确切地说被理解为解体的自我所经过的其他一些个体的系列。幻象这样就离不开它上演的骰子一掷或偶然情况。而且，著名的**语法转换**（例如史瑞伯庭长的语法转换，或者施虐症或窥阴癖的语法转换）每次都突出那些在析取之中被分布的奇异性的假定，在每种情况下都突出所有在事件之中沟通的奇异性，而所有事件都沟通为一个事件，就如同一次投掷行为中所发生的骰子的投掷一样。我们在此藉由那些标志实证性间距的奇异性重新找到对实证性间距原则的说明，并且重新找到对析取综合（而非矛盾综合）的肯定性运用的说明。

3. 如果幻象固有的发展在一组语法转化中被表达出来，那并非巧合。事件-幻象区别于与之相应的事物状态，无论事物状态是实在的还是可能的；幻象根据事件的本质再现事件，即作为一种区别于能动、被动与事物状态性质的意识相关项的属性。但幻象也再现着另一个具有同样本质的方面，据此，事件是命题的可表达者(弗洛伊德在叙述幻觉材料——例如在对父母交媾的再现中——与"言语影像"[images verbales]具有亲缘关系时突出的东西)。还是在这一点上,并不是说幻象被述说或被意指;事件呈现出与表达它的诸命题之间的差异,与它发生后的事物状态之间的差异一样多。总之,事件并不存在于一个至少是可能的命题之外,即便这个命题具有悖论或无意义的全部特点;而且事件持存于命题的特殊元素之中。这个元素是动词,而且是不定式动词。幻象与不定式动词是不可分的,并由此证实纯粹事件。但是,根据表达与被表达者之间、表达者的外部性与被表达者的内部性之间,如同其显现在语言中出现的动词与如同其在存在中持有的动词之间的复杂关系与联系,我们应该构想出这样一种不定式——它尚未深陷于语法规定性的运作之中,不仅独立于任何人称,而且还独立于任何时态、任何语式和任何语态(能动的、被动的或自反的);这对于纯粹事件而言是中性的不定式,即**间距**、**艾翁**,它再现所有可能命题的超-命题或与语言相对应的所有本体论的问题和疑问。正是基于这一纯粹的、未被规定的不定式,语态、语式、时态与人称才得以产生,在析取中被产生的每个项都在幻象的内部再现奇点的可变组合,并在这些奇异性周围为特定的问题构造解答情况——诞生的问题、性别差异的问题、死亡的问题……在一篇短文中,露西·伊利格瑞

(Luce Irigaray)在突出幻象与不定式动词之间的本质性关系之后分析这样一种发生的各个案例:一旦不定式被规定在幻象之中("活着""吸收""给予"便是如此),她就会考虑什么是主体-对象连接的类型、能动-被动合取的类型、肯定-否定析取的类型、这些动词中的每一个能够进行的时态化的类型(例如"活着"有一个主体,但这个主体不是施动者,也不具有分化的对象)。因此,她能够将这些动词按一种从最少规定到最多规定的顺序进行分类,好似一个一般的、被假定为纯粹的不定式根据形式上的语法关系的分化而逐渐被明确。① 正是这样,艾翁才在那些分布在其不定式的线上的奇异性的层级上布满事件。我们已尝试以类似的方式指出动词从纯粹不定式(向着疑问本身敞开)走向直陈式现在时(被关闭在事物状态或解答情况的指称上):前者开启和展开命题环,后者关闭命题环,而且这两者之间,所有的元音化、情态化、时态化、人称化都被展开,连同每种情况特有的、根据一种

---

① 露西·伊利格瑞,《论幻象与动词》,《弓》,第 34 期,1968 年。这样一种尝试显然应该依赖一种有关语法关系在动词(语态、语式、时态、人称)中的语言学发生。作为这样一些发生的例子,人们将回想起古斯塔夫·纪尧姆《法语变位系统中的时间分期与时间层级》[*Époques et niveaux temporels dans le système de la conjugaison française*])以及达穆雷特(Damourette)与皮雄(Pichon)《论法语语法》[*Essai de grammaire française*],第 5 卷)所阐述的发生。皮雄本人着重指出了这样一些研究对于病理学的重要性。

一般化的语法的"视角主义"所进行的转换。

但因此有一项更简单的任务非做不可,即规定幻象的诞生点,并由此规定它与语言的实在关系。这个疑问在其关涉到"幻象"一词的用法的范围内是唯名论的或术语学的。但它也着手其他事情,因为它相关于这样的时刻来确定这种用法:这个时刻被认为使这种用法在动态发生的过程中成为可能。例如,苏珊·伊萨克在梅兰妮·克莱因之后就已经使用"幻象"一词来表示与在分裂位态中、在性冲动与食欲密切相关的时刻被内摄和被投射的那些内在对象的关系;从此,幻象必然只与语言具有一种间接的与延误的关系,而且当幻象随后被用语言表达时,这也必然与现成的语法形式保持一致。① 拉普朗什与彭塔利斯以自体性欲赋予幻象以根据,并将幻象与性冲动摆脱饮食模型和抛弃"任何自然对象"的时刻联系起来(由此就有了他们赋予代词的重要性与他们在主体的未确定的位置上赋予语法转换本身的意义)。梅兰妮·克莱因最后做出了一个重要评论,尽管她对"幻象"一词使用得太过宽泛:她经常说符号论(symbolisme)是任何幻象的根基,幻象式的生命的展开会被分裂位态和抑郁位态的持续所阻止。的确,我们觉得,幻象严格

---

① 苏珊·伊萨克,《幻象的本性与功能》,载《精神分析的发展》,第 85 页及其后。

来说只会从次级自恋的自我中,与自恋式的创伤一起,与随之而来的中立化、象征化与升华一起,才找到它的起源。在这个意义上,幻象不仅与语法转换不可分,而且与作为这些转换的理念性材料的中性不定式不可分。幻象是一种表面的现象,当然更是一种在表面的展开中的某个时刻形成的现象。因此,我们更喜欢用拟像这个词来指称深层的对象(它们已经不再是"自然对象")以及与它们相应的生成和对显示它们的特征的颠倒。我们更喜欢用偶像这个词来指称高处的对象及其冒险。我们更喜欢用影像这个词来指称与物体性的部分表面相关的东西,包括它们的菲勒斯式的连接(好意)的最初问题在内。

# 悖论系列 31　思维

　　人们经常强调幻象的极端流动性、它的"转移"能力,有点儿像伊壁鸠鲁学派的、灵活穿过大气层的包膜与流溢。与这种能力有关的是两个基本特点:一方面,幻象如此轻易地跨过心理系统之间的间距,从意识到无意识,反之亦然;从夜间梦到白日梦;从内部到外部,反之亦然;好像幻象本身属于一个操纵和连接意识与无意识的表面,属于一条在两个面上汇集与分配内部与外部的线;另一方面,幻象如此恰当地转回它自己的起源,作为"原始的幻象",它如此恰当地融合幻象的起源(就是说一个疑问,有关出生、性、性别、死亡的起源……)[①]。这是因为幻象离不开移位、展开,而它在发展中引起它自己的起源;而且我们前面的问题"幻象严格地说从哪里开始?"已经意味着另一个问题:"幻象向何处去?它将它的开端带向何处?"

---

　　①　参见拉普朗什和彭塔利斯的《原始的幻象、诸起源的诸幻象、幻象的起源》(载《现代》第 215 期,1964 年,第 1853 页)、《精神分析辞汇》(第 158—159 页)。

没有什么东西像幻象一样被确定方向；没有什么东西也同样确定自身。

幻象的开端，我们已尝试将其规定为自恋式的创伤或阉割的轨迹。事实上，按照事件的本性，一种与能动本身截然不同的能动的结果正出现于此。（俄狄浦斯情结的）意图就是修复它自己的形而下表面，使之出现，并对其进行连接；但所有这一切，连同自恋式的力比多和作为表面投射的菲勒斯，还属于**影像**的领域。结果便是阉割母亲与被阉割、杀死父亲与被杀死，连同菲勒斯的线向阉割的轨迹的转换与所有影像的相应的消失（母亲-世界、父亲-神、自我-菲勒斯）。但如果人们这样促使幻象基于某种结果开启，那么这种结果显然为了自身发展而要求一种与身体表面不同类型的表面，而各种影像根据它们自己的法则在身体表面上展开自身（从部分带到生殖连接）。这种结果将只在第二屏幕上展开，因此，幻象的开启也许只在别处才会有后果。阉割的轨迹并不自行建构、勾画这一别处或这另一表面：它一直只牵涉着身体的形而下表面，似乎使后者丧失信誉，只为了后者所避免的深度和高度的利益。这就是说开端真是处于虚空之中，被悬置在虚空之中。它是"外部"（with-out）。开端的悖论性处境在此就是：开端本身一方面是结果，另一方面开端仍处于它使之开始的东西的外部。如果阉割同时只把自恋式的力比多变成去性化的能量，那么这种处境可能就没有出路。正是这种中性的或去性化的能量才建构第二屏幕,即脑表面或形而上表面,幻象将在这种表面上展开,将重新开始于现在每一步都伴随幻象的开端,将奔向它自己的目标,将再现那些作为在第二级上唯一且相同的**结果**的纯粹事件。

因此要有一次跳跃。阉割的痕迹作为致死的沟裂变成这种也许突出思考的无能为力的思维裂痕,但也变成思维投注它的新表面所由之开始的线与点。而且,只因为阉割可以说是居于两种表面之间,所以阉割如果还没有引起它的从属的一半、没有以某种方式将性的整个身体表面抑制或投射在思维的形而上表面上,就不会遭受这种蜕变。幻象的程式是:借助于阉割从性化的对子到达思维。如果深度的思考者真是独身的、抑郁的思考者真梦见失去的婚约,那么表面的思考者是已婚的,或者思考对子的"问题"。没有人像克罗索夫斯基一样懂得如何清理幻象的这种缓慢前进,因为幻象是他全部作品的缓慢前进。在表面上奇怪的措辞中,克罗索夫斯基写道:他的问题是要知道一对配偶如何不管孩子就能进行"自我投射",就像人们能在一出心理戏剧中从对子到以对子方式确立的思维,从性别差异到构成思维的强度差异,即为思维标出其能量的零点但思维也由之开始投注新表面的初始强度。[①] 他的问题一直是通过阉割提取出对子的思维，以便通过裂缝引起一种思维配对。而且，克罗索夫斯基的对子罗伯特-奥克塔夫以另一种方式在马尔科姆·劳瑞的对子和菲茨杰拉德的最终对子（精神分裂症患者与酗酒者）找到对应者。这是因为不仅性表面的集合（部分与整体）被迫将自身投射在思维的形而上表面上，而且深度及其对象、高度及其现象亦是如此。幻象掉头转向它依然处于它的外部的开端（阉割）；但因为这种开端本身就是结果，所以幻象也转向开端由之产生的东西（身体表面的性征）；最终，幻象逐渐地转向一切都由之来源的绝对起源（深度）。现在似乎一切——性、口欲性、肛门性欲——都在新表面上接受一种新形式，新表面不仅复原和融合影像，而且甚至复原和融合偶像、拟像。

但复原、融合是什么意思？我们以升华来命名阉割的轨迹变成思维线所经由的运作，因此也以升华命名性表面和剩余部分投射在思维表面上所经由的运作。我们以象征化来命名思维以它自己的能量来重新投注所发生的一切和投射在它的表面之上所经由的运作。象征显然与被象征物一样是不可化约的，升华与被升华物一样是不可化约的。很久以前，在一种

---

[①] 克罗索夫斯基，《好客的法则》的"告读者"与后记，伽利玛出版社，1965年。

介于阉割的创伤与思维构成的裂缝、性征与思维本身之间的假设关系中不再有任何滑稽可笑的东西。在思考者经过的强迫症道路上不再有任何滑稽可笑的（悲伤的）东西。问题不在于因果关系，而在于地理学和拓扑学。这并不意味着思维考虑性，也不意味着思考者考虑婚姻。正是思维才是性的化身，思考者才是对子的化身。从对子到思维，但思维重新把对子当作二元与配对来重新投注。从阉割到思维，但思维把阉割当作脑裂缝、抽象线来重新投注。恰好幻象要从具象到抽象；幻象始于具象，但应在抽象中继续进行。幻象是非物体的建构过程，是抽取一点儿思维、在裂缝的边缘分布潜能的差异、使脑区域发生极化的机器。与此同时，幻象掉头转向它的外部开端（致死的阉割），幻象不断地重新开启它的内部开端（去性化的运动）。正因为此，幻象才具有使外部与内部建立联系并将两者在单一的一侧连接起来的特性。因此，幻象是永恒回归的场所。幻象不断地摹仿思维的诞生，不断地重启在导致这一诞生的生者之上被捕获的去性化、升华、象征化。而且，如没有这种内在的重启，幻象就不会融合它另一种内在的开端。危险显然是幻象再次遭遇最贫乏的思维，即"关于"性的白日梦的稚气与重复，每次幻象都缺乏冲力且错失跳跃，就是说每次幻象都再次陷入两种表面的中间。但幻象的荣耀之路是普鲁斯特指出来的，从"我将娶阿尔贝蒂娜吗?"的疑问到有待完成的艺术作品的问题——基于性化的配偶来启动思辨性的配对、折回神创之路。为什么是荣耀？当思维以它去性化的力量投注（或再投注）那投射在它的表面之上的东西时,变形是关于什么的？答案是：思维由此以**事件**为幌子进行投注（或再投注）：以事件应该被称作不可实现的那个部分,只因为事件来自于思维,它只能通过思维才被实现,而且只有在思维中才实现自身。于是就出现了侵犯与贪食,它们超越物体深处发生的一切；出现了欲望、爱欲、交尾与交媾、意图,它们超越发生在物体表面的一切；出现了无能为力与死亡,它们超越那能够突然发生的一切。这是作为实体向思维求助的与只有思维才能投注的事件的非物体性荣耀,即**超-存在**。

结果一摆脱、区别于它由之产生的能动与被动、它在其中被实现的物体,我们表现得就像有人可能谈论事件一样。这是不准确的,应该期待第二屏幕,即形而上表面。以前只有拟像、偶像、影像,但没有作为事件之再现的幻象。纯粹事件是结果,但是二级结果。确实,幻象在它自己的运动的重启中重新融入、重新开始一切。但一切都发生了改变。不是食物变成了精神食粮、交媾变成了精神姿态。但每次都是傲慢的、引人注目的动词显示出来,它区别于事物与物体、事物状态与它们的质性、它们的能动与被动：就像不同于树及其绿色的动词变绿（verdoyer）、不同于食物及其可消费的质性的吃（被吃）、不同于身体及其性别的交配——永恒真理。总之，变形就是非实存的实体之于每种事物状态的释放，就是不定式之于每种物体与质、每个主项与谓项、每个能动与被动的释放。变形（升华与象征化）对于每个事物而言就在于某个事物的释放，这某个事物同时是它的意向相关项的属性与意向活动的可表达者，是永恒真理、飞过和俯瞰物体的意义。唯有在此，死亡与杀死、阉割与被阉割、修复与使出现、伤害与退隐、吞食与被吞食、内摄与投射才在转换它们和它们的不定式在其上被提取的形而上表面上变成纯粹事件。而且，所有事件、所有动词、所有这些属性-可表达者都在这种提取过程中、为了同一种表达它们的语言、在它们被思考的同一种"存在"下互通为一。而且，就像幻象在纯粹事件的这种新平面上、在未被实现的东西的这个象征的或升华的部分中重启一切一样，幻象也从这个部分中获得某种引导它实现和复制这个部分、支配它的具体的反实现的力量。因为事件的确与适合有耐心的思考者的意志与自由一起被铭记在肉体、身体之中，只是根据包含着它们的秘密的非物体性部分，即原则、真理与目的、准因。

因此，阉割在产生它的东西与它使之开始的东西之间具有一种极其特殊的处境。但这不仅仅是处于虚空之中的、居于性的身体表面与思维的形而上表面之间的阉割。况且,正是整个性表面才居于身体的深处与形而上表面之间。在一个方向上,性征能够抑制一切:阉割反过来影响着它从中产生的和它通过它的轨迹所隶属的性表面;它打碎这个表面,使它重新连接深度的碎块,进而它阻止任何成功的升华、形而上表面的任何展开,并导致非物体性裂缝在物体的最深处被实现,并与深度的**分裂**混淆起来,而且导致思维坍塌在它的无力点上、它的冲蚀线上。但在另一个方向上,性能够投射一切:阉割预兆着它使之开启的与它已经通过它释放的去性化的能量而隶属的形而上表面;它不仅将性维度而且将深度与高度上的其他一些维度投射在铭记它们的变形的形式的这个新表面上。第一个方向应被规定为精神病的方向,第二个方向应被规定为成功的升华的方向,而且在这两者之间是体现在俄狄浦斯情结和阉割的模糊特点之中的整个神经症。死亡亦是如此:自恋式的自我从两个方面、根据布朗肖所描述的两种形态看待死亡:一是有人称的、在场的死亡,它肢解和"驳斥"自我,使自我遭受来自深层的毁灭性冲动以及来自外部的打击;但还有无人称的、不定式的死亡,它"排遣"自我,使自我放出它所扣留的奇异性,在"人人"死亡的、人人不会中止也不会停止死亡的另一个表面上将自我提升到死亡本能上。生物心理学意义上的任何生命都是一个有关维度、投射、轴线、旋转、折叠的疑问。人们将去往何方？一切要从哪一侧跌倒、折叠或展开？身体的性感带已经在性表面上开始了一场战斗，即被认为要由生殖带裁判、平定的战斗。但生殖带本身在物种与整个人类的范围内是一场更大规模的战斗的过渡场所：嘴与脑的战斗。嘴不仅作为表面的口欲带，而且作为深层的器官，作为肛门-嘴（内摄和投射所有碎块的藏污处）；脑不仅作为身体器官，而且作为另一个表面的诱导物，这另一个表面是不可见的、非身体性的、形而上学的，所有事件都在这一表面上被铭记和被象征。① 正是在这种嘴与这种脑之间，一切才会发生、

---

① 正是埃德蒙·佩里耶（Edmond Perrier）才从演化论的视角创造出一种极其精彩的"嘴与脑冲突"理论：他指出脊椎动物身上的神经系统的发育如何导致嘴末端取代嘴在环节蠕形动物身上的位置。他构思出姿态（attitude）的概念来解释位置与维度的这些定位、这些变化。他使用一种承继于若夫华·圣伊莱尔（Geoffroy Saint-Hilaire）的方法，即以复杂方式把空间与时间组合起来的完美折叠的方法。参见《动物领域的门的起源》（L'Origine des embranchement du règne animal），《科学》（Scientia），1918 年 5 月。

脑的生物学理论一直考虑它的基本上是表面的特点（外胚层的起源、表面的本性与功能）。弗洛伊德在《超越快乐原则》第 4 章中回顾了这一点，并从中获益良多。现代研究用一种拓扑学空间强调了投射的皮层区："投射事实上将一种欧几里得空间转换成拓扑学空间，以致于皮层不可能以欧几里得方式被再现。必要时，不应该就皮层谈论投射，尽管在几何意义上有针对小领（转下页）

踯躅与定位。只有脑的胜利(如果它发生)会解放说话的嘴,将嘴从排泄的食物和退隐的声音中解放出来,而且一劳永逸地用所有可能的言语喂养嘴。

---

(接上页)域的术语'投射';应该说:从欧几里得空间向拓扑空间的转变",一个间接的关系系统由此恢复欧几里得的结构(西蒙东著,《个体及其生物物理学的发生》,第 262 页)。正是在这个意义上,我们才谈论一种从形而下表面到形而上表面的转变,或一种通过形而下表面对形而上表面的归纳。我们因此能辨别脑表面与形而上表面;关键与其说是使形而上表面物质化,倒不是说遵循着脑本身的投射、转变、归纳。

# 悖论系列 32　论系列的不同种类

梅兰妮·克莱因注意到,在症状与升华之间应该有一个与较不成功的升华的情况对应的中间系列。但整个性就已独自是一种"较不成功的"升华:它处于身体深处的症状与非身体表面的升华的中间,并正好在这种中间的状态中、在它自己的中间表面上被组织成系列。深度本身未被组织成系列;它的对象的分割和它与被分割的对象相对立的身体的未被分化的完满性一样,阻止它发生在虚空中。一方面,深度呈现共存的聚块、无器官身体或不连贯的词语;另一方面,深度呈现部分对象的序列,部分对象之间只是被可分开的与可分块的、可内摄的与可投射的、爆裂与导致爆裂的共有特性才联系起来(这样便有了著名的序列:乳房-食物-粪便-阴茎-孩子)。这两个层面——序列与整块——再现着深层的移位与凝缩在分裂位态中分别采取的形式。系列正是以性(即性冲动的释放)才开始,因为系列的形式是表面的组织。

然而,在我们前面考虑过的性的不同时刻中,我们应该区分截然不同的序列的种类。第一是性成熟前的性征中的性感带:每个性感带都被组织成一个围绕着奇异性进行收敛的系列,这种奇异性常常被由黏膜环绕的开口所再现。系列的形式在表面的性感带中被创立,只要后者被奇异性的广延所界定,或者同样的东西被具有最大值与最小值的潜能或强度的差异的分布所界定(系列停止在取决于另一个系列的各种点周围)。性感带上的系列形式因此也被立基于奇点的数学或强度量的物理学之上。但还正是以另一种方式,每个性感带才支撑着一个系列:这次涉及到那些被投射在带上的影像的系列,即那些能够在带上保证自体性欲满足的对象。例如,假设有吮吸的对象或口欲带的影像;每个人就自身而言变得与部分表面的整个范围共存,而且从最大值到最小值穿过、探索它的开口和强度场,反之亦然;这些对象按照它们这样使自己成为同外延的方式将自己组织成系列(例如,其表面通过咀嚼增多的糖果与其表面通过拉伸增多的口香糖),但也根据它们的起源,即根据它们从中被提取的集合(身体的另一个领域、外部人称、外部对象或对象的再生产、玩具等)与它们远离性冲动要摆脱的食物性冲动和毁灭性冲动的原始对象的程度。①在所有这些意义上,与性感带相关的系列似乎具有简单的形式,似乎是同质性的,导致本身可能被收缩的相继的综合,而且无论如何都建立起简单的连接。不过,第二,性感带的菲勒斯式的连接的问题显然要使系列的形式复杂化:毫无疑问,系列彼此延伸,而且围绕着作为投射在生殖带上的影像的菲勒斯进行收敛。这种生殖带本身具有自己的系列。但它与现在归摄异质性的系列的复杂形式不可分,既然连续性或收敛的条件取代同质性;它导致共存与协作的综合,并建立起那些被归摄的系列的合取。

第三,我们知道诸表面的菲勒斯式的连接必然伴随着那些转而针对父母影像的、与俄狄浦斯情结有关的举动。然而,在俄狄浦斯特有的发育中,这些影像为了自身而融入一个或几个系列——一个具有交替项(父亲与母亲)的异质系列,或两个共存系列(母系系列与父系系列):这样便有了受伤害的、被修复的、被阉割的、阉割的母亲,退隐的、被追忆的、被杀害的和杀害的父亲。不仅如此,与俄狄浦斯情结有关的这

---

① 看来对象可能是同一的,例如乳房。它似乎对于不同带而言也可能是同一的,例如手指。尽管如此,人们仍不会把作为内在的部分对象的乳房(吮吸)与作为表面的影像的乳房(轻吮)混淆起来;人们也不会把作为被投射在口欲带上的影像的手指或作为被投射在肛门带上的影像的手指混淆起来,等等。

个或这些系列与性成熟前的系列有关,且与和后者相对应的影像有关,甚至与这些影像从中被提取的集合和人称确立关系。甚至在这种介于不同起源的俄狄浦斯情结的和性成熟前的影像之间的关系中,外部的"对象选择"的条件才得以确定。人们不太可能强调这一新时刻或新关系的重要性,既然"对象选择"激活弗洛伊德的事件理论,或者毋宁说是激活两个事件系列:这种理论首先在于指出创伤至少假设两个独立的、时间上分开的、一个是幼年的而另一个是青春期后的事件,两者之间产生一种共振。在第二种形式下,两个事件宁可被呈现为两个系列,一个是性成熟前的系列,另一个是与俄狄浦斯情结有关的系列,并且将它们的共振呈现为幻象的过程。① 因此,在我们使用的术语中,严格地说,问题不在于事件,而在于两

---

① 我们已经注意到弗洛伊德对"系列"一词的用法,或者是关于他对完整的、具有四个元素的俄狄浦斯情结的阐述(《自我与本我》第 3 章),或者是关于他的对象选择理论("性系列",参见《性学三论》第 3 部分)。

关于两个事件或两个系列的构想,我们将会参考拉普朗什和彭塔利斯的《原始的幻象、诸起源的诸幻象、幻象的起源》(载《现代》第 215 期,1964 年,第 1839—1842、1848—1849 页)的评论。至关重要的是,初始场景即性成熟前的场景(例如在狼人的例子中对一岁半的狼人的性交的观察)不应该这样被理解。正如拉普朗什和彭塔利斯所写道的那样,这是因为初始场景与相应的性成熟前的影像会"在向自体性欲的转变的各时刻的系列中"被弄得支离破碎。

个独立的影像系列,由此**事件**只有通过这两个系列在幻象中的共振才得以解脱。之所以第一个系列并不意味着对成问题的事件的"包含",乃因为它根据性成熟前的部分带的法则被建构,因为只有幻象在它使两个系列一起共振的范围内才会达到这样一种包含,既然有待包含的事件不会区别于共振本身(在这一名义下,事件不会与两个系列中的任何一个混淆起来)。无论如何,关键在于两个独立的、时间上分离的系列的共振。

我们在此面对着系列形式的第三种形态。因为现在被考虑的系列的确是异质的,但完全不再与那些确保这些系列之合取的连续性与收敛的条件相对应。一方面,它们是发散的,且只有在这一条件下才产生共振;另一方面,它们建构那些分叉的析取,且引起析取综合。其理由应该在这种系列形式的两端被探寻。确实,这种系列形式促使各种影像发挥作用;但不管各种影像的异质性如何,从部分带的、性成熟前的影像到与俄狄浦斯情结有关的父母影像,我们认识到它们的共同起源在偶像之中,或在失去的、退隐到高处的好对象之中:首先,正是这种好对象使得一种从深层到部分表面的转变、一种对这些表面以及萦绕这些表面的影像的脱离成为可能;但也正是这种好对象就像好的阴茎一样将菲勒斯以影像的名义投射在生殖带上;最后,正是这种好对象才提供与俄狄浦斯情结有关的父母影像的质料或质性。因此，至少可以说，在此被考虑的系列向着高处的好对象收敛。但事实并非如此：好对象（偶像）只有作为迷失、退隐到这种建构起它的特有维度的高度之中的好对象才会起作用。而且，它因此在所有情况下只作为析取的来源、选项的发送或投掷起作用，因为它本身将突出的高级统一性的秘密卷入它的退隐之中。它早已经以这种方式被确定：受到伤害的-未受伤害的、在场的-缺席的；正是在这一意义上，它从躁郁位态起就强行给自我规定了一种抉择——以它为榜样或者认同坏对象。但不止如此，当它使得各种部分带的展开成为可能时，它只会将它们作为析取的和分开的部分带来赋予根据——以致于它们只有与菲勒斯一起才会找到它们的收敛。当它规定父母的影像时，就是通过重新分解它自己的方面，就是通过在提供与俄狄浦斯情结有关的系列的选项的抉择中重新分配父母的影像，就是通过把父母的影像分为（受到伤害的和使之未受伤害的）母亲的影像与（退隐的和使之在场的）父亲的影像。因此，剩下的只是作为收敛与协同之层级的菲勒斯，但它本身介入俄狄浦斯情结的分解。人们尤其清楚地认识到，它逃避自己的角色，如果人们参照链条的另一端的话，即人们不再参照影像的起源，而是参照影像在俄狄浦斯情结的演化时的共同消失。

因为菲勒斯不断地在它的演化中并在它所勾勒

的线上标记出过剩和匮乏,不断地摆动在两者之间,甚至不断地同时是两者。它基本上是一种过剩,就如同它将自身投射在孩子的生殖带上一样,它要复制孩子的阴茎,且它唤起孩子的与俄狄浦斯情结有关的举动。但当它在这一举动的中心指称阴茎在母亲身上的缺席时,它就是匮乏或不足。正是相关于它自己,在菲勒斯的线与阉割的轨迹混淆起来时和在过度的影像随着带走孩子的阴茎而只不过是指其自身的匮乏时,它才是不足和过剩。没有必要重复菲勒斯的特点,就如同它们被拉康在一些著名的文章中所指出的那样。这就是菲勒斯(悖论性元素或对象＝x),总是缺失它自己的平衡,同时是过剩与不足,从不相等,缺失它自己的相似、同一、起源、位置,总是相关于自身被移位:漂浮的能指与被漂浮的所指、无占有者的位置与无位置的占有者、空格(也通过这一虚空建构一种过剩)与多余的对象(也通过这一多余的量建构一种匮乏)。正是菲勒斯才使我们刚才所谓的性成熟前的和与俄狄浦斯情结有关的两个系列产生共振,但它们也应该接受其他的定性,条件是通过它们所有可能的定性,一个系列被规定是所指的,另一个系列被规定是能指的。① 正是菲勒斯（表面的无意义，如前所述两度是无意义），才将意义分配给两个系列，即将意义作为突然发生在一个系列上的东西与持存于另一个系列中的东西（因此，第一个系列还不意味着对成问题的东西的包含是必然的）进行分布。

但整个问题是：作为对象＝x 的菲勒斯，即作为阉割的施动者的菲勒斯，它以何种方式使系列发生共振？问题完全不再涉及收敛和连续性，就如同我们把性成熟前的系列本身进行考虑时那样，只要尚未受损的菲勒斯将这些系列围绕着生殖带连接起来。现在

---

① 两个系列可能是极其多变的，但它们一直是不连续的。尤其是性成熟前的系列不仅使部分的性感带及其影像起作用，而且使与前-俄狄浦斯情结有关的父母影像起作用，后者以完全不同于它们稍后所是的方式被构造，且按各种带ውᎶ得支离破碎。因此，这个系列必然牵涉着与孩子相关的成人，而孩子却不能"理解"疑问是什么（父母系列）。相反，在第二个系列中，正是孩子或年轻人才表现为成年人（子女系列）。例如，在拉康对鼠人所进行的分析中，总是有很早就感动着孩子并属于家族传说的一部分的父亲系列（债-朋友-富女人-穷女人），而且还有那些被伪装的和被移动的、主体稍后为了自己重新找到的相同项（债扮演着使两个系列发生共振的对象＝x 的角色）。参见雅克·拉康，《神经症的个体神话》(*Le Mythe individuel du névrosé*)，C. D. U. 出版社，1953 年。还可举另一个例子：在普鲁斯特的《追忆逝水年华》中，男主人公体验到一个与他母亲的性成熟前类型有关的爱恋经验的系列；然后他体验到另一个与阿尔贝蒂娜的爱恋经验的系列；但是，性成熟前的系列已经以一种不可理解的或前理解的神秘方式使斯万对奥黛特的爱情的成人模式发挥作用（与表示对象＝x 的《女囚》共同的主题）。

性成熟前的元素与一种对幼年的父母影像的前理解一起形成一个系列;与俄狄浦斯情结有关的系列与以不同形式形成的其他一些父母影像一起是另一个系列。两个系列是不连续的、发散的。菲勒斯不再完全保证一种收敛作用,但反而作为过剩-不足为发散系列本身确保一种共振作用。因为,不管两个系列是多么地相似,它们产生共振并不完全是通过它们的相似,反而是通过它们的差异,因为差异每次都被各个项的相对移位所调节,且这种移位本身被对象=x在两个系列之中的绝对移位所调节。至少在它的起点,幻象不是另一个事物:它是两个独立的性系列之间的内部共振,只要这种共振预备着事件的出现并宣告它的内涵。因此,系列的形式在其第三种类上呈现为一种不可化约为前述形式的形式:它是异质系列的析取的综合,既然异质系列现在是发散的;但它也是析取的实证的和肯定的用法(不再是否定的和限定的用法),因为发散的系列本身就产生共振;而且它是这些系列的连续的分叉,根据不断移位并穿过它们的对象=x。① 如果我们考虑全部三个系列的种类,即单一系列上的连接综合、收敛的合取综合、共振的析取综合,那么我们看到第三种系列在析取触及其实证的、

---

① 相反,在链条的开端,当析取只与抑郁位态的好对象相关时,析取综合就只具有一种限定的和否定的用法。

肯定的用法的范围内显示为其他系列的真相与目的；各种带的合取因此令人看见那已经呈现在它总体协调的系列之中的发散，而带的连接令人看到细节的多重性，它已经将其包含在它表面上令其同质化的系列之中。

语言的性起源理论（斯佩伯[Sperber]）很著名。但更确切地说，我们应该考虑作为中间状态的性位态，而且鉴于它在它的不同方面（性感带、菲勒斯阶段、阉割情结）产生各种类型的系列：它产生的影响是什么？它们对声音的动态发生与演变产生的影响是什么？不仅如此，某种语言状态本身不是被系列的组织所假设吗？如前所述，从分裂位态到抑郁位态的第一个发生阶段是从噪音走向声音：从作为深处身体的质性、能动与被动的噪音到作为高度之层级的声音，后者退隐到这类高度之中，以预先实存的或者毋宁说将自身设定为预先实存的东西的名义来表达自身。而且，孩子当然接触的是一种他还不能作为语言，但只作为声音、作为已经谈论他的家庭嘈杂声来把握的语言。这个因素对于评估以下事实具有巨大影响：在性系列中，某种东西在被理解之前就开始被掌握、被预感；因为这种前-理解与那已经在那里被设定的东西有关。因此，我们问什么在语言中与动态发生的第二个阶段相对应，什么确立性位态的不同方面——且什么仍被性位态的不同方面所确立。尽管拉康的工作在完全革新性与语言的关系的一般问题时具有极其广泛的影响,但也包含着一些应用于这第二阶段的复杂性的迹象——他的一些门徒以原初方式追随和发展的迹象。如果孩子接触到一种预先实存的、他尚不能理解的语言,那么也许他反而会抓住我们在我们所掌握的语言中不再知道如何把握的东西:音位关系、音位的微分关系。① 人们经常察觉到孩子对母语的音位差别的极端敏感性和他对属于另一个系统的、有时值得进一步考虑的变动的不感兴趣。这甚至是给每个系统提供循环形式和合理地追溯既往的运动的东西,因为音位取决于词素与义素,反之亦然。的确,这一点正是孩子在抑郁位态结束时从声音中抽取的:一种在对成形的语言单位的任何理解之前对形成元素的学习期。在来自高处的、连续的声音流之中,孩子划分不同秩序的元素,哪怕给它们赋予一种还是语言前期的、与性位态的整体和不同方面相关的功能。

尽管三种元素循环运行,但使每个元素都与性位

---

① 参见罗伯特·普约尔(Robert Pujol),《幻象的理论研究方式》《精神分析》,第 8 期,第 20 页);基本的统一,音位在与另一个音位的关系中发挥功能的范围内"逃避成人,只要他的理解力从此以后专注于音色中渗出的意义,而不再专注于音色本身。我们设定不会说话的主体不会以这种耳朵来理解这一点,而且他只是对能指链的音位对立敏感……"。

态的一个方面相对应是诱人的,好像循环的轮子以不同方式停了三次。但人们在何种程度上可这样将音位与性感带、词素与菲勒斯阶段、义素与俄狄浦斯情结的演化和阉割情结联系起来? 至于第一点,塞尔日·勒克莱尔新近出版的著作《进行精神分析》(*Psychanalyser*)提出了一个极其有趣的论题:性感带(即身体的力比多运动,只要它在区别于保存与毁灭的冲动时发生在表面上)可能本质上被一个同时勾勒其界限和归摄其满足影像或对象的"字母"所标记。"字母"在这里所指的意思是丝毫不假设语言的掌握,更别说一种对书写的拥有:关键在于一种与显示出性感带特点的强度差异有关的音位差异。不过,勒克莱尔援引的确切例子,即狼人例子中的字母 V 的例子,它似乎并不通往这个方向:确实,这例子中的字母 V 毋宁说标示出一种极其一般的、为几个带共有的开启运动(张开眼睛、耳朵、嘴),且蕴含着几个戏剧场景,而不蕴含满足对象。[①] 那么我们应该理解下述这一点吗? 在音位本身是一组区别特征或微分关系的情况下,每个带毋宁说类似于这些特征中的一种特征,而这种特征在与另一个带的关系中规定每个带。因此,可能有理由来解释一种基于音位学的、关于身体

---

① 塞尔日·勒克莱尔著,《进行精神分析》,瑟伊出版社,1968年,尤其参见该书第 90—95 页。

的新纹章学；口欲带必然发挥着一种基本特权，只要孩子在他从声音中提取音位的同时开始主动学习音位。

总之，只有发生各种带的总体整合，或者还发生成组序列、音位进入更复杂的元素——语言学家有时所谓的"连续实体的串联"，口欲带才会继续它在语言习得中的自由、进展。我们在此遭逢第二点，并与它一起遭逢菲勒斯式的连接的问题，后者作为性位态的第二个方面。正是在这个意义上，勒克莱尔才将完整身体的表面界定为字母的集合或序列，因为菲勒斯的影像确保字母的收敛或连续性。因此，我们发现我们自己进入一个新领域：问题完全不是前述音位的简单相加，而是初期的秘传词的建构，这些秘传词将各个音位整合进异质的、收敛的和连续的系列的合取综合之中——因此整合进勒克莱尔所分析的例子（孩子自己取的秘密名字 Poord'jeli）之中。的确在这个层次上，我们觉得秘传词完全不发挥发音的音位或发音元素的作用，而是发挥着由合取特征所再现的语法建构的词素或元素的作用。秘传词诉诸作为连接层级的菲勒斯。只是接下来，这样的秘传词才获得另一种价值、另一种功能：既然合取本身形成一个完整的系列，那么这个系列就与另一个这次是发散的和独立的系列建立起共振关系（莉莉的俊俏身体）。新系列与性位态的第三个方面相对应，伴随着与俄狄浦斯情结相关的发育、阉割情结和与变成对象＝x 的菲勒斯同时发生的转换。那么，且只是那么，秘传词本身在它引起两个系列的析取综合（性成熟前的系列和与俄狄浦斯情结有关的系列、主体的专名的系列与莉莉的专名的系列）、使两个发散的系列本身产生共振并使它们分叉的范围内变成混合词。① 整个秘传词现在按照拉康的论题发挥着义素的作用，根据拉康的论题，俄狄浦斯与阉割的菲勒斯是一个如果不会突然发生在先前系列就不会激活相应系列的能指，它也流传在先

---

① 关于 Poord'jeli 一词，它的第一个方面或它所归摄的第一个系列，参见塞尔日·勒克莱尔的《进行精神分析》第 112—115 页，关于第二个方面或第二个系列参见该书第 151—153 页。勒克莱尔恰当地强调了首先就其自身考虑第一方面的必要性，却尚未讨论那只会与第二个方面一起突然发生的意义。在这一点上，他令我们想起拉康的一条本质性规则，即不要急于从过早表现意义的系列的混合中消除无意义。此外，有待做出的区别属于几个领域；不仅在那些属于性表面的系列之间，而且还在表面系列与深度序列之间。例如，与性感带相关的音位以及与它们的连接相关的复杂词可以在精神分裂症中分别与爆破词的字面意义和方块词（motbloc）的重读意义（器官-字母与发音不清的词）混合在一起。然而，在这种情况下，表面组织与其所避免的深层秩序、表面的无意义与亚意义之间只有一种遥不可及的对应。勒克莱尔本人在另一篇文章中提供了一个属于这种类型的例子：例如有 kroq 类型的深层的口腔声音；它完全不同于 croque 的动词再现。后者必然属于一个与口欲带相连的、可与其他一些系列结合的表面系列，而前者融入一个"croque, trotte, crotte"类型的分裂序列（参见《关于精神分析对象的笔记》（Note sur l'objet de la psychanalyse），《精神分析手册》，第 2 期，第 165 页）。

前的系列中,因为它"通过它的能指的在场来规定所指的效应"。因此,我们从音位的字母走向作为词素的秘传词,然后从作为词素的秘传词走向作为义素的混合词。

从深处的分裂位态到高处的抑郁位态,人们从各种噪音转向声音。但是,人们与表面的性位态一起从声音转向言语。这是因为性的形而下表面的组织具有三个时刻,它们产生三种综合或系列:性感带与对同质系列有影响的连接综合;各种带的菲勒斯式的连接与对异质但收敛且连续的系列有影响的合取综合;与俄狄浦斯情结有关的演化、从菲勒斯式的线向阉割的轨迹的转化与对发散的和共振的系列有影响的析取综合。不过,这些系列或这些时刻规定着语言的三种形成元素——音素、词素与义素,就如同在循环的反作用中它们被这三种形成元素所规定一样。然而,还不存在语言,我们还处在前语言领域之中。这是因为这些元素不会被组织成那些能够指称事物、表示人称与意指概念的成形的语言单位。[①] 这些元素甚至因此还不具有除了性指涉之外的其他指涉,好像孩子就他自己的身体学会说话,因为音素诉诸性感带,词素诉诸连接的菲勒斯,义素诉诸阉割的菲勒斯。这种

---

① 相反,高处的声音掌握着指称、表示和意指,却没有那些被分配且迷失在简单的语调中的形成元素。

272　诉诸不应被解释为指称（音素不会"指称"性感带）、表示，甚至也不应被解释为意指：在声音和性的双重方面下或如其所愿是在共振与镜子的双重方面下，问题在于一种"限定的-被限定的"情结，在于一种表面效应。正是在这个层面上，言语开始了：当语言的形成元素在表面上从来自高处的声音流中被抽取时，言语开始了。这便是言语的悖论，一方面言语诉诸语言就如同诉诸退隐的、在高处的声音中预先实存的某物一样，另一方面言语诉诸语言就如同诉诸必须产生结果的某物，但后者只会与成形的单位一起突然发生。言语从不等同于语言。言语还期待着结果，就是说将使有效的事件形成。言语掌握着形成元素，但没产生任何效果，而且言语所讲述的历史，即性的历史，只是它本身或它自己的替身而已。因此，我们还尚不处于意义的领域之中。深层的噪音是一种亚意义、次意义、潜意义；高处的声音是一种前意义。现在人们能够凭借表面的组织相信无意义已触及到它变成意义、取得意义的这个点：作为对象＝x的菲勒斯难道真不是表面的这种无意义吗？这种无意义将意义分配给它所穿过、分叉且使之共振的各系列，它将其中的一个系列规定为能指的，将另一个系列规定为所指的。但我们心中回荡着方法的建议、规则：别急忙减少无意义，别急忙给它赋予意义。无意义与意义一起保存它的秘密，且以它得以产生意义的真正方式。形而下表面的组织还尚不是意义；它是或者毋宁说将是共意义（co-sens）。就是说，当意义将在另一个表面上被产生时，还将会有这种意义。根据弗洛伊德的二元论，性是还——且到处与时时——是的东西。按照表面的双重性的法则，如其意义还不是性的，那就啥也没有。还应该期待这种不会结束的结果，即这另一种表面，以便性形成它的伴生物（意义的共意义），以便人们可能说"到处"（partout）、"一贯"（de tout temps）、"永恒真理"。

# 悖论系列33 爱丽丝的奇遇

我们在刘易斯·卡罗尔的著作中碰到的三类秘传词对应着三种系列:"无法发音的单音节词",它引起一个系列的连接综合;"phlizz"或"蛇鳖",保证两个系列的收敛和引起两个系列的合取综合;然后是混合词、"炸脖龙"、词=x,人们发现它已经在其他两种秘传词中起作用,且它引起发散系列的析取综合,因为它使发散系列产生共振和使发散系列本身分叉。但我们在这种组织之下发现了哪些冒险?

《爱丽丝奇境历险记》有三个以地点变化为标志的部分。第一部分(第1—3章)始于爱丽丝没完没了的跌落,完全沉浸在深度的类精神分裂症的元素之中。一切是食物、粪便、拟像、内部的部分对象、有毒的混合物。当爱丽丝本人变小时,她是这些物品之一种;当她变大时她就混同于它们的贮藏所。人们经常强调这个部分有关口欲、肛门、尿道的特征。但第二部分(第4—7章)似乎真就显示出定位的变化。无疑凭藉着革新的力量还有爱丽丝所塞满的房屋的主题,她阻止三月野兔进入其中,而且粗暴地把蜥蜴驱逐出去(孩子-阴茎-粪便的类精神分裂症的序列)。但人们注意到大量的改变:首先,正是在当时她太大的情况下,爱丽丝才发挥内部对象的作用。不止如此,变大和变小不仅仅相关于一个有深度的第三项发生(在第一个部分是被碰到的钥匙或经过的门),而且自在自为地、彼此相关地发挥作用,即它们在高度上发挥作用。那里发生了变化,刘易斯·卡罗尔煞费苦心地让我们注意到这一点,因为当时只有喝东西才促使变大,且只有吃东西才会变小(与第一部分情况相反)。而且,特别是,使变大和变小基于同一个对象被连接起来,即将抉择建立在自己的圆形之上的蘑菇(第5章)。显然,只有模糊的蘑菇取代一个好对象(被明确呈现为有高度的对象),这种印象才会被肯定。然而耸立在蘑菇顶部的毛毛虫并不满足这一点。只是柴郡猫发挥着这一作用:它是好对象、好阴茎、偶像或有高度的声音。它体现这种新位态的析取:它是未受伤害的或受伤害的,因为它时而呈现出它的完整身体,时而呈现出它去顶的头;它是在场的或缺席的,因为它在只留下它的微笑时会消失,或者从这种对好对象的微笑开始形成(暂时顺从性冲动的释放)。柴郡猫在本质上是退隐的、改变方向的猫。而且,它强加给爱丽丝的新抉择或析取按照这一本质出现了两次:首先是孩子或猪,就像在公爵夫人的厨房里那样;然后就像居于三月野兔与制帽商之间(即居于狗舍的动物与头部用品的工匠之间)的无精打采的睡鼠一样,要么支持内部对象,要么混同于有高度的好对象——简而言之就是在深度与高度之间进行选择。[1] 爱丽丝的第三个部分还改变了元素:在她快速重新找到第一地点时,她进入一座被无厚度的扑克牌、平面人头牌萦绕着的表面花园。这就好似爱丽丝充分认同柴郡猫,她宣布是柴郡猫的朋友,以便看到旧有的深度展开并看到那些居住在旧有的深度的动物变成奴隶或

---

[1] 猫在两种情况中是在场的,因为它起初出现在公爵夫人的厨房中,然后建议爱丽丝去看三月野兔"或"制帽商。柴郡猫在树上或在空中的位态,它的所有特点,包括那些令人恐怖的特点,都使它认同于作为有高度的好对象(偶像)的超我:"它看起来具有好性格,爱丽丝想;然而它有很长的爪子和很多牙齿,且她认为最好要恭敬地对待它。"躲避或退隐的但也与内部对象作斗争并将之捕获的高度的层级,有关这一点的主题不断出现在刘易斯·卡罗尔的作品中:人们将在涉及钓鱼(英语是 to angle)的诗歌和叙事中找到这个带有其全部残暴性的主题(例如可参见诗歌《俩兄弟》[The Two Brothers],其中弟弟作为诱饵)。而且,尤其在《西尔维娅与布鲁诺》中,退隐到仙女王国之中的、隐藏在狗叫声之后的好父亲是必不可少的:这部代表作也开启两个表面(共同的表面与绝妙的或仙境般的表面)的主题,它需要一篇长评论。最后,在刘易斯·卡罗尔的所有作品中,悲剧诗《三种声音》具有极其特殊的重要性:第一种"声音"是一个冷酷的、喧哗的、制造恐怖的食物画面的女人的声音;第二种声音依然是恐怖的,但具有高度的、使男主角口吃和结结巴巴说话的好**声音**的全部特点;第三种声音是一种有关罪责的、与俄狄浦斯情结有关的声音,它歌唱着结果的恐怖,不管意图的纯洁与否。(而且当无情的太阳对着夏娃/冷酷地付之一笑,庄严打着趣/"哎呀!"他叹息道,"我做了什么?")

不伤人的工具。正是在这个表面上,她才在审判过程中分配她的父母影像:"他们告诉我,你曾经去找她,/并且对他提起我这人……"①但爱丽丝预感到新元素的危险:她的好意冒着引起可恶结果之险的方式、被王后再现的菲勒斯冒着受阉割之险的方式("砍掉她的脑袋!"王后吼叫着)。表面发生爆裂,"整副扑克牌便腾空而起,再纷纷落到她身上来"。

好像《爱丽丝镜中奇遇记》重新开启同样的故事或同样的尝试,但有所变动,它消除第一个时刻,极大发展了第三个时刻。非但柴郡猫对于爱丽丝而言不是好声音,反而爱丽丝对于她自己的、现实中的猫们而言是好声音,即爱批评的、多情的与退隐的声音。而且,爱丽丝从她的高度上把镜子理解为纯粹的表面,内外、上下、正反的连续性,炸脖龙在其中同时向着两个方向展开。在再次迅速表现为与失败棋子相对的好对象或退隐的声音(与这个对象或这种声音的所有恐怖特点一起)之后,爱丽丝本人进入游戏:她属于那取代了镜子的棋盘的表面,并大胆地从事那变成王后的任务。必须被穿过的棋盘方格显然代表性感带,且变成王后的行动诉诸作为连接层级的菲勒斯。相应的问题似乎马上不再是唯一的、退隐的声音的问

―――――――――
① [英]刘易斯·卡罗尔著,《爱丽斯奇境历险记》,吴钧陶译,上海译文出版社,2007年,第131页。——译注。

题,以便变成多重言语的问题:一个人为了能说话必须支付什么,必须支付多少? 全部章节差不多都问这个问题,尽管词有时诉诸一个单一的系列(像专名一样,它如此缩合以至于人们不再记得起它),有时诉诸两个收敛的系列(像特威丹和特威帝一样,它们如此收敛和连续以至于人们不再区分它们),有时诉诸一些发散的和分叉的系列(像汉普蒂·邓普蒂一样,他是义素的支配者与词的付款人,他使它们如此分叉和共振,以至于人们不再理解它们,人们不再区分它们的正反面)。但在言语与表面的这种同时发生的组织中,这种已经在《爱丽丝奇境历险记》中被指出的危险逐渐明确并显示出来。爱丽丝还在此将父母影像分配在表面上:白王后即哀怨的和受伤害的母亲,红国王即退隐的和从第4章就开始沉睡的父亲。但是,通过所有深度和高度,红王后才到来,即变成阉割层级的菲勒斯。这重新是最后的崩溃,这次是爱丽丝本人自愿完满完成的。"你自己要小心! ……某种事就要发生了!"但是什么呢? 是向着口唇的、肛门的深层倒退以致于一切重新开始,还是释放出荣耀的和中立化的另一个表面?

经常就刘易斯·卡罗尔而被明确提出的精神分析的诊断如下所述:面对俄狄浦斯情结化的处境的不可能性,在父亲面前的逃逸与对母亲的抛弃,在既被认同于菲勒斯又被剥夺阴茎的小女孩之上的投射,随着发生的口唇-肛门的倒退。然而这样一些诊断几乎没有什么好处,众所周知,精神分析与艺术作品(或文学推理作品)并不就这样建立起它们之间的相遇。当然这不是通过作品把作者视作一个可能的或实在的病人,即便作者被给予升华的好处。当然这不是对作品"做精神分析"。因为作者们如若伟大,那么他们更接近医生而不是病人。我们的意思是他们本人是令人惊讶的诊断医生,是令人惊讶的症状学专家。总是有大量的艺术涉及成组的症状,涉及某一图表,某种症状在其中脱离另一种症状,靠近第三种症状,且形成紊乱或疾病的新形态。知道如何更新症状学图表的临床医生们创造艺术品,艺术家们反而是临床医生,这不是就他们自身的病例而言,甚至也不是就一种一般意义上的病例而言,但他们是文明的临床医生。我们在这一点上不能追随这样一些人:他们认为萨德对施虐症没有说出什么本质性的东西,或者他们认为马佐赫对受虐症没有说出什么本质性的东西。不止如此,对症状的评价似乎只有通过小说才能被实现。神经症患者创作一部"家族小说"和俄狄浦斯情结应该从这部小说的迂回曲折中被寻到,这并非偶然。依据弗洛伊德的才华,并不是情结向我们提供俄狄浦斯和哈姆雷特的情况,而是俄狄浦斯和哈姆雷特向我们提供情结的情况。有人将提出反对意见:并不需要艺术家,病人本人足以创作小说和医生足以评价小说。但这可能忽视了艺术家同时作为文明的病人与医生的特殊性:他的作为艺术作品的小说与神经症患者的小说之间的差异。这是因为神经症患者只不过能实现他的小说的措辞与故事:症状是这种实现本身,而且小说别无他意。相反,从症状中提取纯粹事件的未实现部分(正如布朗肖所说的那样,将可见的提升到不可见的),将日常的能动与被动(像吃饭、拉屎、爱、说话、死亡)提升到它们的意识相关项的属性(相应的纯粹**事件**),从症状得以展现且实现得以决定的形而下表面到纯粹事件得以显露、得以展现的形而上表面,从症状的原因到作品的准因——这便是小说作为艺术作品的目标和将其区别于家族小说的东西。① 换言之,去性化的实证、高度肯定的特点就在于思辨性的投注取代心理的倒退。这不会阻止思辨

---

① 我们想引用一个在我们看来对如此含糊的问题重要的例子。查尔斯·拉赛格(Ch. Lasègue)是一名在 1877 年"隔离"暴露癖(和创造这个词)的精神病医生;由此他从事临床医生、症状学家的工作,参见《医学研究》(*Etudes médicales*)第 1 卷,第 692—700 页。然而,当涉及到他在一篇短文中阐释他的发现时,他一开始并没有引用明显的暴露癖的病例。他以这样一个男子的病例开篇,这个男子整天置身于女人的过渡上,且处处仿效女人,一言不发,毫无姿态("他的角色局限于发挥影子的功能……")。因此,拉赛格开始含蓄地让读者理解这个男子完全认同阴茎,且只是随后他才引用那些明显的病例。拉赛格的方法是一种有艺术性的方法:他以一部小说开场。这部小说无疑首先是由主体创造 (转下页)

性的投注瞄准性对象(因为它使事件摆脱性对象),并将这个对象设定为是与相应事件相伴发生的:小女孩是什么?而且整部作品不是为了回答这个疑问,而是为了追忆和创作使之成为疑问的唯一事件。艺术家不仅仅是文明的病人与医生,同样也是文明的反常者。

关于去性化的这个过程,关于从一个表面向另一个表面的跳跃,我们几乎没说什么。仅有它的潜能出现在刘易斯·卡罗尔的作品中:基本系列(秘传词所归摄的那些系列)为了吃-说的利益而被去性化所凭藉的真正力量;但也是性对象(小女孩)得以维持所凭藉的力量。这个秘密的确就在于这一跳跃、这种从一个表面向另一表面的过渡和被后一个表面掠过的前一个表面变成的东西。这便是从物理的棋盘到逻辑的图表,或者是从感性的表面到超感性的底片:正是

---

(接上页)的,但需要一名有艺术家鉴赏力的临床医生辨识它。它只是一部神经症的小说,因为主体乐于使他在他的所有人称中所实现的部分对象具体化。因此,这样一部体验性的、神经症的和"家族的"小说与作为艺术品的小说之间有什么区别?症状一直在小说中被援用,但小说有时规定着症状的实现,有时反而从症状中清理出它在虚构人物身上反实现的事件(重要的不是人物的虚构性格,而是解释小说的东西,即纯粹事件的本性与反实现的机制)。例如,萨德或马佐赫将施虐者或受虐者只有在神经症的与"家族的"小说中才做的事情(即便他们写了这种小说)变成了艺术的作品-小说。

在这一跳跃中,伟大的摄影师刘易斯·卡罗尔才体验到一种可能被假定是反常的、他天真宣告的快乐(正如他在一种"难以抑制的兴奋"中对阿梅莉亚说道:"为了一个否定我自己有幸来到你身边……阿梅莉亚,你是我的!")。

# 悖论系列 34　初级秩序与次级组织

如果幻象确实至少在两个发散系列上被建构,如果幻象本身与这两个系列的共振混淆起来,那么两个基本系列(与穿过它们并使之共振的对象＝x 一起)不过只构成幻象的外部开端。让我们把幻象的内部开端叫作共振本身。在共振促使一种超越和扫除基本系列的被迫运动的范围内,幻象展示出来。幻象具有一种钟摆结构:被对象＝x 的运动穿过的基本系列、共振、振幅比初始运动更大的被迫运动。如前所述,初始运动是厄洛斯的运动,后者在居间的形而下表面、性表面、性冲动的放纵场所上起作用。但再现去性化的被迫运动是塔纳托斯或"强迫",它同时在原始深度与形而上表面这两端、深层的食人的毁灭冲动与思辨性的死亡冲动这两端之间起作用。我们知道这种被迫运动的最大危险是两端的错乱,或者毋宁说是所有事物在无基底的深层中的丧失,以各表面的一般化崩溃为代价。但与之相反的是,被迫运动的最大机会是超越形而下表面对一种大幅度的形而上表面的建构,甚至深层的吞食的-被吞食的对象被投射在这一形而上表面上;因而我们将死亡本能称作被迫运动的集合,且将形而上表面称作被迫运动的完整振幅。无论如何,被迫运动都不被确立在基本的性系列之间,而是被确立在幅度无限大的两种新系列之间,即一方面是吃,另一方面是思,其中后者总是冒险消失在前者之中,而前者反而冒险投射在后者之上。①四个系列和两种运动是幻象所必需的。两个性系列的共振运动促使一种超越生命基础与限度的被迫运动,同时陷入身体的深渊,但也在一种精神表面上敞开,因此促使两个新系列产生,我们前面尝试描述的整个战斗在这两个新系列之间打响了。

如果精神的或形而上的表面在这种钟摆运动中占据上风,那会发生什么?动词因此被铭记在这种表面上,即不会与事物状态混淆的、而是与事物状态保持象征关系的辉煌事件——引人注目的、与崇高混淆的、意识相关项的属性,它不会与质混淆,而是将其升华;傲慢的**结果**,它不会与能动或被动混淆但从中得到永恒真理,这便是刘易斯·卡罗尔所谓的**不可渗透性**,或还是"辐射率"(Radiancy)。正是动词在其单义性中结合吞食与思考、吃与思考,即动词将其投射在形而上表面上的吃与动词在形而上表面上勾划的思

---

① 深层并不自行在系列中建构,但正是在幻象的条件下,深层抵达系列的形式。关于幻象的这种结构,参见附录1。

考。而且，因为吃不再是一种能动，被吃也不是一种被动，而只是在动词中与它们相对应的意识相关项的属性，嘴可以说是为了以所有可能的言语来填充它的思维而被解放的。这个动词因此是说，说在形而上表面上意味着吃-思，且使事件突然发生在那些作为语言的可表达者的、可消费的事物上和使意义在作为思维表达的语言中持续存在。思因此还意味着吃-说，即作为"结果"的吃、作为"使之可能"的说。正是在这一点上，嘴与脑的斗争才走向终结；如前所述，这种为了声音独立的战斗，从那些占据深层的嘴-肛门的、食物的、粪便的噪音开始继续进行，随后与对高处的声音的脱离一起继续进行，然后与表面和言语的初始形成一起继续进行。但是说在该词的完整意义上假设动词和经由动词，动词将嘴投射到形而上表面上，且以这种表面的理想事件填充嘴：动词是完整的"动词的再现"，而且是析取的最高的肯定力量（对于发散的东西而言是单义性）。但动词是沉默的；而且必须在字面上接受这样一种观念，即厄洛斯是发声的，死亡本能是沉默。但正是在死亡本能中、在动词之中，语言的整个排列所源自的次级组织才得以产生。因此，无意义可以说是思维的零点、去性化能量的随机点、准时的死亡**本能**；艾翁或空洞形式、纯粹**不定式**，是这个点勾划的线、脑裂缝——事件在其边缘出现；而且陷入这种不定式的单义性之中的事件被分配在具有振幅的、建构形而上表面的两个系列上。事件与一个作为意向相关项式的属性的系列有关,与另一个作为意向活动的意义的系列有关,以致于两个系列(吃-说)对于肯定综合而言形成析取物,或者在单义性存在中对于单义性**存在**本身而言形成存在物的歧义性。正是点-线-面的这整个系统才与无意义一起再现意义的组织;突然发生在事物状态中和在命题中持续存在的意义,这一意义根据它升华的和由此产生它的事物状态的系列与其象征并使之可能的诸命题的系列来改变其纯粹的、单义性的不定式。语言的排列如何在它成形的单位中产生——就是说凭藉指称及其事物所进行的填充、表示及其人称所进行的实现、意指及其概念所进行的完成,如前所述,这就是静态发生的整个目标。但为了达到这一点,需要经过静态发生的所有阶段。因为声音给我们只提供指称、空洞的表示与指称、在调性中被悬置的纯粹意图;初始言语给我们只提供形成元素,却未达到成形的单位。为了有语言和符合语言的三种维度的言语的完整使用,需要经过动词和它的沉默,在形而上表面上经由意义与无意义的整个组织,即动态发生的最后阶段。

然而,可以肯定的是,正如形而下表面是形而上表面的准备一样,性组织是语言组织的预示。菲勒斯在嘴与脑冲突的阶段中发挥着重要作用,性甚至居于吃与说之间,而且与此同时性冲动摆脱毁灭性的食物冲动,性冲动启发着那些由音素、词素与义素构成的初始言语。性组织已经向我们呈现点-线-面的整个系统,而且作为对象＝x和词＝x的菲勒斯具有将意义分配给两个基本的性系列(性成熟前的系列和与俄狄浦斯情结有关的系列)的无意义的作用。然而,这整个中间的领域似乎被去性化的运动中立化,就像幻象中的基本系列似乎被有振幅的系列中立化一样。这是因为音素、词素与义素在它们与性的原始关系中还决不形成指称、表示或意指的单位。性并不被它们指称,也不被它们表示,还不被它们意指;性毋宁说是像它们充当其替身的表面一样,而且它们就像建造表面的衬里一样。问题在于一种双重的表面效应(反面与正面),它先于事物状态与命题之间的任何关系。因此,当另一个表面与其他一些最终以赋序的语言单位的名义建立指称、表示与意指的效应一起展示出来时,音素、词素与义素等元素似乎在这个新平面上重新开始,但似乎丧失它们所有的性共振,后者似乎被压抑或被中立化,而且基本系列似乎被有振幅的新系列所清除。因而,性只不过作为暗示、蒸汽或尘埃存在,后者显示出一条语言所经过的路径,但语言不断将其像许多令人极其不适的儿时回忆一样摆脱、擦除。

然而,事情还更复杂。因为幻象如果确实不满足于在食物深层的一端与形而上表面所再现的另一端之间振动,幻象如果尽力将与食物相对应的事件投射在这一形而上表面上,那么幻象怎么就不会也使事件摆脱性?不仅"也",而且以极其特殊的方式。因为,如前所述,幻象如果不转向它外在的性开端就永远不会重启它的去性化的内在运动。这是一个人们在其他一些在形而上表面上投射的情况中找不到其对等物的悖论:一种去性化的能量投注或再投注性兴趣本身的对象,而且由此以一种新方式被再性化。这便是反常的最一般的机制,只要区分作为表面的艺术的反常与作为深度的技巧的颠覆。正如保拉·海曼所察觉到的那样,大多数"性的"罪行被不当地说成是反常的;它们应该被归咎于对深度的颠覆,性冲动还在其中严格地交错在贪食性的和毁灭性的冲动之中。但作为与性感带、连接和阉割的菲勒斯、形而下表面和形而上表面的关系有关的表面之维度,反常仅仅通过去性化能量本身来提出性对象的投注问题。反常是一种以这种名义表达自身的表面结构,却未必在颠覆性的犯罪行为中被实现;罪行无疑能来源于此,但要经由从反常到颠覆的倒退。反常的本来问题的确被与其相对应的基本机制所证实,即**拒认**(Verleugnung)机制。因为如果问题在于:即使女人身上缺少阴茎,菲勒斯的影像也在**拒认**机制中得以维持,那么这种操作假设一种作为阉割结果的去性化,但也假设一种性对象在其是性的范围内由去性化的力量所进行的再投注:因此**拒认**并不在于一种幻觉,而在于一种秘传的知识。① 因此,刘易斯·卡罗尔反常却没犯罪,反常却不破坏,口吃和左撇子,他使用摄影器材的去性化能量就像使用一只过度思辨的眼睛去投注最出色的性对象(小女孩-菲勒斯)一样。

因为被捕捉进语言系统的网眼,所以有一个关于性的联合系统,它摹拟意义、无意义及它们的组织:对于幻象而言的拟像。不止如此,通过语言将要指称、表示和意指的一切,将有一种性历史,它将从不为了自身而将被指称、被表示和被意指,但将在语言的全部运作中共存,同时令人想起语言的形成元素的性附属物。正是性的这一地位解释了压抑。只是说压抑的概念一般是拓扑的,这还不够:它是拓扑学的,压抑是一种维度被另一种维度实施的压抑。正是这样,高度(即如前所述过早形成的超我)才压抑性冲动与毁灭冲动在其中被如此紧密相连的深度。甚至这种联系或再现它的内部对象,正是所谓初级的压抑所针对的。压抑因此意味着深度简直被新维度所掩饰,且冲动至少一开始就获得一种与压抑层级一致的新形态(在此性冲动从毁灭性冲动和恭顺的俄狄浦斯式的意

---

① 的确正是根据"知识"一词,拉康和他的某些信徒才提出关于反常的问题,参见文集《欲望与反常》(*Le Désir et la perversion*),瑟伊出版社,1967年。亦参见本书附录 4。

图中解脱出来)。表面转而是所谓次级的压抑的对象,因此决不与意识一样,这一点以一种复杂的方式被解释:首先根据弗洛伊德的假设,两个有区别的系列的博弈的确形成一种有关性压抑以及这种压抑的追溯性特点的基本条件。但是,进而言之,即使当性只启动一个局部同质的系列或一个总体连续的系列时,性也不会掌握那些使性的维持在意识中得以可能的条件(也就是被那些与其相应的语言要素指称、表示和意指的可能性)。第三个理由必须从形而上表面一侧、以形而上表面明确压抑性表面的方式被探寻,与此同时,形而上表面强行给冲动的能量规定去性化的新形态。形而上表面绝不会转而与意识一样,这一点没有什么令人惊讶的,如果有人想到那些显示形而上表面的、有振幅的系列在本质上超越那可能是有意识的东西,并形成非人称的和前个体的先验领域的话。最终,意识或者毋宁说前意识,只不过具有可能的指称、表示与意指的领域,即来自先前发生的一切的语言排列;但意义与无意义的博弈以及表面效应在形而上表面上以及在形而下表面上不属于意识,同样,来自最隐匿的深层的能动与被动也不属于意识。被压抑物的回归按照倒退的一般机制产生:一旦一种维度不得已接受另一种维度,就会有倒退。倒退的种种机制按照这样或那样的维度特有的偶性无疑是极其不同的,例如从高处的跌落或表面上的孔洞。但重点就在于深层施加于所有其他维度的威胁;深层因此是原始压抑与作为倒退的最终项的"固恋"的场所。一般来说,表面的种种带与深层的各种期之间存在着本性差异;因此,例如在一种向着肛门的性感带的倒退与一种向着作为消化-毁灭期的肛门期的倒退之间,就存在着本性差异。但是,像吸引倒退过程的灯塔一样的固恋点总是尽力确保倒退本身进行倒退,同时倒退在改变维度时改变本性,直到它重返所有维度陷入其中的各种期的深层。在作为一种维度不得已接受一些先前维度所经由的运动的倒退与一种维度以它自己的方式再投注先前维度所经由的这另一种运动之间剩下最后的区别。在压抑与被压抑物回归的旁边,必须给这些复杂的过程留有余地,具有某种维度特点的元素本身通过这些复杂的过程接受一种与另一种维度相应的、对完全不同的能量的投注:例如,颠覆性的犯罪行为与一种来自高处的声音的作用不可分,这一作用好像是一种永远被固定的义务来重新投注深层的破坏性过程,而且以超我或好对象的名义给它赋序(在亚瑟·萨维尔勋爵的故事中亦是如此)[①]。反常的行为也与一种有关形而上表面的运动不可分,这种运动非但不压抑性,反而利用去性化的

---

① 弗洛伊德指出了被超我煽动的罪行的存在——但我们认为这并不必然通过一种先于罪行的犯罪感。

能量来投注性元素本身,并以一种令人不可忍受的关注固定这种性要素(固恋的第二种意义)。

表面的集合构成所谓次级的组织。因此,后者的确被"动词的再现"所确定。而且,之所以动词的再现必须严格区别于"对象的再现",乃因为它关系着一种非物体性事件,但不关系着物体、能动、被动或物体的质。动词的再现就是这样一种如前所述囊括着其表达的再现。它是由被表达者与表达者构成的,而且适应彼此之中的扭转:它将事件再现为被表达的,使事件存在于语言元素之中,并反向地将语言元素不能自行拥有的表达价值、"代理人"的功能赋予它们。整个语言排列将由此产生,伴随着它对轮流立基于"客体的"再现的第三级规定的编码(指称、表示、意指;个体、人称、概念;世界、自我与上帝)。但是,在此重要的是预先的、创始的或诗意的组织:只有非宇宙的、无人称的、前个体的领域在其中得以展开的各表面的这种博弈、意义与无意义的这种操练、先于静态的发生的精致产物的诸系列的这种展开。因此,必须从第三级排列追溯到次级组织,然后根据动态的要求追溯到初级组织。假设有与语言的时刻有关的动态发生的范畴表:被动-能动(噪音)、拥有-剥夺(声音)、意图-结果(言语)。次级组织(动词或动词的再现)本身是这一漫长的行程的产物,在事件知道如何将结果提升到次级潜能且动词知道如何给那些基本言语提供它们还缺乏的表达价值时,次级组织就会出现。但整个行程、整个路径被初级秩序指明方向。在初级秩序中,词直接是物体的能动或被动,或者是退隐的声音。词是恶魔般的拥有,或者是神圣的剥夺。诲淫或辱骂通过倒退提供一种有关这样一种混沌的观念,无基底的深层与不受限制的高度各自在这种混沌中组织起来;因为,无论它们的联系多么密切,诲淫的词毋宁说形象地阐明一个物体对另一个忍受被动的物体的直接能动,而辱骂则同时追逐那个退隐的人,取消他的任何声音,它本身是一种退隐的声音。① 两种词语(诲淫词与辱骂词)的紧密结合显示出语言固有的讽刺价值;我们将倒退本身进行倒退所经由的过程叫作讽刺的,即它从不是一种表面上的性倒退,却也不是一种深层的、食物的、消化的倒退,后者只是停止在污秽之处,只有在发现退隐的声音在它身后遗留的粪地时才追随退隐的声音。讽刺诗人,即讨论世界的一种唯一且相同的运动的、伟大的前苏格拉底者哲学家,在他自己制造了许多噪音且自己收回他的声音时,他

---

① 确实,辱骂的人要求驱逐他的受害者,禁止他回答,但他自己也在佯装最反感时进行退隐。这一切都显示出辱骂对躁郁位态的归属(挫折),而诲淫诉诸粪便的分裂位态(产生幻觉的能动-被动)。辱骂与诲淫的亲密联合因此得到解释,正如桑多尔·费伦齐(Sádor Ferenczi)所认为的那样,不仅通过对"以粗话和咒骂的形式"重新出现的婴儿般快乐的对象的压抑,而且通过两种基本位态的直接融合。

就以辱骂追逐上帝并沉迷于粪便。讽刺是一种关于倒退的不可思议的技巧。

然而,高度给语言准备新价值,高度在语言中肯定着它的独立性、它与深度的根本差异。每当语言按照突出、歧义性和类推的关系展开时,反讽就会出现。传统的这三个重要概念是所有修辞格得以产生的源头。因此,反讽将在语言的第三级排列中找到一种自然应用,伴随着意指的类比、指称的歧义性、表示自己的人的突出——将在存在与个体、再现与人称的关系中找到自我、世界与上帝的整个比较性博弈,这种博弈构成反讽的古典主义形式和浪漫主义形式。但是,在初级过程中,高处的声音已经释放出反讽固有的价值;而且它退隐到它突出的单位之后,利用它的音调的歧义性与它的对象之间的类似处,总之,它在掌握相应的组织原则之前就掌握了语言的所有维度。因此有一种柏拉图式的反讽的原生形式,而柏拉图式的反讽矫正高度,使高度摆脱深度,压抑和围捕讽刺诗或讽刺诗人,明确运用它的全部"反讽"来问是否偶然有一种关于烂泥、毛发、污垢或粪便……的**理念**。然而,使反讽沉默的,并不是对讽刺价值的全力回归,就像从无基底的深层进行的溯源而上。此外,除了表面,没有什么别处可溯源而上;表面还是有必要的。当高度的确与性冲动的相应解脱一起使表面的构造成为可能时,我们相信某种事物会突然发生,它能够

## 悖论系列 34 初级秩序与次级组织

在它自己的阵地(即在歧义性、突出和类似的真正阵地上)上击败反讽:好像有一种过度的突出、一种过分的歧义物、一种多余的类似,后者非但没有补充其他类似,反而肯定其他类似的终结。有一种歧义物,就如同不可能再有其他歧义物"在……之后";这便是这一表达的意义:还有性。这就像陀思妥耶夫斯基笔下的那些人物一样,他们运用他们所有的声音来说:还有这事,请注意啊,亲爱的先生,又有那事,又有那事,亲爱的先生……但是,通过性,人们抵达一个终结所有的"又"的"又",抵达一种使对歧义性的追求或使今后的类似之延续不可能的歧义物。因此,在性在形而下表面上展开的同时,性使我们从声音转到言语,并将所有的言语聚集成一个秘传的集合,聚集成一种将不会被它们指称、表示或意指的,但将严格与它们同外延和同本体的性历史。因此,这便是言语要再现的东西,只有彼此相关和反应才实存的语言(langue)的所有形成元素(音素、词素、义素)只从与它们同一的这种突出历史的视角才会形成它们的总体性。因此有一种对于声音、相关于声音的过度的歧义物:一种为了某个其他东西终结歧义性和使语言成熟的歧义物。当我们最终从言语转到动词时,当我们与所有聚集起来的言语一起用纯粹的不定式构成一个独特的动词时,这某个其他东西来自其他的、去性化的表面,来自形而上表面。这某个其他东西便是单义物的显示、**单义性**的来临,就是说将存在的单义性与语言进行沟通的**事件**。

意义的单义性在其完整的系统中掌握语言,作为独特的被表达者——事件——的总体表达者。因此,幽默的价值不同于讽刺的价值:幽默是表面的艺术,是两种表面之间的复杂关系的艺术。从过度的歧义物开始,幽默建构全部单义性。从终结任何歧义性的、性特有的歧义物开始,幽默释放去性化的**单义物**,即存在与语言的思辨性的单义性,简而言之就是整个次级组织。① 应该想象一个斯多亚学派式的第三者、

---

① 我们不能在此遵循拉康的论题,至少就如我们知道这个论题被拉普朗什与勒克莱尔在《无意识》(载《现代》1961 年 7 月,第 111 页及其后)中所转述的那样。根据这个论题,语言的初级秩序被能指在所指上的持续滑动所界定,因为每个词被假设只具有一种唯一的意义,且通过这种意义向它敞开的等价物系列来诉诸其他词。相反,一个词一旦具有几种按照隐喻法则被组织起来的意义,它就以某种方式变得稳定,同时语言逃避初始过程,并建立次级过程。因此,正是单义性才界定初级过程,而歧义性才界定次级过程的可能性(第 112 页)。但是,单义性在此被视作词的单义性,不被视作以一种唯一且相同的意义形容任何事物的**存在**的单义性,也完全不被视作诉说存在的语言的单义性。可以假定单义物是词,冒险得出的结论是这样一个词并不实存,因为它不具有任何的稳定性,它是一种"虚构"。反而我们觉得歧义性本来就在初级过程中显示声音的特点;而且如果性与歧义性之间具有一种基本关系,那么是采取对歧义物的这种限制的形式,采取将会使单义物成为可能的这种总体化的形式,而单义物作为无意识的次级组织的真正特点。

一个禅宗式的第三者、一个卡罗尔式的第三者:他以一种过度的姿态用一只手进行手淫,他用另一只手在沙滩上写下那些向着单义物敞开的纯粹事件的神奇言语,"精神——我相信——是**本质**——巨大——**抽象的概念**——也可理解为——一种**意外**——是一种我们——也就是说——我的意思是——",他因此使性的能量转到纯粹的无性物,不过他不断地问"小女孩是什么?",哪怕用有待完成的艺术作品的问题替代这个疑问,只有前者将回答后者。由此,布鲁姆在沙滩上……毫无疑问,歧义性、类似、突出以第三级排列在那些屈从于良识与常识的日常语言的指称、意指、表示中恢复它们的权利。那么,在考虑某种构成意义逻辑的持续交错时,似乎这种最终的排列恢复初始过程的高处声音,但表面上的次级组织恢复有关最深层的噪音的某种东西,即对于意义的**单义性**而言的聚块和元素,总而言之是一首没有修辞格的诗歌的瞬间。而且,艺术作品能做什么,除了能一直再沿着从噪音到声音、从声音到言语、从言语到动词的路径前行,能创作这首《合家乐》(*Musik für ein Haus*),以便从中总是再找到声音的独立性,并从中固定单义物的这种顿悟,这是极快被日常的平庸或反而被疯狂的痛苦所遮蔽的事件。

# 附录

## I 拟像与古代哲学

### 1. 柏拉图与拟像

"颠倒柏拉图主义"是什么意思？尼采由此界定了他的哲学的任务，或者他在更一般的意义上界定了未来哲学的任务。这一说法的意思似乎是：废除本质世界与显像世界。尽管如此，但这一计划不可能为尼采所特有。对本质与显像的双重否认可追溯到黑格尔，追溯到康德更好。尼采的意思与他们的意思是一回事，这是令人怀疑的。不仅如此，颠倒的这一说法也不便于进行抽象；它没有澄清柏拉图主义的动机。颠倒柏拉图主义反而应该意味着揭示这种动机，"围捕"这种动机——就像柏拉图围捕智者一样。

统而言之，**理念论**的动因应该从遴选意志方面被探寻。关键在于制造差异，在于区分"事物"本身与它的影像、原本与摹本、原型与拟像。但是,所有这些表达都具有同样的价值吗？只有我们参照划分法,柏拉图主义的计划才会真正地显示出来。因为这种方法并不是一种在其他方法中间的辩证方法。它聚集了辩证法的整个力量,以便使这一力量与另一种力量融合起来,并由此再现整个系统。首先,辩证法好像在于将一个属划分为一些不同的、相反的种,以便把被探索的事物归摄在相应的种之下：这也就是在对钓鱼的定义探讨中持续进行详细说明的过程。但是,这只是划分的表面方面,也就是它的反讽方面。如果这一方面被严肃对待,那么亚里士多德的反对意见就完全有道理：划分可能是坏的、不合理的三段论,因为缺乏中项,例如,中项能够使我们得出的结论是,钓鱼是在习得、通过捕获而取得的习得等技艺一边。

应该到别处探求划分法的真正目的。在《政治家篇》中,第一个定义被谈到：政治家是人民的牧者。然而,各种竞争者出现了,医生、商人、农夫争着说："人民的牧者就是我。"在《斐德若篇》中,问题在于界定迷狂(délire),而且更确切地说是区分理由充分的迷狂或真正的爱。即便如此,很多追求者还一再涌现,他们抢着说："受启者、爱恋者是我"。因此,划分的目的根本不是把一个属划分为不同的种,而是在更深刻的层面上遴选不同的派系：区分不同的追求者,区分纯粹与不纯粹、本真与非本真。由此就有了把划分比作试金石的固定隐喻。柏拉图主义是哲学上的《奥德赛》：柏拉图的辩证法既不是矛盾的辩证法也不是对立的辩证法，而是竞争的辩证法、竞争者或追求者的辩证法。划分的本质不是在广度上出现在一个属的不同种的规定之中，而是在深度上出现在派系的选择之中。要挑选种种要求，把真追求者与假追求者区分出来。

为了实现这一目标，柏拉图再次以苏格拉底式的反讽展开论述。因为，当划分最终触及这一真正的挑选任务时，所发生的一切就好似划分放弃去实现这一任务，而且划分被神话所接替。由此，在《斐德若篇》中，灵魂转世的神话似乎中断了划分的努力；同样，在《政治家篇》中，古代神话亦是如此。对回避或放弃的这一显像是划分的第二个陷阱，是它的第二个反讽。因为，实际上，神话没有中断任何东西；它反而是划分本身的不可或缺的元素。划分的本义是超越神话与辩证法的二元性，是把辩证法的力量与神话的力量聚于己身。因其始终是循环的结构，所以神话的确是关于基础的叙述。正是神话使一种原型得以建立起来，据此能够评判不同的追求者。应该被赋予根据的，的确始终是一种要求。正是追求者求助于一种根据，而且追求者的要求被评判为根据充分或根据不足、没有根据。由此，转世神话在《斐德若篇》中呈现了灵魂在投胎之前能够看到的**理念**；因此，转世神话给我们提供了一个遴选标准，据此充分的迷狂或真正的爱属于那些见多识广的灵魂,后者具有很多昏睡的但可唤醒的回忆——肉欲的、健忘的与短视的灵魂反而像假追求者一样被揭露。这在《政治家篇》中亦是如此:转世神话显示出政治家是"人民的牧者"这一定义从字面上讲只适合古代神;然而,一个遴选标准从中被抽离出来,根据这一标准,城邦里有差异的人不均等地分有神话的原型。总之,选择性的分有与遴选方法的问题是一致的。

分有最好是次级拥有(avoir en second)。于是就出现了著名的、新柏拉图主义的三段式:不可被分有者、可被分有者、分有者。也可以这样说:根据、追求的对象、追求者;父亲、女儿与女婿。根据是首先占有某物的东西,这某物可促使它分有,并把它提供给追求者,就其懂得如何通过根据的检验而言,它是次级的占有者。可被分有者是不可被分有者首先占有的东西。不可被分有者促使分有,它把可被分有者提供给分有者:正义、正义的品质、正义者。大概在这种选择性分有中应该区分各种程度、整个等级:难道没有第三级的、第四级的……占有者,以至于无限降级,直至那只不过具有拟像与幻影的、本身是幻影与拟像的占有者?《政治家篇》区分得很详细:真正的政治家或根据充分的追求者,然后是父母、亲属、奴隶,直至拟像与赝品。厄运影响着这些后来者;他们体现着假追求者的有害力量。

因此，神话建构了内在的原型或检验的根据，追求者应该据此被评判，而且他们的要求也据此被度量。正是在这一条件下，划分才追逐和触及它的目标，此目标不是概念的说明，而是**理念**的证实，不是种的规定性，而是派系的遴选。然而，在三个讨论划分的重要文本(《斐德若篇》、《政治家篇》和《智者篇》)中，这最后一个文本却没有阐述任何基础性的神话，如何解释这一点？其理由是简单的。因为划分法在《智者篇》中以悖论的方式被运用，不是为了评估合适的追求者，反而是为了围捕假追求者本人，为了界定拟像的存在(或者毋宁说是非存在)。智者本身是拟像的存在、萨提尔或半人马，是到处干预、处处渗透的普洛透斯。但是，在这一意义上，《智者篇》的目的可能包含着柏拉图主义最奇特的冒险：由于从拟像一侧进行探索和关注拟像的深渊，所以柏拉图在灵光乍现之际发现拟像并不单单是一种虚假的摹本，但拟像质疑摹本乃至原型的观念本身。智者的最终定义把我们带到了我们不再能将智者与苏格拉底本人区分开来的境地：私下通过简要的论据来进行的反讽者。难道不应该把这种反讽推进到这一境地吗？柏拉图是指出颠倒柏拉图主义这一方向的第一人吗？

∴

我们从柏拉图哲学的动因的第一种规定性出发：

区分本质与显像、可知的与可感的、**理念**与影像、原本与摹本、原型与拟像。但我们已经认识到,这些表达的价值不一样。区分在两类影像之间进行移位。摹本是次级的拥有者,是根据充分的、由相似性确保的追求者;拟像就像假追求者一样,后者在非类似性上被建构,意味着一种本质上的堕落、一种本质上的侵占。正是在这种意义上,柏拉图才将偶像-影像(images-idoles)的领域一分为二:一是图像-摹本(copies-icônes),一是幻象-拟像(simulacres-phantasmes)。① 于是我们能够更好地界定柏拉图哲学的整个动机:问题在于遴选追求者,同时区分好的摹本与坏的摹本,或者毋宁说是区分始终是根据充分的摹本与始终是深陷不相似性之中的拟像。问题在于确保摹本之于拟像的胜利,抑制拟像,使拟像完全束缚在深处,阻止拟像浮出表面和到处"渗透"。

**理念**与**影像**,这一重要的、明显的二元性只有在这一目标中才是如此:确保两种影像之间的潜在区分,提供一个具体的标准。因为,摹本或图像如果是好的和根据充分的影像,乃因为它们具有相似性。不过,相似性不该被理解为一种外部的关系;与其说它是从一个事物到另一事物,倒不如说它是从事物到**理念**,因为正是**理念**才包含着内在本质构成的关系与比

---

① 《智者篇》,236b、264c。

例。既然相似性是内在的和精神性的,那么它是要求的尺度:摹本只有在它相似于事物的**理念**的范围内才真正地相似于某物。追求者只有就其(内在地和在精神上)以理念为原型而言才与对象相一致。追求者只有就其立基于本质(正义)而言才获得应有的品质(例如正义的品质)。总之,正是**理念**的至高同一性才赋予摹本的美好要求以根据,而且使这一要求立基在内在的或派生的相似性之上。现在让我们考虑另一类影像,也就是拟像:它们所追求的是对象、品质等东西,它们从下面追求这些东西,支持侵犯、影射、颠覆,"反对父亲"和没有通过**理念**。① 未被赋予根据的要求,它包含着像内在的不平衡一样的非相似性。

如果我们说拟像是摹本的摹本、被无限贬黜的图像、无限松弛的相似性,那么我们就转到本质性的方面:拟像与摹本之间的本性差异,它们形成划分的两半所经由的方面。摹本是一种具有相似性的影像,拟像是一种不具有相似性的影像。教理书深受柏拉图

---

① 通过分析书写与逻各斯的关系,德里达的确重新发现了柏拉图主义的这一形态:逻各斯之父、逻各斯本身、书写。就书写企图通过暴力和诡计来控制逻各斯乃至企图不经父亲就要替代逻各斯而言,书写是一种拟像、一个假追求者。参见《柏拉图的药》(La Pharmacie de Platon),《太凯尔》(Tel Quel)第 32 期第 12 页及其后与第 33 期第 38 页及其后。同样的形态还重新出现在《政治家篇》中:作为法的父亲的善、法本身、宪法。好的宪法是摹本,但它们一旦通过回避善来违反或僭越法,它们就变成拟像。

主义的启发,使我们熟悉这一观念:上帝根据自身的影像与相似性来造人,但因为原罪,人在保留影像的同时却失去相似性。我们变成了拟像,我们为了进入审美生存而失去伦理生存。教理书的评注大大强调拟像的魔性特征。这无疑还产生了相似性的效应;然而这是一种整体的、完全外部的效应,并通过这样一些方式来产生这种效应,而这些方式完全不同于那些在原型中起作用的方式。拟像基于歧异性、差异被建立,它使非类似性内在化。这就是为什么我们甚至不再能相关于那成为摹本的必要条件的原型来界定拟像,即摹本的相似性所源自的**相同**(Même)的原型。如若拟像还有原型,那是另一种原型,是**相异**(Autre)的原型,由之产生内在化的非相似性。①

假设有重要的、柏拉图哲学的三位一体:使用者、生产者、摹仿者。之所以使用者处于等级的高端,乃因为他评判目的,并掌握着真正的**知识**,后者是关于原型或**理念**的知识。摹本在其复制原型的范围内可以被说成是一种摹仿;然而,因为这种摹仿是意向活动的、精神的与内部的,所以它是一种真正的、按照本质构成的关系与比例来进行的生产。在好的摹本中

---

① **相异**确实不只是一种对影像有影响的缺陷;它本身显现为一种可能的原型,与**相同**的好原型相对立:参见《泰阿泰德篇》(*Théétète*),176e;《蒂迈欧篇》,28b。

始终有一种生产性的运作,而且为了符合这种运作,有一种除了知识之外的正当的意见(opinion droite)。我们因此认识到,摹仿就下述内容而言被规定要采用贬义:摹仿只不过是一种拟仿(simulation),摹仿只应用于拟像,摹仿指称仅仅外部的与非生产的、通过诡计或颠覆获得的相似性效应。在这一点上,甚至不再有正当的意见,而是有一种代替认识方式的反讽性相逢、一种在知识与意见之外的相逢技艺。① 柏拉图明确指出这种非生产性的效应如何被获得:拟像意味着观察者不能控制的重要维度、深度与间距。正因为他无法控制它们,所以他才体验到相似性的印象。拟像将微分视角囊入己身;观察者属于拟像本身的一部分,拟像随着视角而转变与变形。② 总之,拟像中有一种生成-疯狂、一种像《斐莱布篇》所描述的不受限制的生成(在《斐莱布篇》中,"多与少一直向前")、一种始终是相异的生成、一种深度的颠覆性生成,善于回避相等、限制、**相同**或**类似**:始终是既多又少,但永不相等。将这一生成强加限制,使之趋于同,使之类

---

① 参见《理想国》第十卷,602a,并参见《智者篇》,268a。
② 参见《理想国》第十卷。奥都亚尔(Audouard)清楚地指出这一方面,拟像"是包含着观察者视角的建构,以便错觉产生于观察者所处的视角本身……这实际上真不在所强调的非存在的地位上,而在实像(image réelle)的这微小间距、这微小扭曲上,后者取决于观察者所占据的视角,并建构了建构拟像(智者的作品)的可能性。"(《拟像》,《精神分析手册》第3期。)

似——而且对于那保持反抗的部分,尽可能将其抑制到最深处,将其禁闭在大洋深处的洞穴之中:这便是柏拉图主义的目标,出于它使图像战胜拟像的意愿。

∴

柏拉图主义就这样奠基了哲学视之为己有的整个领域:被图像-摹本所填充的再现领域,不是在一种外在于对象的关系中被界定,而是在一种内在于原型或根据的关系中被界定。柏拉图的原型是**相同**,是在这样一种意义上——柏拉图说**正义**不过是正义的、**勇敢**不过是勇敢的,诸如此类——根据的抽象规定性,就像在第一级上占有的东西一样。柏拉图的摹本是**类似**:在第二级上接受的追求者。与原型或原本的纯粹同一性相对应的是作为样本的类似性,与摹本的纯粹相似性对应的是所谓摹仿的类似性。然而,不可以说柏拉图主义仍发展了再现本身的这种力量:柏拉图主义仅限于标出再现的领域,就是说仅限于赋予这一领域以根据,仅限于遴选这一领域,仅限于从中排除那要模糊其界限的一切。然而,作为根据充分的、界限分明的再现(就像有限的再现一样)的分布,毋宁说是亚里士多德的目标:再现贯穿并涵盖从最高级的属到最小的种的整个领域,而且划分法因此获得其在柏拉图那里未曾获得的、规定的传统状态。我们能够确定第三个时刻:在基督教的影响下,人们既不再致力于赋予再现以根据,不再使之成为可能,也不再对之详细说明或规定再现是有限的,而是使再现变成无限的,使之在无限制性上突出要求,使之征服无限大与无限小,与此同时,在超越最大的属一边向**存在**敞开,而且在最小的种这边向奇异物敞开。

　　莱布尼茨与黑格尔以他们的才华留下了这一尝试的痕记。然而,之所以再现元素没有这样被摆脱,乃因为**相同**与**类似**的双重要求仍继续存在。但是,**相同**找到一种可使之支配无限制性的无条件原则:充足理由;而**类似**则找到一种能够应用于无限制性的条件:收敛或连续性。确实,一种与莱布尼兹的共可能性一样丰富的观念意味着,因为单子被看作奇点,所以每个围绕着这些点进行收敛的系列延伸到围绕其他点进行收敛的其他系列;另一世界开始于那些使被获得的系列进行发散的点的邻域。因此,人们认识到莱布尼兹如何排除发散:通过在"不可共可能的东西"中分配发散并保存收敛或连续性的最大值,将其作为最好的可能世界的标准,就是说,现实世界的标准。(莱布尼兹把其他世界呈现为根据不够充分的"追求者"。)对于黑格尔而言亦是如此,有人最近指出辩证法的圆在哪个点上围绕着唯一的中心旋转、立基于唯一的中心。① 作为各种圆的单一中心或者诸系列的收敛,当哲学开始征服无穷时,它就没有放弃再现元素。哲学的迷醉是伪装。哲学始终追求相同的任务,即**图像学**(Iconologie),并使之适合基督教的思辨要求(无穷小与无穷大)。它始终是对追求者的遴选,是对离心的东西或发散的东西进行排除,以最高的目的论、本质的实在性甚至历史的意义为名义。

∴

美学遭受着一种撕裂的二元性的痛苦。一方面,它是指作为可能经验之形式的感性理论;另一方面,它是指作为实在经验之反思的艺术理论。为了两种意义相互连接,应该是经验的诸条件本身一般会变成实在经验的诸条件;从艺术作品方面来看,它因此确实显现为实验。例如,众所周知,某些文学方法(其他艺术也一样)可以同时讲述几个故事。这无疑是现代艺术作品的本质特征。问题决不在于一个被假定是相同的故事的不同视角;因为视角依然屈从于收敛法

---

① 关于黑格尔,路易·阿尔都塞写道:"就像圆圈中套圆圈,意识只有一个圆心,这个圆心决定着意识。如果要使意识的圆心受到各个外圆的有效影响,即要使意识的本质由多种形态的意识所规定,意识就需要具有一些不同于其圆心的圆,即要具有一些偏心的圆……"(《保卫马克思》[*Pour Marx*],Maspero 出版社,第 101 页)。(中译本参见《保卫马克思》,[法]路易·阿尔都塞著,顾良译,商务印书馆,2007 年,第 90 页。——译注)

则。问题反而在于不同的和发散的故事,好像一道绝对清楚的风景对应着每个视角。当然,发散系列在其是发散的范围内存在着统一性,但正是一直离心的混沌与**伟大作品**合二为一。这一不具有形式的混沌,好比《芬尼根的守灵夜》的大写字母,并不是任何混沌:它是肯定的力量,也就是肯定所有异质系列的力量,它使得所有系列在它自身之中"变得复杂"(由此产生了乔伊斯像复杂[complicatio]的理论家一样针对布鲁诺的兴趣)。在这些根本系列之间产生了一种内部共振;这些共振促使一种超出系列本身的被迫运动。当拟像中断链条并上升到表面时,所有这些特征都是拟像的特征:拟像因此肯定了它的幻象力量、被抑制的力量。人们回想起弗洛伊德已经指出幻象如何从至少两个系列引起,一个系列是幼儿期的,一个系列是后青春期的。与幻象相联系的情感负荷通过拟像所承载的内部共振得到解释,有关死亡、生命的中断或解体的印象则通过那导致它们的被迫运动的振幅得到解释。这样就把实在经验的诸条件与艺术作品的诸结构联系起来:系列的发散、圆的去中心、包含它们的混沌的建构、内部共振与振幅运动、拟像的侵犯。[①]

---

[①] 关于现代艺术作品,尤其是关于乔伊斯,参见艾柯的著作《开放的作品》(*L'Oeuvre ouverte*),瑟伊出版社。在小说《宇宙》的前言中,贡布罗维奇深刻评价了发散系列的建构、这些系列在混沌内部进行共振与沟通的方式。

这样一些系统,由歧异元素或异质系列之间的沟通所建构,在一定意义上是很平常的。它们是信号-符号的系统。信号是这样一种结构,潜能(potentiel)的差异在这一结构中被分配,而且它确保歧异物之间的沟通;符号是在边框的两个层次之间、在两个沟通的系列之间闪闪发光的东西。就好像所有现象对应于这些条件,因为这些现象在不对称性、差异、建构性的不相等之中找到了它们存在的理由:所有物理系统都是信号,所有质性都是信号。尽管如此,但与之相邻的系列仍然是外部的;同样,它们再生产的条件依然外部于现象。为了谈论拟像,异质系列就必须在系统中被真正地内部化,在混沌之中被包含或被复杂化,它们的差异必须被包含。毫无疑问,这些共振的系列之间始终有一种相似性。不过这不是问题所在,问题毋宁说是在这种相似性的地位、设定中。让我们来考虑两个说法:"唯有相似才差异""唯有差异才相似"。一种说法促使我们从先决的类似性或同一性出发来思考差异,而另一种说法反而促使我们把类似性乃至同一性思考为深处的歧异性的产物,在这一范围内,问题在于对世界的两种解读。第一种说法准确界定了摹本或再现的世界;它把世界设定为图像。第二种说法与第一种说法相对立,它界定了拟像的世界,它把世界本身设定为幻象。然而,从第二种说法的视角看,拟像被建构于其上的原初的歧异性或大或小,根本无关紧要;有时基本系列之间只具有微小的差异。然而,只需要建构的歧异性自身受评判、没有预断任何先决的同一性就够了,只需要这种歧异性具有作为尺度和沟通之统一的某种歧异物就够了。因此,相似性能够仅仅被视作这种内部差异的产物。系统是有巨大的外部差异还是有微小的内部差异,这都无关紧要,抑或情况相反,既然相似性在曲线上被产生,既然差异无论大小都始终占据着这样被去中心的系统中心。

颠倒柏拉图主义从此意味着:使拟像上升,肯定拟像在图像之间或摹本之间的权利。问题并不涉及**本质-显像**或**原型-摹本**之间的区分。这一完整的区分运行于再现世界之中;关键是在这个世界中进行颠覆,"偶像的黄昏"。拟像不是一种堕落的摹本,它隐匿着一种实证的力量,后者否定原本与摹本、原型与复制。两个发散系列至少在拟像中被内在化,没有任何一个系列能被指定为原本,也没有任何一个系列能被指定为摹本。① 甚至援引**相异**的原型是不够的,因为任何原型都无法抵制拟像的眩晕。除了所有视角

---

① 参见布朗肖,《诸神的笑声》(Le Rire des dieux),《新法兰西杂志》(*La Nouvelle revue française*),1965 年 7 月,第 103 页:"这样一个宇宙,其中影像相关于原型而言不再是次级的,冒名顶替要求真理,最后不再有原本,而有一种永恒的闪烁,其中起源的缺席在迂回与返回的光芒之中弥散。"

所共有的对象外,不再有特权的视角。没有可能发生的等级:没有第二级、第三级……相似性继续存在,但它作为拟像的外部效应被产生,就这种效应在发散系列上被建构和使这些系列产生共振而言。同一性继续存在,但它作为法则被产生,而法则使所有系列复杂化,并使这些系列在被迫运动的过程中全部返回每个系列。在对柏拉图主义进行颠倒的过程中,正是相似性才被用来形容内部化的差异,而正是同一性才被用来形容作为第一力量的**差异物**。相同与类似所具有的本质只不过是被拟仿的,就是说是表达拟像的运作。不再有可能发生的遴选。非等级化的作品是共存的凝缩、事件的共时。这是假追求者的胜利。在面具的重叠下,他拟仿父亲、追求者与未婚妻。但是,假追求者相关于一种被假设为真的原型而言不能被说成假的,同样,拟仿不能被说成显像、错觉。拟仿就是幻象本身,就是说,是作为机制(狄奥尼索斯机器)的拟像运作的效果。这涉及到作为力量的虚假,即在尼采所说的意义上的**虚假**(Pseudos):虚假的最高力量。当拟像上升到表面时,拟像使**相同**与**类似**、原型与摹本下跌到虚假的力量(幻象)之下。它使分有的秩序、分配的固定性与等级的规定性都成为不可能。它建立了游牧式分配与被加冕的无政府主义的世界。拟像远非是一种新根据,它吞噬了一切根据,它确保一种普遍的坍塌(effondrement),不过它作为肯定的和快乐的事件、作为脱根据化(effondement):"每个洞穴后面都有另一个更深的洞穴敞开着,每个表面之下都有一个更宽阔、更陌生、更丰富的地下世界,而且在所有的基底下面,在所有的基础下面都有一个更深的至深之处。"[1]苏格拉底如何在这些不再属于他的洞穴中认识自己?既然线索丢失了,那么该借助哪个线索?他该如何走出洞穴?而且他如何还能与智者区分开来?

**相同**与**类似**被拟仿,这并不意味着它们是显像或错觉。拟仿是指产生效应的力量。但这不仅仅在因果的意义上,因为没有其他意指的介入,因果关系完全是靠不住的、未规定的。这是在产生于信号化过程的"符号"的意义上;而且这是在表达伪装过程的"服装"或者毋宁说面具的意义上,其中每个面具后面还有另一个面具……这样来理解的拟仿才与永恒回归不可分,因为正是在永恒回归中,对图像的颠倒或对再现世界的颠覆才得以解决。在这一点上,所发生的一切好似潜在内容与显在内容相对立。永恒回归的显在内容能根据一般意义上的柏拉图主义被规定:它因而再现了混沌在造物主的能动作用下和在将**相同**与**类似**强加给混沌的**理念**的原型上被组织的方式。

---

[1] 尼采著,《善恶的彼岸》(*Par-delà le bien et le mal*),第289节。

永恒回归在这一意义上是被控制的、单一中心的、被规定来复制永恒的生成-疯狂。正是以这一方式，它才出现在创始神话之中。它在影像中建立摹本，它使影像隶属相似性。但是，这种显在内容远非再现永恒回归的真理，它毋宁说是突出永恒回归在一种意识形态中的神话应用与神话遗迹，这种意识形态不再忍受永恒回归，而且丧失永恒回归的秘密。联想起一般意义上的希腊人的灵魂与特殊意义上的柏拉图主义是多么讨厌那在潜在意指中被获得的永恒回归，这是合理的。① 当尼采把永恒回归视为他专有的眩晕观念——它从秘传的、被柏拉图主义所忽略或抑制的狄奥尼索斯源泉中获取给养，我们必须赞同尼采的意见。当然，尼采所做出的罕见叙述仍停留在显在内容：作为**相同**的永恒回归，它使**类似**重新回来。但是，怎么看不到这乏味的自然真理（没有超出季节的普遍秩序）与查拉图斯特拉的情感之间的不相称？不仅如此，显在叙述存在只是为了被查拉图斯特拉无情地反驳：一次针对侏儒，另一次针对侏儒的动物，查拉图斯特拉指责把更加深刻的东西变成平庸的东西、把来自其他音乐的东西变成"陈词滥调"、把更加迂回的东西

---

① 关于希腊人，尤其是柏拉图对永恒回归的缄默，参见夏尔·缪格雷（Charles Mugler）所著的《希腊宇宙学的两个主题》（*Deux thèmes de la cosmologie grecque*），Klinchsieck 出版社，1953 年。

变成圆的单一性。在永恒回归中，必须要通过显在内容，但只是为了触及那位于万丈深渊中的潜在内容（每个洞穴后面的洞穴……）因此，在柏拉图看来，只是贫乏效应的东西本身揭示出面具的不变性、符号的无动于衷。

永恒回归的秘密是它从不表达一种与混沌相对的、使它服从的秩序。相反，永恒回归仅仅是混沌，是肯定混沌的力量。在某种程度上，乔伊斯是一个尼采主义者：当他指出循环的罪恶不能影响"混沌界"并使之旋转的时候。永恒回归以任何其他东西（它自己的混沌-漂泊）来取代再现的一致性。这是因为在永恒回归与拟像之间存在着如此深刻的联系，以至一方只有通过另一方来理解。回归的，是作为发散的发散系列，就是说，每个系列都在其改变与所有其他系列之间的差异的范围内，且所有系列都在它们在无始无终的混沌中使它们的差异复杂化的范围内。对于始终是去中心的中心而言，永恒回归的圆是一种始终是离心的圆。克罗索夫斯基正确地谈及到永恒回归，认为永恒回归是"学说的拟像"（un simulacre de doctrine）：它就是"**存在**"，但只有当"存在者"（étant）就其本身而言是拟像的时候。① 拟像运作,以致相似性必然被后投在它的基本系列上,而且同一性必然被投射在被迫运动上。因此,永恒回归的确是**相同**与**类似**,不过只要被拟仿,它们就被拟仿、拟像的运行(强力意志)所产生。正是在这一意义上,永恒回归才颠倒再现,它才摧毁图像:它没有预设**相同**与**类似**,不过反而建构了有差异的东西的唯一的**相同**、不成对的东西的唯一的相似性。对于所有拟像而言,它是独特的幻象(对于所有存在者而言就是存在)。它是肯定发散与去中心的力量。它使之成为最高肯定的对象。正是在假追求者的力量下,它才使所是的东西通过、再通过。因此,它不会使整体回归。它还是遴选性的,它制造差异,但完全不是以柏拉图的方式进行。它所遴选的是与遴选相对立的所有方法。它所排除的,它没有使之回归的,是预设**相同**与**类似**的东西,是想纠正发散、把圆拉回中心或赋序混沌、提供原型与制造摹本的东西。尽管柏拉图主义的历史如此漫长,但柏拉图主义只此一次就到来了,苏格拉底也无可奈何。因为**相同**与**类似**只要不再被拟仿就变成单纯的错觉。

---

① 克罗索夫斯基著,《一种如此致命的欲望》(*Un si funest désir*),伽利玛出版社,1963 年,第 226 页。而且在第 216—218 页,克罗索夫斯基评论了《快乐的知识》(*Gai Savoir*)第 361 节的格言:"拟仿的快乐,作为强力进行爆发,抑制、淹没、有时直至消灭所谓的个性……"

现代性可通过拟像的力量被界定。哲学的责任并没有不惜一切代价是现代的,也不是非时代的,而是从现代性中清除尼采称之为不合时宜的某种东西,它属于现代性,不过它还应该被翻转来反对现代性——"我希望,支持一个即将到来的时代"。哲学不是在大森林中也不是在小径中才被构思,而是在城市与街道中,包括在城市与街道中最矫揉造作的东西中。不合时宜,在对柏拉图主义的颠倒中相关于最遥远的过去而被建立,在被设想为这种批判现代性的点的拟像中相关于现在而被建立,在作为将来信念的永恒回归的幻象中相关于未来而被建立。矫揉造作与拟像不是一回事。它们甚至是对立的。矫揉造作始终是摹本的摹本,后者应该被推进,直至这种摹本改变本性且被颠倒为拟像的程度(波普艺术的时刻)。矫揉造作与拟像在现代性的核心相互对立,在这一点上,现代性确定了它的所有解释,如同两种摧毁方式相互对立一样:两种虚无主义。因为,为了保存再现、原型和摹本的既定秩序并使之永存而进行的摧毁与为了创建那创造的、使拟像运行并提升幻象的混沌而进行的摧毁,二者之间存在巨大的差异——在所有摧毁中,柏拉图主义的摧毁是最天真的。

## 2. 卢克莱修与拟像

在伊壁鸠鲁之后,卢克莱修懂得如何把哲学的思辨与实践的对象规定为"自然哲学"(naturalisme)。卢克莱修在哲学上的重要性就与这种双重规定有关。

**自然**的各种产物与它们所必需的多样性(diversité)不可分。但是,将多样物(le divers)视作多样的,这是一项艰巨的任务,在卢克莱修看来,所有以前的哲学在这项任务中都失败了。① 在我们的世界中,自然界的多样性显示出相互重叠的三个方面:物种的多样性、属于同一物种的诸个体的多样性、构成个体的各部分的多样性。特殊性、个体性和异质性。没有这样的世界:它未在其部分、地点、海岸的多变性和居于它的各物种的多变性中被显示出来。没有与另一个体完全同一的个体;没有不被母牛认出来的小牛,没有不可分辨的贝壳或小麦粒。没有由同质的部分构成的物体;没有不牵涉质料的多样性、元素的异质性的草或水流,每个动物物种在其中反而不会获得适合它的食物。人们由之可从这三个视角来推论世

---

① 在《物性论》第 1 卷的整个批评部分中,卢克莱修不断地祈求多样的理由。多样性的不同层面在第 2 卷中被描述,参见第 342—376、581—588、661—681、1052—1066 行。

界本身的多样性:世界是不可胜数的,经常是关于不同物种的,偶尔是类似的,始终是由异质元素构成的。

这种推论有何种正当性? **自然**应该被视作多样物与多样产生的原理。但多样物产生的原理只有在它没有把它自己的元素聚集成一个整体时才有意义。人们将不会将这一要求看作一种禁锢(cercle),好像伊壁鸠鲁与卢克莱修要表达的意思仅仅是:多样物的原理本身应该是多样的。伊壁鸠鲁的主题与之完全不同:作为多样物产生的**自然**只能是一个无限和,就是说,是一种没有将它自己的诸要素加总的和。没有能够同时包含**自然**的所有元素的组合,也没有独一的世界或总体的宇宙。自然不是对**一**、**存在**或**整体**的规定。**自然**不是集合的,而是分配的;**自然**法则(自然契约[foedera naturai],与所谓的命运契约[foedera fati]相对立)分配着未被加总的诸部分。**自然**不是归属的,而是连接的:**自然**不是用"是"(est)而是用"与"(et)表达自身。这个(ceci)与那个(cela):相继与交错、相似与差异、吸引与干扰、微差与唐突。**自然**是完全由充实与虚空构成的舞台檐幕;它由充实与虚空、存在与非存在构成,其中这两者中的每一个都在限制另一个时将自身设定为不受限制的。不可分之物的添加时而类似,时而有差异,**自然**的确是总和,但不是整体。与伊壁鸠鲁和卢克莱修一起开始的是哲学上的多元论的真正的高贵行为。我们将不会认识到在对某种维纳斯-**自然**的赞美与这种**自然**哲学所必需的多元论之间的矛盾。**自然**的确是力量,不过是事物借其名义逐个地(une à une)实存的力量,没有可能在一种组合中同时(toutes à la fois)将事物重新聚集起来和统一起来,这一组合完全符合**自然**,而且一度(en un fois)表达了**自然**的全部。卢克莱修之所以批评伊壁鸠鲁的前辈们,乃因为他们相信**存在**、**一**与**整体**。这些概念是精神的怪癖、对命运相信的思辨形式、虚假哲学的神学形式。

伊壁鸠鲁的前辈们把原理混同于**一**或**整体**。但是,如果一不是某个易变质的和易腐化的对象——人们任意地将其视作与所有其他对象相隔离的,那么一是什么?如果不是某个有限的组合,它充满着漏洞,人们任意地相信它汇集了总和的所有元素,那么什么形成一个整体?在这两种情况中,人们并不理解多样物及其产生。只有假定任何东西都能产生于任何东西,因此某种东西能够产生于虚无,多样物才被从一开始孕育。多样物被孕育从整体开始孕育,只有假定形成这一整体的诸元素是能够在彼此之中相互转化的对立物:另外的说法是一个事物随着改变性质而产生另一事物,而且某种事物产生于虚无。因为反自然哲学的哲学家们不想考虑虚空,即包含一切的虚空。他们所谈论的**存在**、**一**、**整体**始终是人为的和不自然的,始终是易变质的、易挥发的、多孔隙的、易破碎的或易断的。他们更喜欢说"存在即虚无",而不是承认:有存在物与有虚空,虚空之中有单纯存在物与复合存在物中有虚空。①哲学家们用同一物或矛盾物(经常是两者同时)取代多样物的多样性。既不是同一性也不是矛盾,而是相似性与差异、合成与分解,"不同的联结、重量、撞击、冲突、运动,事物永远借以生存的这些东西"②。协调与析取,这就是事物的**自然**。

∴

自然哲学需要一种高度结构化的因果律,后者解释多样物的产生,但要将其解释为**自然**的诸元素之间的多样的而未被总体化的合成、组合。

1. 原子是应该被思考的东西、只能被思考的东西。原子在思维上是可感对象在意义上所是的东西:本质上诉诸思维的对象、引发思考的对象,好像可感对象是委身于意义的对象一样。原子是可思物的绝对实在性,正如可感对象是可感物的绝对实在性一

---

① 参见《物性论》第1卷对赫拉克利特、恩培多克勒和安那克萨哥拉的批评,关系到侵蚀这些前伊壁鸠鲁构想的虚无,参见第一卷,第657—669、753—762行。

② 参见《物性论》,第633—634行。(中译本参见[古罗马]卢克莱修著,《物性论》,方书春译,北京:商务印书馆,1981年,第34页。译文有所改动。——译注)

样。原子不是且不可能是可感的,原子本质上是隐匿的,这是原子的固有本性的效应,而不是我们感性不完善的效应。首先,伊壁鸠鲁的方法是一种类比方法:可感对象具有可感的诸部分,但有再现对象最小部分的可感的最小值;同样,原子具有可思的诸部分,但有再现原子最小部分的可思的最小值。不可分的原子由可思的最小值构成,正如可分的对象由可感的最小值构成一样。① 其次,伊壁鸠鲁的方法是一种过渡或转变的方法:在类比的引导下,随着可感物分解与合成,人们通过转变(*paulatim*)从可感物转向可思物、从可思物转向可感物。人们从意向活动的类比物转向可感的类比物,反之亦然,通过一系列根据穷举过程被设想和被确立的阶段。

2. 原子的总和是无限的,只因为它们是未被加总的诸元素。但是,如果虚空也不是无限的,那么这一总和就不可能是无限的。虚空与充实被交错、被分配,以致于虚空与原子的总和本身转而是无限的。这第三种无限表达了原子与虚空之间的基本相关性。虚空中的高与低是由虚空本身与原子的相关性引起的;原子的重量(从高到低的运动)是由原子与虚空的相关性引起的。

3. 原子在下坠中相遇,不是因为它们的重量差

---

① 参见《物性论》第 1 卷,第 599—634、749—752 行。

异,而是因为原子偏斜。原子偏斜是相撞的原因,或将一个原子与另一原子联系起来。原子偏斜基本上关系着伊壁鸠鲁的时间理论,是系统的基本部分。在虚空中,所有原子以相等的速度坠落:一个原子只有相关于那些多少延迟其下坠的其他原子才按照其重量来决定快慢。在虚空中,原子的速度等于它在唯一方向上以连续时间的最小值进行的运动。这一最小值表达可能发生的最小绵延,在这一绵延期间,原子在给定的方向上运动,发生在能够在另一原子的撞击下改变方向之前。因此有时间的最小值,不少于质料的最小值或原子的最小值。根据原子的本性,连续时间的这一最小值诉诸对思维的理解。它表达最快最短的思维:原子"与思维一样快"地运动。① 不过,我们从此应该设想每个原子的原始方向,作为一种给原子运动提供第一方向的综合,没有这种综合就不会有碰撞。这种综合必然发生在一种比连续时间的最小值更小的时间之中。这就是原子偏斜。原子偏斜或偏斜与一种倾斜运动无关,后者要偶然更改一种垂直下坠。② 运动始终是在场的:它不是一种次级运动,也不是对在任意时刻、任何场所被产生的运动的次级

---

① 参见伊壁鸠鲁,《给希罗多德的信》,61—62(论连续时间的最小值)。

② 参见《物性论》第 2 卷,第 243—250 行。

规定。原子偏斜是对原子运动方向的原初规定。原子偏斜是一种自然倾向(conatus);是质料的微分,同样也是思维的微分,根据的是穷举法。由此,那些修饰原子偏斜的术语的意义就在于:善变(incetus)不是指未规定的,而是指不可指定的;小(paulum)、时间变化(incerto tempore)、最小间隔(intervallo minimo)是指"在一种比可思的连续时间的最小值更短的时间中"。

4. 这就是为什么原子偏斜没有显示任何偶然性、任何未规定性。它显示完全不同的东西:原子规律(lex atomi),就是说原因或因果系列的不可化约的复数性(pluralité)、把各种原因连成一体的不可能性。原子偏斜确实是因果系列之间相遇的规定,因为每个因果系列都被原子运动所建构且在相遇中保存其充足的独立性。在那些使伊壁鸠鲁学派与斯多亚学派相互对立的著名讨论中,问题没有直接针对偶然性与必然性,而是针对因果关系与命运。伊壁鸠鲁学派像斯多亚学派一样肯定因果关系(而非没有原因的运动);不过斯多亚学派也想肯定命运,就是说诸原因"在它们自身之间"的统一性。伊壁鸠鲁学派所反对的是,有人未引入必然性就不肯定命运,这里的"必然性"就是指结果彼此之间的绝对连贯。的确,斯多亚学派反驳说,他们决不引入必然性,但伊壁鸠鲁学派就其本身而言不能拒绝落入偶然性与偶然的诸原因之间的统一性。① 真正的问题是：存在着诸原因"在它们自身之间"的统一性吗？关于**自然**的思维应该把诸原因连为一体吗？伊壁鸠鲁学派与斯多亚学派之间的重要差异是他们没有进行对因果关系的同样区分。斯多亚学派肯定物体性原因与非物体性效应之间的本性差异，以致于效应诉诸效应，并形成结合，而原因诉诸原因，并形成统一性。伊壁鸠鲁学派反而肯定物质性因果系列的复数性的独立性，依据的是影响每个系列的偏斜；只有在这一对象性意义上，原子偏斜才能被说成偶然。

5. 原子具有各种尺寸和形态。但原子不能有任意尺寸，因为它达到并超过可感的最小值。原子不再能有无限多的形态，因为形态的任何多样性或者意味着原子最小值的置换，或者意味着这些最小值的相乘，如若原子本身还没有变成可感的，这些最小值就不能被无限地追随。② 原子的大小与形态在数量上不是无限的，所以有无限多的、同样大小和同样形态的原子。

6. 任何原子不会与它遇到的任何其他原子都组合在一起；否则各原子就会形成无限组合。碰撞确实是相斥的，也是组合的。只要原子的形态允许碰撞，

---

① 西塞罗的著作《论命运》的重要主题之一。
② 《物性论》第 2 卷，第 483—499 行。

各原子就会组合在一起。被其他摆脱它们束缚的原子所撞击,它们的组合就松开了,同时失去它们重新连接其他复合物的元素。之所以原子被说成是"特殊的胚芽"或"种子",这首先因为任何原子不会与任何其他原子形成组合。

7. 因为每种组合都是有限的,所以总有无限多的组合。但任何组合都不是由单一种类的原子形成。原子因此在次级意义上是特殊的种子:它们在同一物体中建构多样物与自身的异质性。尽管如此,在一个物体中,不同的原子依据它们的重量倾向于按照它们的形态被分配:在我们的世界中,相同形态的原子聚集起来,由此形成复合物。我们的世界分配着它的各种元素,以便土的元素占据着中心,在它们之外"表达"那些要形成海水、空气、以太(大容量[*magnae res*])的元素。① 关于**自然**的哲学告诉我们:多样物与自身的异质性,还有多样物与自身的相似性。

8. 有多样物及其产生的力量,不过也有多样物再产生的力量。重要的是要认识到这第二种力量如何来自第一种力量。相似性来自多样物本身及其多样性。没有一个世界或物体不在每个时刻失去各种元素,并重新找到相同形态的元素。没有一个世界或物体本身不在空间与时间中具有它们的类似性。任意复合物的产

---

① 《物性论》第5卷,第449—454行。

生假定那些能够形成任意复合物的不同元素本身在数量上是无限的;如果它们中的每一个元素在虚空中种类上是单一的或数量上是受限制的,那它们就没有任何机会相遇。不过,因为它们中的每一个元素都具有无限多的同类元素,所以如果它们的同类元素没有同样机会更新各部分乃至再产生类似的复合物,它们就不会产生复合物。① 关于机会的这一论证尤其适用于世界。更有力的理由是物质世界内部的物体支配着再生产原则。它们实际上诞生于已经复合的环境中,其中每一种环境都聚集最大量的、具有同一形态的元素:土、海水、空气、以太、大容量、大地层,它们建构着我们的世界,并彼此被不可感的过渡连接起来。一个被规定的物体在这些集合之中的一个集合中有自己的场所。② 这一物体不断地从它的复合中失去诸元素,它浸润其中的集合给它提供新元素,或者它直接给这一集合提供这些元素,或者它在一种既定秩序中、基于它与之沟通的其他集合将这些元素转移到这一集合。而且,物体本身在其他地点、在产生它和滋养它的元素中具有它的类似物。③ 这就是为什么卢克莱修重新辨认因果性原理的最后一个方面:

---

① 《物性论》第 2 卷,第 541—568 行。
② 《物性论》第 5 卷,第 128—131 行。
③ 《物性论》第 2 卷,第 1068 行:"空间多得很,随手可得。"

物体不仅产生于那些被规定的元素(它们像产生它的种子一样),而且产生于一种被规定的环境物,这一环境像是能够繁殖它的母亲一样。多样物的异质性形成一种关于胚芽的生机论,不过多样物本身的相似性则形成一种关于母亲的泛神论。①

∴

从思辨的视角来看,物理学就是**自然哲学**。物理学的要点就在无限和时空最小值的理论之中。卢克莱修《物性论》的前两卷符合物理学的这一基本目标:规定真正无限的东西与不是无限的东西,区分真正的无限与虚假的无限。真正无限的是原子的总量、虚空、原子的总量与虚空、具有相同形态和大小的原子的数量、与我们的世界类似或有差异的世界与组合的数量。不是无限的东西是物体和原子的各部分、原子的大小和形态,尤其是物质世界或物质世界内部的任何组合。不过人们将观察到,在这种对真假无限的规定中,物理学以必然的方式起作用;与此同时,正是在这一点上物理学才揭示它与实践或伦理学的隶属关系。(相反,当物理学以假设的方式进行——正如对有限现象的解释一样——时,它几乎不会对伦理学有

---

① 《物性论》第 1 卷,第 168 行和第 2 卷,第 708 行:"从特定的种子、特定的母亲诞生。"

影响①)。我们因此应该问,为什么对真假无限的必然规定在思辨上是伦理或实践的必然手段。

实践的目的或对象是快乐。不过,实践在这一意义上仅仅把消灭与避免痛苦的所有手段推荐给我们。但是我们的快乐具有比痛苦本身更强有力的障碍:鬼魂、迷信、恐惧、对死亡的恐惧、形成灵魂纷乱的一切。② 人类的图景是一幅陷入心烦意乱的人类的图景,比痛苦更令人恐惧(甚至鼠疫不仅由其所传达的痛苦所界定,而且也由它所制造的、灵魂的一般化纷乱所界定)。正是灵魂的纷乱才增加痛苦;正是灵魂的纷乱才使痛苦无法克服,但它的起源是别样的和更有深度的。它由两种元素构成:一种来自身体的错觉,即快乐的无限能力的错觉;然后是被投射到灵魂之中的第二种错觉,即灵魂本身的无限绵延的错觉,它毫无防备地把我们托付给死后可能出现的无限多痛苦的观念。③ 这两种错觉相互连接:对无限惩罚的恐惧是不受限制的欲望导致的、完全自然而然的后

---

① 伊壁鸠鲁,《给希罗多德的信》,79。

② 《物性论》第2卷的导论被建立在这一对立之上:为了尽可能避免痛苦,只要一些事物就足够了——但为了征服灵魂纷乱,需要一种更有深度的技艺。

③ 卢克莱修时而坚持这些方面中的一个方面,时而坚持另一个方面:《物性论》第1卷第110—119行、第3卷第41—73行、第3卷第978—1023行、第6卷第12—16行。关于快乐的无限能力,参见伊壁鸠鲁,《思想》,第20页。

果。正是在这一根基上,人才应该寻找西西弗斯(Sisyphe)与提堤俄斯(Tityos):"正是在人世间,傻子的生命才变成真正的地狱。"①伊壁鸠鲁甚至说,之所以不正义是不幸,之所以贪婪、野心甚至荒淫都是不幸,乃因为它们把我们托付给每刻都能突然发生的惩罚的观念。② 毫无防备地被托付给灵魂的纷乱的确是人的境况或双重错觉的产物:"如今没有任何抵制的手段与能力,因为这些是死亡中应该担心的没完没了的痛苦。"③这就是为什么信教的人对卢克莱修以及以后的斯宾诺莎而言具有两个方面:贪欲与焦虑、贪婪与罪责——产生罪行的奇怪复合体。因此,灵魂的纷乱在我们还没死时是由对死亡的恐惧造成的,不过一旦我们如此就是由还没死的痛苦造成的。整个问题是关于这一纷乱或两种错觉的起源的问题。

正是在这一点上,非常精妙且晦涩难懂的伊壁鸠鲁学派的理论出现了。物体本身或原子复合物不断地从那些极其难以捉摸的、流动的与细小的元素中产生出来。这些次级的复合物有两种:要么它们来自物体的深处,要么它们摆脱表面(皮肤、膜或组织、包膜、皮,卢克莱修称之为拟像,伊壁鸠鲁称之为偶像)。在

---

① 《物性论》第3卷,第1023行。
② 伊壁鸠鲁著,《思想》,第7、10、34、35页。
③ 《物性论》第1卷,第110—111行。

它们影响男性意象(l'animus)和女性意象(l'anima)的范围内,它们解释着可感的质性。声音、气味、品味、热情尤其诉诸深层的发射,而视觉的规定性、形式与色彩则诉诸表面的拟像。这种情况更加复杂,因为每种意义似乎组合了深处与表面的信息;深层的发射经由表面,而且表面的包膜在摆脱对象时为最近被隐匿的壳层所取代。例如,深处的噪音变成了声音,当它们在某些穿孔的表面(孔)上找到它们发音的条件。相反,表面的拟像只有在来自深处的光的条件下才提供色彩与形式。无论如何,发射与拟像显然都没有被理解为原子的复合物,而是被理解为在对象上和在对象中被远距离把握的质性;距离被穿过感官的气流所提供,而且发射和拟像在它们面前驱逐了这股气流。[1] 这就是为什么对象始终如其应该被感知的样子被感知,根据拟像与发射的状态、根据它们必须跨越的距离、根据它们遭遇的障碍、根据它们所遭受的变形或那些发生于它们的爆裂:在漫长的行程结束时,视觉的包膜不再以相同的活力打动我们,声音的爆裂失去它们的区别。但与对象连在一起的特性始终继续存在;而且在触摸的情况下——直接抓住对象的唯一意义,表面的给予物与深处联系起来,在对象

---

[1] 《物性论》第 4 卷,第 245—260 行。

上被理解的东西被感知为它们仍待在它的基底。①

发射与拟像仍未摆脱对象,对它的这种附属来自哪里?我们相信它们的地位在伊壁鸠鲁的哲学中与时间理论密不可分。它们的本质特征确实是它们穿过空间所伴有的速度。这就是为什么伊壁鸠鲁对拟像和原子使用了相同的说法(尽管不是在同样的意义上):它运行得"与思维一样快"。这是因为,根据类比,存在着不比可思时间的最小值更少的可感时间的最小值。不过,正如原子偏斜出现在一种比可思时间的最小值更短的时间中,以致于它已经在人们能够思考的最短时间中,同样,拟像的发射出现在一种比可感时间的最小值更短的时间中,以致于它们已经在人们能够感觉的最短时间中,而且我们认为它们在到达我们时仍在对象之中。"因为在我们所能察觉的一个最小的瞬间里面,就是说发一个单音所需的时间内,却隐藏着理性所发现的许多的瞬时,因此在任何一个短促的瞬间,都仍有各种拟像存在着、准备着,各在不同的位置上。"②拟像因此是不可感的,只有带有质性的影像是可感的,而后者由非常迅速的连续、许多相同的拟像的叠加构成。我们从拟像的形成速度来谈

---

① 《物性论》第 4 卷,第 265—270 行。
② 《物性论》第 4 卷,第 794—798 行。(中译本参见[古罗马]卢克莱修著,《物性论》,方书春译,北京:商务印书馆,1981 年,第 233—234 页。——译注)

论的内容对于深处的挥发物仍是真的,不过是在更小的尺度中:拟像比挥发物更迅速,好像相关于可感的时间存在着多样秩序的微分。① 因此,我们认识到伊壁鸠鲁学派的方法的原创性在这一方法组合类比和渐进的资源的范围内是以什么为基础。正是时间理论与其"穷举的"的特点确保这一方法的两个方面的统一。因为存在着可感时间的最小值和可思时间的最小值,而且有比在两种情况下的最小值更短的时间。但是,类比的时间或时间的类比规定性最终在渐进、标度中被组织,这一标度使我们从可思物转向可感物,反之亦然:1. 比可思时间的最小值更短的时间(受偏斜影响的时间不确定性[incertum tempus]);2. 可思的连续时间的最小值(在同一方向上的原子速度);3. 比可感时间更短的时间(被拟像占有的瞬间[punctum temporis]);4. 可感的连续时间的最小值(与之相应

---

① 视觉性拟像相关于深处的挥发物而言具有两种特权:只因为它们摆脱了表面,所以它们不得不调整它们的秩序,也不得不调整它们的形态,由此它们是可再现的;另一方面,它们运行得更快,因为它们遇到更少的障碍。参见《物性论》第 4 卷,第 67—71、199—209 行。

的是保证对象知觉的影像)。[1]

存在着第三种类,既不同于那些来自深处的挥发物,也不同于那些摆脱事物表面的拟仿。这些是幻象,它们在它们所形成的影像中拥有对于对象的高度自主性和极端的流动性、极端的易变性(因为它们没有被对象所发出的稳定供给所更新)。因此,影像在这里似乎取代对象本身。拟像的这个新种类具有三种重要的变体:神学的、梦的、色情的。神学的幻象由天空中自发相互交错的拟像构成,它们在天空中从云中勾画出大量影像——高山与巨人形态。[2] 无论如何,都因为拟像无处不在,我们不断地沉浸在拟像中,不断地被拟像所拍打,如同被各种流所拍打一样。因此,有时因为离拟像所源自的、拟像与其失去任何直接关系的对象太远,所以拟像形成这种重要的自主形态。拟像的独立性使它们更加多变;好像这些形态舞蹈、说话,它们无限地更改它们的声调与姿态。因为的确如休谟所提醒的那样,在信仰诸神的起源处没有

---

[1] 当伊壁鸠鲁叙述拟像和原子时,当它们运行得"与思维一样快"时(《给希罗多德的信》,48);且当卢克莱修将与他在谈论虚空中的原子速度一样的表达应用于拟像的速度时(《物性论》第4卷,第206—208行和第2卷,第162—164行),这种渐进的类比清晰地显现出来。

[2] 《物性论》第4卷,第130—142行。

持久性，但倒是有被动的反复无常与变化莫测。① 第二种幻象由那些极其难以捉摸的和细微的拟像建构，这些拟像来自多样的对象，它们能够极快太细微地混合、凝结和消失，以便融入视野，不过它们能给男性意象提供本来属于它的视像：半人马、地狱犬和鬼魂，或者是与欲望相对应的所有影像，或者还尤其特别的是梦的影像。不是因为欲望在此是创造性的，而是因为欲望使精神变得专心，并使之在这些难以捉摸的、我们浸润其中的幻象中间选择最适合的幻象；更何况精神即便在身体沉睡时是沉思的和受抑制的，它也向这些幻象敞开。② 至于第三种（色情的幻象），它仍由来自那些非常多样的拟像构成，它们能够进行凝缩（我们认为我们揽之入怀的女人似乎突然变成了男人）。由这些拟像构成的影像无疑与现实的爱情对象有关；但不同于那发生在其他一些需要中的东西，对象既不能被吸收，也不能被拥有，只有影像激发和复活欲望，即不再标明融贯的现实的幻景："从人的娇美脸庞和动人艳色那里，没有任何东西可供身体享受，除了那

---

① 《物性论》第 5 卷，第 1169 行及其后。话说回来，卢克莱修诉诸两种共存的元素：幻象的流动性和上天秩序的持久性。
② 《物性论》第 4 卷，第 722 行及其后、第 962 行及其后。

些薄薄的拟像,这可怜的希望常常被风卷走。"①

时间本身据称与运动有关。这就是为什么我们相关于原子在虚空中的运动来谈论思维的时间,相关于我们能感知到的运动影像来谈论可感的时间,或者这种运动影像使我们感知原子复合物的质性。而且我们相关于作为原子运动之规定的偏斜来谈论一种比可思时间的最小值更短的时间;我们相关于作为影像的构成成分的拟像来谈论一种比可感时间的最小值更短的时间(对于这些构成成分而言,甚至有速捷的微分秩序,因为深层的挥发物并不比表面的拟像更快,而且表面的拟像也不比第三种幻象更快)。也许运动在所有这些意义上是由与属性或特性(合取[conjuncta])相对立的诸"事件"(eventa,伊壁鸠鲁称之为症状[symptômes])构成,以至于时间必须被说成是诸事件的事件、"诸症状的症状",后者尾随运动而来。② 因为属性是不能从物体中被抽离或分离的属性:例如原子的形式、维度或重量;或者表达原子布

---

① 《物性论》第 4 卷,第 1094—1096 行。(中译本参见[古罗马]卢克莱修著,《物性论》,方书春译,北京:商务印书馆,1981 年,第 250 页。译文有所改动。——译注)

② 参见塞克西都·恩披里柯著,《驳学问家》(Adv. Math.),第 10 卷,第 219 页。事件理论正如其在伊壁鸠鲁的文本(《给希罗多德的信》,68—73)和卢克莱修的文本(第 1 卷,第 440—482 行)中所提供我们的那样,既是丰富的又是晦涩的、很简洁的。(转下页)

局的复合物的质性,如若没有这种原子布局,那么复合物就不再是其所是(火的温度、水的流动)。但是,事件毋宁说未摧毁事物的本性就表达正在发生或就要发生的事情,因此有一种与其秩序兼容的运动阶段;例如复合物与其拟像的运动,或者每个原子的运动与碰撞;而且,如果生与死、合成与分解是事件,那么是根据那些比复合物之秩序低的秩序的诸元素,且复合物的实存在一种向相应时间的界限的过渡中与运动变化相兼容。

因此,我们能够回应对无限虚假的质疑。拟像本身不被感知,不过只是它们在可感时间的最小值中的总和(影像)。然而,正如原子在可思的连续时间的最小值中的运动显示出偏斜,然而偏斜发生在一种比这一最小值更短的时间之中,影像也显示出拟像的相继与总和,拟像发生在一种比可思的连续时间的最小值更短的时间之中。而且,正如原子偏斜唤起对自由的虚假构想的思考,拟像也唤起对意志与欲望的虚假感觉的感受性。根据拟像使其在可感的最小值之下存

---

(接上页)唯有虚空是非物体性的,事件严格说来不具有非物体性的地位;无疑事件与拟像具有本质性关系,且归根结底与原子运动具有本质性关系(第471—477行)。容许斯多亚学派给事件提供一种明确规定的地位的,就是它们的因果关系的区分,根据这一区分,效应在本性上不同于原因;这对于伊壁鸠鲁学派而言不可能如此,他们根据那些保持因果同质性的系列来区分因果性关系。

在与起作用的速捷性,拟像在它们所形成的影像中产生虚假的无限的幻景,而且使快乐的无限能力与痛苦的无限可能性的双重幻觉得以产生——贪欲与焦虑、贪财与罪责的这种混合是信教者的特有标记。尤其在第三种最速捷的影像中,即在幻象中,人们才见证了错觉和那些与之相伴的神话的展开。在神学、色情与梦的混合中,爱的欲望只拥有那些使它认识辛酸与痛苦的拟像,甚至达到它希望是无限的快乐;我们对诸神的信仰立基于拟像,后者在我们看来是舞蹈,是调整姿态,并对我们大声许诺永恒的痛苦——总之是再现无限。

∴

如若不经由对那些彼此嵌入的时间(伴随着它们所牵涉的、向极限的过渡)的真正无限的严格区分,并对它们做出正确的评价,那该如何阻止错觉? 这就是**自然哲学**的意义。因此,幻象本身变成了快乐对象,包括在它们所产生的效应之中,这种效应最终如其所是地呈现出来:速度与轻盈的效应,作为相继与同时性的凝缩,被重新连接到非常多样的对象的外部干扰上。哲学作为**自然哲学**的思辨对象与实践对象、学问与快乐重合在这一点上:这始终在于揭露错觉、虚假的无限、宗教的无限与所有神学-色情-梦的、它在其中被表达的神话? 对于"哲学有什么用?"的问题,应该予以回答：还有什么学科会有兴趣只树立一个自由人的形象（image）、只揭露所有为了巩固它们的权威而需要神话与灵魂纷乱的力量？**自然**不与习俗相对立，因为存在着自然的习俗。法（droit）不与惯例相对立：法依赖习俗这一点不排除自然法的实存，就是说，不排除法的自然功能的实存，这一功能根据各种欲望所伴随的灵魂纷乱度量它们的不合法性。**自然**不会与发明相对立，因为各种发明只是对**自然**本身的发现。但是，**自然**与神话是对立的。通过描写人类史，卢克莱修向我们呈现了一种补偿法则：人的不幸不是来自他的习俗、惯例、发明或产业，而是来自与之混合的神话部分，来自他引入感觉与作品之中的无限虚假。与语言起源、火和第一金属的发现联合起来的是王权、财富和财产（它们在本原上是神秘的）；与法和正义的惯例联合起来的是对诸神的信仰；与铜和火的使用联合起来的是战争的发展；与技艺和产业的发明联合起来的是奢侈和狂热。制造人类不幸的事件与那些使之可能发生的神话密不可分。应在人身上区分回归神话的部分与回归**自然**的部分，而且应该在**自然**本身上区分真正无限的部分与不是无限的部分：这就是**自然哲学**的思辨和实践的对象。第一个哲学家是自然论者：他谈论自然，而非谈论诸神。他的职责就在于不向哲学中引入那些撤销**自然**的所有实证性的新神话。能动的诸神是宗教的神话，如同命运是虚假物理学的神话一样,而**存在**、**一**、**整体**是充满神学的虚假哲学的神话。

"祛魅"(démystifier)的事业从未被进一步推进。神话始终是无限虚假与灵魂纷乱的表达。**自然哲学**的最深刻的常量之一是揭露悲伤的一切,揭露实为悲伤原因的一切,揭露那为了实施悲伤的权力而需要悲伤的一切。[①] 从卢克莱修到尼采,同样的目标被追求、被达到。**自然哲学**把思维变成一种肯定、把感性变成一种肯定。它抨击否定的魅力,它废黜否定的所有力量,它拒绝把以哲学名义进行言说的权利提供给否定的精神。正是否定的精神才把可感物变成现象,也正是它把可理解的东西联合成**一**或**整体**。但这个**整体**、这个**一**只是思想的虚无,正如这个显像是感觉的虚无一样。根据卢克莱修的观点,**自然哲学**是对无限和的思维,其所有元素未被同时构成,不过反之亦是如此,**自然哲学**是对有限复合物的感觉,这些复合物并未这样彼此相加起来。以这两种方式,多重物是

---

[①] 人们显然不能把对瘟疫的悲剧性描述视作诗歌的结尾。它太符合疯狂与自杀的传奇,基督教徒们宣扬这种传奇,以指出伊壁鸠鲁学说的信奉者的个人悲伤结局。此外,在卢克莱修生命的结尾,他可能已经疯了。不过,同样徒劳无功的是引用一些所谓的生活背景来为诗歌收尾,或者把诗歌视作症状的集合,在这一集合中,人们可能会断定作者"个人的"情况(不正规的精神分析)。当然精神分析与艺术的关系的问题不会这样被提出。——参见系列33。

被肯定的。作为多重的多重物是肯定的对象,正如作为多样的多样物是快乐的对象一样。无限是对一个未把其元素构成整体的总和的绝对可理解的规定(完善);不过有限是对被构成的一切的绝对可感的规定(完善)。关于有限的纯粹实证性是意义的对象;关于真正无限的实证性是思维的对象。这两种视角之间没有任何对立,但有一种相关性。卢克莱修长久地固定了自然哲学的意蕴:**自然**的实证性、作为肯定哲学的**自然哲学**、与多重肯定有关的复数性、与多样物的快乐有关的感觉论、对所有欺骗的实践性批判。

## II 幻象与现代文学

### 3. 克罗索夫斯基,抑或身体-语言

克罗索夫斯基的作品被建立在令人惊讶的身体与语言的平行论之上,或者毋宁说被建立在身体与语言在彼此之中的反思之上。推理是语言的运作,不过哑剧是身体的运作。在那些被规定的动机下,克罗索夫斯基设想推理是神学的本质,而且具有析取三段论的形式。在另一极,身体的哑剧本质上是反常的,且具有析取连贯性的形式。为了更好地理解这一起点,我们支配着一条主线。例如,生物学家教给我们的

是，身体的发育以串联的方式进行：肢体的肉芽在其被规定为右爪之前被规定为爪，等等。动物的身体好像踌躇不前或进退维谷。正如推理在每个层次经由串联、踌躇和分岔进行一样。身体是析取三段论；语言是正在进行分化的蛋。身体隐匿、再隐匿一种被隐藏的语言；语言形成一种荣耀的身体。最抽象的论据是摹拟（mimique）；但是身体的哑剧是一连串三段论。人们不知道是哑剧进行推理还是推理进行摹仿。

在某种意义上说，我们的时代发现了反常。它不需要描述行为、不需要进行可恶的叙述。萨德需要这样做，不过存在着可习得的萨德（acquis-Sade）。我们宁可寻找"结构"，就是说寻找形式，后者能够被这些描述与叙述填充（既然形式使它们成为可能）但不需要为了被说成反常的而被填充。被称作反常的恰恰是这种在身体中的客观的迟疑力量、这种既不是右边的也不是左边的爪、这种串联式的规定、从未消除在它之中分裂的未分化物的这种分化、标出差异的每个时刻的这一悬置、标出坠落的每个时刻的这种停止。贡布罗维奇可以给一部反常小说取名为《色情》（*La Pornographie*），这本小说不包含任何淫秽的叙述，而且仅仅表现出固定运动中迟疑与堕落的、悬置的年轻身体。在克罗索夫斯基的作品中，他的技巧是完全不一样的，性描写表现得鲜明有力，不过是为了"填充"身体的迟疑，并将这股力量分配到析取三段论的诸部分。这样一些描写的存在因此具有一种语言功能：问题不在于谈论身体，就如身体先于语言或在语言之外，不过截然与之相反，问题在于为了纯粹的精神而用词形成"荣耀的身体"。克罗索夫斯基说，本身就没有淫秽；就是说淫秽不是身体侵入语言，而是它们的共同反思、为了精神制造身体的语言行为、语言就这样通过反思身体来超越自身所借助的行为。"没有什么比肉体的过度行为更具口头性的东西……对肉欲行为的反复描写不仅仅解释了僭越，它本身是通过语言进行的、对语言的僭越。"①

另一方面，我们时代发现了神学。人们完全不需要相信上帝。我们宁可寻找"结构"，就是说寻找形式，后者能够被信仰填充但从不需要为了被叫作神学的而被填充。神学现在是非实存的实体的学问，是这样一种形式，即这些神圣的或反神圣的实体——基督或敌基督者——激活语言，为语言形成这一被区分为各种析取的荣耀身体。尼采关于上帝与语法关系的语言被实现了；不过此种关系这次在析取的所有意义上是著名的、有意识的、游戏的、摹拟的、"迟疑的"、展开的，不过服务于敌基督者——被钉在十字架上的狄奥尼索斯。如果反常是身体的固有力量，那么歧义性

---

① 克罗索夫斯基著，《一种如此致命的欲望》，伽利玛出版社，1963 年，第 126—127 页。

则是神学的力量；它们在彼此之中相互反思；如果一方是典型的哑剧，那么另一方则是典型的推理。

由此出现了对克罗索夫斯基作品的令人惊奇的特点所进行的解释：神学与色情的统一，在这一意义上是多么地特殊。这应该被称作高级色情。这是他超越形而上学的方式：摹拟式的论据与三段论式的哑剧、身体中的二难推理与三段论中的析取。洛贝特的强奸行动强调了推理与抉择；相反，三段论与二难推理在身体的姿态与暧昧中被反思。① 推理与描述的联系始终是最高级的逻辑问题——它的最高贵形式。人们可以在未摆脱这一问题的逻辑学家那里看得很清楚，可能因为他们在太宽泛的条件中提出这一问题。棘手的、不容置疑的条件是这样一些条件：其中描述关系着身体在病理学方面的反常（析取的、器官上的串联），推理关系着语言在神学方面的歧义性（析取的、精神上的三段论）。推理-描述的关系问题在萨德的著作中找到第一种解决方法，它在理论与技巧、哲学与文学上非常重要。克罗索夫斯基开辟了全新的道路，因为他提出了我们关于反常、神学或反神学的现代构想的种种条件。一切都开始于对身体与语

---

① 在《戴安娜的沐浴》(le Bain de Diane, Pauvet, 1956)中，析取三段论变成一种有关神话解释和重构身体中有形物(corporel)的一般方法。

言的这一生动描述、这一反思。

∴

328     平行论首先呈现于看与说之间。已经在呈现一个话痨的窥视者的德弗雷(Des Forêts)的小说中,看是指一种很特别的运作或沉思:关于映像的纯粹视觉,映像增多其反射的东西,而且给窥视者提供一种比他本人对这些激情的体验更强烈的参与,他在其他人的面孔上注意到这些激情的复象或反映。当奥克塔夫建立他将他的妻子洛贝特"给予"各位应邀者所依据的好客原则时,这种情况在克罗索夫斯基的作品中亦是如此。对他而言,问题在于增加洛贝特的本质,有多少与她建立关系的人就创造同样多的洛贝特的拟像和映像,而且激励洛贝特与她自己的复象进行竞争,借助于这些复象,窥视者奥克塔夫占有她,比他十分简单地为他自己留住她的情况能更好地了解她。"洛贝特应该学会欣赏自己,她应该好奇地在那个我以她自己的元素设计的那个人身上找到自己,渐渐地她甚至通过一种与她自己的复象的竞争来超越那些在我的精神中得以显露的方面;因此,重要的是她在寻找机会的过程中总是被游手好闲的年轻人包围着。"[①]这是视觉性的占有:人们的确只占有那已经被占有的东西。不仅仅通过他者来占有(因为他者在这一点上只是一个代言者,在最坏的情况下不具有实存)而且被一个死者所占有、被众神灵所占有。人们的确只占有那被剥夺的、被置于自我之外的、被再复象的、在目光下被反射的、被具占有性的精神增多的东西。这就是为什么《提词者》的洛贝特是一个重要问题的对象:能有"对两个寡妇而言同样的死亡吗"? 占有因此是导致占有,是看这种所予,即看在礼物中被增多的这种所予。"这样一种对一个珍贵的但有生机的存在物的共同分有不是不可与艺术家惯用的注视进行类比。"[①](人们将在乔伊斯的剧本《流亡者》[*Les Exilés*]中回想起偷窃与礼物的奇怪主题)。

如果视觉的功能就在于复象、去复象、增多,那么听觉的功能就在于引起回响、使回响产生。克罗索夫斯基的所有作品趋向于一个独特的目标:确保人称同一性的丧失、分解自我,这是克罗索夫斯基的人物从

---

① 《南特敕令的废除》(*La Révocation de l'Edit de Nantes*),子夜出版社,1954 年,第 59 页。这本书与《洛贝特,今夜》(*Roberte ce soir*,子夜出版社,1953 年)和《提词者》(*Le Souffeur*,Pauvet 出版社,1960 年)形成一个可在《好客的法则》(*Les lois de l'hospitalité*,伽利玛出版社,1965 年)的标题下被重新出版的三部曲。

① 《南特敕令的废除》,第 48 页。

一场濒临疯癫的旅行中带回来的辉煌战利品。但恰好自我解体不再是一种病理学上的规定，以便变成最强的力量，这种力量富有积极的和有益的前景。而且自我之所以是"放荡的"，只因为自我首先是解体的：不仅是被注视的、在注视下丧失自我同一性的自我，而且是注视的、也置身于自身之外的、在其注视下被增多的自我。奥克塔夫针对洛贝特陈述他的反常计划："让她预感到她是被看见的……促使她让她的姿态摆脱这种自我感觉，但从未失去视觉……使它们归于她的映像，直至以某种方式摹仿她自己。"[①] 不过，他也的确知道他本人由于观看而失去他自己的同一性，他置身于自我之外，他在注视中被增多，同样其他人也在注视下被增多——而且这正是**恶**的观念的最深刻内容。由此本质关系出现了，即视觉与言语的共谋。因为，除了说之外就复象、拟像或映像可以做什么？只能被看见的或只能被听见的东西，从未被其他器官所证实的东西，记忆中**遗忘**的对象、想象中**不可想象物**的对象、思维中**不可思之物**的对象——除了说它还能做什么呢？语言本身是表达所有复象的终极复象，即最高级的拟像。

弗洛伊德就窥阴癖与露阴癖的样式构思了能动-被动的对子。这种图式并不能让克罗索夫斯基满意，

---

① 《南特敕令的废除》，第 58 页。

他认为言语是与视觉的被动性相应的唯一能动性,是与视觉的被动相应的唯一能动。言语是我们对于映像、回声和复象的能动行为,既为了聚集它们,也为了引起它们。如若视觉是反常的,那么言语亦是如此。因为就孩子而言问题显然不是针对复象和拟像进行言说。问题在于言说它们。对谁?这里仍是对诸神灵进行言说。一旦人们"命名""指称"某种事物或某个人,只要以必要的精确性并尤其是以必要的风格来实现这一点,那也要对其进行"揭发":人们去掉名字,毋宁说人们在名字下使被命名的东西的多重性出现,人们使事物去复象、并对事物进行反思,人们在同一个词下提供许多可见的事物,如同看在注视中提供许多可说的事物一样。人们从未对某个人说话,但人们就一种能够对之进行反思和使之去复象的力量来谈及某人;因此人们没有对他进行命名,也未向一种像奇怪镜子一样的神灵揭发他。奥克塔夫极其傲慢地说:"我没有对洛贝特说话,我没有为了她'命名'一个神灵;相反我向这个神灵命名洛贝特,由此我'揭发'她,以便这个神灵显露出她所隐藏的东西,以便她最终解放她聚集在她的名字之下的东西。"[1]有时视觉引诱言语,有时言语引诱视觉。然而,始终存在着被

---

① 《洛贝特,今夜》,第 31 页(这一章的题目叫"揭发"[La Dénonciation])。

看者与被说者增加与反思,也存在着看与说的人的增加与反思:言说者分有了强烈的自我解体,甚至控制或怂恿这种自我解体。米歇尔·福柯曾写了一篇评论克罗索夫斯基的精彩文章,他在这篇文章中分析了复象与拟像的运作、视觉与语言的运作;他将克罗索夫斯基的视觉范畴赋予它们:拟像、类似、拟仿。① 语言的范畴与它们相一致:唤起、挑唆、废除。视觉对其所见进行去复象,并增加窥视者,同样语言揭发其所言,并增加言说者(因此在《提词者》中就出现了重叠声音的多重性。)

身体进行言说,我们长久以来就知道这一点。但克罗索夫斯基指出了一个要点,它几乎是语言得以形成的中心。拉丁语学者援引了昆体良的观点:身体能够有各种姿态,这些姿态暗示着与其所表明的东西相反的意思。这样一些姿态等同于语言中所谓的*句法错误*(solécismes)。② 例如,一只手臂推开侵犯者,同时另一只手臂却在等着,好像在欢迎着他。或者,用同一只手推开,但是不亮出手掌就不能做到这一点。而且有手指的游戏,一些手指竖起,另一些手指合拢。奥克塔夫因此收藏了富有想象力的画家托内尔

---

① 米歇尔·福柯,《阿克泰翁的散文》,《新法兰西评论》,1964年3月。

② 《南特敕令的废除》,第 11—12 页。

(Tonnerre)的秘密画作,托内尔的风格同时近乎安格尔、夏塞里奥(Chasseriau)和库尔贝(Courbet),他懂得绘画就存在于身体的句法错误中,在卢克蕾斯(Lucrèce)的含糊姿态中亦是如此。这些富有想象力的描述就像那些赋予《南特敕令的废除》节奏的、引人注目的刻板症一样。在他的写实素描、壮美的画板中,克罗索夫斯基任意地使性器官不确定,哪怕是将手多重规定为句法错误的器官。但什么恰恰是手、它的模糊姿态、它的"悬置姿态"的实证性?这样一种姿态是一种也内在于语言的力量的化身:二难推理、析取、析取三段论。关于描绘卢克蕾斯的绘画,奥克塔夫写道:"如果她退让,那么她显然背叛了;如果她不退让,那么她将被视为背叛,因为她在被侵犯者杀死后还会遭到诽谤。一旦她公布她的失败,我们就会看到她因决定被清除而退让吗?抑或冒着她说完后就消失的危险,她首先会决定退让吗?她退让无疑只是因为她进行反思;如果她不进行反思,那么她就会立刻自杀或被杀掉。不过,随着她在死亡计划中反思自己,她投入塔昆的怀抱,而且正如圣奥古斯丁所影射的那样,她可能被她自己的贪欲推动着,随后她因这种混乱和这种出轨而惩罚自己;正如奥维德所言,事情意味着屈服于对耻辱的恐惧。我说她屈服于她自己的、被一分为二的贪欲:对她自己的克制的贪欲抛弃这种为了重新发现自己是肉欲的克制。"[1]就这样，一连串的二难处境和悬置的姿态在其同一性中既表现了身体的规定性，也表现了语言的运动。但是，共同的元素是反映(réflexion)的这一事实还向我们指出了其他事情。

身体是语言，因为身体本质上是"弯曲"(flexion)。在这种反映中，身体的弯曲似乎被去复象、被分开，与自身相对，在自身中被反映；它最终自为地显身，从通常隐藏它的一切中被释放。在《南特敕令的废除》的一个盛大场景中，当洛贝特把她长长的手伸进神龛时，她感觉她的手被两只长长的、与她自己的手类似的手抓住了……在《提词者》中，当一个应邀者"提醒""分开她"时，两个洛贝特打架，交叉她们的手，交错她们的手指。当洛贝特"把一对维克多触到但未曾取走的钥匙递给他"时，《洛贝特，今夜》最终以洛贝特的姿态结束；悬置的场景，真正的、凝固的串联，它反映了洛贝特在她遭受强奸时被"诸神灵"纠缠所遇到的所有二难推理和全部三段论。然而，如果身体是弯曲，那么语言亦是如此。而且需要对词进行反映，需要在词中进行反映，以便出现语言(langue)的词形变化特征，最终从遮蔽它的一切、隐藏它的一切中解放出来。在《埃涅阿斯纪》(Enéide)的精彩翻译中，克

---

[1] 《南特敕令的废除》，第 28—29 页。

罗索夫斯基阐明了这一点:风格研究从一种在两个词之中被反映的词形变化来使影像迸发而出,这种词形变化与自身相对立,在词中被反映在自身之上。这便是高级的"句法错误"的积极力量,是在词的冲突与结合中被建构的诗歌力量。如果语言摹仿身体,那么这不是经由拟声,而是经由词形变化。如果身体摹仿语言,这不是经由器官,而是经由弯曲。因此有内在于语言的整个手势,像内在于身体的话语、故事一样。之所以姿态表达思想,这首先因为词摹仿姿态:"维吉尔的史诗实际上是一个剧场,恰恰词在其中摹仿人物的姿态和灵魂状态……恰恰是词具有了姿势,而不是身体;恰恰是词相互编织,而不是衣服;恰恰是词闪闪发光,而不是甲胄……"①而且,关于克罗索夫斯基的句法有很多可说的内容,他的句法本身就由串联与悬置、被反映的词形变化构成。在词形变化中,总是有克罗索夫斯基谈论的这种"僭越"的复象:通过肉身来谈论语言与通过语言来谈论肉身。② 他懂得如何从中提取一种风格、一种摹仿——既是特殊的语言(langue)也是特殊的身体。

---

① 参见《埃涅阿斯纪》法译本的导言。
② 《一种如此致命的欲望》,第 126 页。

∴

这些悬置的场景的作用是什么？问题与其说是在它们中把握一种持续、一种继续，倒不如说将它们本身把握为基本重复的对象："生命反复讲述自身，以便在它的衰落过程中被重新把握，好像在对它起源的瞬间感知中屏住呼吸一样；但生命的反复自行在没有艺术家的拟像情况下依然毫无希望，艺术家本人最终通过重现这一景观来摆脱反复。"① 这是挽救的重复的奇怪主题，是首先从重复中挽救的奇怪主题。的确，精神分析告知我们的是，我们是来自重复的病人，不过还告知我们的是，我们通过重复痊愈。《提词者》的确是拯救、"痊愈"的故事。然而，这种痊愈与其说应受惠于令人不安的伊格德拉希尔（Ygdrasil）医生的照料，倒不如说应受惠于戏剧的排练、戏剧性的重复。为了进行拯救，戏剧中的重复应该是什么？《提词者》的洛贝特演出《洛贝特，今夜》；而且她分成两个洛贝特。然而，如果她太准确地进行重复，如果她太自然地进行演出，那么重复就缺乏目标，同样，如果她演出得挺糟糕、笨拙地进行重现，情况亦是如此。这是难以解决的新二难处境吗？或者不应该想象两种重复吗？错与对、失望与康健、束缚与解放，一方以准确性

———————
① 《南特敕令的废除》，第15页。

作为矛盾的标准,另一方则与其他标准相一致。

一个主题贯穿克罗索夫斯基的所有作品:交换与真正的重复之间的对立。因为交换仅仅意味着相似,即使相似是极端的。正是相似以准确性与被交换商品的等价性为标准;正是相似形成虚假重复,我们才是来自虚假重复的病人。真正的重复反而显现为一种我们相关于那不能被交换、取代也不能被替换的东西坚守的奇异行为:像一首在任何词都不能被改变的范围内被重复的诗一样。问题不再是类似物之间的等价,甚至问题不是**相同**的同一性。真正的重复诉诸奇异的、不可交换的和有差异的、不具有"同一性"的某物。真正的重复并不交换类似、辨别**相同**,它证实差异物。以下就是对立在克罗索夫斯基的作品中被展开的方式:《提词者》的主人公泰奥多尔(Théodore)改写了奥克塔夫的"好客的法则",奥克塔夫在他把洛贝特提供给应邀者、客人时就在于增多洛贝特。不过,在这次改写中,泰奥多尔遭遇了一场奇怪的竞赛:珑骧宾馆是一种国家建制,其中每个妻子应该根据税收规则和等价标准被"公开",以便服务于交换对象,并有助于男人与女人的共享。[①] 然而,正是在珑骧宾馆的建制中,泰奥多尔同时看到了好客的法则的夸张与对立面。伊格德拉西尔医生徒劳地对他说:"你完

---

① 《提词者》,第 51 页及其后,第 71 页及其后。

全坚持没有回报的给予,并从不会客!你不屈服交换的普遍法则就不可能生活……好客的实践就如你想象的那样不可能是单方面的。与任何好客一样,这种好客实践亦是如此,尤其是这种好客实践为了维持下去而要求绝对的相互性,这就是你别想跨越的一步:男人共享女人与女人共享男人。现在应该进行到底,赞同以洛贝特交换其他女人,同意不忠于洛贝特,正如你执意希望她不忠于你自己一样。"① 泰奥多尔仍然充耳不闻,他知道真正的重复就在赠送礼物之中,在一种与交换的商业经济学相对立的礼物经济学之中(……向乔治·巴塔耶致敬)。他知道客人与他的反思在词的两种意义上对立于宾馆。而且他知道在客人和礼物中,重复涌现为不可交换者的最强力量:"被丈夫糟蹋的妻子仍然是妻子,是丈夫不可交换的财产。"②

既然泰奥多尔病了,既然问题在于在一场濒临疯癫的旅行结束时他的痊愈,那么他如何才会痊愈?他确实病了,只要交换的危险要危及和侵蚀他纯粹重复的企图。难道洛贝特和 K 的妻子没有相互交换,以致达到难分彼此,直至进入她们交叉双手的斗争?而且 K 本人没有与泰奥多尔相互交换以便从他那里获

---

① 《提词者》,第 211、212、218 页。

② 《提词者》,第 214 页。

得一切并改变好客的法则吗？当泰奥多尔（或 K ？）痊愈时，这是因为他明白重复不在于极端的相似，重复不在于被交换者的准确性，重复甚至不在于同一物的重现。重复既不在**相同**的同一性中，也不在类似物的等价物中，而是在**差异物**的强度。不再有两个相似的、冒充洛贝特的妻子；在同一个女人身上也不再有两个以洛贝特形式存在的人。然而，洛贝特本身是指一种"强度"，她包含着一种本己的差异、一种不平等，其本义是回归或被重复。总之，复象、映像、拟像最终为了交出秘密而敞开自身：重复没有假设**相同**也没有假设**类似**，它没有创造它的先决条件，反而正是重复产生有差异的东西的唯一"相同"和差异物的唯一相似。康复的 K（或者泰奥多尔？）是尼采的康复的查拉图斯特拉的回声。所有"指称"都崩塌，都被"揭发"，以便取代强度的丰富系统。奥克塔夫-洛贝特夫妇已经诉诸强度在思维中的纯粹差异；奥克塔夫与洛贝特的名字不再为了表达纯粹的强度、升高与坠落而指称事物。[①]

这就是凝固的场景与重复之间的关系。"坠落""差异""悬置"在恢复、重复中被反映。在这一意义

---

① 参见《好客的法则》的后记："洛贝特这个名字是初级强度的已然特殊的指称"；夫妻、皮肤和手套也是同样，它们不指称事物，但表达强度（第 334—336 页）。

上,身体在语言中被反映:语言的本义就在于重新把固定场景据为己有,并从中制造精神的事件,或者毋宁说促使"诸神灵"的降临。正是在语言中(在语言的深处),精神才抓住身体、身体的姿态,作为基本重复的对象。正是差异才促使看,并增多身体;但正是重复才促使说,证实多重物,并在其中制造精神的事件。克罗索夫斯基说:"在萨德的作品中,语言在日日猛烈攻击同一个罹难者之后,它尽管难以忍受自身,但没有最终耗尽……如若它没有被体验为一种精神事件,那么就不能在肉身行为中有僭越;但为了抓住它的对象,应该在肉身行为的反复性描述中探究和重现事件"①。总之,何谓**色情作家**?他是重复者、复述者。搞文学的人本质上是复述者,这一事实应该告诉我们语言与身体的关系、每个人从其他人中找到相互的界限和僭越。人们记得,在贡布罗维奇的小说《色情》中,最重要的场景也是凝固的场景:主人公(或各位主人公?)——窥视者-言说者-文学家(戏剧人)——强加给两个年轻人的角色;只有通过两个年轻人彼此的冷漠才表现出他们的反常的各场景;但也是与在语言和视觉的重复中被重启的坠落运动、层次的差异一起达到高潮的各场景;严格地说是占有的各场景,既然年轻人在精神上被占有,被窥视者-言说者注定和揭

---

① 《一种如此致命的欲望》,第126—127页。

发。"这太不符合他们的自然节奏了,所以的确令人震惊:他们僵凝在那儿,纹丝不动,好像不是他们的……他俩的手高高举在头上,'不知不觉地'扭在一起了。扭在一起之后,受到一股向下拽的力量,又快又猛。瞬间之内,他俩都低下头细看自己的手。突然都倒下了,也不知道谁把谁拉倒了,看样子是两只手把他们拉倒了。"①挺好的事情是,两个如此新颖的、如此重要的、还如此不同的作家在身体-语言和色情-重复、色情作家-重复者、文学家-复述者的主题上相遇。

∴

何谓二难推理?表达二难推理的析取三段论如何构成?身体是语言。但身体能够隐匿其所是的言语,它能够遮蔽言语。身体会希望并通常希望对言语的运行保持沉默。因此,尽管言语不仅被身体所压抑,还被投射、被委派、被异化,但言语变成美丽灵魂的话语,美丽灵魂谈论法则和德行,且对身体保持沉默。在这种情况下,显然言语本身自称是纯粹的,但言语所依靠的沉默是不纯粹的。当身体缄默不语、既

---

① 贡布罗维奇著,《色》,Julliard 出版社,第 147、157 页。(中译本参见[波]维托尔德·贡布罗维奇著,《色》,杨德友译,人民文学出版社,2012 年,第 144、158 页。——译注)

遮蔽又委托它的言语时,身体将我们交付给缄默的想象。在洛贝特被**巨人**和**驼背者**(就是说,被那些将层次的差异作为最终现实标记在自己身上的诸神灵)强奸的重要场景中,有人听见她说:"你们将我们变成什么?我们将你们的肉身变成什么?因为你们的肉身还能言说,让我们吃掉他还是让我们把它处理掉?好似它不得不永远保持沉默……(你们的身体)如果不根据它所隐藏的言语,那它如何是如此可口的?"①而且奥克塔夫对洛贝特说:"你只有一个身体来遮蔽你的言语。"②洛贝特确实是审查委员会的主席;她谈论美德和法则;她不是不严肃;她没有杀死她身上的"美丽灵魂"……她的言语是纯粹的,但她的沉默是不纯粹的。因为她通过这一沉默本身摹仿着诸神灵;因此,她激发它们,她怂恿它们入侵,它们在她的身体上、在她的身体中以既是巨人般的又是侏儒般的"不受欢迎的思维"的形式产生影响。这就是二难推理的第一项:或者洛贝特缄默不语,但她挑唆神灵们的入侵,她的沉默更不纯粹,而她的言语更加纯粹……

或者,需要一种不纯粹的、淫秽的、亵渎宗教的语言,以使沉默是纯粹的,而语言是栖居于这一沉默之中的纯粹语言。"您一说话,我们就消失,"神灵们对

---

① 《洛贝特,今夜》,第 75、83 页。
② 《洛贝特,今夜》,第 133 页。

洛贝特说。[①] 克罗索夫斯基的意思仅仅是指言说避免我们思考丑陋的事物？不，正如导致不纯粹沉默的纯粹语言是通过身体对精神的挑唆一样，导致纯粹沉默的不纯粹语言是通过精神对身体的废除。正如萨德笔下的男主人公们所说的那样，恰恰不是在场的身体激发放纵者，而是关于并不在那里的东西的重要理念；而且在萨德的作品中，"色情是一种精神反抗肉身的斗争形式"。更准确地说，什么在身体中被废除？克罗索夫斯基回答说是身体的完整性；由此人称的同一性可以说被悬置、被挥发。无疑这种回答太复杂。然而，它足以使我们预感到身体-语言的二难处境实际上被确立在身体与语言的两种关系之间。"纯粹的语言-不纯粹的沉默"指称某种关系，其中语言在负责任的自我身上把人称的同一性与身体的完整性连起来，但对分解这一自我的所有力量保持沉默。或者，语言本身变成这些力量中的一种，承担着所有这些力量，而且使分裂的身体、解体的自我通向一种实为无辜之沉默的沉默；这是二难推理的另一个项"不纯粹的语言-纯粹的沉默"。换言之，抉择在两种纯粹之间——真与假、责任的纯粹性与无辜的纯粹性、**记忆**的纯粹性与**遗忘**的纯粹性。通过在语言平面上设定

———

[①]《洛贝特，今夜》，第85页。关于纯粹与不纯粹的这整个运动，参见《一种如此致命的欲望》，第123－125页。

问题,《巴风特》中写道:或者人们回忆词,但它们的意义仍然是含糊的;或者意义在对词的记忆消失时出现。

更深刻的是,二难推理的本性是有关神学的。奥克塔夫是神学教授。整部《巴风特》是一部神学小说,它把上帝系统与敌基督系统对立为一个基本析取的两个项。[①] 神创秩序确实取决于身体,被悬置在身体上。在上帝的秩序中,在实存的秩序中,身体提供给精神,或者毋宁说将两种属性强加给精神:同一性与不死性、个性与可复活性、不可沟通性与完整性。正如听从奥克塔夫的魔鬼神学的侄子安东尼所说的那样,"何谓不可沟通性?——这是一个个体的存在不可能被归属于多个个体所依据的原则,它恰当地建构自我同一的人称。——何谓人称的剥夺功能?——就是使我们的本体不能被一种劣于或优于我们自己的本性所承担的功能。"[②]恰恰在精神联系于身体、被具身化的范围内,精神才获得个性:它在死亡中与身体分离,重新获得歧义的和多重的力量。恰恰在精神被带回其身体的范围内,精神才获得不死性,因为身体的复活是精神残存的条件:当神灵从其身体中被解放出来、拒绝它的身体、废除它的身体时,神灵不再实

---

① 《巴风特》,水星出版社,1965年。
② 《洛贝特,今夜》,第43—44页。

存,但在其令人不安的力量中"继续存在"。死亡与两面性、死亡与多重性因此是真正的精神规定性、真正的精神事件。我们必须理解,上帝是诸神灵的敌人,上帝的秩序与诸神灵的秩序背道而驰:为了确立不死性与个性,为了有力地将其施加于诸神灵,上帝必须依赖身体。他使诸神灵屈从于人称的剥夺功能、复活的剥夺功能。上帝之路的结果就是"肉身的生命"①。因而,上帝本质上是**背叛者**:他是诸神灵的背叛者、气息的背叛者,而且为了预防它们的反击,他通过使自己肉身化来增强背叛。② "一开始就背叛"。

上帝的秩序包括所有这些元素:作为最后根据的上帝的同一性、作为周围环境的世界的同一性、作为充分根据的层级的人称的同一性、作为基础的身体的同一性,最终是作为指称所有残余部分的力量的语言的同一性。然而,上帝的这一秩序在反对另一秩序的条件下被建构:在上帝中继续存在和侵蚀上帝的另一秩序。《巴风特》就从此开始:服务于上帝,圣殿骑士的大团长的使命是在复活日期间分拣气息,阻止气息混合。因此,在死魂灵上就已经有某种造反的意向,即一种逃避上帝审判的意向。"最古老的灵魂等候最新的灵魂,而且当它们通过亲缘关系被混合在一起

---

① 《洛贝特,今夜》,第73页。
② 《洛贝特,今夜》,第81页。

时,它们想在彼此之中去掉自己的责任"①。有一天,大团长辨认出一股混入他自己的涡漩之中的气息:就是圣女泰蕾丝(Thérèse),就是圣泰蕾丝!在大团长被有魔力的女来宾诱惑的情况下,他向她抱怨他的任务与诸神灵的邪恶意志之间的"错综复杂"。但远非是怜悯,泰蕾丝掌握着一种闻所未闻的话语:选民的数量是封闭的,不再有人是该下地狱的或可奉若神明的;诸神灵可以说从上帝的秩序中被解放出来,他们感觉到自己免于复活,他们中多达六七个准备渗透到萌芽状态的唯一身体,以便摆脱他们的人称与他们的责任。泰蕾丝本人是反叛的,她是反叛的先知:她宣布上帝的死亡、上帝的颠倒。"我从选民的行列中被驱逐了"。对于一个她喜欢的年轻神学家而言,她懂得如何在另一个身体中获得一种新的实存,然后是第三个……上帝抛弃他的秩序,他抛弃不可沟通的人称和可确定的复活的神话,抛弃那被蕴含在这些神话中的"**一劳永逸**"的主题,这难道不是证据吗?确实,邪恶秩序使完整性的神圣秩序发生爆裂:人世间的邪恶,其中占据统治地位的是一种感情洋溢的、暴风雨般的本性,充斥着强奸、淫荡、乔装改扮,因为多个灵魂融入同一个身体,而且同一个灵魂拥有多个身体;高端的邪恶,因为气息们已经混合在一起。上帝不再

---

① 《巴风特》,第 54 页。

能保证任何同一性！这是庄严的"色情",是诸神灵既对上帝也对身体的回报。而且,泰蕾丝向大团长宣布他的命运:他自己不可能分拣气息！因而,他被一种愤怒和嫉妒所侵袭,但也被一种疯狂的企图所侵袭,还被处罚泰蕾丝和使之痛苦的双重欲望所侵袭,最终被扰乱其卷动的二难推理的眩晕所侵袭(因为他的意识已经沉入"令人困惑的三段论"),大团长将泰蕾丝的气息注入一个年轻小伙子的模糊身体,也就是那个昔日扰乱圣殿骑士团的、在入团仪式的过程中被悬吊的年轻侍从。他的身体悬浮和旋转,带有绞刑的标志,奇迹般地为了一种要变革上帝秩序的功能而被保存和储存,他的身体因此接受了泰蕾丝的气息。这是一种肛门注气法,与之相应的是在这个年轻侍从的身体中的一种强烈的生殖反应。

因此,这是二难推理的另一个项——气息的系统,即与神圣秩序——对立的敌基督秩序。它具有的特点是上帝的死亡、世界的毁灭、人称的解体、身体的分解、只不过表达强度的语言功能的变化。经常被谈及的是哲学在其发展史上改变视角中心,以有限自我的视角取代无限的神圣本体的视角。转折点就是康德。不过这一改变与人们所谈及的一样重要吗？这是最重要的差异吗？只要自我的形式同一性被保持,它就不会屈从神圣秩序、赋予这一秩序以根据的唯一上帝吗？克罗索夫斯基强调了这一点:上帝是自我同

341

一性和本体性基础、身体完整性的唯一保证。人们没有保存自我,也就没有保护上帝。上帝的死亡本质上意味着、本质上导致了自我的解体:上帝的坟墓也是自我的坟墓。① 也许二难推理由此找到最模糊的表达:自我的同一性始终诉诸某物在我们之外的同一性;然而,"如果是上帝,那么我们的同一性就是纯粹的恩赐,如果是一切在其中都被指称所开启和终结的周围世界,那么我们的同一性就只是符合语法规则的玩笑"②。当康德使理性心理学、理性宇宙论和理性神学经受一种共同的、至少是思辨性的死亡时,康德本人就以自己的方式预感到了这一点。

∴

对,恰恰针对康德论神学的一个论题——一个不寻常的和格外反讽的论题,析取三段论才呈现出它的整个意义:上帝被呈现为析取三段论的本原或主人。为了理解这样一个论题,我们必须回想起康德一般在**理念**与三段论之间设定的联系。理性首先不是由被称之为**理念**的特殊观念所界定。理性毋宁说是被某

---

① 《一种如此致命的欲望》,第 220—221 页:"当尼采宣布上帝死了,这就等于说尼采应该必定丧失他的同一性……负责任的自我的同一性的绝对保证消失在尼采意识的视野中,这一视野转而与这一消失混淆不清。"

② 《好客的法则》后记,第 337 页。

种讨论知性概念的方式所界定:既然一个概念被给予,那么理性探究另一个在其广延的全体性中被掌握的概念,后者限定了将前者之于其所指涉对象的归因。这就是三段论的本性:既然"必死的"概念被归于苏格拉底,那么人们就寻找在其整个广延中被掌握时、规定这一归因的概念(所有人)。因此,如果理性的步骤并没有遭遇困难,那么它就不会设定特殊问题:因为知性掌握着原创的、被称作范畴的概念。然而,范畴已经被归因于可能经验的所有对象。当理性遭遇范畴时,它要如何才能找到另一个概念——它能在其整个广延中规定范畴之于可能经验的所有对象的归因? 在这一点上,理性目前不得不发明那些将被称为理念的、超规定的观念。因此,正是以次级方式,理性才被界定为**理念**的官能。理念将被称为一种在其整个广延中被掌握的观念,这一观念规定了关系范畴(本体、因果性、共同性)之于可能经验的所有对象的归因。康德的才华就在于指出自我是与实体范畴相一致的**理念**;确实,自我不仅规定这一范畴之于内感官的现象的归因,而且也规定这一范畴之于外感官的现象的归因,依据它们依然强烈的直接性。因此,自我被显示为范畴三段论的普遍原则,只要这一原则将被规定为谓项的现象与被规定为本体的主体联系起来。康德还指出世界是规定因果性范畴之于所有对象的归因的**理念**:世界由此是假设三段论的普遍原则。这种异乎寻常的、旨在发现其本体论意蕴的三段论理论因此将发现自己面对着第三项也是最后的、最棘手的任务:别无选择,作为第三**理念**留给上帝的只不过是保证共同性范畴的归因,就是说对析取三段论的掌握。上帝在此至少暂时被剥夺了他的传统要求——创造主体或创造世界,为了只不过拥有表面上谦恭的活计,使各种析取运行或至少赋予它们以根据。

这如何才是可能的? 在这一点上,反讽初露头角:康德要指出的是,在哲学上的基督教上帝的名义下,从未有其他事物被理解过。确实,人们通过所有可能性的集合界定上帝,因为这一集合建构一种"原始的"质料或一种实在性的整体。每个事物的实在性都由此"派生":它确实取决于这一整体的限制,"因为这个实在性的某些部分被赋予了该物,但其余部分却被排除了,这是与析取大前提的'要么……要么……'及与该对象通过小前提中这一划分的诸肢之一而来的规定相一致的"[①]。总之,可能物的集合是一种原始性质料,由之通过析取派生了每个事物的概念的排斥性和补足性的规定。上帝除了建立这种对析取三

---

[①] 康德著,《纯粹理性批判》(纯粹理性的理想)。(中译本参见[德]康德著,《纯粹理性批判》,邓晓芒译,杨祖陶校,北京:人民出版社,2004 年,第 461—462 页。——译注)

段论的运用之外不再有其他意义,因为他禁止我们从分配的统一性中得出如下结论:他的**理念**再现了存在物本身的集体的或个别的同一性,而存在物本身可能被**理念**所再现。

因此,人们认识到上帝在康德的著作中只有在析取仍在其派生的实在性中与各种排斥、由之与否定的和限定的运用保持联系的范围内才被显现为析取三段论的主人。因此,克罗索夫斯基的论题与其蕴含的新理性批判一起获得了它的所有意义:不是上帝,反而是敌基督者是析取三段论的主人。这是因为反上帝决定每个事物通过所有可能的谓项的过渡。上帝就像有关存在物的**存在**一样被巴风特——"所有变化的王子"、有关所有变化的变化——所取代。不再有原始的实在性。析取不断地是析取,或者不断地是或者。然而,析取不是意味着一定数量的谓项根据相应概念的同一性而从事物中被排除出去,而是意味着每个事物向它所经由的诸谓项的无限敞开,只须它失去作为概念和自我的同一性。与此同时,析取三段论通向魔鬼般的原则和运用,析取自为地被肯定,但并没有停止析取,发散或差异变成纯粹肯定的对象,或者变成肯定的力量,这发生在上帝、世界或自我的同一性的概念中的诸条件之外。二难推理或句法错误本身获得一种高级的实证性。然而,我们认识到否定的或排斥的析取是多么经常地还在克罗索夫斯基的作品中继续存在:在交换与重复之间、在被身体隐匿的语言与被语言形成的荣耀身体之间,最终在上帝的秩序与敌基督者的秩序之间。然而,恰恰在上帝的秩序中,而且仅仅在这一秩序之中,各种析取才具有排斥的否定价值。另一方面,在敌基督者的秩序中,各种析取(差异、发散、去中心)本身才变成肯定的和被肯定的力量。

∴

纯粹气息或不死神灵的这另一方面、这一巴风特系统是什么?它们不具有人称的同一性,它们对之予以抛弃、废弃。但它们仍具有奇异性、多重的奇异性:形成如浪尖形状的波动。我们触及了克罗索夫斯基的气息神话也变成哲学的这一点。气息在自身和我们身上似乎应该被设想为纯粹的强度。正是在强度的或程度的量的这一形式下,死亡的神灵们才具有一种"持存",尽管它们丧失了身体的"实存"或广延。正是在这一形式下,它们才是奇异的,尽管它们丧失了自我的同一性。强度把不均等物或差异物纳为己有,每种强度已经是差异本身,以致所有强度都被包含进每种强度的展示中。这是一个纯粹意向的世界,巴风特解释说:"没有任何自爱占据优势","任何意向仍然渗透着种种意向","只有期待未来的、关于过去的最荒诞的意向才战胜另一个过去的意向","另一个意向要与之相遇,这就是它们相互假设,但每一个意向都根据一种关于意向的多变强度来假设"。这是前个体的和无人称的奇异性、"人人"(On)的光辉、可变动的和可沟通的奇异性,后者通过无限多的程度、无限多的变化相互渗透。这是自我同一性在其中丧失的迷幻世界,不利于**一**的同一性或**整体**的统一性,而有利于充满强度的多重性和变形的强力,其中力量关系在彼此之中起作用。这是必须被称为"复杂"(complicatio)的状态,与基督教的"简化"(simplificatio)相对立。《洛贝特,今夜》已经指出奥克塔夫努力渗入洛贝特,他努力将他的意向(他的充满强度的意向性)悄然滑入洛贝特,并由此努力给她提供其他意向,即便将她"揭发"给强奸她的诸神灵。[①] 而且在《巴风特》中,即便泰蕾丝将气息注入年轻侍从的身体,这也是为了形成雌雄同体或改变的王子,他被提供给其他人的意向,将自己分有给其他诸神灵:"我不是这样的创造者:他使存在物服务于其所创造的东西、他针对唯一自我创造的东西和这一针对唯一身体的自我……"敌基督者的系统是与同一性世界相对立的拟像系统。不过与此同时拟像废除同一性,拟像言说和被言说,拟像占有看与说,引起了光与声音。拟像向它的差异和所有其他差异敞开自身。所有拟像上升到表面,同

---

① 《洛贝特,今夜》,第53页。

时在强度的波动峰值上形成这一可变动的图形——充满强度的幻象。

人们认识到克罗索夫斯基如何从意向（intentio）这个词的一种意义转向另一种意义——身体的强度与被言说的意向性。拟像变成幻象，强度在以下范围内变成意向性：强度以它所包含的另一强度为对象，而且它本身被包含，本身作为对象被包含，趋向它所经由的、无限的强度。这就是说克罗索夫斯基的作品中有整个借自经院哲学的、与胡塞尔的现象学相差无几的"现象学"，但它却开辟了它自己的道路。从强度向意向性的这一过渡也正是从符号向意义的过渡。在对尼采的精彩分析中，克罗索夫斯基将"符号"解释为波动、强度的痕迹，将"意义"解释为这样一种运动，即经由这一运动，强度在瞄准其他强度时以自身为目的、在改变其他强度时自身发生改变并最终回归它自己的痕迹。[1] 解体的自我向作用的系列敞开，因为它使一种包含差异本身和不等物本身的强度上升，这种强度通过多重的身体并在多重的身体中渗透进所有其他的强度。我的气息中始终有另一种气息，我的思想中始终有另一种思想，我所占有的东西中始终有另一种占有，始终有无数的事物和无数的存在物被蕴含

---

[1] 参见《回归的亲身体验中的遗忘与回想》，载《尼采》（Nietzsche），华幽梦研讨会文集，子夜出版社，1967年。

在我的复杂情况中：任何真实的思想都是一种侵犯。问题不在于我们所遭受的影响，而在于我们所是的、我们与之混淆的注入、波动。一切都是如此"复杂"，**我**是个他者，某种其他事物在一种实为思想之侵犯的侵犯、一种实为身体之增强的增强、在一种实为语言之暴力的暴力中被我们思考，这就是令人愉悦的信息。因为我们这么相信再生（没有复活），只因为那么多存在物和事物被我们思考："因为我们的确一直不知道其他人是否继续被我们思考——但谁是针对我们相信其存在的这一内部所形成的外部的他人？———切都被简化为唯一的话语，也就是简化为与每个人和任何人的思想相对应的强度波动。"① 与此同时，身体丧失统一性，自我丧失同一性，语言丧失指称功能（它的某种突出的完整性），以便发现一种纯粹表达的，抑或克罗索夫斯基所谓"情感的"（émotionnelle）价值：不是与自我表达并被感动的某个人有关，而是与纯粹的被表达者、纯粹的运动或纯粹的"神灵"有关——作为前个体的奇异性、作为通过其他强度回归自身的强度的意义。由此，洛贝特的名字不是指称一个人，而是表达了一种初级的强度，或者巴风特发动了由他的名字 B-A、BA 构成的强度差异（"没有专名能在我的名字的双曲线气息下继续存

---

① 《相同之永恒回归的亲身体验中的遗忘与回想》，第 233 页。

在,每个人本身所具有的高级理念也抵不住我的身高所引发的眩晕")①。表达的或表现主义的语言的价值是挑唆、废除、回想。被回想(被表达)的就是那些奇异的和复杂的诸神灵,它们如未在映像系统中增强身体就不会具有身体,而且它们如未将语言投射到共振的强度系统中就不会激发语言。被废除(被揭发)的既是身体的独特性也是人称的同一性,就其被认为指称身体和展示自我而言也是虚假的语言简洁性。正如诸神灵对洛贝特所说的那样,"我们是可回想的,你的身体仍是可废除的"②。

从强度到意向性:每种强度期望自身,意向自身,回归到它自己的痕迹,通过所有其他的强度重复自身和摹仿自身。这就是意义的运动。这一运动必须被规定为永恒回归。关于疾病与痊愈的小说《提词者》已经以永恒回归的启示结尾;而且通过《巴风特》,克罗索夫斯基在他的作品中创造了查拉图斯特拉的伟大随从。然而,困难就在对这些词的解释:**相同**的永恒回归。因为没有同一性形式在此被假设,因为每个解体的自我只有进入其他自我时才会经由自身再回

---

① 《巴风特》,第 137 页。而关于与心情(*stimmung*)的观念有关和与指称功能相对的纯粹表达的或"情感的"语言,参见《尼采的都灵时期》(La Période turinoise de Nietzsche),载《蜉蝣》(*L'Ephémère*)第 5 期,1968 年,第 62—64 页。

② 《洛贝特,今夜》,第 84 页。

来,或者只有通过那些并非自身的角色的系列才会期望自身。强度在已经是差异本身时会向析取的、发散的系列敞开自身。但是,的确因为系列一般不会屈从于概念的同一性这一条件,同样因为贯穿系列的层级也不会屈从于那作为个体的自我的同一性,析取仍旧是析取,但其综合反而为了获得肯定意义而不再是排斥的或否定的,通过这一肯定意义,可变动的层级通过所有析取的系列;总之,发散和析取本身变成肯定的对象。永恒回归的真正主体是强度、奇异性;由此产生了作为可被实现的意向性的永恒回归与作为开放的强度的强力意志之间的关系。然而,一旦奇异性被理解为是前个体的、在自我的同一性之外的,就是说被理解为偶然的,它就与所有其他的奇异性进行沟通,不断地与它们形成种种析取,但它通过奇异性同时肯定的所有析取项,而不会以排除的方式分配这些项。"因此,留给我的就是再次祈愿我自己,不再作为先决可能性的结果,也不是作为千里挑一的实现,而是作为一个偶然的时刻,这一时刻的偶然性本身牵涉着整个系列的完整回归的必然性。"[①]

永恒回归所表达的就是析取综合的这一新意义。况且永恒回归不会被用来谈及**相同**(它摧毁了种种同

---

① 《**相同之永恒回归的亲身体验中的遗忘与回想**》,第229页。《尼采的都灵时期》,第66-67页、第83页。

一性)。相反,它就是唯一的**相同**,不过是不会被用来谈及本身就具有差异的东西——有强度的东西、不均等的东西或析取的东西(强力意志)。它的确是**整体**,不过是被用来谈及仍然不均等的东西,即只是被用来谈及偶然的**必然性**。它本身是单义的:单义的存在、语言或沉默。但单义的存在被用来谈及那些不是单义的存在物,单义的语言被应用于那些不是单义的身体,"纯粹的"沉默围绕着那些不纯粹的词。因此,人们在永恒回归中徒劳地探寻着圆的简洁性与系列围绕中心的聚合。假如有圆,那是神的可怕循环(Circulus vitiosus deus);差异在其中处于中心,四周是通过发散系列的永恒转移。它对于外中心的圆周而言是始终去中心的圆。永恒回归的确是**一致性**,这种一致性不让我的一致性、世界的一致性和上帝的一致性继续存在。[①] 因此,尼采式的重复与克尔凯郭尔式的重复无关,抑或更为普遍的是永恒回归中的重复与基督教式的重复无关。因为基督教式的重复使之回归的东西,这种重复一次性地、仅仅一次性地使之回归:约伯的财富和亚伯拉罕的孩子、复活的身体和重新寻回的自我。在"一劳永逸地"回归的东西与每一次或

---

① 《好客的法则》后记。《**相同之永恒回归的亲身体验中的遗忘与回想**》第 233 页:"这就是说思维主体基于一种将它从自身中排除出去的一致性思维而丧失它的同一性吗?"

无数次回归的东西之间存在着本性差异。因此,永恒回归的确是**整体**,不过是被用来谈及析取成分或发散系列的**整体**:它不会使一切回归,它不会使一次性回归的东西回归,后者是要把圆重新拉回中心,使系列聚合,重新恢复自我、世界和上帝。耶稣不会回到狄奥尼索斯式的圆,敌基督者的秩序驱逐其他秩序。立基于上帝、把析取变成一种否定或排斥的运用的一切,通过永恒回归被否定、被排斥。所有这一切都被诉诸一劳永逸地拥有的上帝秩序。**存在**的幻象(永恒回归)仅仅使拟像(作为拟仿的强力意志)回归。一致性不会使我的一致性继续存在,永恒回归是无意义,不过是在去中心的圆的整个周围将意义分配给发散系列的无意义——因为"疯癫作为无始无终的认识是世界和自身的丧失"①。

## 4. 米歇尔·图尼埃与没有他人的世界

这野兽正在咀嚼着的嘴一下子停下来不动了,一根长长的禾本科植物还挂在它的牙齿上。紧接着,它好像躲在胡子里面嘿嘿冷笑几声,用后脚挺直站立了起来。就这样,朝礼拜五前进了几步,悬空的两只前脚还摇晃着,两个大羊角也

---

① 《好客的法则》后记,第 346 页。

摇晃着,仿佛走过人群向人们致意似的。这种怪模怪样的摹仿动作吓了礼拜五一跳。这畜生离开他不过几步,就在这一刻,它放下前脚,猛然朝他一蹲。它的头低低缩在前脚下,两只角像一把叉子对准前方,这就好比后面是兽皮做成的尾翼的一支箭对准礼拜五胸口射来。礼拜五略一犹豫,往左边一闪。他的右肩被猛撞了一记,把他撞翻了,也就是在这一刹那,一股麝香气息把他浑身上下裹起来了……①

这些非常优美的片段描写了礼拜五与公山羊的搏斗。礼拜五势将受伤,但公山羊难免一死,"这只大公山羊死了"。而且礼拜五宣布他的神秘计划:死去的公山羊将会飞翔和歌唱,变成飞翔的和奏出音乐的公山羊。为了实现其计划的第一点,礼拜五使用羊皮,把羊皮脱毛、清洗、打光,把羊皮晾晒在木架上。这只公山羊被挂在钓竿上,它扩大钓线最微弱的运动,承担着一个漂浮在天空中的巨大浮子的功能,将海水转录在天空上。至于第二点,礼拜五使用羊头和羊肠,用以制作一件他挂在枯树上的乐器,以便让它

---

① [法]米歇尔·图尼埃著,《礼拜五:太平洋上的灵薄狱》,伽利玛出版社,1967年,第161页。(中译本参见[法]米歇尔·图尼埃著,《礼拜五:太平洋上的灵薄狱》,王道乾译,上海译文出版社,1997年,第177—178页。——译注)

奏出一首即时交响曲,唯一的演奏者应该是风;这样地上的嘈杂声转而被运送到天空之中,变成一曲有组织的、具有完整音色的天籁,"真正元素化的音乐"①。这头死去的大公山羊以这两种方式释放了各种**元素**。人们将觉察到大地和空气与其说作为特殊元素发挥作用,倒不如说作为两种完全对立的形态起作用,因为每种形态就其自身而言聚集了四种元素。但就是大地把这些元素隐匿起来,把它们强制包含在物体的深处,而天空则与阳光和太阳一起使它们进入自由而纯粹的状态,使它们摆脱各种限制,以便形成表面的宇宙能量,这是一种能量,然而是每种元素所固有的能量。因此有地上的火、水、气和土,还有空中或天上的土、水、火和气。大地与天空之间存在着斗争,斗争的关键是对所有元素的禁锢或释放。岛屿就是这一斗争的边界或场所。所以,弄清楚岛屿在哪个方面将失去平衡,它是否能向天空喷出它的火、土和水,以及它本身是否能变成太阳的成分,这一点是极其重要的。这部小说的主人公既是岛屿,也是鲁滨孙,还是礼拜五。岛屿在一系列二分化的过程中变换着形态,不亚于鲁滨孙本人在一系列变形过程中变换着形式。鲁滨孙的主体系列与岛屿状态的系列密不可分。

最终的结局是鲁滨孙在他那个将自身交付给元

---

① 《礼拜五:太平洋上的灵薄狱》,第 171 页。

素的岛上也变成元素:在变成太阳的岛上的太阳人鲁滨孙、天王星上的天王星人。因此,这里重要的不是起源,反而是通过种种化身被暴露的结果、最终目标。这是与笛福笔下的鲁滨孙的第一个重大差异所在。人们经常注意到笛福笔下的鲁滨孙的主题不仅是一个故事,而是"一种探索的手段";这种探索以荒岛为出发点,想要重构那随时间的流逝而被引起的劳动和征服的起源与严格秩序。但很明显的是,这种探索两度被曲解。一方面,起源的影像预先假设了它想要孕育的东西(参见鲁滨孙从沉船中得到的一切)。另一方面,从这一起源出发的重现的世界等同于实在的世界,就是说等同于经济的世界,或者等同于它可能是的、应该是的世界,如果其中没有性问题的话(参见笛福笔下的鲁滨孙,性完全被排除在外)①。是否应该由此得出结论说,性是能够使起源所规定的严格经济秩序的世界发生偏斜的唯一幻想原则? 总之,在笛福的作品中,意向是好的:一个孤零零的男人独居荒岛,没有**他人**,会发生什么事? 但是,这个问题被不适当地提出来。因为,不应该使一个无性的鲁滨孙返回到一个复制了与我们的世界(以我们的世界为原型)相

---

① 关于笛福笔下的鲁滨孙,参见皮埃尔·马舍雷(Pierre Macherey)的评论,他指出起源的主题如何与世界的经济再生产联系起来,如何为了这一世界所谓的"实在性"与对幻想物的排除联系起来。《为了一种文学生产论》,Maspero 出版社,第 266—275 页。

类似的经济世界的起源，而应该在一个本身就偏离常规的幻象世界中把一个无性的鲁滨孙引向那些与我们的世界完全不同的和有分歧的终点。因为图尼埃根据终点而不是起源来提出问题，所以他禁止鲁滨孙离开荒岛。结局，即鲁滨孙的最终目标就是"非人化"（déhumanisation）、力比多与自由元素的相遇，是对宇宙能量或元素化的伟大**健康**的发现，后者只有在荒岛上才能出现，且只有在荒岛变得空灵化或太阳般的范围内才能出现。亨利·米勒谈论这些"由基本元素氮、氧、硅、铁组成的新生儿的哇哇啼哭声"。无疑这个含有氮和氧的鲁滨孙身上有来自亨利·米勒甚至劳伦斯的东西；死亡的公山羊已经组织了基本元素的哇哇啼哭声。

不过，读者还感觉到图尼埃笔下的鲁滨孙的这种伟大**健康**隐藏着某种完全不属于米勒也不属于劳伦斯的东西。这难道不就是这样一种完全本质的偏离常规？即与鲁滨孙的这种健康所蕴含的、如同荒岛一般的性密不可分的偏离常规。凭藉三个紧密相关的特征，图尼埃笔下的鲁滨孙与笛福笔下的鲁滨孙相互对立：他与某些目的、某些目标联系起来，而不是与某个起源联系起来；他是有性欲的；这些目的反映了我们的世界在某种变态性欲的影响下的幻想性偏离，而不是我们的世界在持续劳动的作用下进行的经济再生产。严格地说，这个鲁滨孙没有任何反常之处；然而，如何摆脱他本身就是反常的这一印象？就是说，根据弗洛伊德的定义，他是一个偏离目标的人。这在笛福的作品中和在图尼埃的作品中是一样的，笛福把鲁滨孙与起源联系起来，而且使鲁滨孙再造一个与我们的世界一样的世界；图尼埃同样把鲁滨孙与种种目标联系起来，使鲁滨孙偏离常规、与种种目标发生分歧。既然把鲁滨孙与起源联系起来，那么他就一定复制了我们的世界，但是，既然把他与种种目标联系起来，他就必然偏离了常规。这是一种奇怪的偏离常规，可并不是弗洛伊德所谈论的那些偏离常规，因为它是太阳般的，而且以诸元素为对象；这就如天王星一词的意义一样。"如一定要把这种太阳式的性交换成人类的术语来表达，那么可以说我是属于女性一类，如同是上天的妻子，这样确定我的地位才算妥当。但这种拟人化是错误的。真实情况是，在礼拜五和我已经进入最高境界时，性的区别已经被超越了，礼拜五可以与维纳斯同一，同样也可以用人类的语言说成：我把我自己大大张开来承受最大的星体授精。"[①] 如果神经症果真是反常的反面，那么反常就其本身而言不就是神经症的本原？

---

① [法]米歇尔·图尼埃著，《礼拜五：太平洋上的灵薄狱》，伽利玛出版社，1967年，第185页。(中译本参见[法]米歇尔·图尼埃著，《礼拜五：太平洋上的灵薄狱》，王道乾译，上海译文出版社，1997年，第208—209页。——译注)

∴

反常的概念是个半法律半医学的混合性概念。但是，无论医学还是法学都不适合它。在人们如今对这样一个概念的重新关注中，人们似乎在反常本身的结构中探索着反常既与法学又与医学的极其含糊的可能关系的原因。其出发点是：反常不是由处于冲动系统中的欲望的力量所界定，反常的人不是某个有欲望的人，而是将欲望引入另一个完全不同的系统的人，而且他在这一系统中使欲望发挥着内部限定、潜在焦点或零度（即著名的萨德式的冷漠）的作用。反常的人既不是有欲望的自我，对他而言，**他人**也不是被赋予现实生存的欲望对象。图尼埃的这部小说无论如何都不是论反常的小说。它不是一部论题小说（un roman à thèse）。它也不是一部人物小说，因为这部小说没有他人。它也不是一部内心分析小说，因为鲁滨孙并不具有多少内在性。这是一部令人惊奇的喜剧性的探险小说，而且是一部充满化身的宇宙小说。它不是一部论反常的小说，反而是一部阐述鲁滨孙的论题本身的小说：一个生活在荒岛上的、没有他人的男人。然而，因这一"论题"没有追溯一个假定的起源而宣告某些历险奇遇，所以它更加富有意义：在没有他人的荒岛世界中将发生什么事？首先，人们将根据他人所造成的效应来探寻他人的意义；人们将探寻他人没有出现在荒岛而产生的种种效应,人们将归纳他人出现在日常世界中所产生的种种效应,人们将得出他人是什么、他人的缺席有什么意义。他人的缺席的种种效应因此是真正的精神历险:一部归纳性的实验小说。因而哲学反思能够汇集这部小说凭借如此多的力量和生命所表现的一切。

他人所产生的第一种效应是,围绕着我所感知的每个对象或我所思考的每个观念组织一个边缘性世界、一种通道、一种背景,其中其他对象、其他观念能够按照某些转变法则出现,而这些转变法则调整着由此及彼的过渡。我看某个对象,然后我转过头来,我让它进入背景,与此同时从这个背景中出现了一个引起我的注意的新对象。之所以这个新对象没有让我感到不高兴,它没有让我遭遇投射物产生的暴力(就像在一个人不经意碰到了某个他没看到的东西的情况下一样),乃因为第一个对象支配着我已经在其中感觉到后继事物的预先存在的整个边缘地带、我已经知道我能够使之成为现实的潜在性与潜力的整个领域。然而,这样一种对边缘性实存的知识或感觉只有通过他人才会成为可能。"他人对于我们来说是一个强有力的分散注意力的因素,这不仅因为他人不停地扰乱我们,把我们从现实的思想中驱逐出来,而且还因为只要有他人突然出现的可能性,他就在我们注意力四周的物的世界投下某种朦胧的光芒,随时可能使这物的世界变成一种中心。"①对于我从对象中看不到的部分,我同时把它设定为他人可以看到的;因此,当我绕圈子抵达这被隐藏的部分时,我就会为了对对象形成可预见的总体化而在对象后面与他人重新连接起来。我背后的那些对象,我感到它们环列在一起并形成一个世界,只因为它们可见并被他人看见。而且根据我所感觉到的这种深度,对象相互重叠或前后掩映,我还感到这种深度对他人而言是一种可能的广度,在这一广度中(从另一种深度的观点来看),对象井然有序、和平共处。总之,他人确保世界上的边缘地带和转变状态。他人是相邻与相似所形成的温存。他人调整着形式和背景的转化、深度的变化。他人阻止着那些来自身后的各种袭击。他人以善意的喧嚣挤满世界。他人促使事物彼此靠近,自然地相互完善。当有人抱怨他人的恶意时,他就忘记另一种更加可怕的恶意,即事物如果没有他人就不会有的恶意。他使未知、非感知具有相对性;因为他人为我将非感知的符号引入我所感知的东西之中,规定我把我所没有感知的东西把握为他人可感知的东西。在所有这些意义上,正是永远通过他人,我的欲望才得以传递,

---

① [法]米歇尔·图尼埃著,《礼拜五:太平洋上的灵薄狱》,伽利玛出版社,1967年,第32页。(中译本参见[法]米歇尔·图尼埃著,《礼拜五:太平洋上的灵薄狱》,王道乾译,上海译文出版社,1997年,第30页。——译注)

而且我的欲望才接受一个对象。我没有任何可欲求的东西,如果它不为一个可能的他人所见、所思、所占有。这就是我的欲望的根据。永远是他人才迫使我的欲望接近对象。

当他人在世界结构中缺席时,那会发生什么事?唯一占据主导的是太阳与大地、难以忍受的光芒与晦暗不明的深渊之间的粗暴对立:"全或无的简单法则"。知与未知、感知与未感知在一种没有细微差异的斗争中完全对峙;"我所见到的这个岛的景象已经还原为它原来的那个样子。对于它,我所未见到的,就是绝对的不可知。凡在我不在之处,那便是不可测度的黑夜。"① 这是生硬的、黑暗的世界,既没有潜力,也没有潜在性:可能的范畴由此崩溃了。没有了那些离开内容、为了循着时空秩序再回来的相对和谐的形式,只有一些发光的和伤人的抽象线,只有反抗的、吞噬的无内容(sans-fond)。只有各种**元素**,别无其他。无内容和抽象线取代了凸起(modelé)与内容。一切都是不可缓和的。既然对象不再相互靠近、相互依存,那么它们就会悚然而立;那么我们就发现那些不再属于人的恶意。好像每个事物一旦摒弃表面凸起

---

① [法]米歇尔·图尼埃著,《礼拜五:太平洋上的灵薄狱》,伽利玛出版社,1967年,第47页。(中译本参见[法]米歇尔·图尼埃著,《礼拜五:太平洋上的灵薄狱》,王道乾译,上海译文出版社,1997年,第47页。——译注)

就被还原为最僵硬的线条,它从后面猛击我们或打击我们。他人的缺席是人们相互撞击,是我们的动作令人惊呆的速度向我们揭示的情形。"仅仅一个人温暖地被他的一群同类包围于其中那可能是毫无危险的,裸体不过是一种奢侈罢了。对于鲁滨孙来说,只要他的心灵状态不发生变化,那么,在这个期间,他就必然受到一种有致命危险的冒险精神的考验。这些可怜巴巴的烂衣服——穿旧了的、撕破了的、肮脏不堪的,而且还是来自几千年文明、渗透着人性的,把这些破衣烂衫全部剥除,那么,他白白的脆弱的肉身就无遮拦地露在粗犷原始的自然力之前了。"[①]那些转变也不再有了,让我们居住这个世界的相邻与相似的温存也终结了。除了不可逾越的深度、绝对的距离和差异之外,没有任何东西继续存在,抑或相反,继续存在的仅仅是那些难以忍受的重复,好像是准确重叠在一起的长度一样。

通过比较他人在场引起的最初效应与他人缺席引起的最初效应,我们可以说出他人是怎么一回事。哲学理论所犯的错误就是时而将他人化约为某个特殊对象,时而又将之化约为另一个主体(甚至一种像

---

① [法]米歇尔·图尼埃著,《礼拜五:太平洋上的灵薄狱》,伽利玛出版社,1967年,第27页。(中译本参见[法]米歇尔·图尼埃著,《礼拜五:太平洋上的灵薄狱》,王道乾译,上海译文出版社,1997年,第25页。——译注)

萨特在《存在与虚无》中提出的设想满足于连接这两种规定性,使他人成为我的注视下的对象,哪怕是他人反过来注视我和把我转化为对象)。但他人既不是我的知觉领域中的对象,也不是感知我的主体:这首先是知觉领域的一种结构,如若没有这种结构,这一知觉领域在整体上就不会像它所做的那样发挥作用。尽管这一结构被真实人物、可变主体(我之于你、你之于我都是可变的主体)所实现,这也不会阻止它作为一般组织的构成条件先于那些使之在每个被组织的知觉领域(你的领域、我的领域)中成为现实的关系而存在。因此,先天的他人作为绝对结构为各种他人的相对性赋予根据,而各种他人作为每个领域中实现结构的关系。但这是一种什么样的结构?是可能的结构。受到惊吓的面孔是令人惊恐的可能世界的表达,或者是我尚未看到的、世界上令人惊恐的某种事物的表达。我们应该理解的是可能在这一点上不是一个指称并不实存的某种事物的抽象范畴:被表达的可能世界当然实存,但它(当前)并不实存于表达它的东西之外。受到惊吓的面孔并不像令人惊恐的事物,前者将后者作为某种其他东西蕴含着、包括着,是以一种将被表达者置于表达者中的扭曲的方式。到了我就为了自己抓住他人所表达的东西的实在性时,我所做的只不过是解释他人、发展并实现相应的可能世界。恰恰在言说的过程中,他人已经给他所包括的可能提供某种实在性。他人是被包含的可能的实存。语言是可能本身的实在性,自我是可能的发展、解释,是可能在现实中的实现过程。至于被感知的阿尔贝蒂娜,普鲁斯特写道,她包含着或表达着海滩和波涛的汹涌澎湃:"如果她看见我,那我可能在她面前表现成什么样子?她把我从什么样的世界的内部区分开来?"爱情、嫉妒将是发展、展开阿尔贝蒂娜所命名的这个可能世界的尝试。总之,作为结构的他人是可能世界的表达,是被把握为还未在表达它的东西之外实存的被表达者。"在这些人当中,每一个人都是一个可能的世界,内部相当紧凑而协调的世界,有它自己的价值,有它的引力中心和斥力中心,还有它的重心。所有的可能性,不论何等千差万殊,互不相同,但在现时它们共存于这个岛的小小形象之中——多么简单化,多么表面化!——正是在这个形象的四周,它们组合在一起,正是在这个形象中的一个小角落,有一个沉船遇难的人,名叫鲁滨孙,还有他的混血种的仆人。这个形象虽然居于中心地位,但是它在上述每一个人身上都打上了暂时的、瞬息即逝的印记,注定在极短暂的延续之后即归于虚无,而这一形象也是因为白鸟号偶然改变航线才从虚无中引出来的。这些可能的世界中每一个可能的世界都自然而然要求它的现实性,以使自身得以实现。他人就是这样一种迫切要求过渡到现实的领域而成为现实的可能性。"[1]

我们可以更好地理解他人在场所产生的种种效应。现代心理学设计了一系列丰富的范畴(这些范畴解释了知觉领域的运行与对象在这一领域中的种种变异):形式-内容、深度-长度、主题-潜力、对象的侧面-对象的统一、边缘-中心、文本-语境、正题-反题、过渡状态-本体部分等。但相应的哲学问题也许还没有被恰当地提出来:人们问这些范畴是否属于知觉领域本身、是否内在于知觉领域(一元论),或者这些范畴是否通过对直觉的材料施加作用而诉诸主观综合(二元论)。认为知觉并未由判断的、智性的综合所形成,以此为借口拒绝二元论的解释是错误的;人们显然可以构想完全不同类型的、对质料施加作用的、可感的被动综合(在这一意义上,胡塞尔从未否认某种二元论)。但是,即便如此,只要这种二元论在知觉领域的质料与自我的前反省性综合之间被确立,我们仍怀疑这种二元论是否被充分地界定。真正的二元论完全在别处:在"**他人结构**"在知觉领域中所产生的种种效应与他人缺席所产生的种种效应之间(如果没有他人,那么知觉可能是什么)。应该理解的是,他人在

---

[1] [法]米歇尔·图尼埃著,《礼拜五:太平洋上的灵薄狱》,伽利玛出版社,1967年,第192页。(中译本参见[法]米歇尔·图尼埃著,《礼拜五:太平洋上的灵薄狱》,王道乾译,上海译文出版社,1997年,第217—218页。——译注)

知觉领域中不是其他结构中间的一种结构（例如，在人们辨认出他人与对象之间的本性差异的这一意义上）。他人是规定领域之整体的结构，并且是规定这一整体的运行的结构，同时使上述范畴的构成与运用得以可能。不是自我，而正是作为结构的他人才使知觉成为可能。因此，正是这些气味相投的作家才糟糕地解释了二元论，他们没有摆脱这样的抉择：依此种抉择，他人要么在这一领域中是个特殊对象，要么是这一领域的另一主体。按照图尼埃的观点，通过把他人界定为可能世界的表达，我们反而根据各种范畴把他人变成整个知觉领域的组织的先天原则，我们把他人变成这样的结构，即它允许像这一领域的"范畴化"一样的运行。真正的二元论因此与他人的缺席一起出现：在这种情况下，知觉领域发生了什么？知觉领域是按照其他范畴被结构的吗？抑或相反，在它使我们深入到特殊的非形式之中时，它会向太特别的质料敞开吗？这就是鲁滨孙的历险。

论题，即鲁滨孙的假说，具有一个很大的优势：有人向我们呈现**他人**结构的逐渐消失，实则是荒岛环境造成的结果。鲁滨孙在荒岛上不再遭逢任何现实的关系或人物来使他人结构得以实现，在这一情况出现很长一段时间后，当然他人结构还残存着，还在起作用。但这一情况结束的时刻毕竟还要到来："那些灯塔在我的领域内熄灭了。借助我的幻想，它们的光有很长一段时间还能照到我的身上。现在,完了,笼罩在我四周的是一片黑暗。"①我们将会看到,当鲁滨孙遇到礼拜五时,他不再把他作为他人来把握。最后,当一艘船靠岸时,鲁滨孙知道他再也不能使那些上岸的人恢复他们作为他人的功能,因为他们由此所填充的结构本身消失了:"他人就是这样一种迫切要求过渡到现实的领域而成为现实的可能性。如果说他是冷酷无情的,为自己的,自私的,不道德的,对这种迫切要求拒而不纳,予以驳回的,那是因为:过去的鲁滨孙受到的教育尽管在他身上大力灌输,但是,经过这许多年的孤独生活,他已经把它忘得一干二净,所以现在他问自己:已经丧失的习惯,要想再行拾起,到底能不能办到。"②然而,结构的这种逐渐但不可逆转的解体难道不就是反常者在他内心的"岛"上通过其他方法所达到的境地吗?为了像拉康那样表达思想,对他人的"排除"(forclusion)使得其他一些人不再被理解为他人,因为缺乏能够给他们提供这种位置和这种功能的结构。但我们整个可被感知的世界不也坍

---

① [法]米歇尔·图尼埃著,《礼拜五:太平洋上的灵薄狱》,伽利玛出版社,1967年,第47页。(中译本参见[法]米歇尔·图尼埃著,《礼拜五:太平洋上的灵薄狱》,王道乾译,上海译文出版社,1997年,第47页。——译注)

② 同上,第192—193页。(中译本参见[法]米歇尔·图尼埃著,《礼拜五:太平洋上的灵薄狱》,王道乾译,上海译文出版社,1997年,第218页。——译注)

塌了吗？不就是为了其他事物的利益吗？……

因此，让我们再回到他人在场所产生的种种效应，如同它们来源于"他人-可能世界的表达"的定义那样。基本效应是我的意识与其对象之间的区别。这种区别确实来源于**他人**结构。使世界充斥着可能性、内容、边缘、转变；记录我还未被惊吓时一个令人惊恐的世界的可能性，或者相反，记录我确实被世界惊吓时一个令人安心的世界的可能性；以另外的面貌囊括着同样的世界，后者以完全不同的方式展现在我面前；让这个世界内部由同样多的、包含着可能世界的泡泡构成：这就是他人[①]。自此开始，他人使我的意识必然转向一个"我曾经是"的境地，转向一种与对象不再共存的过去。比方说，在他人出现之前，就有一个令人安心的世界，人们无法把我的意识从这个世

---

[①] 图尼埃的观念显然包含着莱布尼兹思想的回响（单子作为世界的表达），也包含着萨特思想的回响。萨特在《存在与虚无》中提出的理论是最早出现的、关于他人的重要理论，因为这一理论克服了这种抉择难题：他人究竟是对象（即使在知觉领域中是一个特殊的对象）还是主体（即使对于另一个知觉领域来说是另一个主体）？萨特在这一点上是结构主义的先驱，因为他首先将他人视作不可化约为对象与主体的固有结构或特异性。但因为他通过"注视"来界定这一结构，所以通过使他人在注视我时变成那个将我构建为对象的人，他重新落入对象和主体这些范畴，哪怕是他人在我最终注视他时变成对象本身。看来他人结构先于注视；注视毋宁说是标志着某个人要填充结构的时刻；注视只不过使得一种应该独立被界定的结构得以实现、现实化。

界中区分开来；他人出现，同时表达一个令人惊恐的世界的可能性，如没有使先于它的世界成为过去，它就不会被展现出来。我，我只不过是我过去的对象而已，我的自我只不过由一个过去的世界构成，恰恰是他人使之成为过去的世界。如果他人是一个可能的世界，那我，我就是一个过去的世界。而且认识论的全部错误就是假设主体与对象的同时性，而一方只有通过另一方的消失才得以构建。"于是突然响起'咔嗒'一声。主体从客体脱钩而去，从客体剥去一部分它的色彩和重量。在这个世界上，有什么东西撕裂，物有一角崩塌下来，变成了'我'。每个客体都因一个相应的主体而被降格。光变成了眼睛，光就不再如原本那样而存在了：它不过是对视网膜的刺激。芳香变成了鼻孔——而世界本身就证明原无所谓气味而且是薰莸不分的。风吹过一株株红树奏出的音乐是被否定的：那不过是耳中鼓膜的震动……主体就是某一个不够格的客体。我的眼睛是光、色的尸体。当各种气味的非现实性被显示以后，我的鼻子就是这些气味残留下的东西。我的手是对拿着的物的否认。因此，关于认识的问题产生于时间上的错误。它包含有主体与客体的同时性，它企图阐明它们之间神秘的关系。但是，主体与客体不可能共处并存，因为它们本来就是一个东西，这个东西先与世界融为一体，而后才被排斥于外。"① 因此,他人确保着意识与其对象之间的区分,将其作为时间上的区分。他人在场引起的最初效应关系着空间与知觉范畴的分布;但其次的效应也许更加深刻,关系着时间和时间维度的分布,即时间中先后出现的东西。当他人不再发挥作用时,那怎么还会有过去?

在他人缺席的情况下,意识与其对象只不过会合二为一。不再有错误发生的可能性:不仅因为他人不再存在,变成整个现实的审判庭,以便讨论、肯定或确认我所深信看到的东西,而且还因为缺乏他人的结构,他人使意识在永恒的现在中与对象黏合或重合在一起。"所以,也许可以说:我的日子都是僵直矗立的。它们并不彼此重叠。它们都直立不动,是垂直的,在它们内在本质的价值中傲然显示自己,肯定自己。既然它们在某一实施着的计划的前后相续的各个阶段上无分彼此,不见差异,所以,它们彼此是这样地相似,竟使它们在我的记忆中完全重叠,仿佛同样的一天无休止地复现。"② 意识不再是投射到对象上

---

① [法]米歇尔·图尼埃著,《礼拜五:太平洋上的灵薄狱》,伽利玛出版社,1967年,第82—84页。(中译本参见[法]米歇尔·图尼埃著,《礼拜五:太平洋上的灵薄狱》,王道乾译,上海译文出版社,1997年,第86—87页。译文有所改动。——译注)

② 同上,第176页。(中译本参见[法]米歇尔·图尼埃著,《礼拜五:太平洋上的灵薄狱》,王道乾译,上海译文出版社,1997年,第198—199页。译文有所改动。——译注)

的光,以便变成物自身发出的纯粹磷光。鲁滨孙只是关于岛的意识而已,但关于岛的意识就是岛关于自身具有的意识,而且也就是岛自身。人们因此理解了荒岛的悖论:如果遇难船上的一个人是唯一的幸存者,如果他失去他人-结构,那么他就丝毫不会打破岛上的荒凉,他宁愿接受岛上的荒凉。这个岛就叫作斯佩朗萨(Speranza),但我是谁?"提出这个疑问绝不是一句废话。这个疑问也并不是不能解决的。因为,答案如果不是他,那就是斯佩朗萨。"[1]这样,鲁滨孙逐渐地接近这样一个启示:他首先将他人的丧失体验为世界的基本混乱;除了光明与黑夜的对立之外,什么都不复存在,一切都受到损害,世界丧失它的交替演变与潜在性。但是他(慢慢地)发现,毋宁说是他人扰乱了世界。他人就是混乱。他人消失不见,不仅仅是一天天的时间耸然矗立,各种事物也是如此,因为它们不再通过他人彼此迁就。还有欲望亦是如此,因为它不再迁就一个对象或一个经过他人得以表达的可能世界。因此荒岛进入矗立状态,进入一般化的勃兴状态。

意识不仅变成一种内在于事物的磷光状态,而且

---

[1] [法]米歇尔·图尼埃著,《礼拜五:太平洋上的灵薄狱》,伽利玛出版社,1967年,第72页。(中译本参见[法]米歇尔·图尼埃著,《礼拜五:太平洋上的灵薄狱》,王道乾译,上海译文出版社,1997年,第78页。译文有所改动。——译注)

变成事物的头颅中的火花、每个事物上的光、一个"飞翔的我"。在这种光里面出现了另一事物：每个事物的空灵化的复象。"我顷刻之间隐约仿佛看到有另一个岛，那就是隐藏……这另一个希望岛［斯佩朗萨］，今后我就要转移过去，安置在'纯洁无罪的时刻'中。"①这部小说就擅长描写这一方面：在每种情况下都是耸立的复象的奇特诞生。然而，一方面是如同其在他人在场时出现那样的事物，另一方面是往往在他人缺席时脱身而出的复象，这两者之间的差异究竟是什么？就是他人主宰着各种对象形成的世界的构造，而且主宰着这些对象之间的过渡关系。对象只有通过他人使这个世界充满着的种种可能性才能实存；每个对象只有根据各种经由他人表达的可能世界才会向自身封闭，才会向其他对象敞开。总之，就是他人才把种种元素囚禁在身体的限度之内，进而言之，囚禁在大地的各种限度之内。因为大地本身只是容纳各种元素的最大身体。大地只是挤满了他人的大地。正是他人用元素制造身体，用身体制造对象，就如同他人借助他所表达的世界制造他自己的面孔。当他人脱去其得以存在的根据时，获得自由的复象因此不

---

① ［法］米歇尔·图尼埃著，《礼拜五：太平洋上的灵薄狱》，伽利玛出版社，1967年，第177页。（中译本参见［法］米歇尔·图尼埃著，《礼拜五：太平洋上的灵薄狱》，王道乾译，上海译文出版社，1997年，第200页。译文有所改动。——译注）

是事物的复制品。相反,复象是耸立的影像,各种元素从中得以释放自身和自行改组,所有元素都变成天体性质的东西,形成了元素千差万别的、变幻莫测的形态。首先是太阳化的和非人化的鲁滨孙的形态:"太阳呵,你看我合不合意?你看看我呵。我的变形是否真在朝着你火焰的方向上演变?我的胡子已经没有了,再长出来的须毛向着地下,好似往地下长出许多侧根一样。反过来,我的头发指向天空卷卷曲曲生长,长出红如火炭一样的一卷一卷的鬈发。我是射向你的火团的一支箭……"①这一切变化就好像整个大地试图通过这个岛屿消失一样,大地不仅恢复它在他人影响下非法扣留的其他元素,而且还自行划出了它自己的空灵化的复象,这一复象转而使它具有天体性质,使它在天空中且为了各种太阳化的形态而与其他元素交汇在一起。总之,他人是在囊括种种可能世界的同时阻止复象重新耸立的东西。他人是了不起的掮客。因此,他人的结构破坏不是世界的组织破坏,而是与倒塌的组织相对立的直立的组织,是最终垂直的且没有厚度的某种影像的重新耸立、脱身而出,继而是最终得以解放的一个纯粹元素的重新耸

---

① [法]米歇尔·图尼埃著,《礼拜五:太平洋上的灵薄狱》,伽利玛出版社,1967年,第175页。(中译本参见[法]米歇尔·图尼埃著,《礼拜五:太平洋上的灵薄狱》,王道乾译,上海译文出版社,1997年,第197页。译文有所改动。——译注)

立、脱身而出。

为了产生复象与元素,需要有某些大灾难的发生:不仅需要大公山羊死掉的仪式,而且还需要一次可怕的大爆炸,岛屿在大爆炸中喷着它的所有火焰,且通过它的一个山洞自行喷吐。但是,通过这些大灾难,被重新耸立的欲望得知它的真正对象是什么。自然和大地不已经告诉我们欲望的对象既不是身体也不是事物而仅仅是**影像**吗?当我们欲望着他人自身,如果不针对这小小的被表达的可能世界,他人错将它囊入己身,而不是让它飘扬、飞翔在世界之上,像一个光辉灿烂的复象那样展开,那我们的欲望针对着什么?蝴蝶在一朵恰如其分地再现其雌蝶腹部的花上采蜜,然后头上的两个触角满载着花粉飞离而去,当我们静观这只蝴蝶时,似乎身体只不过是一些通向**影像**的迂回,似乎性比它节省这一迂回、它直接诉诸**影像**并最终诉诸那些从身体中解放出来的**元素**更好更迅捷地实现它的目标。[1] 力比多与各种元素的结合便是鲁滨孙所发生的偏差;但针对各种目标发生这一偏差的整个故事正好也是各种事物、大地与欲望的"重新耸立"。

为了达到这一境界,需要付出多少艰难困苦,需

---

[1] 参见[法]米歇尔·图尼埃著,《礼拜五:太平洋上的灵薄狱》,伽利玛出版社,1967年,第100、111页。

要经历多少传奇性的历险。因为鲁滨孙的第一反应就是失望。它恰恰表达了**他人**结构还在其中起作用的神经症的这一时刻,尽管不再有人来填充和实现这一结构。在某种意义上,因为他人结构不再被那些现实的人占据,所以它更加严格地发挥作用。其他人不再适合结构;结构在虚空中、更加苛刻地发挥作用。结构不断地迫使鲁滨孙退回无法辨认的个人的过去、记忆的陷阱和幻觉的痛苦之中。神经症的这一时刻(鲁滨孙整体上感到"压抑"的时刻)体现在他同美洲野猪一起翻滚的泥坑的部分:"只有眼睛,鼻子和嘴露出在尽是浮萍和蛙卵的流动的水面上。他依附于土地的各种联系全部解除了,沉陷在一种痴呆麻木的梦幻中,头脑只有零星片段的记忆流过,这些回溯到过去岁月的记忆在静止不动的、树叶交错的天空中飞舞。"①

然而,第二个时刻表明**他人**结构开始分裂。当鲁滨孙从泥坑中挣脱出来时,他找寻他人的替身,后者无论如何都能保持他人赋予事物的褶子:秩序、劳动。漏壶表示的时间赋序、过剩产品的确立、法规的建立,鲁滨孙自己担任名目繁多的头衔与公职,所有这一切

---

① [法]米歇尔·图尼埃著,《礼拜五:太平洋上的灵薄狱》,伽利玛出版社,1967年,第34页。(中译本参见[法]米歇尔·图尼埃著,《礼拜五:太平洋上的灵薄狱》,王道乾译,上海译文出版社,1997年,第32页。——译注)

显示出这样一种努力：为了使那些仍是自身的他人再度充实这个世界，而且为了结构一旦崩溃还保持他人在场所产生的种种效应。然而这种反常状态还是被感觉到了：笛福笔下的鲁滨孙禁止自己超出他的需要进行生产，因为他认为坏事从生产过剩开始发生，而图尼埃笔下的鲁滨孙则投身于一种"疯狂的"生产，因为唯一的坏事就是消费，既然有人始终是独自消费，而且为了自己而消费。与这种劳动活动相平行，作为必要的相关物，一种松弛和性欲的奇异的激情也展现出来。鲁滨孙偶尔把他的漏壶停下来，习惯山洞深处的黑暗，他全身涂抹山羊乳，一直深入到岛的内部中心，而且找到了一个他可以像某种幼虫裹住自己的身体一样最终可以缩成一团的山洞。这是一种比神经症的退化更加奇幻的退化，因为这种退化退回到**大地-母亲**，退回到最初的**母亲**："他现在就是攥在力大无穷石手掌心的这块柔软面团。他现在就是被裹在希望岛坚实不动的肉体里的那粒豆。"[①] 劳动把对象的形式像同样多累积下来的遗迹保存下来，而退化则为了**大地**内部和隐匿原则放弃了一切具形的对象。然而，人们感觉到，这两种如此不同的行为竟然异乎

---

① [法]米歇尔·图尼埃著，《礼拜五：太平洋上的灵薄狱》，伽利玛出版社，1967年，第91页。(中译本参见[法]米歇尔·图尼埃著，《礼拜五：太平洋上的灵薄狱》，王道乾译，上海译文出版社，1997年，第96页。——译注)

寻常地相辅相成。不论从哪一方面看,其中都有某种疯狂,这是一种双重的疯狂,因为它既界定着精神病时期,也显然出现在向**大地**的回归和精神分裂症患者的宇宙谱系之中,但已然还出现在劳动中,出现在精神分裂症式的、通过积累和储藏进行的非消费性物品的生产之中。① 在这一点上,**他人**结构因此本身趋向于解体:精神病患者试图通过建立人的遗迹的秩序来暂时应付那些现实的他人的缺席,通过组织一种超越常人的族系来暂时应付结构的解体。

神经症与精神病是对深度的历险。**他人**结构组织着深度,并使它稳定,使它变得易于相处。况且这种结构的混乱意味着深度的失常、错乱,作为不可能被避免的无-基底的侵犯性回归。一切都失去意义,一切都变成拟像与遗迹,甚至包括劳动的对象、所爱的存在、世界本身和这个世界中的我……然而,除非鲁滨孙的拯救是存在的。除非鲁滨孙为了表达"他人的丧失"发明一种新维度或第三种意义。除非他人的缺席与他人结构的解体不仅仅破坏世界,而且敞开拯救的可能性。因此,鲁滨孙必须重回到表面,他必须揭示各种表面。纯粹的表面可能是他人向我们隐藏

---

① 参见亨利·米肖描写精神分裂症患者所制造的桌子的段落,《精神的伟大体验》(Les Grandes épreuves de l'esprit),伽利玛出版社,第 156 页及其后。鲁滨孙制造不可运输货物的船与此不是没有相似之处。

的东西。也许在表面上,就像气体一样,事物的未被认知的影像显示出来,从大地中显示出来一种有能量的新形态,一种不具有可能的他人的表面能量。因为天空根本不是指一种仅仅是深度之反面的高度。在高度与深处的大地的对立关系中,空气和天空是对纯粹的表面的描绘和对这种表面的领域的俯瞰。唯我论者的天空不具有深度:"然而有一种奇怪的偏见,此偏见盲目地重视深度而损害表层,并希望'表层的'这个词不表示'广阔的维度'之义,而表示'没有深度'之义,至于'深度的'这个词的含义,反而却表示'具有相当的深度'之义,而并非表示'具有可靠的表层'之义。然而一种像爱一样的情感,我觉得如果它也可以测度的话,由其表层的重要性的测度效果要比由其深度程度测度好得多……"①。表面上首先升起这些复象或这些空灵化的**影像**;然后在对田野的上空俯瞰下才见到这些纯粹的、被释放出来的**元素**。一般化的勃兴突起就是表面的勃兴突起,对表面的调整,即消失的他人。这时拟像在岛的表面上和在对天空的俯瞰下上升和变成幻象。不具有相似性的复象和不受约束的元素是幻象的两个方面。对世界的这种重新结构是

---

① [法]米歇尔·图尼埃著,《礼拜五:太平洋上的灵薄狱》,伽利玛出版社,1967年,第58—59页。(中译本参见[法]米歇尔·图尼埃著,《礼拜五:太平洋上的灵薄狱》,王道乾译,上海译文出版社,1997年,第59页。译文有所改动。——中译注)

鲁滨孙的伟大**健康**、对伟大**健康**的获得或"他人的丧失"的第三种意义。

礼拜五恰好在此出现了。因为小说的主要人物,如小说的标题所透露的那样,就是一个小伙子礼拜五。只有他能够引导和完成鲁滨孙所开启的变形,而且他能够向鲁滨孙解释这种变形的意义、目标。所有这一切都天真无邪地、在表面上完成。正是礼拜五摧毁了鲁滨孙在岛上建立的经济和道德的秩序。正是礼拜五使鲁滨孙厌恶小溪谷,因为他使另一种曼德拉草按照他自己快乐的方式生长出来。正是礼拜五把岛屿搞得不得安宁,因为禁止在火药桶边抽烟,他偏偏就在那里抽烟,而且他还搞得天翻地覆、水火交错。正是礼拜五让死掉的公山羊(=鲁滨孙)飞翔和歌唱。但是,尤其是礼拜五向鲁滨孙呈现个人复象的影像,就像岛屿的影像的必要补充一样:"这个问题,鲁滨孙在心里反复思量。这时他才第一次大略清晰地看到在这个叫他生气的粗野愚骏的混血儿身上可能还有另一个礼拜五存在——如同他在发现山洞与小溪谷之前曾经怀疑在这经过治理的岛后面还隐藏着另一个岛一样。"[①]总之,正是礼拜五引导鲁滨孙发现自由

---

[①] [法]米歇尔·图尼埃著,《礼拜五:太平洋上的灵薄狱》,伽利玛出版社,1967年,第149页。(中译本参见[法]米歇尔·图尼埃著,《礼拜五:太平洋上的灵薄狱》,王道乾译,上海译文出版社,1997年,第165页。——译注)

的**元素**，比**影像**或**复象**更根本，因为它们是由元素构成的。在整个表面上，如果礼拜五不是个顽皮的孩子，那又怎么谈论他？鲁滨孙将不停地对礼拜五的注视抱有矛盾的情感，因为他只是偶然救了礼拜五，他本来想打死礼拜五，结果他的枪没打准。

但是，最主要的一点是，礼拜五完全没有像一个重新寻到的他人一样发挥作用。既然结构已经消失，那一切都为时太晚了。时而他作为一个异乎寻常的对象起作用，时而作为一个奇异的同谋者起作用。鲁滨孙时而把他视作奴隶，试图将他纳入岛上的经济秩序——不幸的拟像，时而把他视作新秘密的持有者，后者威胁着秩序——神秘莫测的幻象。鲁滨孙时而近乎把他视作一个对象或一种动物，时而礼拜五好似是他自己的彼岸，也是礼拜五的彼岸，自我的复象或影像。时而在他人的这边，时而在他人的那边。这种差异是本质性的。因为他人在正常发挥作用的情况下表达一个可能世界；但这个可能世界实存于我们的世界之中，如果它没有改变我们世界的质性，就不会被发展或被实现，那么这至少根据那些构成一般现实秩序和时间顺序的法则。礼拜五以完全不同的方式起作用，只有他才指出另一个假定是真实的世界、一个唯一真正的不可化约的复象，并在这另一个世界上指出他不再是的、他不可能是的他人的复象。这不是他人，而是除了他人之外的另一个人（un tout-autre）。

这不是复制品,而是一个**复象**:纯粹元素的启示者,也就是分解对象、身体和大地的那个人。"这个阿劳干人似乎属于另一个领域,与他的主人以土地为依托的领域是相互冲突的,只要企图把他囚禁于他主人的领域,他就要反抗,把它彻底摧毁。"[①]这就是为什么这对鲁滨孙而言甚至都不是欲望的对象。鲁滨孙徒劳地抱着他的双膝,凝视着他的双眼,这仅仅因为他惧怕那光芒四射的复象,而这个复象只不过勉强地留着从他的身体中逃出的自由元素。"然而,关于我的性欲的问题,我想起礼拜五不止一次在我心中引起鸡奸的邪念。首先,这是因为他来得太迟了:我的性欲已经变成元素式的,已经转向希望岛……问题不在于使我再沉沦下降回到人类的爱情,问题是使我改变元素而不脱离本原。"[②]他人抑制着:他将各种元素抑制成泥土,将泥土抑制成身体,将身体抑制成对象。但礼拜五天真地矫正对象与身体,他将泥土撒向天空,把各种元素释放出来。矫正、调整也的确是缩减。他人是一种奇异的迂回,他使我的欲望将就各种对象,使

---

[①] [法]米歇尔·图尼埃著,《礼拜五:太平洋上的灵薄狱》,伽利玛出版社,1967年,第154—155页。(中译本参见[法]米歇尔·图尼埃著,《礼拜五:太平洋上的灵薄狱》,王道乾译,上海译文出版社,1997年,第171页。译文所有改动。——译注)

[②] 同上,第184—185页。(中译本参见[法]米歇尔·图尼埃著,《礼拜五:太平洋上的灵薄狱》,王道乾译,上海译文出版社,1997年,第208页。译文有所改动。——译注)

我的爱将就众多的世界。性只有在这种迂回中才与繁殖后代有关系,这种迂回首先借助他人超越性别。首先,正是在他人之中、借助他人,性别才得以奠定基础、得以确立。创立没有他人的世界、矫正这个世界(正如礼拜五所做的那样,或者像鲁滨孙察觉到礼拜五所做的那样),就是避开迂回。这就是借助身体将欲望与它的对象分开,将欲望与它的迂回分开,以便将欲望与一个纯粹的原因联系起来:**各种元素**。"社会的组织机构和种种神话的支架已告消失,这个支架本来可以让欲望获致形体,就这个词的双重意义而言,也就是说,使欲望得到确定的形式,并与一个女性形体相融合在一起。"[1]从某种被分化的性来看,鲁滨孙不再能理解自己,也不能理解礼拜五。在对迂回的这种废除中、在欲望的原因与对象的这一分离中、在向各种元素的这一回归中,任由精神分析察看死亡本能——变成太阳的本能——的符号。

∴

在这一点上,一切都是传奇故事性的,包括与必要的虚构混淆在一起的理论:某种关于他人的理论。

---

[1] [法]米歇尔·图尼埃著,《礼拜五:太平洋上的灵薄狱》,伽利玛出版社,1967年,第99页。(中译本参见[法]米歇尔·图尼埃著,《礼拜五:太平洋上的灵薄狱》,王道乾译,上海译文出版社,1997年,第104—105页。——译注)

首先，我们最应该重视对他人作为结构的设想：根本不是知觉领域中的特殊的"形式"（不同于"对象"形式或"动物"形式），而是规定一般知觉领域的整体运行的体系。因此，我们应该区别指称这一结构的**先天的他人**（*Autrui a priori*）与此-他人（cet autrui-ci）、彼-他人（cet autrui-là），后两者指称这样或那样的领域中实现这一结构的各实在项。如果此-他人始终是某个人，我之于你，你之于我，就是说在每个知觉领域中属于另一个领域的主体，那么先天的他人反而不是任何人，因为结构对于实现它的各个项来说是超越的。如何界定这种结构？界定**他人**结构的表达性是由可能的范畴构成的。先天-他人一般来说是可能的实存：在可能只是作为被表达者实存的范围内，也就是在一个与它不相似的表达者身上（被表达者在表达者中的扭转）。当克尔凯郭尔笔下的主人公请求"可能、可能，要不我要闷死了"，当詹姆斯要求"可能性的氧气"，他们所诉求的只不过是先天**的他人**。我们曾尝试着在这个意义上指出他人如何规定整个知觉领域，如何规定被知觉对象的范畴和知觉主体的维度之于这个领域的应用，最后如何规定此-他人在每个领域中的分布。实际上，对于对象的构成（形式-内容等）、主体的时间规定性、世界的连续展开而言，知觉法则在我们看来取决于作为**他人**结构的可能。甚至欲望，即便它是对于对象的欲望或对于他人的欲望，也取决于结构。我只将对象作为他人以可能样式表达的对象去欲求;我在他人之中只是对他所表达的可能世界产生欲望。他人似乎是把**元素**组成**大地**、把大地组成身体、把身体组成对象的东西以及同时调整与度量对象、知觉和欲望的东西。

"鲁滨孙"的虚构故事的意义是什么?何谓鲁滨孙式小说?答案是:没有他人的世界。图尼埃假设了鲁滨孙经历许多痛苦发现和获得一种伟大**健康**,这是在事物最终以与他人共存截然不同的方式组织起来的范围内,因为它们释放了一种没有相似性的影像、一种平常被压抑着的事物本身的复象,而且因为这种复象转而释放了那些平常被囚禁的纯粹元素。不是世界被他人的缺席所扰乱,而是世界的光辉灿烂的复象发现被他人的在场所隐藏。这便是鲁滨孙的发现:他发现了表面、元素的彼岸、不同于**他人**的**他者**。那么,为什么会让人感觉这种伟大**健康**是反常的?为什么会让人感觉对世界和欲望的这种"矫正"也的确是偏差、反常?尽管如此,鲁滨孙丝毫没有任何反常行为。但任何关于反常的研究、任何关于反常的小说都尽力将"反常结构"的实存展示为或许产生出反常行为的原则。在这一意义上,反常结构可能被视为与**他人**结构相对立并对之取而代之的结构。正如具体的他人是实现这一他人-结构的现实项和可变项一样,反常行为尽管始终先假定他人的基本缺席,但反常行为只是实现反常结构的可变项而已。

为什么反常者往往被想象为一个光芒四射的、如氦似火的天使?为什么他同时反对大地、受精和欲望的对象?人们已经在萨德的作品中发现了对这一憎恨现象的系统表现。图尼埃的小说并不打算解释这一点,而是指明这一点。由此他通过所有其他方式重返那些新近出现的精神分析研究,这些研究似乎应该革新反常概念的地位,而且首先应该使这一地位摆脱这种道德说教式的不确定性,在这种不确定性中,这一地位被联合起来的精神病学与法律所维护。拉康及其学派深入强调了下述内容:基于结构来理解反常行为的必要性与界定这种规定行为本身的结构的必要性;欲望在这一结构中经受一种移位的方式与欲望的**原因**由此摆脱对象的方式;性别的差异为了复象的雌雄同体的世界而被反常者否认的方式;他人在反常中的废除,"**他者**的彼岸"或不同于他人的**他者**的设定,好像他人在反常者的眼中摆脱他自己的隐喻;反常的"去主体化"——因为可以肯定的一点是受害者与同谋者都不像他人那样起作用。[1] 例如,不是因为

---

[1] 参见文集《欲望与反常》(*Le Désir et la perversion*),瑟伊出版社,1967年。侯硕极(Guy Rosolato)的文章《从恋物癖研究性反常》(Etude des perversions sexuelles à partir du fétichisme)针对"性别"和"复象"进行了极为有趣的(唉,太快的)评论(第25—26页)。让·克拉夫勒尔(Jean Clavreul)的文章《反常的夫 (转下页)

他渴望,不是因为他有欲望使他者遭受痛苦——施虐者剥夺他者作为他人的资格。之所以是倒错,乃因为他缺乏**他人**结构,而且他生活在一种完全不同的结构中,这种结构为他生活的世界充当条件,而且因为他把其他人或者作为受害者或者作为同谋者来理解,但在这两种情况中的任何一种情况下,都没把其他人理解为他人,恰恰相反,他永远将其他人理解为不同于他人的**他者**。即便如此,给人留下深刻印象的还是在萨德的作品中看到受害者和同谋者在何种程度上完全没有被把握为他人,尽管他们具有必然的可逆性,但两者时而被把握为可恶的身体,时而被把握为复象或联合起来的**元素**(尤其不是主人公的复象,而是他们自身的复象,自始至终他们摆脱他们的身体去征服原子的元素)①。

由于仓促搞出来的、关于反常行为的现象学,还由于那些法学要求,所以对反常的根本性误解就在于把反常与某些对他人做出的冒犯联系起来。而且从行为的角度来看,一切都使我们相信,没有他人的在

---

(接上页) 妇》(Le Couple pervers)指出受害者与同谋者都不占据着他人的位置(论"去主体化",参见第 110 页,以及论**原因**和欲望**对象**的区别,参见他的《评反常中的实在性的问题》[Remarques sur la question de la réalité dans les perversions],载《精神分析》,第 8 期,第 290 页及其后)。似乎这些以拉康的结构主义为基础的研究和他对否认(Verleugnung)的分析正处在发展过程中。

① 在萨德的作品中有分子组合这一不变主题。

场,反常就什么也不是:窥视癖、裸露癖等。但从结构的角度来看,应该反过来说:正因为**他人结构匮乏**,代之以一种完全不同的结构,因为现实的"他者"不再发挥着那些实现消失的第一种结构的各个项的作用,但仅仅在第二种结构中发挥着受害者-身体的作用(在反常者赋予身体的极其特殊的意义上)或复象-同谋者、元素-同谋者的作用(这里仍然是在反常者的极其特殊的意义上)。反常者的世界是没有他人的世界,因此是没有可能的世界。他人是使一切成为可能的人。反常的世界是必然的范畴完全取代可能的范畴的世界:这是奇特的斯宾诺莎主义,其中氧气是缺乏的,以支持一种更基本的能量和一种稀薄的空气(**必然性-天**)。一切反常都是他杀、杀别人,因此是对可能的谋杀。但杀别人不是反常行为所犯的罪行,它被假定是在反常的结构中发生的事情。尽管反常者不在宪法意义上是反常的,而在肯定经受神经症和险些患上精神病的历险结束时。这就是图尼埃在这部非同寻常的小说中所暗示的内容:必须想象鲁滨孙是反常的;唯一的鲁滨孙式小说就是反常本身。

## 5. 左拉与精神崩溃①

正是在《人兽》(*La Bête humaine*)中出现了这一著名段落:"家族的神经不大正常,很多人都有某种内在的缺陷。他有些时刻对这遗传的缺陷曾有清楚的感觉,这并不是他身体不健康,因为从前只有他不时发觉的恐怖和羞耻,才使他变得很瘦,但是,他的身体内却时常发生平衡的丧失,这仿佛是他的自我逃避他要经过的裂缝或洞孔,他的自我沉入一种要使一切都变形的大烟雾里……"②左拉提出了一个重要主题,它将被现代文学以其他形式并借助其他方法重新开启,而且总是在一种与酗酒的特殊关系中被重新开启:精神崩溃的主题(菲茨杰拉德、马尔克姆·劳瑞)。

极为重要的是《人兽》的主人公雅克·朗蒂埃精力充沛,身体强壮,健康状况良好。因为精神崩溃不是指一条标志着身体的、祖传的疾病元素所经由的路径。的确,左拉有时会以这样的方式去表达,不过是出于方便。而且对于某些人物而言的确如此——体质虚弱的人、神经过敏的人,但恰恰不是他们承受着

---

① 参见本书第180页注释①。——译注
② [法]左拉著,《人兽》,毕修勺译,济南:山东文艺出版社,1993年,第49页。译文有所改动。——译注

精神崩溃,或不是仅仅由此他们就承受着精神崩溃。遗传性不是经过精神崩溃发生的事情,而是精神崩溃本身:难以察觉的裂缝或洞。精神崩溃在其真实意义上并不是一种向病态遗传性的过渡;只有就其自身,它才是整个遗传性和整个病态。精神崩溃不会从卢贡-马卡尔家族(Rougon-Macquart)的一个健康身体到另一个健康身体传递任何除它自身之外的东西。一切都立基于这种遗传性与其工具或方法混淆在一起的悖论、这种被传递的东西与其传递混淆起来的悖论,或者这种除了自身之外不会传递其他东西的传递的悖论:精力充沛的身体中的大脑崩溃,即思维的罅隙。除了我们将看到的偶然之事,体质(soma)是精力充沛的、健康的。但种质(germen)是精神崩溃,除了精神崩溃,别无其他。在这些条件下,精神崩溃呈现出史诗般的命运的层面,由此从一个故事或一个身体转向另一个故事或另一个身体,形成了卢贡-马卡尔家族的红线。

什么围绕着精神崩溃被分配?什么挤向它的边缘?这就是左拉所谓的性格、本能、"好胃口"(les gros appétits)。但性格或本能不是指一个心理生理学的实体。这是一个极其丰富而又具体的概念、一个小说的概念。本能一般指生活和幸存的条件、在历史社会环境中被规定的生活类型的保存条件(这里是指第二帝国)。这就是为什么左拉笔下的资产阶级能够容易地将他们的邪恶和他们的怯懦、他们的丑行称作美德；相反，这就是为什么穷人经常沦落到酗酒等"本能"的境地，由此表达他们的生活的历史条件、他们忍受他们历史性的生活处境的唯一方式。左拉的"自然主义"始终是有关历史和社会的。本能、胃口因此具有了多样的形态。有时本能表达着身体在一种给定的有利环境中得以保存的方式；在这一意义上，它本身就是精力和健康。有时本能表达着身体发明的生命类型，以便为了它的利益而翻转环境的已知条件，冒着摧毁其他身体的危险；在这一意义上，它是含糊不清的强力。有时本能表达着生命的类型，如没有这种生命的类型，身体就不会忍受其在不利环境中被历史地规定的实存，冒着摧毁自身的危险；在这一意义上，酗酒、反常行为、疾病、甚至衰老都是各种本能。本能往往在其始终表达那令生命样式永存的努力的范围中进行保存；但这种生命样式和本能本身狭义上可能既是摧毁者，也是保存者。本能表明疾病的蜕变、骤然而至——健康的丧失以及健康本身。无论本能采取什么形式，本能都从不会与精神崩溃混淆起来，但它会与精神崩溃维持着可变的紧密关系：有时本能竭力遮蔽或者黏合着精神崩溃，时间或长或短，多亏了身体的健康状况；有时本能放大精神崩溃，给它提供另一种使碎片爆裂的定位，由此在身体的衰老中导致意外。就是在《小酒馆》(*L'Assommoir*)中，例如在热尔伟兹的家中,酗酒的本能才要把精神崩溃重复为原初的缺陷。我们目前搁置这个疑问——弄明白是否有可演化的或理想的、最终能够转化精神崩溃的本能。

经由精神崩溃,本能在其生命类型的社会历史环境中探寻着与之相应的对象:酒、金钱、权力、女人……左拉喜欢的女性类型之一是神经质的女人,她不堪她浓密的黑发、被动的状态,她没有自知之明,在爱情的邂逅中爆发自己(这曾是卢贡家族系列之前出版的《黛莱丝·拉甘》[*Thérèse Raquin*]中的黛莱丝,还是《人兽》中的赛弗琳娜[Séverine])。可怕的是神经与血液、神经质的性格与血液质的性格之间的相遇,它再现了卢贡家族的血统。这种相遇使精神崩溃产生回响。这因为不属于卢贡家族的各色人物(例如赛弗琳娜)既作为一名卢贡家族成员的本能所固恋的对象起作用,又作为他们本身具有本能与性情的存在起作用,最终作为同谋者或敌人起作用,他们就其本身而言表现出一种要与其他人再联系起来的秘密的精神崩溃。蜘蛛般的精神崩溃:一切都在卢贡-马卡尔家族中与娜娜一起达到了高潮,娜娜根本上是个健康的、友善的女孩,体力充沛,但她让自己变成了对象,以便让其他人神魂颠倒,而且将她的精神崩溃传染给其他人,或者揭露其他人的精神崩溃——极下流的种质。由此也就产生了酒精的特殊作用:恰恰借助于这个"对象",本能才将与精神崩溃本身进行最深刻的接合。

本能与对象的相遇形成固定的观念,但不形成感情(sentiment)。如果小说家左拉以他的小说发挥作用,那么这首先为了告诉读者:注意,不要相信这里涉及的感情问题。出名的是左拉在《人兽》以及《黛莱丝·拉甘》中解释罪犯不会感到悔恨时所坚持的主张。而且情人之间没有更多的爱情——除非本能真正懂得"重新姘居"(recoller)、懂得如何进行演化。问题不是爱情、悔恨等,而是扭曲、撕裂,或者相反,是暂时平静、安心,这出现在精神崩溃上始终被绷紧的不同性情之间的关系之中。左拉在对重大解体之前到来的短暂冷静的描述方面是出类拔萃的("无疑地,现在渐渐有一种东西像罪恶渗透一样瓦解了这个人的身心……"①)这种为了支持固定的观念而对感情进行的否定显然在左拉的作品中有好些理由。人们首先要援引时间样式、生理图式的重要性。自左拉以来,"生理学"发挥着文学的作用,这一作用如今被转移给精神分析学(国家生理学、职业生理学等)。进而言之,的确感情从福楼拜以来就与失败、破产或欺骗密不可分;小说叙述的内容是人物在建构内心生活时

---

① [法]左拉著,《人兽》,毕修勺译,济南:山东文艺出版社,1993年,第167页。——译注

的无能为力。在这一意义上,自然主义将三种人物引入小说,即内心垮掉的人或失败者、造作生活的人或反常者、沉浸于初级感觉和固定观念的人或兽。不过在左拉的作品中,如果本能与其对象的相遇最终没有形成感情,那始终因为这种相遇出现在精神崩溃之上,从一个边缘走向另一个边缘。这是因为精神崩溃的实存、伟大的内心**虚空**。整个自然主义因此获得了一种新维度。

∴

因此,左拉的作品中有两组不平等的、共存的、相互干扰的循环:微弱的遗传性与强大的遗传性,即微弱的历史遗传性与强大的史诗般的遗传性,体质的遗传性与种质的遗传性,本能的遗传性与精神崩溃的遗传性。无论这两者之间的接合是多么地牢固和稳定,它们之间也不会相互混淆。微弱的遗传性是本能的遗传性,这是在祖辈或父母的生命条件或类型可能扎根于子孙后代(偶尔是隔代)并作为本性对之起作用的意义上:例如,健康的底子重新恢复正常状态,或者酒精的损坏在不同身体之间转移,对象-本能之间的综合被传递,同时生命的样式被建构。无论它会引起怎么样的跳跃,本能的这种遗传性传递着某种被充分规定的东西;而且它重现了它所传递的东西,它是**相同**的遗传性。至于另一种遗传性——精神崩溃的遗传性，情况完全不是如此；因为如前所述，精神崩溃除了自身之外不会传递任何东西。它与这样或那样的本能、内部器官的规定性没有关系，而且不再与某种可能固定对象的外部事件有关。精神崩溃超越了生命类型，因此它以持续的、不可感知的和沉默的方式进行，由此形成卢贡-马卡尔家族的整个统一性。精神崩溃只传递精神崩溃。精神崩溃所传递的东西不会使自身被这样或那样地规定，但必然是含糊的和扩散的。因为精神崩溃仅仅传递自身，所以精神崩溃不会重现它所传递的东西，它不会重现"相同"，它不会重现任何东西，它满足于走向沉默、满足于遵循阻力最小的各种线，它始终是偏斜的，准备着改变方向，使布景发生变化，它永远是**他者**的遗传性。

人们经常强调左拉的科学灵感。但这种来自他所处时代的医学研究的灵感针对着什么？它的确针对着这两种遗传性的差别，即在当代医学思维中被构思出来的差别：一种所谓同源的和被充分规定的遗传性与一种所谓"不同类的或转化的"遗传性，后者具有扩散性，界定着"神经病理学的家族"①。这一区别的意义就在于它完全取代了遗传与习得的二元性，甚至

---

① 在一篇论《弗洛伊德与科学》(*Freud et la science*)的文章中，雅克·纳斯甫(Jacques Nassif)简要分析了这种关于不同类的遗传性的构想，例如这一构想在 Charcot 的著作中被找到的那样。它为一种对外部事件的能动作用的辨认开辟了道路。（转下页）

使这种二元性不可能发生。实际上,各种本能的这种微弱的同源遗传性能够充分地传递各种习得的特征:在本能的形成与社会历史条件密不可分的范围内,这甚至是不可避免的。至于精神崩溃的强大的、不同类的遗传性,它与习得性具有一种完全不同的、但仍然是本质性的关系:这次涉及的是未被现实化的、扩散的潜力,条件是一种可传递的、具有内在特点与外在特点的习得能够给它提供这样或那样的规定性。换言之,如果各种本能真就只能在精神崩溃的边缘形成和发现它们的对象,那么精神崩溃反过来只有与向它敞开路径的各种本能有关时才会继续它的道路,才会铺开它的布景,才会改变方向,才会在每个身体中实现,时而这些本能有点儿与精神崩溃重新黏合,时而延长或挖掘精神崩溃,直到那在此还被各种本能的运行所确保的最后爆裂。因此,当本能变成酗酒且精神崩溃变成决定性的裂痕时,相关性在两种秩序之间是不变的,并达到了最高点。两种秩序紧紧地结合在一

---

(接上页)"显而易懂的是,在这一点上,家族关系在其两种接受上被把握:分类模型的接受与亲缘关系的接受。一方面,神经系统的疾病建构着一个唯一的家族,另一方面,这个家族被遗传性的法则牢不可破地统一起来。遗传性的法则可以解释的是,并不是一种相同的疾病被选择性地传递,而只是一种扩散的、神经生理学的禀赋最终根据那些非遗传的因素才能在一种特征鲜明的疾病中被专门研究。"(《分析手册》,1968 年第 9 期)。显然,卢贡-马卡尔家族已经具有了这两种意义。

起,如同一个更大的环中嵌套着的环一样,但这两种秩序从不相互混淆。

不过,如果强调科学理论和医学理论对左拉的影响是公正的,那么不强调下述内容又是多么地不公正:左拉使这些理论所经受的转变、他重新创造两种遗传性的观念所借助的方式、他为了使这种构想变成"家族小说"的新结构而提供给它的诗性力量。小说因此整合了两种根本的、直到当时仍异于它的元素:一是具有本能的历史遗传性的**正剧**,一是具有精神崩溃的史诗遗传性的**史诗**。这两种元素在它们的相互干扰中形成了作品的节奏,就是说确保沉默与各种噪音的分布。正是人物的各种本能、"好胃口"让左拉的小说充斥着它们的各种噪音,由此形成不可思议的喧嚣。但小说之间和在每部小说之下发生的沉默本质上属于精神崩溃:在各种本能的噪音下,精神崩溃继续默默地进行和传递自身。

精神崩溃所指称的,或者毋宁说它所是的,这种虚空所是的,就是死亡,即死亡**本能**。各种本能徒劳地进行言说,徒劳地制造噪音,徒劳地乱窜乱动,它们不能掩饰这种更深层的沉默,也不能隐藏它们由之所出的和它们所进入的东西:死亡的本能,它不仅是众多本能中的一种本能,而且是精神崩溃本身,所有本能绕着精神崩溃攒动。在塞林纳(Céline)向左拉既深刻又有所保留的致敬中,他找到了弗洛伊德式的语调,以便在各种喧嚣的本能下突出沉默的死亡本能的这一普遍性在场:"当前一致的施虐癖首先来自一种对于虚无的欲望,这种欲望深深被安置在人身上,而且尤其被安置在人民大众身上,一种爱欲的、几乎难以抵制的、全体一致的、对于死亡的焦躁……我们的语词要抵达各种本能,并有时触及它们,但我们同时得知那里永远停留的是我们的权力……在人类的游戏中,死亡**本能**,即沉默本能,显然被充分地安置,也许被安置在利己主义一边"。① 但不管塞林纳如何思考,这已经是左拉的发现:好胃口如何绕着死亡本能运转,它们如何通过一种实为死亡本能的精神崩溃蠢蠢欲动,死亡如何在所有固定观念的下面涌现,死亡本能如何在所有本能之下被认知,它如何单独建构强大的遗传性,即精神崩溃。我们的语词只是抵达各种本能,但正是从另一种层级中,也就是从死亡**本能**中,这些语词获得了它们的意义与它们的无意义以及这两者的组合。在各种本能的所有故事下是关于死亡的史诗。首先似乎是本能掩饰着死亡,并使死亡后移;但这是暂时的,甚至它们的噪音被死亡滋养着。正如《人兽》中就卢波(Roubaud)所写的那样,"从他肉体的混沌昏暗里,从他被玷污和出血的情欲深处,

---

① 《塞林纳 I》,《赫尔纳》(*L'Herne*),第 3 期,第 171 页。

突然矗立着死的必要。"[1]。而且米索尔(Misard)有的固定观念便是发现他妻子的节俭,但只有通过谋杀妻子和拆除房屋才能在一场面对面的、沉默的斗争中继续他的观念。

∴

《人兽》的要点是主要人物身上体现的死亡本能、火车司机雅克·朗蒂埃的大脑崩溃。作为一名年轻人,他清楚地预感到死亡本能在所有欲念之下、死亡的**理念**在所有固定观念之下、强大的遗传性在微弱的遗传性之下伪装自身的方式,并且他与下述东西保持着距离:首先是女人,还有酒、金钱,也就是他可以合理地拥有的各种奢望。他抛弃了各种本能;他唯一的对象是机器。他所知道的是,精神崩溃将死亡引入所有的本能中,精神崩溃在所有的本能之中、通过所有的本能继续工作;他所知道的是,在任何本能的起源或尽头,问题就在于杀死,也许还可能是被杀死。但是,雅克·朗蒂埃在自己身上制造了这种沉默,以便使这种沉默与精神崩溃的更深层的沉默相对立,这种沉默突然被中断:雅克·朗蒂埃刹那间看到了一起在驶过的火车上发生的凶杀案,他看到了受害者被丢在

---

[1] [法]左拉著,《人兽》,毕修勺译,济南:山东文艺出版社,1993年,第24页。——译注

铁道上,他猜中了凶手是卢波与他的妻子赛弗琳娜。与此同时,他开始爱上赛弗琳娜,他重新寻回本能领域,死亡正接近他,因为这种爱来自死亡,并应该回归死亡。

从卢波们犯下的罪行开始,认同与重复的整个系统被展开了,并形成全书的节奏。首先,雅克·朗蒂埃直接认同罪犯:"从他整个身子里涌出一个人,他曾瞥见手里执刀的人,比自己更勇敢!这一个实现了他的欲望,已杀了人!啊!这一个人并不懦怯,终于满足自己的需要,拿刀刺戳进去!而他,却被这样的欲望烦扰已不止十年!"① 就其本身而言,卢波因为嫉妒杀死了院长,因为他知道院长曾强奸了幼年的赛弗琳娜并迫使他娶了一个被玷污的女人。但在犯罪之后,他以某种方式认同院长:他转而将他被玷污的和犯罪的老婆给了雅克·朗蒂埃。如果朗蒂埃开始爱上赛弗琳娜,那是因为她参与了犯罪:她"仿佛梦见了他的肉体"。因此产生了三重的暂时平静:卢波夫妇的麻痹之后的暂时平静;赛弗琳娜的暂时平静,她在对雅克·朗蒂埃的爱情中重寻天真;尤其是雅克·朗蒂埃的暂时平静,他与赛弗琳娜重寻本能的领域,并且他想象着填补精神崩溃:他相信他从未想杀死赛弗

---

① [法]左拉著,《人兽》,毕修勺译,济南:山东文艺出版社,1993年,第56页。——译注

琳娜,她杀过人("占有这女人洋溢着强有力的情趣,她已治愈他的宿疾"[1])但三重瓦解已经以不均等的节奏接替暂时的平静。卢波自犯罪以来就以酒精替代赛弗琳娜,作为他的本能的对象。赛弗琳娜找到了一种本能的爱,这种爱使她变得天真;但是她不禁将它与一种清楚的、向她的恋人的供认的需要混合起来,然而她的恋人已经猜中了一切。而且在赛弗琳娜等待雅克·朗蒂埃的一个场景中,正如卢波在犯罪前等待赛弗琳娜一样,她对她的恋人讲了一切,她详细说了这一供认,由此她将她的欲望抛入死亡的回忆之中("情欲的激动消失在想到死人的另一颤栗里"[2])。她坦率地向雅克·朗蒂埃承认了罪行,正如她被迫向卢波承认了她与挑唆犯罪的院长之间的关系。而且她揭示的这幅死亡的图景,她不再能避免和摆脱它,除非将这幅图景投向卢波、促使雅克·朗蒂埃杀死卢波("他已看见自己的手执刀,向卢波的喉头击去,如同后者杀掉院长那样……"[3])。

至于雅克·朗蒂埃,赛弗琳娜的供认没有告诉他任何东西,但却使他惊恐。她不该说话。这是他爱的且对他而言是神圣的女人,因为她将死亡的图景包含

---

[1] [法]左拉著,《人兽》,毕修勺译,济南:山东文艺出版社,1993年,第159页。——译注

[2] 同上,第205页。——译注

[3] 同上,第245页。——译注

在她自己中,她在承认、指称另一起可能发生的犯罪时丧失她的力量。雅克·朗蒂埃最终没有杀死卢波。他知道他只能杀死其本能的对象。这种悖论性的情境——在这一情境中,他周围的每个人(卢波、赛弗琳娜、米索尔、芙洛莉[Flore])出于某些从其他本能中得出的理由进行谋杀,不过雅克·朗蒂埃最终没有进行谋杀,尽管他怀有纯粹的死亡本能——只有通过谋杀赛弗琳娜才能被解决。雅克·朗蒂埃得知各种本能的声音欺骗了他;他对赛弗琳娜的"本能的"爱仅仅在表象上填补了精神崩溃;各种本能的噪音仅仅暂时掩饰了沉默的死亡**本能**。而且他得知赛弗琳娜应该被杀死,以便微弱的遗传性重寻强大的遗传性,因为所有的本能都融入精神崩溃:"要占有她,把她杀死,就像占有土地那样占有她","对于格兰摩伦院长而言是在同样位置上出现的同样的打击,伴随着同样的狂怒……两个谋杀案互相连接,一个不是另一个的必然结果吗?"赛弗琳娜感觉到一种围绕着她的危险,她将其解释为横在她与雅克·朗蒂埃之间的一道"栅栏"、一道障碍,因为有卢波的存在。然而,这不是横在她与雅克·朗蒂埃两人之间的一道栅栏,而是雅克·朗蒂埃头脑中的蜘蛛般的精神崩溃,即沉默的运行。雅克·朗蒂埃在谋杀赛弗琳娜之后并不感到悔恨:始终是这种健康、这种健康的身体,"他从未有过身体更加健康的状态,他心里没有悔恨,在非常幸福的平静里,他似乎已得到了安慰","记忆已被取消,器官处在完美健康的平衡状态中"。然而,这种健康的确比下述情况更不值得一提:如果身体生病了,身体被酒精或另一种本能搞垮了。这一安详的、健康的身体对精神崩溃而言只不过是一块丰饶的土地而已,对于蜘蛛而言只不过是一种食物而已。他将不得不杀死其他女人。凭藉着他的整个健康,"生活完蛋了,他面前只有这深深的黑夜,弥漫着他逃入其中的无穷无尽的绝望"。当他的老朋友柏葛(Pecqueux)企图使他从火车上跌落下来时,甚至他的身体的抗议、他的反射作用、他的保护本能、他反对柏葛的斗争都是一种不值一提的反应,它给雅克·朗蒂埃提供了一种更加清晰的伟大**本能**:如果他自杀,并与柏葛一起共赴死亡。

∴

左拉的力量就在于所有这些充满回响的场景,伴随着搭档的变化。但是,什么确保着场景的分配、人物的分布和**本能**的这种逻辑?当然是火车。小说开篇就展现了火车站中各种机器的一种交织穿梭。尤其关于院长被谋杀的短暂幻觉对雅克·朗蒂埃而言被承担各种功能的、路过的火车所超过、加强和尾随(参见《人兽》第二章)。火车首先显得是仓促前行的东西,即将整个土地与具有任何出身和任何国籍的人联系起来的动态景观:然而这对一个垂死的女人(被丈夫慢慢杀害的、固定的道口看守员)而言已然是一道景观。然后第二辆火车出现了,似乎这次形成了一个非同寻常的身体,但似乎也在这一身体上勾勒出一种精神崩溃,由此将这种崩溃传递给土地和房屋——在"两边……永恒的激情与永恒的犯罪"。第三辆和第四辆火车显示了道路的诸元素:深深的路堑、填土-路障、隧道。在灯光和车前灯的照耀下,第五辆火车承载着罪行呼啸而来,因为卢波们在车厢里犯罪。最终第六辆火车汇集了无意识、冷漠和威胁的力量,由此在一边擦过被谋杀者的头,在另一旁擦过窥视者的身体——纯粹的、盲目的和喑哑的死亡**本能**。不管火车多么吵闹,它都是喑哑的,并由此是沉默的。

火车的真正意义与雅克·朗蒂埃驾驶的利崇号火车头一起出现。起初,这种意义取代了雅克·朗蒂埃所抛弃的本能的所有对象。它被呈现为它本身具有本能、性情,"需要太多润滑,汽缸尤其消耗了大量不合理的润滑油,这是持续的饥饿、真正的饕餮"。然而,难道诉诸火车头与诉诸人类不是一回事吗?其中各种本能的嘈杂声指涉一种隐秘的精神崩溃,以致于火车头就是**人兽**。在有关暴风雪期间旅行的章节中,火车头在轨道上行驶就像在它不再能前行的狭窄的裂缝中行驶一样。而且,当火车头脱轨时,它就被撞裂了,"某一地方遭受致命打击"。旅行挖掘了本能(对润滑油的胃口)所隐藏的这种崩溃。在丧失的本能之上,机器越来越被显示为死亡的影像、纯粹的死亡**本能**。而且,当芙洛莉引起火车脱轨事故时,人们不再很清楚是机器被谋杀还是机器进行杀害。在小说的最后情景中,没有司机的新机器带着唱着歌的醉酒士兵们冲向了死亡。

火车头不是一个对象,它显然是一个史诗般的象征,即**大幻象**,好像它一直出现在左拉的作品中一样,而且它反映了该书的所有主题和情境。在有关卢贡-马卡尔家族的所有小说中,存在着一个巨大的、幻象化的对象,它也的确发挥着场所、目击者和施动者的作用。人们经常强调左拉才华的史诗性特点,这在作品的结构中、在各提纲的这一相继中是清晰可见的,每个提纲都详尽地论述了一个主题。如果人们将《人兽》与先于卢贡-马卡尔家族系列的小说《黛莱丝·拉甘》进行比较,人们就会更好地理解这个主题。这两部小说有很多相似之处:把夫妇连在一起的谋杀、死亡的缓慢演变和组织解体的过程、黛莱丝与赛弗琳娜的相似性、悔恨的缺席或内在性的否认。但是,《黛莱丝·拉甘》是悲剧性版本,而《人兽》则是史诗性版本。在《黛莱丝·拉甘》中,真正占据故事情节的是本能、性情、黛莱丝与劳伦(Laurent)的两种性情之间的对比;如果有一种超越性的话,那也只是评判者或无情的目击者的超越性,后者是悲剧命运的象征。这就是为什么象征或悲剧之神的作用被年老的拉甘夫人把持着,她是目击情人们解体、沉默和瘫痪的、被谋害者的母亲。正剧——各种本能的历险——只有在一种被老太太的哑症、她的表达的固定性所再现的逻各斯中才被反思。在劳伦强加给她的各种照料中,在黛莱丝为她所做的各种戏剧性宣言中,有一种难以企及的悲剧性强度。但是,的确这只是《人兽》的悲剧性预兆;左拉在《黛莱丝·拉甘》中还没有掌握他激活卢贡-马卡尔家族事业的史诗性方法。

因为史诗的要点是一种双重记录,其中诸神积极以自己的方式和在另一平面上玩弄着人类及其本能的冒险。因此,正剧被反映在史诗中——微弱的家谱被反映在强大的家谱中,微弱的遗传性被反映在强大的遗传性中,微弱的操作被反映在强大的操作中。各种各样的结果皆源于此:史诗的不信神的特点、史诗性命运与悲剧性命运之间的对立、与悲剧的封闭性空间相对立的史诗的开放性空间,尤其是象征在史诗与悲剧之中的差异。在《人兽》中,火车不再仅仅是目击者,也不是评判者,而是施动者和场所(火车),火车发挥着就故事而言的象征功能,由此实施着强大的操作。因此,它在民族和文明的范围内勾勒出一种开放空间,后者与《黛莱丝·阿甘》所勾勒的、只是被老太太的注视所主导的封闭空间形成对比。"在火车暴风雨般的打击下,有那么多男女鱼贯而行……当然整个大地都经过那里……闪电般地卷走他们,她并不十分确定她看过他们……"这种双重记录在《人兽》中是各种喧嚣的本能和精神崩溃,即沉默的死亡**本能**。因而,所发生的一切在两个层次上发生:爱与死亡、体质与种质、两种遗传性。故事被史诗复制。本能或性情不再占据本质性的位置。各种本能围绕着火车并在火车中蠢蠢欲动,但火车本身只是死亡**本能**的史诗性再现。文明从两个视角被评价:一是它所规定的各种本能,一是本身规定文明的精神崩溃。

从其所处时代的世界中,左拉发现了复兴史诗的可能性。作为其文学——"堕落文学"——的元素的污秽物在这一死亡背景下是关于本能的故事。精神崩溃对于各种本能的故事而言是史诗意义上的神,是使得各种本能的故事成为可能的条件。为了回应那些过度控诉他的人,作家并不诉诸逻各斯,而是仅仅诉诸史诗,后者说人们在对解体的描述中从不会走得太远,因为有必要一直走到精神崩溃所走向的地方。在尽可能更进一步的同时,死亡**本能**将转而反对自身吗?精神崩溃仅仅在表面上、暂时地被好胃口所填补,也许精神崩溃在它所创造的方向上有什么要做得比以往更好?因为精神崩溃吸收了所有本能,所以它也许还能导致各种本能的蜕变,由此使死亡转而反对自身。它创造各种可能演化的本能,而非创造酒精中毒的、色情的或金钱的、保存的或摧毁的各种本能吗?人们经常注意到左拉最后的乐观主义和黑色小说中间的色情小说。然而,这些小说通过援引某种交替而被错误地解释;实际上,左拉的乐观主义文学只不过是他的堕落文学而已。正是在同一运动——史诗意义上的运动——中,最底层的本能才被反映在可怕的**死亡本能**之中,**死亡本能**也才被反映在开放空间中,而且有可能反对自身。左拉的社会主义的乐观主义的意思是无产阶级已然经受了精神崩溃的考验。作为史诗性象征的火车与它所运输的各种本能和它所再现的死亡本能一起始终被赋予了未来。而且《人兽》最后的那些句子还是一首对未来的赞歌,当柏葛和雅克·朗蒂埃被抛出火车,当又瞎又聋的机器承载着士兵走向死亡,这些士兵"已因疲劳而变得迟钝,他们喝醉了酒,却仍然歌唱"。好像精神崩溃穿过和异化思维,也只是为了成为思维的可能性,思维由此而被展开和被遮蔽。精神崩溃是通向思维的障碍,不过也是思维的宅所与力量——场所和施动者。这一系列的最后一部小说《巴斯卡尔医生》(*le Docteur Pascal*)指出了死亡转而反对自身、各种本能的蜕变和精神崩溃的理想化的这个史诗性终点,这发生在"科学的"和"进步主义的"思想的纯粹元素中,其中卢贡-马卡尔家族的谱系树燃烧着。

图书在版编目（CIP）数据

意义的逻辑 / (法) 吉尔·德勒兹著；董树宝译. -- 上海：上海文艺出版社，
2024（2025.1重印）
ISBN 978-7-5321-8928-1

Ⅰ.①意… Ⅱ.①吉… ②董… Ⅲ.①哲学理论 Ⅳ.①B0
中国国家版本馆CIP数据核字(2024)第009074号

LOGIQUE DU SENS by Gilles Deleuze
© Les EDITIONS DE MINUIT 1969
Current Chinese translation rights arranged through Divas International, Paris
(www.divas-books.com)
Cet ouvrage a bénéficié du soutien du Programme d'aide à la publication de l'Institut français.
著作权合同登记图字：09-2023-1074

发 行 人：毕　胜
出版统筹：杨全强　杨芳州
责任编辑：肖海鸥
特约编辑：金子淇　唐　珺
封面设计：彭振威

书　　名：意义的逻辑
作　　者：[法] 吉尔·德勒兹
译　　者：董树宝
出　　版：上海世纪出版集团　　上海文艺出版社
地　　址：上海市闵行区号景路159弄A座2楼 201101
发　　行：上海文艺出版社发行中心
　　　　　上海市闵行区号景路159弄A座2楼206室　201101　www.ewen.co
印　　刷：苏州市越洋印刷有限公司
开　　本：1092×787　1/32
印　　张：16.625
插　　页：5
字　　数：279,000
印　　次：2024年4月第1版　2025年1月第2次印刷
I S B N：978-7-5321-8928-1/B.102
定　　价：88.00元
告 读 者：如发现本书有质量问题请与印刷厂质量科联系　T：0512-68180628